コンタクト・ゾーンの世界へ

誘惑する文化人類学

田中雅一

世界思想社

誘惑する文化人類学▨目次

第Ⅰ部　誘惑の文化人類学

目　次

日本音楽著作権協会（出）許諾第一七一三七七〇-七〇一

はじめに

世界は誘惑に充ちている。未知の世界に誘われるままに、人は旅をして新たな知識を得ていく。未知の世界は無限に広がっていて、わたしたちの旅に終わりはない。それは、わたしたち自身の成長の過程である。他方でわたしたちは、誘惑という言葉にどこか胡散臭さも感じている。誘惑とは、誘い惑わせるという字義通り、わたしたちを成長させるだけでなく、破滅へも導く。では、『誘惑する文化人類学』と題する本書で想定している「誘惑」とはなにを指すのか。

ここで一つのエピソードを紹介しておきたい。

一九八四年の冬、スリランカでのヒンドゥー教の調査から戻って数ヵ月後のことだ。ロンドン大学の本部があるセネート・ハウスの薄暗い図書室で、わたしはこれまでにない興奮を感じていた。というのも、そのときたまたま手にとった新着雑誌の中に、フィールドで見聞したさまざまなヒンドゥー儀礼や、それと結びついた神々への信仰、そして社会制度が一挙に理解できた、と思わせる論文［Bolle 1983］を発見したからだ。供犠と憑依を同一視するボッレの主張によって長い間探し求めていた答えが見つかったと思われた。まさに「エウレカ！」である。そこからさらに一歩進んで、ヒンドゥー教の本質は供犠であり、カースト制は供犠組織［Hocart 1950］なのだということが実感として理解できた。すると、いくつか関係する事例に思い当たることになる。たとえば、動物を供犠するときに水をかけるが、そのとき動物は体をブルブルッと震わせる。タミル語ではそれを表す語が憑依を表す語と同じだった。これが決定的だった。論文で得たヒントが、自身のフィールド資料で支持されることになる。供犠を真ん中に置くことで、今まで関連していなかったことがらがあっという間に結びついて、意味をもつようになったのである。

文化人類学者にとって、これほど幸せな経験はなかろう。わたしの場合は、たんに「分かった！」というだけでなく、数千年の歴史をもつヒンドゥーの世界をまるごと理解＝所有したという感情をも味わうことになった。当時五億人以上いたヒンドゥー教徒たちの世界を手中にできたというわけだ。しかし、この高揚感には違和感が伴っていた。興奮が少し収まると、この幸福感を否定しなくてはいけないという冷めた気持ちが強くなった。これこそ「社会学的直覚知」（本書序章）だなどと喜んではいられなかったのである。せっかく手に入れたパスポートを破棄しようと思った。では、なぜそんなふうに思ったのだろうか。

一九八〇年、ロンドン大学（LSE、ロンドン経済政治学院）に留学した初年度に、理論（学説史）の講義を受けた。一学期の講師はモーリス・ブロック、二学期はアルフレッド・ジェルで、一番印象に残ったのはブロックのロドニー・ニーダム批判だった。エヴァンズ＝プリチャードやその後任のニーダムら、オックスフォードを拠点とする人類学者は、異文化を全体として見るために象徴（あるいは象徴二元論）に注目し、それが人びとの思考や行動を左右するきわめて強固なものとみなしてきた。その結果、人類学から権力や、それに抵抗するエイジェンシーが排除されてしまったというのがブロックの論点だった。

一九八〇年前後の日本の文化人類学界の主流は、まだまだ象徴分析が中心だった。人類学者は老いも若きも象徴分析や語彙分析を通じて異文化の二元論的世界を明らかにするのが使命だと考えていた。ところがブロックはすでに一九七〇年代に、シンボルやコスモロジーとして儀礼を読み解く象徴人類学を批判していた。

わたし自身の言葉で言い換えれば、オックスフォードの人類学者たちは「全体化（totalizing）」を異文化に求めていたと言える。この言葉は異文化を「全体として」理解するために超越的な視点から理解しようとすることを意味し、そこに快楽が伴う。わたしがロンドン大学の図書館で興奮を感じたのは、ヒンドゥー社会の全体化を実感したからである。わたしは「神」になってすべてを知ったのだ。この神のまなざしはヒンドゥー社会だけにとどまらない。それは地球上に存在するすべての社会におよぶことになる。全体化とは世界がさまざまな民族社会から構成されていることを前提にそれらを見渡し、いくつかの文化や社会要素をとりあげて分類し秩序化する視点であり力なのである。[1] わたしたちは、この超越的な快楽を否定しなければならない。超越性は異文化との関わりを切断する、すなわち異文化を「他者化」することで成立する。これではやはり人びとの生の世界をとらえ損なうことになる。

超越的な視点を求め、その快楽を味わおうとすることもまたわたしたちの身近に認められる「誘惑」である。さらに言えば、文化人類学はこうした全体化への誘惑とそれによって得られる快楽をウリにしていた。「文化人類学の手法を学べば世界中の文化を理解することができます！　異境の人たちの風習だけでなく、かれらの考えていることも手にとるように理解できます！」というわけである。実際、長期のフィールドワークを終えた文化人類学者なら誰にも、「エウレカ！」の経験があるはずだ。しかし、本書で提唱する文化人類学は、まさにこの全体化への誘惑を危険だと批判する。本章で提案する文化人類学とはなによりも全体化に抗する文化人類学なのである。

全体化の過程において、他者あるいは異文化は一方的なまなざしに固定されてしまう。それが異文化理解を意味することになるというのは皮肉である。それは、ある生物を理解するのは殺して解剖したときだ、というようなものであろう。一方的な関係のもとで客体化された対象はもはや生きているとは言いがたい。わたしたちは他者の「死」と引きかえに他者を理解しようとは思わないだろう。死を要求してまで優先されなければならない他者理解など存在しない。本書は、「文化人類学による全体化の誘惑」を拒否しつつ、「文化人類学の誘惑」を提唱するということになる。新たな誘惑概念を提唱することで「全体化の誘惑」をウリにしていた従来の文化人類学を批判する試みなのである。

では、ここで提唱する新しい意味での誘惑とはなんだろうか。第Ⅰ部で詳しく論じるが、簡単に言えばそれは自他の関係を一方的に固定することを回避する技法としての誘惑である。したがって、新しい誘惑概念を中核とする文化人類学は、他者との相互作用を基礎に置く学知ということになる。こうした相互作用に開かれた構えこそが他者理解なのである。他者や異文化は、そこに思いがけない出会いが期待されようとも、解剖台の上で理解すべきではないのである。

本書に収められている論文は、程度の差こそあれ、全体化批判という視点のもとで書かれている。全体化批判は「分かる」ということを際限なく繰り返し否定し続けること——すなわち、終わりなき脱構築——を意味するのではない。別の形での理解を目指すための試みである。それは、わたしたちが日々感じている実感に基づく理解であって、客観視という名の鳥瞰的な理解とは違う他者理解の理論化と言ったらいいだろうか。民族誌とは、無数の「エウレカ！」の集大成と言えるが、本書はむしろそのような過程で感じた違和感から、「誘惑」を導きの言葉として文化人類学の新たな可能性を探ろうとする試みなのである。

本書は大きく二つにまとめられる。第Ⅰ部「誘惑の文化人類学」は誘惑を主題とする第一章から第五章。第Ⅱ部「コンタクト・ゾーンの文化人類学」はコンタクト・ゾーンを論じる第六章から第一〇章である。これに二つの補論をつけている。第Ⅰ部では、全体化に対する、他者との関わりの新しい様式として誘惑という概念を提案し、その可能性を論じている。第Ⅱ部では、二つの世界が接触する領域（コンタクト・ゾーン）の力学に注目する。

序章では、わたしたちの思考を支配するさまざまな二元論――わたしたちとかれら、精神と身体、個人と社会、理性と感情など――が、フィールドでの経験や他者理解を貧しいものにしていることを指摘する。そして、一連の二元論の中で、個人と社会の対立に焦点を当て、より洗練された社会中心主義としてルイ・アルチュセールの呼びかけ概念を吟味している。呼びかけが「従属する主体」を生みだすとするなら、どうすれば従属しない主体を理論的に想定できるのか。ここでは、ジュディス・バトラーによるパフォーマティヴィティ（言語の行為遂行性）やエイジェンシーをめぐる議論に注目する。彼女は、呼びかけをパフォーマティヴィティと読み直し、それが生みだすのは必ずしも従属する主体ではなく、エイジェントであると主張する。しかし、バトラーのエイジェントは社会性（ネットワークやコミュニティ）への関与が薄い。また、エイジェントが身体的存在であることへの配慮も十分とは言えない。わたしは、第一章でエイジェントに「代理」という意味があることに注目し、相互に他者を代理するようなネットワーク的な関係を示唆すると同時に、能動性にこだわらない身体の応答能力にも注意を喚起した。わたしたちは、身体化されたエイジェントとして他者と関わり、「エイジェンシーのコミュニティ」を生きる。そうした関わりやネットワークのあり方を発見することが、従来の支配的な二元論を克服し、フィールドでの体験に近い自他関係の描写を可能にすると結論づけている。

本書では、誘惑は「呼びかけ」や「告白」に対比される他者との関わり（コミュニケーション）の様態として位置づけられている。誘惑というのは、自己が主体的に他者に働きかけながら、他者を能動化し自己を受動化するという奇妙な遂行的（パフォーマティヴな）行為である。それは、呼びかけのような一方的な他者の「主体化」ではない。第一章「誘惑と告白」で、わたしが指摘するのは、誘惑するというのが主客を転倒させる特異な動詞であること、また誘惑というコミュニケーションの様態は、偶発性や身体性が重要な要素となっていて、統御が困難であることである。しかし、それだからこそ他者に開かれた身体的存在としての自己が措定されるのである。

第二章「誘惑モデルと闘争モデル」は、序章で詳述したエイジェントを第一章で展開した誘惑という視点から再考したもので、ルネ・ジラールや今村仁司などの始原的な暴力を核とする社会理論（社会の闘争モデル）とその前提となる他者観念を批判的に検討している。その際、参照しているのは、フランスの哲学者モーリス・メルロ＝ポンティの考えである。

第三章「構造と誘惑のトポス——カースト社会に生きる」と第四章「「未開」の誘惑——モダン・プリミティヴ論」とは、全体化を目指す構造の研究では見落とされてしまう領域——すなわち第一章で「誘惑のトポス」と呼んだ領域における個人の戦術や欲望、身体のあり方を扱っている。前者においてはジェイムズ・フリードマンの不可触民男性のライフ・ストーリー研究を題材に、彼と不可触民女性たちならびに上位カーストの男性たちとのやりとりを分析して、ルイ・デュモンに代表される構造的な社会理解の再考を促す。後者においては、誘惑のトポスの主人公である身体に注目する。具体的にはメアリ・ダグラスの著作における身体論を批判的に検討し、モダン・プリミティヴと呼ばれる人びとの実践に認められる「未開」の誘惑を論じる。

第五章「モノの誘惑——フェティシズム論」では、フェティッシュ（物神、呪物）あるいはフェティシズムという概念を参照しつつ、人の相互行為からモノとの関係について考察をしている。人とモノという対置もまた、序章でとりあげる近代主義的な二元論の一つである。フェティシズムは人が（外部から見て）価値のないモノを崇拝する宗教実践に由来する。具体的には本来、西アフリカで交易に携わっていたポルトガルの商人たちがアフリカの人たちの宗教実践について名付けたものであった。その後、カール・マルクスやジークムント・フロイトによってフェティシズム概念は拡大されていくが、ただのモノをモノとして扱うことができない理性から外れた態度という否定的な意見は継続している。本章は、フェティシズム概念を吟味することで、この概念は実は、人とモノとの関係についてのより積極的なあり方を示唆するものなのであると読み直そうとしている。フェティシズムは、その由来から西欧とアフリカというコンタクト・ゾーンを前提としていることが分かる。その意味で本章はまたコンタクト・ゾーンを主題とする第Ⅱ部への橋渡しをする章となっている。

コンタクト・ゾーン（接触領域）はアメリカの文学研究家のメアリ・ルイーズ・プラットが『帝国のまなざし——旅

行記とトランスカルチュレイション』（一九九二）で提唱した概念である。彼女はヨーロッパを中心とする植民地宗主国（厳密には都市部であるメトロポリタン）と非ヨーロッパ諸国（およびヨーロッパの非都市部）との非対称的な、しかし一方的ではない「接触」が生じる領域をコンタクト・ゾーンと想定している。

冒頭で指摘した全体化批判との関係に照らすと、第Ⅱ部はつぎのように位置づけることができる。全体化とは神の視点から、いわば鳥瞰的に対象をまなざすことであると指摘した。それは対象との間に距離を設け「客観的」な立場をとる場合に必要な態度とみなされてきた。しかし、それで本当に異文化を理解することができるのか、というのが第一の疑問であった。

もう一つ全体化によって生じる問題がある。それは境界設定に関わる。すなわち、全体化において客体視される対象にはつねになんらかの境界が設定されるということである。境界の設定とともに、対象は「全体として」同定されるのである。こうして、一部の都市社会を除き、世界は特定の文化（生活様式）によって特徴づけられる人びとが住む無数の居住地域あるいは民族社会から成立するということになる。

このような居住地を本書では、コンタクト・ゾーンに対比させて「トライバル・ゾーン」と名付ける。世界地図が国家によって細分化されているのと同じように、文化人類学の世界地図は複数の文化が入り混じっている一部の「汚染地域」を除いて、トライバル・ゾーンによって細分化されることになる。その地域はあたかも明確な境界があるかのようなまとまり——すなわち「全体」として想定されているのである。異文化理解をその目的に掲げる文化人類学者たちは、こうしたまとまりが徐々に崩れ、境界が曖昧になりつつあるのを認めながら、なお外部との接触が最低限に抑えられているはずの「奥地」へと向かう。そんな奥地ではなくても、文化人類学者は外部との接触による影響のない伝統世界を復元しようと試みる。そのような試みはもちろん重要である。しかし、世界が境界のはっきりしたまとまりのある民族社会から成り立っていて、その特徴を表す文化的なエッセンス（本質）が存在すると考えることは幻想ではないか。そのような幻想にふりまわされてわたしたちは全体化を目指すのではないか。それは、大きな誤解ではないのだろうか。こうした疑問を出発点として、第Ⅱ部には五つの論文が収められている。

このように、序章での議論を引き継ぐ形で、第Ⅱ部に収められている第六章「トライバル・ゾーンからコンタクト・

ゾーンへ」では、文化人類学が対象とする社会をトライバル・ゾーンと想定する傾向に潜む問題点を批判的に検討している。そして、トライバル・ゾーンの探究や文化的エッセンスの抽出を断念し、グローバル化する現代を示唆するようなコンタクト・ゾーンにもっと目を向けるべきであると主張する。さらにフィールドをコンタクト・ゾーンとみなすことで、人類学者と現地人との関係に焦点を絞ろうと試みている。

第七章「民族誌の時間」で問題視するのは、トライバル・ゾーンが空間的にわたしたちの世界と異なるだけでなく、そこを流れる時間もまたわたしたちの時間と異なるのだという考え方（異時間主義）である。その際、序章では十分に問われることのなかった、フィールドワークにおける他者への態度が考察の対象となっている。すなわち、わたしたちはフィールドでは相互交渉的に他者と交わっているはずなのに、いったんフィールドを離れ民族誌を書き始めると、超越的な視点から、あたかも外部との接触がほとんどなかったかのような記述・分析を行おうとするという批判的見解に対し、本当にそのような変化はフィールドワークが終わって、民族誌を記述する段になって生じるのか、ということを問うている。この問いに対するわたしの答えは否定的である。フィールドワークは、文化人類学による他者の「他者化」の免罪符とはならない。その上で、第七章では、フィールドワークにおいても超越的な態度（異時間主義あるいは「一歩引く態度」）を、どのように克服し「共時間性」を獲得できるのだろうかという問いに答えようとしている。

第八章「暴力とその変貌」では、文化人類学が異文化が行使する暴力を擁護する際に、その暴力があたかも当該文化に異質であったかのように論じたり、またその暴力性を近代戦と比較して過小評価したりする傾向は、一つひとつの民族社会が自律しているというトライバル・ゾーンを前提とする考え方によると主張する。そして、後半では観光という、コンタクト・ゾーンを生み出す典型的な活動における暴力の変貌を論じる。第七章と第八章に共通するのは、文化相対主義批判でもあることを指摘しておく必要がある。というのも、異文化を尊重しようという文化相対主義が前提としているのはトライバル・ゾーンであり、コンタクト・ゾーンはそのような概念の批判を通じて生まれたものであるからである。そして、このコンタクトの可能性の一つが誘惑という技法なのである。

ローズ・リヴィングストン研究所と京都大学の人類学をそれぞれ扱った第九章「実用人類学の系譜」と第一〇章「探検と共同研究」は、コンタクト・ゾーンにおけるフィールドワーカーたちの実践や共同研究、葛藤に注目する。前者について言えば、現地の言葉を自由に操り、同じものを食べ、同じふるまいを身につけると、植民地政府や入植者からも排除されることになる。また、これらの二章では、コンタクト・ゾーンの民族誌の可能性――現地の民族社会を外界から切り離された孤立した世界とみなすのではなく、植民地政府と現地社会との緊張や宗主国からの入植者社会についての記載の可能性について指摘したい。

補論１「トランザクショナリズムの限界と可能性――フレドリック・バルトの人類学」では、ノルウェーの社会人類学者バルトの人類学について、その問題点と可能性を論じている。バルトの業績を批判的に考察することは、新しい文化人類学の構想に不可避である。彼の視点は方法論的個人主義であり、ミクロな視点に注目する点で本書の立場に近いが、そこで想定されているのは自己の利益を優先的に選択する個人主義的な個人である。他方で、そこに構造を変革するエイジェンシーを認めることも可能である。

補論２「場所の誘惑――カスタネダとスターホーク」は、誘惑というテーマから無視できない二人の仕事を検討している。一人はカルロス・カスタネダ、もう一人はスターホークである。前者は多数の著作を残したが、人類学者としてはアカデミズムの世界から追放されたと言ってもいい人物である。彼の最初の著作は「誘惑のトポス」をいきいきと描く民族誌であった。その意味で彼の著作を検討することは意義があると判断した。スターホークはフェミニスト思想家としてカスタネダに劣らず人気がある。両者の仕事を「場所」への誘惑という視点から検討する。

本書のタイトルにわたしは、エイジェンシーでもネットワークでもなく、まして強い政治性を喚起するマッチョな「宣言」（たとえば［Haraway 2016］）でもなく、「誘惑」を選んだ。本書を通じて読者を文化人類学の世界に誘いたいと強く希望するからである。しかし、本書は、一般読者に向けられた文化人類学の入門書の類いではない。本書のタイトルに誘惑を使うのは、偶発性を含む誘惑というコミュニケーションが、読者と著者とを結びつける理想の関係であると信じているからに他ならない。本書を大いなる「誘惑の書」として読んでいただければ幸いである。

なお、本書の元になった論文は、書き下ろしの第一章を除き、一九九七年から二〇一一年にかけて発表されたものである。できるだけ最新の成果を参照するように心がけたが、議論の展開上旧稿のままにせざるをえなかった箇所もある。

また、引用文の一部は、翻訳を参照しつつも一部変更している。これらの点をことわっておきたい。

注

〈1〉アルジュン・アッパードゥライは「全体化」の起源を一九世紀のドイツ・ロマン派に求め、マルセル・モースやルイ・デュモンに影響を与えてきたという［Appadurai 1988: 41］。一方、メアリ・ルイーズ・プラットは、スウェーデンの植物学者、カール・フォン・リンネを念頭に自然界の全体化についてのプロジェクトが一八世紀に生まれたと指摘している［Pratt 1992: 28, 38］。本書では両者の議論を参考にしつつ、より人類学的な観点から使用している。

序　章

なだらかな丘陵部には住宅や店がびっしりとならび、中央部には、教会や公園があって、大きな建物もそのあたりに集まっていた、(中略) その向こうには海が灰色に煙っていた、(中略) 全体を見ることができて、ぼくは全能感と、強烈な不安感を同時に持った、世界がぼくにひざまずいているような気もしたし、同時に世界から自分だけが切り離されているような気もした、すごい、とぼくは呟いていた。

(村上龍『イン ザ・ミソスープ』二六五頁)


木々にも、岩にも、大地にも魂がある。遺体は投げ捨て、鳥についばまれるが、魂は山に昇っていく。昇った魂は、やがて神となり、それが恵みを与えてくれる。いい話だ。民俗学者なら喜んで拾っていくだろう。だが、今の彼にとっては戯言《ざれごと》だ。

(篠田節子『聖域』四〇〇頁)

一　文化人類学への視座

本書で提唱する「わたし好みの文化人類学 (My kind of Anthropology)」[Leach 1982a: 122] とはなにか。それは今までの人類学のなにを継承し、なにを葬り去ろうとしているのか。なにを新たに切り拓こうとしているのか。それは端的に言えば、権力が作用する場としての日常生活を対象とし、「全体化 (totalizing)」の誘惑に抗する人類学である。したがって、権力を無視して日常生活を理解しようとする立場をとらない。日常生活での、とくに行動や発話について自由に選

図0－1　勝鬨橋（筆者撮影）

択可能であると想定される個人二者間でのやりとりに注目する相互行為（interaction）の研究は、そこに作用する権力について十分な考慮を怠ってきた〔1〕。

全体化の誘惑に抗する、とはどういう意味か。ここで言う全体化とは、文化や社会をまとまりのある——したがって、ある種の境界が想定されている——全体として理解すべきであるという全体論を前提に、他者の世界を記述・分析しようとする態度である。ある文化や社会の一部を構成する個々人は、個人差はあるにしてもほぼ同じ世界観を共有していると想定される。そして、全体論においては、人類学者は現地人との関係で透明人間あるいは神——万能かつ至高の個人——となることが暗に期待されている。神の位置に立ってはじめて全体を「眺める＝所有する」ことができるというわけだ。本書が提案する文化人類学は、高みに上るという誘惑を拒否しようとする〔2〕。人類学者は鳥瞰図が与える全能感を拒否する。それと表裏一体となった孤独感を直視し、その克服を目指して虫瞰図にこだわるのだ。

冒頭で引用した村上龍の小説『イン ザ・ミソスープ』の登場人物フランクは高みに登ることで全能感と不安をもつ。その場にいた白鳥を殺しその血を飲むことで、「世界から切り離されているという感覚と、世界が自分の足許にあるという感覚が、ぼくの中で一つになる」［村上 一九九八、二六六］と思った。これは、いわば支配する側からの解決方法、すなわち「帝国主義的なまなざし」［Pratt 1992］の徹底による帰結と言えよう。孤独は他者を殺害・同化することで一時的に解決されるのだ。だが、フランクが最後に満足を示すのは、大晦日、除夜の鐘を聞きにやってきた築地の勝鬨橋（図0-1）の雑踏に混じったときである。彼は子どもの頃に飲んだミソスープを思い出してつぎのように語る。「ぼくは今ミソスープのど真ん中にいる、コロラドの寿司バーで見たミソスープには何かわけのわからないものが混じっていた、野菜の切れ端とかそんなものだ、今のぼくは、あのときの小さな野菜の切れ端と同じだ、巨大なミソスープの中に、今ぼくは混じっている、だから、満足だ」［村上 一九九八、二九三－二九四］と。

フランクが最後に到達したのは、鳥瞰図の拒否ではなかったか。フランクは、雑踏に混じることで、高みからの眺めという快楽とそれに伴う孤独という問題を克服しようとしたのではないのか。それはフレドリック・バルトの言う、自然愛好家が自然に対してとる態度に通底する。自然愛好家は、俯瞰的に森を見るのではなく、森の中を逍遥することでみずからを自然の一部と感じ、なおそこから距離を置いて自然に接し、理解を深めていく［Barth 1987］。こうした相互交渉的かつ身体的な知の実践こそ人類学が求め、かつ実践しようとする知のあり方なのである。そしてそれを起点としてマクロな領域を理解しようとするのである。したがって、わたしが主張する人類学はミクロな領域にこだわるとしても、アルジュン・アッパードゥライの「マクロエスノグラフィー」［Appadurai 1996: 52］に対立するものではないし、また近年の人類学における植民地主義やグローバリゼーションへの関心を否定するものでもない。

以下では、まず人類学がどのような形で他者・異文化についての知を生産してきたのか、その過程を検討する。そして、フィールドワークからなにを継承し、全体論との関係でなにを拒否すべきかを明らかにする。その上で、人類学の現場からいったん離れ、社会科学における主要な諸概念について再検討する。まず、わたしたちの思考様式を拘束してきた一連の二元論のうち、とくに社会と個人という二元論の批判を通じて、この対立を乗り越えようとしたルイ・アルチュセールの呼びかけ論を吟味する。つぎに、呼びかけとジョン・L・オースティン［オースティン 一九七八］の言語行為論の中心概念であるパフォーマティヴィティ（行為遂行性）とを重ね合わせ、独自の社会構築論を展開したジュディス・バトラーの議論を検討する。そして、彼女が、主体に代わって提唱するエイジェントの意義に考察を加える。エイジェントは自由主義的な「個人」のたんなる言い換えではない。個人概念において無視されてきた共同性と身体性という二つの特徴がエイジェントには不可欠なのである。そして日常生活とはこうしたエイジェントの交渉的世界である、と定義される。以上のような日常実践やエイジェントへの関心から、わたしが提案する人類学は「ミクロ人類学」あるいは「エイジェンシーの文化人類学」と呼ぶことが可能である。それは、主体論の理論的行き詰まりを真摯にとらえ、それを突破したところに展開する知の実践なのである。

二　なにを継承すべきか?

人類学の主たる調査方法は長期のフィールドワークである。その関心や研究テーマによっても異なろうが、フィールドワークの基本は生活をともにすることである［松田 一九九八、一五二］。フィールドでの日常に参加し、言葉を学習し、日々の出来事をこと細かに観察・記述する。普段の会話に積極的に加わり、人びととの間にコミュニケーションを確立していく。「長い会話」の始まりだ［Bloch 1977］。長い会話に特定のテーマがあらかじめ定められているわけではない。だが、人類学者は、生活世界に参与することを通じて、人びとについての知識を獲得していく。質問票を使うにしても、それは長期の関与を前提としてのことである。〈3〉フィールドで人類学者が出会い、参加するコミュニケーション世界のメンバーは具体的に名前をあげることのできる「顔の見える」人びとだ。その意味で、人類学者の調査は対面的なものと言える。そして、日常での関係は、調査する者とされる者との力関係からくる緊張をはらみながらも——人類学者の方が人びとに依存する学習者である——相互交渉的なものである。これは、フィールドに権力関係が欠如しているということを意味しない。そうではなく、一方的あるいは一元的ではなく、錯綜し、かつ相互交渉可能な形で権力が作用しているということである。これは、本書の第六章で提案するコンタクト・ゾーンとしてのフィールドという視点である。

人類学独自の方法としてしばしば強調されてきた「参与観察」は、人類学が対象を身近な存在として観察記述、分析する学問であることを端的に示唆している。人類学者はみずからが観察する対象と交わり、また行事に参加しながら、そこから身を引いて観察すること、すなわち主客が微妙に交錯するような場所に身を置くべし、ということを意味する。〈4〉

また人類学者が重視するのは、人びとの言語である。かれらがどのような言葉で、ある事物や現象を表現しているのか、それはどんな範疇にまとめられるのか。こうしたことに気を配るのは、コミュニケーションを円滑に進めたいからというだけではない。言語と思考とが密接に関係しているという前提に基づき、かれら現地人の視点をなによりも優先するからに他ならない。

さらに強調しておきたいのは、フィールドワークはなによりも体を張った実践であるということである。フィールドでの病気や事故だけではなく、フィールドで出会う奇妙な仕草、発音、そして食事の味やにおいなどを通じて、わたしたちは身体的存在であるということをいやおうなく教えられる。生活をともにする、コミュニケーションを確立するとは、なによりもかれらの身体技法に慣れ親しみ、それを学ぶということに他ならない。そして、それこそが心を通わせる回路を開く第一歩でもあるのだ。身体的存在というのは人類学者にのみ当てはまる特徴ではない。先ほどフィールドでの人間関係が対面的と述べたが、顔が分かるとは——顔もまた身体の一部である——他者を身体的存在として受け入れ、つきあうことを意味する。

同じことは感情についても当てはまる。フィールドで人類学者は、感情を抑え理性的にふるまうことではすまされない状況にしばしば直面する。それは怒りや憎悪といった否定的感情であることもあるし、愛情など、そうでない場合もあろう。感情がすべて身体感覚に根ざしているわけではないにしても、その表現は身体という存在の様式、すなわち表情や仕草と密接に関係している。

こうしたフィールドワークという実践こそ、人類学がなによりもミクロなアプローチに特化した学問であるということを示唆している。しかし、それだけでは、フィールドワークの意義を確認し、これまでの文化人類学の特徴を強調したにすぎない。本書で提唱する人類学には、それ以上の意味が込められている。

三　なにを葬り去るべきか？

もう一度ここで、人類学の現場に戻ることにしよう。人類学者はフィールドで体を張って、人びととの交流を目指す。

人類学が相手にするのはフィールドで出会った顔の見える個人である。だが、フィールドでの相互交渉的（対面的）かつ身体的かつ感情的な経験は、フィールドを去った後の人類学的営為において十分に生かされているだろうか。

一度フィールドを離れた人類学者は、もはやフィールドの人びとと個別に親しく向き合うことはない。フィールドワークの成果を現地の人びとが読むことはまれであろうし、そもそも成果の存在を知らされることもなかろう。人類学者は、人びとに対してではなく、自国の人びとに、さらには人類学者という専門集団を念頭に、かれら自身の言葉を使って民族誌を書くのである。書くという行為を通じて、フィールドでの個々の生々しい体験よりも、概念の正確な使用や解釈の斬新さが優先されることになる。そして、人類学者が親しくつきあっていた人びとの顔は消え、〇〇人や××族といった集合名詞にとって代わられる。ジョナサン・スペンサーの言う「ホモ・エスノグラフィクス」の登場である［Spencer 1989: 153］。さらに、みずからの身体性を痛感していた人類学者は「脱身体化」していく。あるいは感情は背後に押しやられ、論理が前面に出てくる。そして、フィールドで実感していたはずの語彙のニュアンスは捨象され、整理・抽象化され、いつのまにか図式的な世界観が、象徴体系とかコスモロジーとかいう名のもとで提示されることになる。

その際、注目されるのがフィールドでの儀礼や祭式などの集合的実践である。人類学は一九六〇年代に、それまでの社会構造の抽出と比較から当該社会の人びとがもつ意味世界へと、関心を変更させたと言われている。その変更を端的に示すのがデイヴィッド・F・ポコックの「機能から意味へ」という表現である［Pocock 1961: 74］。その結果、親族などの集団力学や経済などの制度よりも、深遠な意味が潜むとされる宗教儀礼が人類学者にとって重要な意味をもつことになった。だが、ブロックが鋭く指摘しているように、もともと社会構造の抽出は儀礼の機能主義的分析と密接に関係していた［Bloch 1977］。その意味で、人類学は儀礼への関心を構造機能主義の時代から持続させていたことになる。

この儀礼重視の立場は、社会構造を抽出するのであれ、世界観を明らかにするのであれ、人類学が初期の頃から標榜してきた全体論的視点と密接に関係している。全体論は調査の方法論的前提――なんでも見てやろう――としては有効であったかもしれないが、その結果、より「全体」が見渡しやすい（とされる）儀礼重視の立場がさらに強化された。構造であれ、コスモロジーやヒト（personhood）観であれ、全体を明らかにするには、日常生活はあまりにも断片的な経験の寄せ集めと映ったのである。こうして、人類学者は、学問的な要請ゆえにフィールドでの相互交渉的・身体的・感情的経験からさらに離れていく。日常生活は脇に押しやられ、代わりに儀礼や祭式が分析を推進する重要な資料となる。[5]

したがって、日常生活の否定は、儀礼への関心という形ですでにフィールドワークで生まれ、フィールドワーク以後に強化されるのである。こうした傾向を問題視し、いかにして身体や相互交渉といった経験を民族誌の記述に生かすことができるのか、あるいはそこからどのような儀礼分析が可能なのか、どんな問題系が見えてくるのか、ということをミクロやエイジェンシーというキーワードで明らかにすることに新たな文化人類学の意義がある。これは、強調しておかなければならないが、宗教や儀礼研究を否定しているのではない。そうではなく、儀礼やそこに表出する諸観念にこそ、当該社会を理解するのに必須の鍵が隠されていて、これを明らかにするのが人類学者の至上の使命であるといった、日常的文脈を無視し儀礼を特権視する立場を修正すべきであると主張しているのである。[6]

誤解を恐れずに言えば、ミクロ人類学あるいはエイジェンシーの人類学にとって儀礼が開示するコスモロジーの物語は「戯言《ざれごと》」にすぎないのだ。「文化」は、もはや意味の体系という名の、全体化されかつ脱身体化された表象ではない。それは日常の実践と切り離すことのできない、副詞として――したがって重要なのは動詞である――実感されるものだ。[7]繰り返すが、本書で提案する文化人類学は人びとの日常生活を研究の核に据え、また必要ならそこに参与する人類学者をも視野に入れた記述分析を目指す。だが、それはフィールド体験をそのまま後の分析に復活させることを意味するのではない。それはフィールドワークを中核に備える人類学を意味するだけではない。ミクロ人類学は、全体化という呪縛から解放された地平、日常生活での語りや抵抗、想像力、身体あるいは感情に注目する知的実践である。それらを起点として、歴史やコスモロジー、国家制度などマクロな領域との接合の様態あるいは相互関係を明らかにしようというのである。この人類学はマクロな領域を否定もしなければ無視するのでもないということを強調しておかねばならない。以下では、個人や身体などの諸概念と、それらの背景となる思想について検討したい。

四　わたしたちとかれら

啓蒙の時代以後、西欧で発展してきた人文・社会科学にはいくつかの共通の考え方がある。人間のあるべき姿を理性的存在ととらえ、感情、身体、自然、あるいは社会という領域をその対立物として理解する立場である。主体-客体、精神-身体、理性-感情、文化-自然、個人-社会など、わたしたちになじみ深い二項対立はこうした共通の考え方を表している。文化人類学もまた、さまざまな疑義を含みながら二項対立的枠組から自由ではなかった。実際、文明と未開という二元論的他者認識が人類学を生みだし、長い間その存在根拠であったと言ってもいいからだ。[8] こうした、しばしば哲学的な議論を含む二元論について、ここで一つずつ吟味するわけではない。問題は、二元論が陰に陽に、わたしたち文明人、西欧人とかれら未開人、あるいは非西欧人という、自己（観察する主体）と他者（観察される客体）の根本的な対立と密接に関係しているということである。かれらは感情的で、身体（生物的基盤）や環境といった自然要因に大いに左右され、また非合理な慣習（社会）に縛られている、そこに個人の主体的な自由はない、というわけである。夢や霊的世界についての考え方は、「未開性」の指標として作用してきた［林 二〇〇七］。以下では、人類学の根本的な主題である個人対社会という二元論を、わたしたちとかれらという対立との関係で考察することにする。

西欧近代において個人はこれ以上分解不可能（in-dividual）な実体として理解されてきた［デュモン 一九九三］。個人は自由意志に基づいて状況を判断して、合理的に行動を選択する。社会はこうした個人の集合であり、個人の意志によって社会は変革可能であるとされた。しかし、自由意志に基づく合理的な存在としての個人という個人優先の思想（社会唯名論）は、西欧社会における支配的なイデオロギー（個人主義）にすぎず、また通文化的に見てもそうした個人観がきわめて特殊なものであるということも明らかになってきた。デュルケムを始祖の一人にかかげる人類学は、いわばこうした個人中心の考え方に疑問を呈してきた。文化人類学であれ社会人類学であれ、はたまた民族学や民俗学であれ、その名前が示す通り、文化、社会、民族あるいは民俗など人間の集合的性格を前提とし、これを対象としてきた学問であるのは明らかであろう。

しかし、ものごとはそれほど単純には進まなかった。社会の意義を強調することで、西欧社会の価値を相対化するどころか、社会を優先する「かれら＝非西欧人」と個人を優先する（したがってより進化し、優越する）「わたしたち＝西欧人」という図式を、かえって固定し強化するという事態が生じた。「かれら」は社会の規則や慣習に縛られているがゆえに、個人ではなく集団を研究対象にすべきであるという命題から人類学は自由ではなかったし、むしろこうした考え方の推進者であった。西欧中心的な個人観への批判となるはずであった考え方が、「未開人」(9)の特徴として強調され、未開と文明という対立をさらに強化することになったのである。人類学は個人中心の西欧的思考を克服できていなかった。

こうした状況で西欧文明の個人主義を比較文明論的視点から相対化したのは、フランスの社会人類学者ルイ・デュモンであった。初期の大作『ホモ・ヒエラルキクス』（一九六六）の序章において、彼は西欧社会における社会的なもののリアリティについて指摘している。デュモンはつぎのような同僚の言葉を書き記している。

> 先日、僕が乗り合いバスの後部デッキにいたとき、突然、同乗者たちをいつもと同じようには見ていないことに気づいたのだ。僕とかれらの関係、すなわちかれらに対する自分の位置が変わっていたのだ。「僕とかれら」という対立関係ではなくなっていた。僕はかれらのうちのひとりになっていた。この奇妙な突然の変化の理由を僕はかなりのあいだ考えた。そしてふいに、モースの教えのせいだとわかったのだ。［デュモン 二〇〇一、一七］

デュモンはこの文章を引用した後、つぎのように続ける。

> 昨日まで個人だった者が、社会的人間と感じるようになり、かれは自分の人格が言語と姿勢と仕草と結びついていてそのイメージが隣人たちから送られてきていることに気づいたのだ。［デュモン 二〇〇一、一七］

そして、この知覚を、「社会学的直覚知」［デュモン 二〇〇一、一六］と呼ぶ。この短い文章からも明らかなように、デュモンは西欧近代社会を支配する自由と平等を権利とする個人、その集合である社会という個人中心の考え方を、社会学的直覚知という視点から相対化し、批判している。個人中心の文明と社会中心の未開、わたし（たち）とかれらという対立を、いわば未開（かれら）の側から撹乱しようとしたのだ[10]。

しかし、反対側から道をたどってみるとどうだろうか。すなわち、社会中心主義がはたして「未開社会」には妥当なのか、という問題を立てることも可能なのだ。かれらは本当に慣習に縛られているのだろうか。先祖代々伝わる教えに従っているのだろうか。かれらは本当に合理的な判断や自由という考え方とは無関係の生活を送ってきたのだろうか。ノルウェー出身の人類学者フレドリック・バルトがその代表作『スワート・パターンの政治的指導力』（一九五九）という書物で強調したかったのはこの点である（バルトについては補論1に詳しい）。彼はアルフレッド・R・ラドクリフ＝ブラウンの影響下で未開社会の社会構造の抽出を最優先する人類学の流れに対して、つぎのような苦言を述べている。

> 部族民についての多くの人類学的説明から受ける印象は、政治的忠誠というのは個人の選択の問題ではないということだ。各個人は特定の構造的位置に生まれ、それに従って特定の集団や役職のある人物に政治的な忠誠を誓う。スワートでは人びとは一連の選択を通じて政治秩序に自分の場所を確立する。そしてその選択の多くは一時的なものであり、またいつでも破棄できるものなのである。［Barth 1959：1-2］

一九六六年に公刊された、バルトの『社会組織のモデル』［Barth 1966］は、個人の視点から社会を理解しようとする理論的な総括であり、その立場はトランザクショナリズムと呼ばれることになる。ここでの個人は、つねに自身の利潤を最大限に求め、不利益や危険を最小限に抑えるという動機によって選択する。個人は自由に選択できる存在なのである。もちろんその選択がつねに実現されるわけではない。そこにはさまざまな障害がある。だが、重要なことは、この個人が西欧流の個人主義の考え方とまったく同じであるということである。こうした立場は、現地人たちが慣習に縛られているとみなして、個人の次元を無視してきた人類学に対しては少なからぬ意義を有していたと言える。しかしその結果、わたしたち自身の社会観や個人観を無批判に当てはめてしまうことになる。はたしてそれが正しい方向なのだろうか[11]。

すでに述べたように、本書で提案する人類学は、日常生活における交渉や身体性に着目する。このことは一見、未開社会を典型とする異文化の考察において消し去られてきた個人の復活を意味するととらえられかねないが、必ずしもそうではない。その意図するところは、現代の人類学にトランザクショナリズム流の人類学や、それが前提とする合理的個人を再導入するということではない。この点を説明するために視点を変えて、最近の社会科学において個人がどのように位置づけられてきたのかを探る必要がある。これについては次節で詳しくとりあげることにして、社会中心主義や個人中心主義が直面する問題を列挙しておきたい。

社会を優先する人類学にとって最大の難問は、社会が認知を決定するという社会決定論であった［Bloch 1977］。社会が世界の見方を決めるとするなら、どうやってその社会（政治体制）を変えることが可能となるのか。みずからを正当化する社会のあり方について個人はどうやって、疑問をもち、それを変えようと決断し、実行に移すのだろうか。未開社会は永遠に不変の非歴史的時間に漂っているものだという認識にとらわれていたうちは、変革について考慮する必要はなかったかもしれない。しかし、今やこうした未開人観は変化した。これらの社会も変わるのである。それでもなお、わたしたちは社会中心の視点を保持する必要がある。だとすればどのように変化を説明すればよいだろう（この点については後述）。

合理的な個人を中心とするトランザクショナリズムの視点から抜け落ちる重要な問題は、身体や感情あるいは意識の変容と呼ばれる状態である。心身二元論のヨーロッパの伝統によれば、欧米の男性成人は、合理的存在として身体的欲望や感情を見事にコントロールし、そこから独立した自由な存在と位置づけられてきた。幻聴や幻視は理性的存在からもっとも遠いところにある感覚である。換言すると、理性的存在たる「わたしたち」は状況（社会）性（embeddedness）からも身体性（embodiedness）からも自由である［Morgan and Scott 1993: 12］。

以下では、論旨がほぼ重なるため、煩雑さを避けて身体に限定して論を進めるが、身体について言えることは感情や意識の変容状態についてもほぼ妥当する。[12] 身体は意識・理性の支配下にある（べき）とされてきた。例外は女性や子どもである。そして、未開人もまた身体的存在であり、欲望の奴隷とみなされてきた。未開人は、慣習（社会）と身体によって二重に支配される存在とされてきたのである。

しかし、身体は一方で、社会の対極に位置するものとも理解されてきた。それは自然（人類の生物学的基盤）だったり、また個人の個別性を保証する具体的な基盤として理解されてきた。[13] 社会も身体性もその過剰性が「かれら」の他者性の指標であったにもかかわらず、身体の社会性あるいは社会の身体的次元については——とくに権力との関係については——十分に議論されてこなかったのである。

フィールドワークはあくまで身体的かつ感情的経験であり、その経験を否定することなく意識化していくのが本書で構想する人類学の重要なプロジェクトである。社会（慣習）と身体（欲望）に縛られている「かれら」と、その両者から解放された「わたしたち」という図式を攪乱するためには、社会と個人についてわたしたちがバルトに見てきたのと同じ戦略を想起する必要があろう。一つは、かれらもわたしたちと同じ非身体的存在、合理主義と禁欲によって規制されている存在だ、という命題を追究することであり、これについては攪乱という視点からはそれなりの意義はあるにしても、トランザクショナリズムについて指摘された批判が当てはまるであろう。その反対の、デュモンが採用した戦略は、西洋社会に衝撃を与えた精神分析のように、わたしたちもまた身体的・欲望的存在であるという認識から出発することだ。だが、身体や欲望を強調することで、かれらもわたしたちも社会的存在であるということが忘れ去られてしまう。身体的存在としてのかれらという視点は生物学的な存在を意味し、人類学の社会中心主義にむしろ対立する。例外は、不十分ではあるが、身体が社会全体を語るメタファーになることに注目したり〔ダグラス 一九八三〕（詳しくは本書第四章を参照）、そこに社会身分が刻印されていると指摘したり（マルセル・モース以後の身体技法論[14]）する場合である。

こうした状況で、ルイ・アルチュセールからミシェル・フーコーに至るフランスの社会思想における主体論は、それまでの個人対社会あるいは精神対身体、理性対感情、そしてわたしたち対かれらという二元論的図式を乗り越える視点を示したことで、人類学にも少なからぬ影響を与えることになった。すなわち、アルチュセールの言う主体subject/sujetとは同時になにかへの従属subject to/sujet àを前提とする〔アルチュセール 一九九三〕。従属の対象を社会ととれば、個人は社会的な権威を認め、それに認められることで「主体」となるということになる。したがって、個人の主体性の源泉はあくまで社会（権力、イデオロギー）なのだ。同じような観点から、フーコーは、身体もまた刻印という権力作用を通じて規格化され、従順な身体へと変容する過程を明らかにしてきた〔フーコー 一九八六〕。だからかれらの視点は、手の込んだ、社会中心主義あるいは決定論の徹底と言うことができる。かれらは社会と個人という旧来の対立を「従属する主体」という概念で乗り越えようとした。かれらの分析の対象となっていたのは近代ヨーロッパ社会であった。こう考えると、アルチュセールとフーコーは、デュモンとは別の方法で――権力作用を中心に置いているという点で、より完成度の高い――社会中心主義を導入したと言える。その結果わたしたちは社会の変革の可能性さえも破棄せざるをえないというところまで追いやられることになる。そこで消去された「主体」をもう一度復活させる必要に迫られるのである。主体論によって消された「個人」は、科学者（アルチュセール）や古代ギリシャ人（フーコー）に求められる。そして、さらに複雑な容貌を備えてエイジェント（バトラー）として復活する。だが、このシナリオに陥穽はないだろうか。

五　従属する主体

アルチュセールは「イデオロギーと国家のイデオロギー装置」という論文において、社会（国家体制、特定の権力構造）が存続するには軍隊や警察などの暴力装置（抑圧装置、国家装置）だけでなく、その存続を正当化する国家イデオロギー装置を必要とすると喝破している。後者の例として学校や教会、家族などがあげられている。国家装置は暴力によって、国家イデオロギー装置はイデオロギーによって機能する。そしてイデオロギーは「主体としての諸個人に呼びかける」［アルチュセール　一九九三、八一］。呼びかけとは、アルチュセールにとってイデオロギーの中心的な作用であり、これを通じてわたしたちは主体化される。「諸個人の間から主体を《徴募》し（イデオロギーは諸個人すべてを徴募する）、また諸個人を主体に《変える》（イデオロギーは諸個人のすべてを変える）ようなやり方で《作動》し、《機能》している」［アルチュセール　一九九三、八七］と語る。こうしたイデオロギーの作動が呼びかけであり、人びとに具体的に呼びかける際には「おい、お前、そこのお前のことだ！」となる。

> （前略）呼びかけられた個人は振り向くだろう。こうした一八〇度の単なる物理的な方向転換によって、彼は主体になるのだ。それはなぜか、なぜならば、呼びかけは《まさに》彼に向けられたものであり、《呼びかけられたのは、まさに彼であった》（他の誰でもない）ということを彼が認めたからである。［アルチュセール　一九九三、八七］

呼びかけられることなしに主体はない。だがこの主体はまさに呼びかけに依存しているゆえに、「呼びかける主体」（大文字の主体）に従属的な主体である。主体についてアルチュセールはつぎのように述べている。

> 用語の現行の意味において、主体とは以下のことを意味する。すなわち、①自由な主観性——それは様々な発意の中心であり、その行為を引き起こした人物であり責任者である。②ある超越的権威に服従・従属し、その従属を自主的に受け入れる場合を除いて、どんな自由ももたない存在である。（中略）すなわち、個人は主体の命令に自主的にしたがうため、したがってその服従を自主的に受け入れるため、それゆえその服従の身振りや行為を《ひとりで成し遂げる》ために、（自由な）主体として呼びかけられるということである。服従をとおして、かつ服従のためにしか諸主体は存在しないのである。それゆえ諸主体は《ひとりで歩く（機能する）》のである。［アルチュセール 一九九三、一〇〇-一〇一］

①の主体観は従来のものだが、②こそ、ここで言う従属する主体である。この概念は後にフーコーの権力論に継承されていく。そこで権力とはこうした従属する主体（アイデンティティと言ってもよいだろう）を生みだす匿名的な力として理解されることになる。

アルチュセールの呼びかけ論を儀礼分析に適用したのがブロック［Bloch 1986］だった。彼によれば、マダガスカルのメリナ社会における男子割礼儀礼は、少年を社会の真の構成員である成人男性に主体化するきわめて重要な儀礼である。割礼において、少年は心身ともに男性性と女性性に二極化され、後者を暴力的に削除・排除することで成人となる。割礼で切除される包皮は女性的なるものの象徴であり、儀礼の過程において女性たちがさまざまな形で卑しめ見下され、罵倒される。割礼とは女性的なるものを否定して少年を完全な男性にする装置である。そして、男性はメリナ社会の基本単位である出自集団の一員と認められることになる。これは少年が（メリナ社会の権威、祖先などに）従属する主体に変えられるということを意味する。割礼をまだ受けられない少年や、そこから排除されている女性は不完全な主体として差異化されることになる。ブロックによれば多くの通過儀礼は参加者に心身の二極化を生みだし、否定的な要素を排除することで、いわば彼・彼女を変容させ、主体化を達成する。二極化や排除には暴力が伴い、儀礼こそがそのような暴力を可能にする。

しかし、アルチュセールにとって呼びかけとは、本来日常的な交渉の場面で不断に起こることである。それは割礼のような、人生でたった一度しか起こらないものではない。確かにアルチュセールは、神が信者（モーゼ）に呼びかけるような宗教的な文脈を念頭に置いていたと言えるし、ミサなどの儀礼的行為への言及も多い。しかし、警官に呼び止められて、振り返るとき主体が立ち上がるという事例は、儀礼や宗教からまったくかけ離れたものであった。ブロックの儀礼論は、儀礼にある種の主体化の典型を指摘したという点で評価すべきであるが、それによってわたしたちは日常生活における主体化に着目するという視点をも失ってしまったように思われる。ただし、ブロックが日常生活を無視しているというのではない。彼は、むしろイデオロギーを批判できる場所を日常に求めていた。日常こそがイデオロギー作用がない世界だというわけである。つまり、ブロックにとって儀礼的コミュニケーションは、従属する主体を生みだす世界、日常のコミュニケーションは真の社会関係を確立できる場所ということになる。儀礼と日常という二元論でもって、ブロックはアルチュセールやフーコーのアポリアを克服しようとしたのである。だが、本当に日常生活はイデオロギーから自由なのだろうか。少なくとも日常生活の一部をなす他者との交流は権力が作用する主体化の場であり、同時にそのような作用をはぐらかし抵抗の拠点となるアリーナでもあるという二面性をもつのではないだろうか。以下では、こうした問いについてさらに考察を進めていきたい。

六　呼びかけからパフォーマティヴィティへ

バトラーが、ジェンダーの構築的性格を明らかにするために採用したのがパフォーマティヴィティという概念であった[15]。彼女は『ジェンダー・トラブル』（一九九〇）でつぎのように述べている。長くなるが、構築主義の立場がはっきり表れている文章を二つ引用しよう。

不動の実体とか、ジェンダー化された自己という見せかけ——すなわち精神科医のロバート・ストーラーが「ジェンダーの核」と言ったもの——は、さまざまな属性を、文化的に確立された首尾一貫性の輪郭にそって規制することで生産されているものにすぎない。（中略）ジェンダーは名詞ではないが、自由に浮遊する一組の属性というものでもない。なぜなら、ジェンダーの実体的効果は、ジェンダーの首尾一貫性を求める規制的な実践によってパフォーマティヴに生みだされ、強要されるものであるからだ。したがってこれまで受け継がれてきた実体をめぐる形而上学の言説のなかでは、ジェンダーは結局、パフォーマティヴなものである。つまりそういう風に語られたアイデンティティを構築していくものである。この意味でジェンダーはつねに「おこなうこと」であるが、しかしその行為は、行為のまえに存在すると考えられる主体によって行われるものではない。（中略）ジェンダーの表出の背後にジェンダー・アイデンティティは存在しない。アイデンティティは、その結果だと考えられる「表出」によって、まさにパフォーマティヴに構築されるものである。［バトラー 一九九九、五七－五九］

ジェンダーは、ひそかに時をつうじて構築され、様式的な反復行為によって外的空間に設定されるアイデンティティなのである。ジェンダーの効果は、身体の様式化をつうじて生産され、したがってそれは、身体の身ぶりや動作や多様なスタイルが、永続的なジェンダー化された自己という錯覚をつくりあげていくときの、日常的な方法と考えなければならない。この考え方は、ジェンダー概念を、実体的なアイデンティティ・モデルの基盤から引き離し、ジェンダーをその時々の社会の構築物とみなす基盤へと、移行させるものである。［バトラー 一九九九、二四七］[16]

以上の引用からも明らかなように、バトラーは、ジェンダーという、一見身体の差異に本質的に根ざした属性が、実は日常的な言語行為を通じて構築されることを繰り返し強調する。言語行為論に由来するパフォーマティヴィティという概念は、ここでたんなる相互行為で生じる中立的な発話の行為的側面以上のものを意味する。なぜならパフォーマティヴィティはジェンダーを核とするアイデンティティそのものを生みだすからであり、その背後に言語行為論が前提とするような、一般的な意味での主体性を認めることはできない、と彼女は断言しているからだ。そして、その実践は強制的でもある。パフォーマティヴィティを通じて、人びとは特定のジェンダーにふりわけられる。

ジェンダーや異性愛だけが問題なのではない。バトラーは裁判官についても同じことを述べている。

裁判官の言葉の拘束力は意志の力やすでに前提とされている権力から発生するかのようだが、実はその反対である。法の引用を通して裁判官の「意志」が作り出され、テクストに基づく権威の優越性が確立されるのだ。実際には、慣習を呼び出すことによって裁判官の発話行為が拘束力を発生するのだ。その拘束力は裁判官という主体やその意志にあるのではなく（以下略）。〔バトラー 一九九七、一六二〕

ここに認められるパフォーマティヴィティの力は、匿名的な権力の作用としてとらえられている言説の具体的な作用に近い。事実バトラーは先の引用のすぐ後につぎのように述べている。

発話し、語り、そのことによって言説に結果を生みだす「わたし」があるところには、まずその「わたし」に先行する言説、その「わたし」を可能にする言説があり、その意志を制限する軌道を言語によって作る言説がある。したがって、言説の後ろに立ってみずからの意志や意欲を言説を通して実行するような「わたし」などは存在しない。反対に、「わたし」は呼ばれ、名付けられ、アルチュセールの用語で言えば呼びかけを通してのみ存在するようになり、この言説上の構成とは「わたし」に先立って存在し、それはわたしの他動詞的な呼び出しなのである。〔バトラー 一九九七、一六二〕

この文章でもって、オースティン（あるいはウィトゲンシュタイン）以来の言語哲学の流れと、アルチュセールに始まる社会理論・権力論との接合が企てられたと言ってよかろう〈17〉。オースティンが言語の遂行性と名付けた性格こそ、日々の呼びかけであり、わたしたちを主体化する「行為」だということが明言されたのである。あるいは、ふたりの人物が古典的な意味での自由意志をもつ「主体」として戦略的に立ちふるまうというゴッフマン流の対面行為分析の前提がいともあっさりと乗り越えられたと言ってよかろう。

七　攪乱するエイジェント

バトラーはアルチュセールと異なり、パフォーマティヴィティあるいは呼びかけが一律な「従属する主体」を生みだすとは考えてはいなかった。初期の『ジェンダー・トラブル』（一九九〇）や『身体がモノダイだ（*Bodies that Matter*）』（一九九三〉において、ジェンダー規範を攪乱する存在として繰り返し語られるイメージはドラァグ・クイーンに代表される女装であった。彼女の考えでは、異装は一方で既存のジェンダー規範を強調するが、それが模倣の対象となるゆえに、ジェンダーそれ自体が決して自然なものではなくパフォーマティヴィティを通じて模倣されるということを露呈する。ドラァグ・クイーンが演じるパフォーマンスによって、ジェンダーはその構築性があばかれることになる〔バトラー 一九九九、二四二〕[18]。

ここでバトラーは異装をパロディととらえ、パロディのもつ潜在的な批判力を強調する。ただし、パロディだけが自然化されたジェンダーのあり方を揺るがすのではない。

> ジェンダー化された永続的な自己とは、アイデンティティの実体的な基盤の理想に近づくように、反復行為によって構造化されたものであることが判明するが、他方でその反復行為は、ときおり起こる不整合のために、この「基盤」が暫定的で偶発的な〈基盤ナシ〉であることを明らかにするのである。ジェンダー変容の可能性が見いだされるのは〈中略〉反復が失敗する可能性のなかであり、奇-形のなかであり、〈中略〉パロディ的な反復のなかなのである。〔バトラー 一九九九、二四八〕

この引用ではパロディとならんで反復の失敗や奇-形（de-formity）がとりあげられている。とくに前者を念頭に、バトラーは、『権力の心的な生』（一九九七）と『触発する言葉』（一九九七）では、より一般的な問題意識からパフォーマティヴィティの限界について議論を展開することになる。

バトラーの基本的な主張を一言で述べれば、アルチュセールの呼びかけ〈パフォーマティヴィティ〉を通じて、従属する主体が形成されない、ということである。なぜ、そうなのか。彼女によれば、パフォーマティヴィティを通じて生まれるのはもう一つの従属する安定した主体などではなく、不安定でありながら同時に語りかける力をもつエイジェント〈行為主体〉だからである。

オースティンとアルチュセールの見解をつなぐには、〈他者〉の呼びかけを通じて構築される主体が、今度はいかに、他の人びとに呼びかける能力をもつ主体となっていくかを説明する必要があるだろう。そのような場合、主体は、言語を純粋に道具とみなす万能なエイジェント（sovereign agent）でもなければ、そのエイジェンシーが先行する権力操作と純粋に共謀しているような、たんなる結果でもない。［Butler 1997a: 25-26, バトラー 二〇〇四、四一］

あるいは、バトラーはアルチュセールの呼びかけについて、主体は語られえないものを条件に語る主体となると定式化し、この語られないもの（あるいは排除されているもの）こそエイジェントを生みだす基盤となると述べる［Butler 1997a: 25-26, バトラー 二〇〇四、二八］。ここでその精神分析学をめぐる議論に立ち入ることはしないが、彼女の論点は、主体を生みだす権力そのものがエイジェントの萌芽となる、すなわち権力の作用（語りうるものと語りえないものとの区別）が、権力の配置を批判し抵抗するエイジェントの核になるということである。

主体はそれ自体両義的な場所である。そこで主体は先行する権力の結果でもあると同時にエイジェンシーという根源的に条件付けられた形態を可能にする条件として出現するのである。［Butler 1997b: 14-15, バトラー 二〇一二、二四］

ここで重要なことは、日常的なパフォーマティヴィティ＝呼びかけが自動的に主体化＝従属化を生みださないということ、したがって異装などの特殊な場合においてのみ権力批判が可能になるというわけではないことをバトラーが確認したことである。パフォーマティヴィティはつねに、必然的に失敗し、エイジェントを生みだす条件を準備するのである。

それでは主体に対立するエイジェント／エイジェンシーとはなにか。バトラーはきちんと定義しているわけではないが、それが主体＝従属を可能にする権力への抵抗の拠点としてイメージされていることは明らかである。すなわち、「エイジェンシーとはみずからを生みだした社会的条件に対抗したり変化をもたらしたりする」［Butler 1997a: 29, バトラー 二〇〇四、四〇］。それは、もちろん自由意志を有する近代的個人ではない［Butler 1997a: 17, バトラー 二〇〇四、二七］。

にもかかわらず、彼女の描くエイジェントが、真に従来の個人から決別しているとは思われない。その理由の一つは、バトラーの言うエイジェントを特徴づけるのは孤独だからである。換言すれば彼女のエイジェント論に欠如しているのは共同性という視点である。あるいはこう言ってもよいかもしれない。『権力の心的な生』がとった方法が文字通り心的（精神分析学的）なものだったから、エイジェントは孤独な存在として描かれたのだ、と。必要なのは「エイジェントの社会生活」ということになろう[19]。

エイジェントの本来の意味は、行動する人であるが、後に代理人（deputy）という意味が加わった。実際それはしばしば代理人の意味で使用されている（開発業者、旅行代理店、スパイなど）。特定の個人や集団を代理するとも言えるし、より広義にはコミュニケーションのネットワークを生みだす場を代理するとも言える。エイジェンシーは広い意味でのコミュニケーションの能力である。コミュニケーションの能力を踏まえて共同性、コミュニティあるいはネットワークというものを重視するのがわたしの立場である[20]。これによって、個人を強調する立場が想定しがちな、かけがえのないわたしの身体、わたしにしか分からない痛みや喜び、感情といった場所――実存と言ってもよかろう――に安住することをあえて拒否したい。他者とのつながりを可能とするような関係性を強調したいのである。代理とは、他者の操り人形という意味ではなく、コミュニケーションの対象となるような他者との共同性あるいはネットワークを示唆する存在、わたしの存在が他者との関係に埋めこまれている、しかし、一方的に主従の関係にあるのではないようなあり方なのである。それは、自他が代理し代理されるという相互代理の関係を意味する。エイジェントとは「従属する主体」でも「行為（主）体」でもなく「代理する主体」なのである。コミュニケーションが個別的、一対一的であるとしても、なおそこには双方向的、相互交渉的な場――共同性――が生まれる。そのような場の存在を示唆し、そのような場を生みだし、さらに変化させる力がエイジェンシーである。

同時にエイジェント自体も変化していく。あるいはエイジェントとして個人が関与する場は、空間的にも時間的にも多層的であり、ある場が図となり、他の場が地となる。それらの配置が変わることも、変えることも変化である。逆説的ではあるが、エイジェントに着目する個人からの視点・個人への視点とは、新たなネットワークの発見を目指す立場なのである。バトラーの議論に欠如しているのは、こうした共同的な場のヴィジョンなのである。

そのような場が抵抗を可能とする。そしてそのような場を確保することによって人びとは周縁からでさえ、わたしたちに語り始めるのだ。ネットワークの中心に必ずしも「自由主義的」個人に近いエイジェントを想定する必要はない。コミュニケーションを触発する存在であるとしても、主導者である必要はないのである。

わたしは、ここで「パフォーマティヴィティのコミュニティ」あるいは「エイジェンシーのコミュニティ」という概念を提唱したい。その構成員はエイジェントである。それは、まさに日常生活についての新たなヴィジョンである。日常生活とは重層的なパフォーマティヴな言語実践からなる領域である。そこで人びとは権力作用にさらされ、アイデンティティを獲得する（主体化）。しかし、これはまた対抗的なエイジェントを生みだすプロセスでもあるのだ。日常生活は相互交渉の世界である、と本章の冒頭で述べた。だがこの相互交渉は、トランザクショナリズムが想定したような競合や支配・従属関係に近いもののみを指すのではない。後に述べるように「エイジェンシーのコミュニティ」における相互交渉の典型は「共鳴」として理解されるべきものなのである。[21]

こうしてわたしたちは再び日常生活に戻ってきた。日常生活に注目するのは、それがフィールド経験そのものであるからということだけではない。日常にこそ権力は投資し、それゆえに――それにもかかわらず、と言うよりは――エイジェントが生まれるアリーナなのだ。したがって、わたしたちは権力なき日常を描いたり、また日常からかけ離れた壮大なコスモロジーを表したりすることをもって満足することを、なによりも拒否するのである。

八　エイジェンシーのコミュニティ

ここで、ジーン・レイヴとエティエンヌ・ウェンガーによる共著『状況に埋め込まれた学習――正統的周辺参加』（一九九一）で提唱された実践コミュニティを検討することで、エイジェントのコミュニティという概念の特徴を明らかにしておきたい。前者は、個人主義的、要素主義的な前提に基づき習得されるべき知識や技能を実体化する学習理論とその実践の場である学校教育に対し、学習の過程を特定のコミュニティへの参加、アイデンティティの獲得の一部として理解しようとする立場から生まれたものであり、具体的には技能の習得を目的とする徒弟制度の理解を目指したものだ。

しかし、そこにはコミュニティと個人のアイデンティティ形成の関係という、より一般的な含意を認めることが可能だ。たとえば、アフリカやインドにおける職業集団のように、生まれによって決まる一次集団の成員アイデンティティと技能の獲得とが密接に関係している場合、狭い意味での徒弟制度に議論を限定することは意味がない。つまり、実践コミュニティは、社会一般を指す概念と言える［レイヴ&ウェンガー 一九九三、二九］。そして、正統的周辺参加と著者たちが名付ける学習を通じて、アイデンティティ・主体形成が漸次なされるという主張は強調されてよい。さらに言えば、コミュニティへの参加あるいは、そうした集団のアイデンティティの獲得とは、広い意味での身体作法、言語能力の獲得である。たとえばジェンダーとは学習の対象となる知識や技能であり、ジェンダー・アイデンティティの獲得とは同性集団に参加することで可能となるのである。

　この視点からあえて言えば、いかにして完璧な主体（アイデンティティ）が生まれるのかというプロセスについて、呼びかけではなく実践（プラクティス）に焦点を当てて論じたということになろう。したがって、ここでもアルチュセールの呼びかけ論に認めたアポリア――呼びかけを通じて生まれた主体はいかにして対抗的となりうるのか――に直面する。結論から述べるなら、実践に基づく状況的学習というレイヴらの視点からこのアポリアを克服することはできない。習得あるいは参加の成功を強調することで、変革あるいは創造性の視点が理論的に精緻化されているとは言えないのである。確かに世代的な対立や外的な要因によるコミュニティの変化などへの言及はある［レイヴ&ウェンガー 一九九三、一〇一―一〇五］。また、学習や実践コミュニティが歴史的な産物であるという認識もはっきりしている。にもかかわらず、その議論は一般的なものに終わっていて、なぜコミュニティでの実践を通じてアイデンティティを獲得する学習者・実践者が同時にその変革者になれるのかという理論的な説明に欠けているのである。言い換えると、かれらの変化についての議論は常識的な事実の確認でしかない。その過程は周辺から中心へという平坦なものなのだ。そして、それはきわめて調和的なものだ。さらに、実践コミュニティについてのレイヴらの議論は、哀しいまでに権力に対する感受性に欠けている［レイヴ&ウェンガー 一九九三、六九―七〇］[22]。この結果、実践コミュニティの成員については参加や状況的学習という概念によってプロセスとして描くことに成功しているが、コミュニティそのものを動態的にとらえるという視点は十分に理論化されたとは言えない。

　コミュニティとそこでの実践をめぐる問題点はまた、実践コミュニティにおける学習者についての社会科学的な概念化が不十分だということでもある。学習者とはいかなる存在なのか、という視点が見えてこないのである。レイヴらの記述はあくまでわたしたちの常識に依拠したものに留まっている。

実践コミュニティ論のもう一つの大きな問題は、書物を通じての学習のオルタナティヴとして実践による学習を強調することで、コミュニティにおける言語活動への関心（それは言うまでもなく知識の伝達に限ったことではない）が低く、結果的に行為としての発話、実践としての発話への視点からも遠ざかってしまったということである。〈23〉

実践コミュニティの調和的モデルがいかに不十分なものかは、レイヴらが提示しているアルコホリックス・アノニマス（AA）の事例を見れば十分であろう。そこで強調されているのは新参者がみずからの話を語り、また他のメンバーの話を聞きながら、「アルコール依存症でない飲酒者から断酒中のアルコール依存者」へとアイデンティティを変容することである。

新参者は自分のストーリーをどう語るかについて説明されないが、AAにとどまるたいていの人はこれができるようになる。（中略）お手本からの学習に加えて、相互の関わり合いからも学習が生まれる。すべての会員は討論では発言するように、他のAAの会員と友好を保つように励まされる。この社会的な相互交流の過程で、新しい会員は自分の人生について語ることが要求される。（中略）AAでは、成功、すなわち回復には、自分自身と自分の問題をAAの見方で見ることを学ばなければならない。［レイヴ＆ウェンガー　一九九三、六四―六五］

そして自身の語りが不適切な場合は修正させられたり、あるいは無視されたりするこの語り自体、主意主義的でしかも改革の視点などないことが見てとれよう。

レイヴらの語りの調和的性格は、女性の筋痛脳髄炎患者の自助サークルをフーコー＝バトラー流に分析したシルドリックらの論文［Shildrick and Price 1996］と比べてみれば明らかである。そこでは、障害者たちがたえざる規格化（normalization）にさらされている。

医学のまなざしは実際に観察可能で物質的な「壊れた」身体を確立しようとするが、（中略）当の個人が同時に、ますます拡張していくまなざしの道具になるように扇動されていく。まなざしをみずからに向け、自身の自己統制を実施することで、彼女はみずからを身体化された主体として構築する手助けをするのだ。〔Shildrick and Price 1996：108〕

こうして障害者は、医師に代わってみずからを監視する存在に変わるのである。

一方で自助サークルは繰り返される対話を通じて、医学のまなざしに対する批判の拠点となる。サークル内での病気・障害をめぐる言語実践が生みだす障害者のアイデンティティは医学の領域に収まらない〔Shildrick and Price 1996：104〕。それは、医学的主体化を撹乱することになる。シルドリックらによると、相互交渉的なパフォーマティヴな実践が規格化の力に抵抗するモメントを生みだすという。

変革の視点や言語行為の意義への理解が欠如している実践コミュニティの概念の弱点を克服するにあたって、わたしは、実践コミュニティの代わりにエイジェンシーのコミュニティという概念を提唱したい。そして、実践コミュニティが、すでに述べた理由から、特定の技能集団に限定されない広がりをもつ概念であることを考慮すると、それに代わるエイジェンシーのコミュニティとはまさに社会そのものの、そして日常的実践の新たなヴィジョンであると言えよう(24)。日常生活で人びとは権力作用にさらされ、アイデンティティを獲得する（主体化）。しかし、これはまた対抗的なエイジェントを生みだすプロセスでもあるのだ。そこで日常生活は不断の交渉の場としてとらえられる。日常生活の外に抑圧的な権力（国家権力、植民地支配など）を想定することで、わたしたちはしばしば「民衆」や「生活」をフェティッシュ化して聖域とする誤りを犯しがちである。こうした傾向を克服するためにもエイジェント概念に込められた共同性を無視することなく、日常生活に作用する重層的な権力に焦点を当てる必要があるのである。

九　共鳴する身体

つぎに身体について、ここで今までの議論を振り返ることにしよう。身体を問う根拠の一つがフィールドでの身体経験であった。そこからわたしたちはさらに、日常での身体性に話を進めた。他方、伝統的な西欧の世界観において、身体が置かれている奇妙な位置についても言及した。身体は精神に対立する。他方で、身体は社会とも対立する。そしてわたしたちは身体の社会性や社会の身体性について議論すべきであると指摘した。

社会や権力との関係で身体に焦点を当てたのは言うまでもなくフーコーである。フーコーは近代的な権力にとって、身体が管理（規律・訓練）の対象としていかに重要なのかを明らかにした。ただ、フーコーの言う刻印もまた、出口なしの一方的な従属を示唆しているように思われる。そこに認められるのは受動的な身体であり、「悲観的なエイジェンシーのヴィジョン」［Lash 1991：259］である。だが、はたしてわたしたちはこのヴィジョンを受け入れなければならないのか。バトラーが不十分ではあっても果敢に取り組んだように、身体の領域においてもわたしたちに必要なのは、権力作用のあり方の分析だけではなく、そうした権力作用に対しいかにして身体が抗しているのか、という議論、すなわち新たな身体についてのヴィジョンであり、「身体のエイジェント」論である。そこで身体はアリーナ（バーバラ・クルーガーの有名なメッセージを再録するなら、「あなたの身体は戦場だ *Your body is battleground*）」）であると同時に、そのアリーナを変革するエイジェントでもあるのだ。

ただ、わたしは呼びかけが意識に、刻印が身体に作用する権力のあり方である、と整理しようとしているのではない。なぜなら、呼びかけは身体にも作用しているからだ。アルチュセールの「（前略）呼びかけられた個人は振り向くだろう。こうした一八〇度の単なる物理的な方向転換によって、彼は主体になるのだ」という文章（本書二三頁）をもう一度思い起こそう。あるいはバトラーの「ジェンダーの効果は、身体の様式化をつうじて生産され、したがってそれは、身体の身ぶりや動作や多様なスタイルが、永続的なジェンダー化された自己という錯覚をつくりあげていくときの、日常的な方法」（本書二六頁）という文章を思い出してほしい。わたしたちは、なによりも身体的存在として——「物理的な方向転換」あるいは「身体の様式化」——パフォーマティヴィティ／呼びかけに応答するのである。それゆえ、ここで指摘する「身体のエイジェント」は、（従属する）主体からエイジェントへという流れに並行するものとして、馴致・刻印の対象としての身体から攪乱する身体へ、といった議論を推し進めようとしているのではない。そうではなく、主体化は身体をも対象としており、それゆえエイジェントとはそもそも身体的次元をも含むということを強調しているのである。アルチュセールやフーコーの描く主体・身体に対比されるエイジェントとは、なによりも身体的存在として共同性のネットワークを編み、変革の可能性を切り拓くことのできる存在なのである。

わたしたちはエイジェントがなによりも身体的存在であるということを認めた上で、文化人類学は従来の身体論のなにを問題にしたいのか、なにに焦点を当てるべきかについて論を進めることにしたい。ここで手引きとなるのはアーサー・W・フランクの「共鳴する身体（communicative body）」という概念である［Frank 1991: 79］〈25〉。これについて彼はミハイール・バフチーンの描くラブレー流身体を典型とし、舞踊その他のパフォーマンスの美的実践や医療における介護実践の身体をあげている。その本質は、本来、身体が言うことをきかないことを意味する偶発性（contingency）こそが、ルーティンを越えた他者への自己表現と他者との関係形成を可能とする、という点である〈26〉。それはみずからを一部とする世界を再創出する身体である。たとえば舞踊は身体の偶発性を中心に展開する。これが舞踊の変化と即興の源泉である。そしてなによりも舞踊は共同的（communal）である。他方、身体が不自由な病人の場合、その不自由さこそ、自身の無力感の原因であるが、看護人の手助けと、他の人びととの交流を通じて、みずから語り始める物語が、身体の偶発性を可能性に変えていく。ここにおいて身体は意識の檻として、それを日々苛む容器ではない。それは刻印を通じて、権力の媒体として作用するのでもない。それは他者に開かれた共同的な身体であり、新たな世界を生みだす基盤となる身体なのである。

このような例を挙げると、舞台芸術や障害など、共鳴する身体がきわめて特殊な状況でのみ認められるという印象を与えるかもしれないし、フランクもそう考えているように思われる。とすれば、日常生活を主たる対象とする文化人類学の企てに矛盾するのではないか。わたしはそう思わない。こうした身体こそ日常の相互交渉的世界を基礎づける一つの様態であると考えるからだ。それはクロッスリィがメルロ=ポンティの身体論に触発されて、より社会学的な文脈で（再）提示する身体の「間身体性」とでも言うべき性格に根源で結びついている〈27〉。その意味で共鳴する身体はパフォーマティヴィティのコミュニティを支える身体であり、またエイジェントの身体を示唆している。トランス状態にある身体や子ども・女性の身体あるいはさまざまな悩みを表現する身体は、広い意味で身体の偶発性を強く示唆している。そして、それはまたネットワークを創出する契機でもあるのだ〈28〉。

感情についてはほとんど述べてこなかったが、感情もまた身体と同じく権力がわたしたちを主体化する手段、したがって支配する手段となりうる〈29〉。しかし、同時に身体は身ぶりやふるえなどさまざまな表現で、また感情を通じて他者と共鳴する。ここで、エイジェンシーと身体、社会関係、そして感情の関係について述べているつぎのような含蓄のある文章を引用しておきたい。

社会的エイジェンシーを十分に理解するには、身体化されたエイジェンシーという概念が必要である。これは社会過程においては、必然的に身体化されている感情がエイジェンシーの基盤として機能するからである。感情は、重要なことであるが、社会関係を生みだす社会行為のための有機体を導き、組織するため、社会的エイジェンシーにおいて一つの役割を果たす。身体は外的な力に対したんに従属するものと見ることはできない。身体過程を通じてヒトを動かす感情は、エイジェンシーの源泉として理解しなければならない。社会行為者は身体化されているのだ。〔Lyon and Barbalet 1994: 50〕

感情や行為だけが共鳴する身体のあり方を指示しているのではない。なによりも言語行為こそ共鳴する身体表現そのものである。こうしてわたしたちは再び「語るエイジェント」に邂逅するのである[30]。

まとめよう。社会か個人かという古典的な問題に対する一つの答えが主体化という概念であった。人は権力に依拠することで主体（アイデンティティ）を形成する。バトラーは、言語行為論におけるパフォーマティヴィティとアルチュセールの呼びかけという概念を結びつけることで、日常生活における主体構築という視点を切り拓き、ジェンダー・アイデンティティの構築的性格を鋭く指摘した。彼女はさらに、呼びかけがつねに従属する主体を生みだすため、アルチュセールの理論からは社会を批判し変革する存在は抹消されているという批判を克服しようとする。そこで提唱されたのがエイジェントという概念である。しかしそこには本来エイジェント概念が想定していたような共同性というものが十分に考慮されていなかった。エイジェントはたんなる自律的な個人の別の謂いではないのである。わたしが提唱したエイジェントは他者とのパフォーマティヴィティのネットワークを前提とし、それに影響を受けつつまた与えるという位置をとる存在として想定されている。単純化すれば、パフォーマティヴィティは権力の行使（主体化）であると同時に、自他を能動化する実践（エイジェント化）でもあるのである。エイジェントからなる動態的な世界、それを「エイジェンシーのコミュニティ」と呼んだ。それは自由意志をもつ個人からなるものでも、規則に従属する人びとからなる世界でもない。それは従属と抵抗、そして共鳴が複雑に絡みあう場なのである。それは一方的な命令と承認が支配する世界ではなく、偶発性を無視できない相互交渉の世界なのだ。わたしは、このようなコミュニティを特殊な領域、たとえば宗教世界にではなく、日常生活に求めた。

「わたし」は身体的かつ感情的存在でもある。理性中心の世界観において身体は社会・共同体とともに、個人中心の視点からはしばしば従属的なものとして位置づけられてきた。個人（意識）は社会と身体の両方に対立するからと言って、社会と身体が共犯関係にあるのではない。社会中心的な視点に従えば、身体は個人の単一性をあからさまに示している。だが、わたしたちはその身体を通じて共同世界に開かれているのであり、また身体にこそ権力の矛先が集中する。

呼びかけとともに刻印の過程こそ問われなければならない。だが、それゆえにこそ、身体は権力への抵抗の場所となる。刻印を通じて完璧に従属する身体が生まれるわけではない。むしろ身体はいわば共鳴する身体として、新たな世界を生みだす起点となるのである。そのような世界を考察の対象とし、新たな地平を拓くこと、その地平にみずからを含むような実践の場を用意すること、これが本書で提唱する新たな文化人類学の課題である。この実践上の論理的な帰結は、民族誌記述や学術的スタイルそのものの変革となろう。

追記　バトラーは、その後『生のあやうさ――哀悼と暴力の政治学』（二〇〇四）などで本章での批判（英語版は［Tanaka 2005］）に応えるような議論をしているが、ここでは二〇〇六年当時発表のままにしてある。また、本章の議論に近いものとして［高城 二〇一四］がある。実証的な研究の試みとして参考になろう。なお、初出では「ミクロ人類学」という言葉を使用していたが、本書を公刊するにあたって、他の章との統一を目指して、ミクロという言葉を使用するのをできるだけ避けている。また、初出論文では communicative body を「響応する身体」と訳したが、本書では「共鳴する身体」に改訳している。

注

〈1〉類似の批判については［田辺 二〇〇二］を参照。こうした流れにおいて本章に近い立場を山田の仕事［山田 二〇〇〇］に認めることができる。それは一言で言えばエスノメソドロジーのフーコー的転回と表現できよう。

〈2〉　言うまでもなく、この「高み」はプラットの言う「帝国のまなざし」に通じ、その眼下にはパノラマ的展望が広がっているはずだ［Pratt 1982, 1992］。

〈3〉　アサドは、民族誌的方法と統計学的方法を対比させて、前者の意義を論じている［Asad 1994］。ただ、後に述べるように、民族誌的方法にも問題がないわけではない。

〈4〉　クリフォードとマーカスの編集による『文化を書く』（一九八六）以来、人類学はさまざまな批判にさらされてきた。「参与観察」をキーワードとするフィールドワークについても例外ではない。とくに「そこから身を引いて観察すること」をめぐる問題については本書第七章を参照。

〈5〉　わたしはこういう傾向を「観念的全体論」と呼んだが［田中一九九一a］、その前提にあるのは各文化が隔離可能で、特色があるという本質主義的な立場である。この「本質」をどれほど包括的に明らかにするかは、文化人類学者の力量にかかっているというわけである。

〈6〉　その典型はアフリカを中心とする右と左についてのシンボリズムをめぐる議論や、南アジアやミクロネシアの民族誌において盛んに議論されてきた浄不浄概念であろう。後者について言えば、少数の例外（たとえば［Beans 1981］）を除き、当該社会の本質主義化とならんで浄不浄をめぐる全体化への欲望はすさまじいものがある。良識ある読者は壮大な図式の前で、いったい誰にとっての浄不浄観なのかを問わずにはいられまい。スペルベル［一九七九］はターナーの象徴人類学について、それを秘儀的なものと呼んで類似の批判を行っている。

〈7〉　インゴルドはつぎのように述べている。「隔離された文化というのは西洋の人類学的想像の産物だと暴露されてきた。とするなら、人びとは文化に生きている（live in cultures）と言うより、文化的に生きている（live *culturally*）と言う方が現実的かもしれない」［Ingold 1994: 330］。重要なのは、表象ではなく、経験であり、さらに言えば両者の統合である。

〈8〉　これに加えて、男性と女性、大人と子ども、人間と動物といった対立も考慮する必要があろう。

〈9〉　以下では、非西欧人、未開人、「かれら」について、厳密な区別をしないで使っていることをことわっておく。未開とは学術的には文字をもたない、という属性で理解されているが、ここでは、文脈によっては西欧社会にとって他者である人びと一般を指して使用している。

〈10〉　この意味で、これは文化人類学に期待される「文化批判」［マーカス&フィッシャー 一九八九］の典型と言えよう。またボッディ［Boddy 1998］も西欧の個人観、身体論などを相対化する視点を提示している。

〈11〉　バルトのテクストを攪乱する要因の一つは、計算高いはずのパシュトゥーン人たちの名誉についての「非合理的」執着であろう。なお、コスモロジー研究への批判［Barth 1987］は、本書の立場と重なるということをことわっておく。この点について詳しくは補論1第八節を参照。

〈12〉　身体と感情の関係については［Lyon and Barbalet 1994］を参照。ヒト観と同じように、感情を文化的表象ととらえると、その身体性が否定されてしまう。一九八〇年代半ばから急増した感情・情動についての民族誌の大半（たとえば［Lutz 1986; Lutz and White 1986; Shweder and LeVine（eds.）1984］、他に

Ethos 1983 11 (3) の Self and Emotions 特集）は感情の社会的、文化的特質を強調する「文化主義的アプローチ」[Jenkins and Valiente 1994: 163] で、結果、身体性を否定することになる。最近では [Beatty 2014] が文化主義的アプローチを含む感情研究を批判的に検討し、「ナラティヴ・アプローチ」を提案している。わたしの考えでは、身体との関連を指摘することが必ずしも感情の生物学的普遍性を主張することになるわけではない。しかし、そのためには身体を生物学的な器官に還元して考える身体観から解放される必要があった。とはいえ、身体とともに感情を純粋に文化的構築としてとらえることについてはなお問題が残る [Lyon 1995, 1998]。

〈13〉 ウィッツは類似の問題を女性について指摘している [Witz 2000: 11]。フェミニズム社会学にとって重要だったのは、女性を肉体性や生物学の領域から社会の領域へ移しかえることであった。ここで社会と身体との対立は男性と女性との対立に対応している。さらに今日の身体への関心は、男性に、より社会的な embodiment を、女性には肉を想起させる corporeality という概念を与え、従来の二元論を保持したままだと指摘する。最近ではフーコーを論じたキャレットが corporality という概念を提唱している [Carrette 2000]。さらにクロッスリィは「身体の社会学 (sociology of body)」になお身体の「主体性」を認める視点が欠如しているとして、「肉体の社会学 (carnal sociology)」という概念を提唱している [Crossley 1995a]。他に [Williams and Bendelow 1998] を参照。

〈14〉 現代の「身体の社会学」の創唱者の一人に位置づけられるブライアン・S・ターナー [Turner 1991] は、社会学に比べて人類学の方がはるかに「ボディ・コンシャス」であったと述べているが、それはあくまで相対的なものであって、けっして満足のいくものではなかった。

〈15〉 本章ではとくにバトラーについての解説書——その多くがフェミニズム思想や運動における彼女の仕事の位置づけである——に言及していないが、モリスによるレビュー論文 [Morris 1995] はバトラーと人類学的ジェンダー研究をつなぐものとして大いに参考になった。なお『ジェンダー・トラブル』におけるオースティンの影響については [Salih 2002: 63] を参照。

〈16〉 バトラーについては邦訳をできる限り尊重したが、一部語句を修正して利用したことをことわっておく。

〈17〉 この点については『触発される言葉』の第一章 [Butler 1997a: 43-69, バトラー 二〇〇四、六九-一〇九] においてさらに詳しく論じられている。またデリダからの影響についても無視できない。

〈18〉 この点については [Lloyd 1998, 1999] が詳しい。

〈19〉 パフォーマティヴィティとエイジェントとの関係について詳しく論じている『触発する言葉』においても、ここで指摘した問題点は解決されていない。

〈20〉 エイジェントおよびエイジェンシーについては [Emirbayer and Mische 1998] に触発されたところが大きいが、かれらの議論はバトラーではなく、構造との対立でエイジェントをとらえるギデンズら社会学的な伝統に依拠したものであることをことわっておく。この点については [Barnes 2000] や [Torfing 1999: 137-154]、さらに [Lawson 1997] を参照。本章では、共同性、コミュニティ（共同体）、ネットワークといった概念を互換的に使用している。最近のコミュニティ概念については、［小田 二〇〇四、木下 二〇〇五、田辺 二〇〇五、松田 二〇〇四］などを参照。

〈21〉 競争的な状況での自立的存在を想起しがちなエイジェントは、しばしば（他者との）関係性やコミュニオン概念と対立的にとらえられてきた［Nelson-Kuna and Riger 1995: 170-171］。しかし、わたしはネルソン＝キューナらとともにそうした対立を否定する。繰り返すが、エイジェントを論じることは、関係性やネットワークに注目することを意味する。

〈22〉 若干の皮肉を込めて、ハンクスは同書に寄せた序文でつぎのように述べている。「実践者の共同体がより大きくなると、徒弟の形成によって共同体はみずから再生させるが、同時に変革もすると考えられる。正統的周辺参加ではこういった変化の説明はできない。しかし、こういうことが避けがたく生じることをうきぼりにしてくれる」［ハンクス 一九九三、九］。事実、実践コミュニティという概念は学習や企業マネージメントの領域で熱狂的に迎えられている。その理由は、この概念が、教授・学習というプロセスに有効なのであって、改革や対抗を考える上で妥当でないことを示唆していると言えないだろうか。

〈23〉 ただし不十分ではあるが、談話の役割について言語行為論的な視点から言及がなされている［レイヴ＆ウェンガー 一九九三、八九-九五］。

〈24〉 この問題は、実践とパフォーマティヴィティという二つの概念の有効性をめぐる問題と言い直すことができる。ここではとりあえず、ブルデュのパフォーマティヴィティに対する理解［Bourdieu 1991］とそれについての『触発する言葉』第四章に収められたバトラーの批判［Butler 1997a: 127-163、バトラー 二〇〇四、一九九-二五二］の存在を指摘しておきたい。さらに言えば、ブルデュにとっての個人（実践する主体であるエイジェント）とバトラーの議論を批判的に検討してきたわたしたちの言うエイジェントとの差異の問題である。

〈25〉 フランクは他に支配する身体、馴致する身体、そして反映する（mirroring）身体をあげている。最後の身体はボードリヤール［一九七九］が描く消費社会における自己陶酔的な身体である。

〈26〉 バトラーは語りについてこうした偶発性にエイジェント生成の根拠を見出した。

〈27〉 この点についてはとくに［Crossley 1995b］を参照。菅原によるブッシュマンについての一連の作品［菅原 一九九三、一九九八a、一九九八b］はまさに共鳴する身体の日常性を余すことなく伝えている。共鳴する身体は日常に対立する特殊な身体なのではない。そうではなく、近代権力の監視作用が生みだす馴致された身体にこそ対比されるべきなのである。この点については［Crossley 1996］を参照。

〈28〉 ここでは詳しく述べることはできないが、モノなどをネットワークの一部として理解しようとするアクター・ネットワーク論と本章の立場との関係を検討する必要があろう。この点についてはとりあえず［Ingold 2008: Thrift 1996: 23-27］を参照。またアクター・ネットワーク論については［足立 二〇〇一］を参照。

〈29〉 感情と権力については［山田 一九九七］が詳しい。

〈30〉 最近の身体論［Jenkins and Valiente 1994］もまた身体のエイ

ジェンシーに注目している。また、身体化されたエイジェンシー（embodied agency）という概念をキーワードに、メルロ＝ポンティの現象学とブルデュのハビトゥス・実践論とを結びつけることで従来の社会理論を批判的に検討しているクロッスリィの議論も、この文脈で参考になろう。ここではとくに［Crossley 2001］を参照。

第Ⅰ部

誘惑の文化人類学

第一章　誘惑と告白

いったいどうしてオリエントが、今日なお豊饒さのみならず、性的な期待（と威嚇）、倦むことなき官能性、あくことなき欲望、底知れぬ生殖のエネルギーを示唆し続けているように見えるのか。

（エドワード・W・サイード『オリエンタリズム』一九三頁）

秋幸はいきなり吹く風に喘ぎ、大きく息をした。血と血が重なり枝葉をのばしまた絡まりあう。秋幸は、吹く風には一本の草、一本の木、葉と同じなのだった。風を感じとめる草として秋幸は在る。

（中上健次『枯木灘』七二頁）

告白ウェルカムさ　おいで！　／素直にならなきゃ楽しくないぜ！
その日　誘ってる／僕に来てくれと
それが妄想としても　／声を掛けてみなきゃ始まらない

（秋元康「フライングゲット」二〇一一年）

一　はじめに

教科書風に定義すると、文化人類学は、異なる文化に属する他者についての理解を目指す学問である。こうした言明自体が今日さまざまな形で批判的な検討対象になっているということはすでに序章で述べた通りである。はたして「異なる文化」など存在するのか。そしてそこに属する「他者」とは誰のことなのか。わたしたちは、それが実在するかどうかとは関係なく、異なる文化や他者について多くの表象や言説を生産してきた。そして、フィールドワークを主たる方法とする文化人類学は、こうした言説・表象に潜む、しばしば否定的な、人種差別やオリエンタリズムを支持するステレオタイプの異文化・他者像を批判し是正しようとしてきた[1]。

本章でとりあげる「誘惑」もまたこうした他者像と密接に結びついている。冒頭のサイードの引用にあるように、他者はしばしば官能的な存在としてわたしたちの前に立ち現れる。誘惑する他者はわたしたちの性的欲望を刺激し、性的な支配を促しているかのようだ。と同時に、この性的存在は、わたしたちを危険に陥れる「ファム・ファタル」（運命の女）、そして「運命の男」でもある。文化人類学者の役割の一つは、こうした表象が無根拠であり、いかに異文化が性的規律の厳しい世界かを主張することにあると言える。しかし、文化人類学者が提示する「真っ当な」異文化像もまた自分たちの属する規範に従って取捨選択をした結果の「偏った」表象であることもまた紛れもない事実である。このような状況で本書がとる立場は、なにが真実なのかということをつきとめるよりも、ある異文化像を受け入れることでなにをわたしたちは喪うことになるのかという視点から議論を進めることである。すなわち、誘惑を他者表象の否定的な属性とみなすことで、どんな問題が生じるのだろうか。そして、誘惑を肯定的にとらえることでなにをわたしたちは得ることができるのだろうか。もちろん誘惑の見直しは、従来の否定的な他者表象を受け入れることではない。この点を念頭に、議論を進めていくことにしたい。

誘惑を肯定的にとらえるということは、それ以外の他者とのコミュニケーション技法について批判的に論じるということにも通じる。この点でとくに注目したいのは「告白」である。序章で引用した『イン ザ・ミソスープ』で村上龍は、フランクが高みから全体を眺めるときの所有快感と孤独という自己分裂、それらを克服するための殺害という閉塞的状況を語っているが、グッドマン〔二〇〇四〕によると類似の分裂がルソーの『告白』にも読みとれるという。

ルソーの『告白』は、主体化の典型的なテクストである。主体化は分離分割によって可能となる。それは、自己とそうでないものとを分ける言説的な行為である。「ルソーは、頭脳と心情、理性と感情、自然と社会、自己と社会、田舎と都会、そして自己と自然、にそれぞれ分離分割」〔グッドマン 二〇〇四、一七二〕する。告白とは、こうした一連の分離を通じて自己を構築することである。しかし、その結果ルソーは孤独に陥る。グッドマンは、ルソーの『告白』の後半部や後期の書物には、分離分割による妄想症的な態度が認められると指摘する。この妄想症すなわちパラノイアは、自己を世界から切り離し、同時に世界より自己が優っているという態度から生じる。しかし、それは孤独を自己にもたらすことを意味する。近代的個人は、この孤独をどのようにして克服できるのか。フランクのように他者を殺害＝同化することでしかなしえないのではないのか。

グッドマンは、ルソーの『孤独な散歩者の夢想』（一七七八）に触れ、自己と自己ならざるものを分離分割する以前の「全体」に身を委ねようとする態度について論じている。ここで「告白」は、世界を分離分割し二項対立的に観ることでみずからを主体化する技法と位置づけられている。そして、その結果生じる孤独とパラノイアを克服するために、みずからを分離分割以前の世界――フロイトの言う「大洋的な感情」〔フロイト 二〇一一、六八〕に没入する。レヴィ＝ストロース風〔一九六九〕に表現するなら、全体化を希求する人類学者とは結局のところ、「孤独な散歩者、ジャン＝ジャック・ルソー」の末裔でしかない。このような閉塞的な状況において、誘惑という視点はどんな意味をもつのであろうか。

序章で、わたしはアルチュセールの呼びかけ概念を批判し、バトラーのエイジェント／エイジェンシー概念を検討した。本章で、告白との対比において誘惑に注目するのは、他者表象の見直しに加え、呼びかけと告白とはともに主体化を可能にする権力の作用のあり方と思われるからである。まず、誘惑とはどのような行為なのかを説明しておこう。

二　誘惑とはなにか？

英語の“seduction”は、ラテン語の“*seductio*”すなわち「他から引き離すこと」、「脇道にさそうこと」に由来し、さらに「〔色じかけで〕堕落させること」を意味する。誘惑するを意味する英語“tempt”の語義には「欲望をかき立てて誘い込む」という意味がある。これは「意志や判断力が鈍ることを示唆」する。“seduce”の「良心の働きを失わせて、または、だまして誘い込む」の方が「不道徳の意味が強い」（国広哲弥・安井稔・堀内克明編集主幹『プログレッシブ英和中辞典〔第4版〕』

小学館、二〇〇二年より）。

ここで思い出されるのはパヴァート（pervert）という英語である。これは動詞として、「堕落させる」、「誤らせる」、「性的に倒錯させる」などの意味がある。つまり、「正常」を異常にするということである。同じつづりの名詞形は、「堕落者」、「変態」、「性的倒錯者」という意味である。誘惑との関係で言えば、パヴァートは「（誘惑されて）道を外れた者」を意味すると言えよう。興味深いのは、パヴァート（動詞）の反意語、コンヴァート（convert）である。コンヴァートとは、広義で「変化させていく」という意味であるが、一般に「人を転向させる」、「改宗させる」という意味である。文明対未開、あるいはヨーロッパ（キリスト教徒）対非ヨーロッパ（異教徒）という対立において認められるのは、コンヴァートの力である。つまりヨーロッパが非ヨーロッパ社会を広い意味で「改宗」していくという力である。それは隠喩的でもあるし、キリスト教に改宗させようという力や意志が作用してきた歴史的事実をも意味する。つまり、コンヴァートには、権力者が他者を変えさせる、同化させる、という意味が含まれている。それに対し、パヴァートは、マイノリティがマジョリティを変える過程であり、そのような過程で働く「異化の力」である。誘惑とパヴァートとを重ねて考えるなら、パヴァートは誘惑された者であり、誘惑者とは人をパヴァートする存在である。パヴァートには異化の力が認められると指摘したが、誘惑にもこうした力が秘められていると考えられよう。

さて、誘惑は悪への誘い、性的な誘い、さらに物品への誘いなどに分けることができるが、以下では主として性的誘惑を念頭に考察を進めたい。誘惑にはなぜ否定的な意味があるのだろうか。[2]より抽象的な次元ではつぎのようなことが言える。誘惑されたとき、わたしたちは二重に受動的である。まず対象（美しい男性や女性、性的快楽）によって、つぎにわたしたち自身の抑えがたい欲望によって。わたしたちは、社会生活に必要な自律性・自立性（責任能力）と協調性を失う。「われ」を忘れるのである。誘惑は反社会的であるゆえに悪なのである。

こうした自律性・自立性の喪失は、信仰や愛においても求められている。その意味で自律性・自立性の喪失自体は悪とは断定できない。誘惑と信仰や愛とを区別するのは、誰に身を委ねるのかによるだろう。だが、シャーマンになる過程などでは、身を委ねる相手としての神の性格を疑問視したり、それに激しく抵抗したりする場合がしばしば認められる。[3]このように悪への導きとなる誘惑か、善への導きとなる信仰か、という区別は単純なものではない。そもそも身を委ねることを求める存在がどんな性格なのかさえすぐに分かるわけではないからである。この不確定要素こそがわたしたちを不安にさせ、身を委ねさせようとする誘惑者が排除の対象となるのである。それは、他者と関わることに認められる根源的な畏れである。だが、このような不確定要素にこそコミュニケーションの可能性が秘められている、というのが本章の主張である。

三　主客逆転と相互転換

「誘惑」という言葉に注目する意義は、一つは「主客の逆転」、もう一つは身体の重要性の二点に求められる。まず前者について述べることにする。

誘惑には、能動する主体と受動する客体との転換——絶え間ない逆転——が含まれている。誘惑は、なによりも誘惑者（主体）の能動的な働きかけである。ところが、この能動性が究極的に求めているのは、誘惑される側の能動性なのだ。それによって、誘惑する主体は、受動する客体になる。だが、もちろんそれは単純な主客の入れかわりを意味しない。誘惑者は能動性や主導的な立場をまったく喪失するわけではないからだ。

立川健二は「誘惑するとは、（中略）積極的に他者に働きかけることではあるが、にもかかわらず、他者に従属した弱い立場にたつことである」［一九九一、三九］[4]と述べている。また、フランスの思想家ジャン・ボードリヤールは「誘惑とは、弱点を攻めるようにと他者に呼びかける挑発」［一九八五、一一〇］と語る。誘惑者は、他者に能動的になれ、と働きかけるのである。

一例をインドの不可触民のライフストーリーから紹介しておこう。語り手のムリが女性に誘惑される場面である。

彼女は、ヨニ（女性性器）が見えるようにあぜ道に座った。おれは、「なんだいそれは？　ラクシミ？　なにを見せているんだい？」と言った。すると、彼女は「なんだって？　どうしたの？　どこ？　どこ？」と答えながら、さらにあそこを見せつけるようにして自分のからだを見まわしたのだ。それでおれは彼女のヨニに指を入れて、これだよ、と教えた。［Freeman

1979: 181–182]

ここで誘惑者のラクシミは自身の身体を見まわし、ムリに見せる（客体化する）ことで自身を魅せている。彼は、彼女に誘われて能動的にふるまい「指を入れ」る。

だが、誘惑とは、する側が挑発し、される側がこれに乗ることで完結するのではない。むしろ、こうした関係が繰り返し行われることでさらに主客の転換から、「自他の相互転換」へ、最終的に「自他の融合」へと進むのである。ムリが指を入れることで主客の逆転が完結するわけではない。ムリの能動的な行為はさらなる行為をラクシミから引き出す。そして、成功した誘惑は誘惑の痕跡を残さない。失敗したときのみ、誰が誘惑者だったのかという責任者探しが始まるのである。

こうした主客の逆転あるいは相互転換について、誘惑と「呼びかけ」はどう異なるのだろうか。アルチュセールは、神による呼びかけの事例をいくつか挙げている。そして、その目的は「従属する主体」の生成にあるとしている［アルチュセール 一九九三］。これは一見誘惑と同じパラドックスを含んでいるように思われるがそうではない。呼びかけにおいて、呼びかけられた他者は客体から主体となるが、その必要条件は呼びかける存在への従属であり、呼びかける存在（大文字の主体）と呼びかけられる主体（小文字の主体）との関係は一方的で、逆転することはない[5]。呼びかけにおいて、人は従属することを前提に主体となることが保証される。ここでのパラドックスは本来自立を表すはずの主体がなによりも従属的であるということである。これに対し誘惑において誘惑する側は、誘惑される側が能動的に立ちふるまうことと、いわば引きかえに受動的な存在となるのである。ここにもパラドックスは存在する。しかし、それは呼びかけとは異なる性質のものである。

性の領域に限って言えば、誘惑に対立するのは強制的な性関係、すなわち強姦のような性暴力であろう。そこに他者との相互作用は端から存在しない。呼びかけも存在しないと考えていいだろう。暴力の行使者にとって他者を主体化する必要はない。

なお、誘惑の肯定的側面だけを強調するなら、それに近い言葉は歓待（hospitality）かもしれない。そこには、歓待を受ける側の反対給付の義務が存在する場合もあるかもしれないが、原則それは、受けとり、享受する以上のものが求められていない。また、歓待そのものには否定的な意味もない。

四　身体性と偶発性

誘惑がきわめて身体的な行為であることは自明であろう。身体的であるゆえに、自身の意図で管理できないという事態が生じる。その気がないのに相手は誘惑されていると勘違いする、抑えるべきところで肉体的欲望が生じるなど、誘惑をめぐる困惑の事例には事欠かない。

ここで岩井志麻子の「淫売監獄」（『魔羅節』所収）という短編小説を紹介しておこう。

「おい、トヨ。トヨ」（中略）

トヨ。そう呼ばれても、自分のこととは思えなかったのだ。ましてや、家人が寝静まった後にこの家の主人たる男が、自分の名前を切なげに呼びながら寝床に潜り込んでくるなど、どうして朗らかに返事ができようか。

「……トヨ。お前のことじゃ。なあ、トヨよ」

夜半なのか暁の前なのか、戸口からは蒼い光が射し込んでいた。あれを陽光とすれば自分は猛禽に啄ばまれる生々しい獣の死骸で、月光とするならば自分は毒中に食われる干涸びた蛙の死骸ではなかろうか。

「……ああ、うん」

しかし返事をしてしまったことで、トヨは生々しい獣の死骸でもなく干涸びた蛙の死骸でもない、痩せて飢えて幼い、それでいて女の匂いを立ち上らせる「トヨ」という娘となったのだ（引用者強調）。［岩井 二〇〇四、一六九－一七〇］

主人の呼びかけに応えてトヨは「「トヨ」という娘とな」る。トヨは主体化される。それは主人の一方的な呼びかけに応える従属的な存在でしかない。しかし、彼女の身体はどうだろうか。トヨという主体とともに「立ち上る」女の匂いはトヨの（後の）能動性をはからずも示唆していないだろうか。もちろん、この指摘は主人の行為を正当化するためではない。しかし、誘惑という視点からは、こうした身体の偶発性を無視するわけにはいかないのである。

一方で、誘惑とはオーラルな交渉でもある。「口説く」という日本語はそうした誘惑の性格を示唆している。しかし、誘惑は、声で行うものであって、言葉で行うものではない。すなわち、誘惑は、身体で、そして、その延長である声で行われることを意味する。誘惑における声とは、分節可能なメッセージ（言葉）の媒体などではない。それは、「身体」なのである。誘惑者は、ときにまなざしで、ときに声で相手の身体を愛撫する。誘惑は、いかに相手を落とそうかと思いをかけめぐらしながら、論理的に納得させる戦術などではないのだ。そこに声を含む「身体」が介在することで、わたしたちは自分の意に反して、他者を誘惑し、また誘惑に身体を拓くのである［田中 二〇一〇、一六九－一七〇］。

先のムリとラクシミのやりとりからも明らかなように、誘惑者は単純に受動的にふるまおうとしているのではない。自身の身体との関係でラクシミはなお能動的にふるまう。受動的になっているのは彼女の身体なのだ。その身体が、ラクシミとムリのまなざしにさらされる。しかし、このような心身の分離は一時的なものにすぎない。わたしたちは身体的存在であるゆえに、身体を客体化することができるが、同じ理由からそうした客体化も長く続くことはないし、そもそも不完全なものなのである。

誘惑者とは誰なのか。わたしなのか、あなたなのか。あなたの身体か。こうした問いかけに簡単に答えられない偶発性（偶有性、contingency）こそが誘惑なのだ。そこにあるのは、良質な性行為に認められる自他の融解（の兆し）なのである。仏文学者の大浦康介は、社交ダンスを例につぎのように論じる。

とくに社交ダンスの場合、踊っていてパートナーと「呼吸《いき》が合う」瞬間というのがあります。もちろんかなりの上級者と踊る場合ですが、ステップを踏み、からだの向きを左に右に変えるなかで、パートナーといっしょに流れに「乗る」瞬間がある。いっしょにリズムのなかに入るわけです。そうすると自分が相手であるような、相手が自分であるような、不思議な感覚が生まれます。押したり引いたりしているうちに、誰が誰をリードしているのか分からなくなる。というより、自分は相手であり、その相手は自分であるから、自分は相手であるところの自分であるということになるけれども、その自分は相手であるわけだから……と、メビウスの輪のような迷路に入り込むのです。一種のめまいに似た感覚ですが、これがあるからダンスはやめられないという至福の瞬間です。じつは誘惑がめざす境地というのはこれなのです。誘惑とはつまるところ「自分を失うこと」、「道に迷うこと」（lose oneself, be lost）なのですから。いや、他者をその方向に誘《いざな》いつつ、ともにそれを経験することなのですから。〔大浦 二〇一一、二二－二三〕

そして、大浦は、身体がそこでは「他者の棲み家なのです」〔大浦 二〇一一、二八〕とまで断定している。

わたしは、身体性や偶発性において誘惑は他の類似概念に比べ際立った特徴があると考える。というのも、先に触れた、信じるや愛するといった行為はあまりにも内面化（心理学化）されていて、そこに身体は限りなく不在だからだ。もちろん、これらに身体性が欠如していると主張しているのではない。わたしたちの理解が心理に偏っているのである。(6)

誘惑は、わたしとわたしの身体の自律性・自立性を否定する。そこにわたしたちは誘惑されることの居心地の悪さを感じると述べた。だが、近代主義的な個人（正確には欧米系の白人成人男性）による自発的な規律・訓練の実践、そうした個人たちの合意によって成立する近代社会の限界が指摘されて久しいことを考えると、わたしたちは、誘惑をめぐる居心地悪さにこそ新たな人間――身体的存在――と、人間関係――共同性――の可能性を求めることができるのではないだろうか。

五　儀礼と告白

誘惑との関係で、儀礼的なコミュニケーションと冒頭にも触れた告白についても補足的に言及しておきたい。両者は、本章で注目する主客の逆転や偶発性が肯定的な意味をもつ誘惑と、強制的な暴力につながる否定的な誘惑との間に位置すると考えられる。

儀礼的なコミュニケーションについては、若衆入りの際の「筆下ろし」の儀礼的所作を引用しておく。

民俗学者の赤松啓介によると、一五歳になると男性は若衆として認められ、その後村の女性と儀礼的に関係する。新入りたちは林の中にあるお堂に集められ、そこで蠟燭一本の明かりの中、籤で決めた相手の女性と抱き合う。女性は、

村の寡婦が一般的である。ご詠歌を合唱したり、談笑した後「柿の木問答」というバージョンの掛け合いが始まる。〈7〉

オバハンとこ、柿の木ありまっか。あるぜ。この間に女は帯をといて半身を裸になる。よう実がなりまっか。よう、なるぜ。サア、見てんか。いうてもなかなか手をださないそうだ。そこで男の手をひっぱってお乳をにぎらせたり、さすらせたり、すわせたり、女は教育に忙しい。（中略）男はわしが上がってちぎってもええか。サア、はよ上がってちぎってと、チンポをにぎって上がらせ、内へ入れさせる。［赤松　二〇〇四、六五–六六］

ここには、はじめてのセックスへの手順が儀礼的な所作という形で提示されている。それが形式的であるゆえにお互いにとまどうことなく、先に進むことができると言えよう。〈8〉しかし、こうした形式性をもって自発的かつ偶発的な誘惑とまったく異なるとみなすことはできない。誘惑もまたさまざまな形式から成立しているはずだし、「柿の木問答」のような場面に至るまでに「誘い」の過程があったはずだからである。〈9〉したがって、儀礼的コミュニケーションは、誘惑に回収されると言えるかもしれない。これに対し、つぎに考察する告白は、根本的な問題をわたしたちに提示しているように思われる。

フーコーは、『性の歴史1　知への意志』（一九七六）においてかなりの頁を割いて告白について論じている［フーコー　一九八六、七六–九二］。それは真理の産出を行う実践として重要であった。自分自身についての真実を述べることで、人は（従属する）主体となる。フーコーは、自身について語る・告白するという一見自発的な行為にこそ、権力が作用していると指摘する。権力は語らせないといった抑圧・検閲の局面にだけ作用しているわけではないのである。アルチュセールが呼びかけについて論じたこと（本書序章を参照）を、フーコーは告白という行為と制度に注目して論じていると言える。そして、彼が注目するのは、性的行為や性的志向の告白である。それは、近代において宗教的な告解から「臨床的な聴取」［フーコー　一九八六、八九］の場へと拡大していく。

人々は告白を、一連のあらゆる関係のなかで用いた。子供と親、生徒と教育者、患者と精神病医、犯人と鑑識人の間である。人々が告白に期待する動機や効果も多様化したし、同様に、告白のとる形も、訊問、診察、自伝的記録、手紙、と多様

になった。それらは、委託され、書き写され、資料としてまとめられ、刊行され、解説された。〔フーコー 一九八六、八二〕

告白は、主として権威ある者（司祭、裁判官、医者等）が聴くという形をとる。〈10〉また、本章冒頭で述べているように、ルソー以後の近代的告白は具体的な対面状況を想定しなくてもなされることになった。このため告白は、必ずしも対面的である必要はないことに注意したい。その上で対面的状況を前提とする誘惑との相違を指摘しておきたい。

まず、告白において、告白する者とされる者（聴く者）との間には身分的な差が想定されている。これに対し、誘惑における当事者両者の関係はより平等的である。たとえ身分の差があってもその差が縮まる方向に進むことが期待されている。加えて告白には、誘惑に認められた身体の偶発性のモメントを認めることができない。それはより心理的な問題なのである。

もちろん、告白する側とされる側との間に身分の差がない場合も存在する。恋愛ドラマにおける告白は、フーコーが想定していた種類のものと同じとは言い難い。この場合、告白をすることに多大なエネルギーを要するが、〈11〉一度告白してしまうと、選択で悩むのは告白された側である。告白される側が常に強い立場とは限らない。「どうして私のことを選んでくれたの？」と悩むことになるのである。（秋元康「永遠プレッシャー」二〇一二）。告白されても悩まないためには、「身を引く」技術が必要なのだ（本書第七章参照）。

恋愛の告白は、告白するまでの逡巡がドラマとなるが、誘惑のドラマは誘惑の一手が打たれてから始まる、と言い換えることができる。誘惑に乗ろうとするものは、それが偶発的でないこと、すなわちたんなる妄想でない保証を求めて相手に告白を求める。誘惑される側の逡巡が誘惑者のより確かな意思表明を求めようとするのである。本章冒頭で紹介した「フライングゲット」の歌詞は、誘惑される男性の思いを短い言葉で雄弁に語っていると言えよう。「僕」はまず、告白しろよ、素直になれよ、と強気に出る。その根拠は、相手が誘惑していると思っているからだ。だが、そこに一瞬「妄想」ではないか、という疑いが生じる。その疑いを打ち消そうと、「声を掛けてみなきゃ始まらない」と居直る。誘惑とは、このような居直りを導く技法、つまり疑いを抱かせつつもその気にさせる技法なのである。〈12〉

再びフーコーの問題意識に戻ると、告白は、自身の真理を語ることを通じて主体化（従属する主体の成立）を促す権力のあり方を示しているのに対し、誘惑はこうした権力の作用に対する批判的実践として位置づけられることを示唆してはいないだろうか。誘惑には相手をはめて文字通り誘惑者に従属させる場合や金銭的損失を被らせる場合もある。民族誌においては、狩猟民と動物との関係にそのような「誘惑」がときには認められる［Willerslev 2007］。したがって、誘惑の場合も真理（誘惑する側の真摯さ）が問われなければならない。しかし、それは誘惑者自身の真理・知識ではない。誘惑という行為自体の真理である。さらに、本章で想定している誘惑においては主客の関係が変化するし、また偶発性（や共鳴性）を前提とする身体は、フーコー流の規律・訓練の対象となる身体とは異なる。(13) つまり、フーコーの従属・主体化論において、告白を通じて自身についての内実が吐露され（自己同一化の確立）、身体は規律・訓練の対象となるのに対し、本章で提案する誘惑論において、自他の関係はより対等であり（対等でないならそのように変化させ）、また身体も偶発的なものとして秩序を攪乱する可能性を有するのである。

フーコーが想定していた告白の状況においてももちろん誘惑が生じるかもしれない。先の引用からも明らかなように、フーコーにとって精神分析医に対して患者が行う「告白」は現代社会における告解の発展形態であった。フロイトがそこに転移という現象を認めていたことは有名だが、この転移もまた患者による「誘惑」とみなすことは難しいことではあるまい。(14) 理論上は区別すべきかもしれないが、対面的状況において告白者はつねに誘惑者でもある。

フーコーは、告白と身体に注目してその権力論を創出した。しかし、彼自身に誘惑のモメントがなかったのかというと、必ずしもそうではない。少し長いが、彼の著作ではなく、インタビューから興味深い箇所を紹介したい。まずフーコーの自伝を書いたミラーは、一九七八年に行われたフーコーへのインタビューを自伝に再引用している。以下は聞き手の言葉である。

あなたはそこ〔バスハウス、ゲイSM専門のハッテン場、浴場〕で人と出会うわけですが、その人とあなたとは対等の関係にあります。快楽との組み合わせが可能であり、また快楽を生みだすこともできる身体以外には何もない。あなたは自分の顔、自分の過去、自分のアイデンティティへの幽閉から脱却するのです。（中略）実際すばらしいことではないでしょうか？昼夜を問わずいつまでも力をもてる。想像し得るあらゆる慰めとあらゆる可能性が備わっている場所に入り込む、そしてそこで触知可能でありながら同時に補捉しがたい身体と出会うということは、こうした状況では、自分を脱主体化する、自分を脱支配化する。（中略）そして自分を脱性化する（中略）希有な可能性が存在します。［ミラー 一九九八、二七七―二七八］

ここにフーコーが関わった性的実践のエッセンスが端的に表現されている。強調しておきたいのは脱性化、脱主体化、脱支配化の実践として想定されているのは「拳による性交」（fist fucking）であるということだ。それは、二〇世紀唯一の性技史上の発明で［Rubin 1994: 95. ハルプリン 一九九七、一三二―一三五］、拳を相手の肛門に入れる行為である［フーコー 二〇〇二］。それは、快楽ではあるが、オーガズムをもたらすわけではない。ミラーによると、「参加者の多くはイクことに関心がない。むしろ、ふたりのあいだの精神的な距離の方が重要である」［ミラー 一九九八、二八二］。このような精神的な結びつきは、フーコーが説く「友愛」に近いものではなかっただろうか。

つぎに、一九九八年に行われたインタビューを引用しておこう。ここでフーコーはSMの可能性を雄弁に語っている。〈15〉

聞き手：過去十年や一五年来のゲイ実践の異常な増加、別の言い方をすれば、それまでは無視されてきた身体の部位のエロス化、そして新しい欲望の表現をどう思われますか？　私が考えているのは、もちろんゲットー・ポルノ、SMクラブやフィスト・ファックのクラブといわれているものの極めて顕著な偉業のことです。それは、十九世紀以来の性的言説の一般的増大が別の領域で表れたものにすぎないのでしょうか？　あるいは、現在の歴史的文脈に固有な、別種の発展なのでしょうか？

フーコー：実際のところ、私たちがここで話したいのは、まさにこれらの実践が意味している革新なのだと思います。私たちの友人ゲイル・ルービンの表現を借りて、「サブ・カルチャー」としてのSMというものを考えてみましょう。この性的実践の運動が、私たちの無意識の深奥に潜むサド・マゾ的傾向の解明や発見となんらかの関係があるとは思いません。SMとはそれ以上のものでしょう。それは、以前には考えもしなかった、快楽の新たな可能性の現実的な創造なのです。SMが奥深い暴力的傾向と関係していて、それを実践することは、この暴力を解放し攻撃性を自由に表現する手段であると考えるのは馬鹿げています。私たちは、それらの人々が行っていることが攻撃的でないこと、彼ら身体の奇妙な部分を使い、身体をエロス化することで、快楽の新たな可能性を開発しているのだということをよく知っています。私の考えでは、そこにあるのは、ある種の創造、創造的な企てであって、その主要な特徴の一つは快楽の脱性化（desexualisation）と私がよぶものです。肉体的快楽が常に性的な快楽から生まれ、性的快楽こそ可能な全ての快楽の根本だと考えるのは、誤ったものだと思います。ＳＭという実践が示しているのは、私たちは、全く馴染みのない対象から、身体の奇妙な部分を使って、全く非日常的な状況で快楽を生み出せるのだということなのです。

聞き手：つまり快楽と性を同一視することは終わったのだと。

フーコー：全くその通りです。私たちの身体を様々な快楽のあり得べき源泉として使う可能性はとても重要なものです。

〔フーコー 二〇〇二、二五八〕

同じインタビューに言及しているハルプリン〔一九九七、一二八–一二九〕によれば、脱性化とは脱性器化を意味する。性器中心の快楽が身体全体に拡散していくこと、身体全体がエロス化することが脱性器化である。したがって、聞き手が「快楽と性を同一視する」と述べている箇所は、厳密には「快楽と性器を同一視する」と訳すべきであろう[16]。

フーコーの権力論の核に告白という実践を位置づけたデイヴ・テルは、告白とはさまざまな実践やできごとの裏にその主体を埋め込む方法であり、これによって権力は主体を統治することができると述べている〔Tell 2010〕。これに抵抗するには徹底的に表層にこだわる必要がある。その例として彼もまた、フーコーのＳＭに言及している。

さて、この引用でフーコーが言及しているゲイル・ルービンは、セクシュアリティの分野で文化人類学に大きく貢献した文化人類学者であり、フーコーにアメリカ西海岸のゲイ文化を手ほどきしている〔Rubin 1994: 84〕。彼女は、当時サンフランシスコの男性同性愛ＳＭ嗜好者（レザー・ピープル、「革の人」などと呼ばれている）についての博士論文〔Rubin 1994〕を準備していたが、同時にパット・カリフィアらとともにレズビアンＳＭの実践者としても高名であった〔SAMOIS(ed.) 1979, 1981〕。そして、同性愛ＳＭをめぐって、それに反対するジュディス・バトラーらと論争している〔Butler 1982; Rubin 1981〕。バトラーがアルチュセールの呼びかけ論に取り組んでその批判的概念としてエイジェンシー論を構想している間に（本書序章参照）、ルービンは、アルチュセールと同じ従属・主体論を標榜していたフーコーを西海岸のゲイＳＭ文化に「改宗」させていたのである[17]。

六　エロスの世界と共鳴する身体

より一般的に言えば、誘惑はエロスの世界に人を誘う。エロスについて、かつてわたしはつぎのように論じたことがある。

エロスは、個人間の濃密な関係（二人の世界）を強く示唆する。それはなによりも性を媒介とする偶発的な関係・状況である。エロスは主観的には性的な相互作用を通じて自己と他者の変容や融合を引き起こす。身体を越え、あるいは身体そのものが他者の身体を受け入れ物理的境界を越えて拡大していく、自己だけでなく他者もまたともに世界を共有し拡大していく、そうした世界構築の感覚をエロスが生み出す。〔田中 一九九七、二九〇〕

エロスの世界における自他の交わりは、近代社会が拠って立つところの二元論的な主従の図式（理性による感情の支配、精神による身体の支配、男性による女性の支配、人間による自然の支配、ヨーロッパ人による非ヨーロッパ人の支配……、そしてロゴスによるエロスの支配）を揺るがすだけでなく、そうした二元論そのものに異議申し立てをする。

とはいえ、こうしたエロス的世界がつねに実現可能になると考えるのは楽観主義に他ならない。多くの場合、その反対、すなわち性欲の一方的な充足や、性的快楽を与えることで支配しようとする、一方的な支配と従属の関係、すなわち反エロスが中心的な位置を占めるというのが現実であろう。性交はときに一方的な侵犯でしかない。そこでは、身体はあくまで他者（の身体）を支配する道具である。[18] エロスと対比させて、わたしは反エロスについてつぎのように記した。

反エロスとは身体が当人にとって監獄と感じられるような、意識が身体の虜と感じられるような状況を意味する。それはスカリー〔Scarry 1985〕が描く拷問の世界である。そこでは自分の身体の延長である道具的世界——家具や部屋、家屋——が、自分を抹殺するための道具と化す。それだけではない。自身の身体すら痛みの源に変容するのである。体が痛いのではなく、体までもがわたしを痛めるのだ。身体とその延長である親和的な世界の自明性が消滅し、自己を苛む道具となる。それは快楽ではなく痛みが支配する世界だ。だが、快楽の有無がエロスを反エロスから分かつのではない。快楽を与えることが与える側の圧倒的な力の誇示であり、また与えられる側はその無力さを確認しているだけでしかない、ということもあるからだ。自己の世界構築、それを可能にする力が他者の無化によってしか確認され得ないような状況が反エロス的なのである。さらに、直接的・物理的な力が認められないにしても他者を対等な、自立した存在とみなさない言説もまた反エロスだ。つまり、反エロスという概念は具体的な性行為においてだけではなく、それを取り囲むまなざしや語りが一方的な権力関係を前提として成立しているような状況をも示す。その場合、エロスは既存の完成された関係というよりは可能態として、支配的な反エロス世界にたいする抵抗として立ち現れる。〔田中 一九九七、二九二〕

エロスの領域の身体性について、性の世界から離れもう少し一般的な議論をすることが可能である。前章でアーサー・フランクの「共鳴する身体（communicative body）」について触れたが、この身体は新しい世界に拓かれた身体と解釈できる。それは、他者だけでなく動物や自然一般にも結びつくような共同性あるいは絆の感覚を喚起する。たとえば、ブッシュマン（グイ／ガナ）の初潮儀礼での少女の変容について、人類学者の今村薫はつぎのように述べている。

相互的な「感応しあう」世界において少女の自然への意識は、そのまま自然から人間への意識として返され、少女の変容は自然からの応答でもある。少女が感受性を研ぎ澄まし、自らの行動を意識的におこなうことが、雨をもたらして自然を豊饒にさせることにつながると人々は考えている。また、少女が儀礼を施した弓矢は、狩猟を成功させ、人々に食料をもたらす。人々は、少女の感受性を使い、少女の成熟とともに、自然が豊饒になることを願っているのである。〔今村 二〇〇一、一二一〕[19]

人間関係だけでなく、自然との「感応」こそ、エロス的世界と言えないだろうか。自然との感応を強調すれば、こういう関係をアニミスティックな関係ととらえることも可能だが、ここで言う感応はもっと広いものである。[20]今村の指摘する感応は、社会学者の見田宗介が「交響態」と述べた状況での感覚に通じるであろう。見田によると、

「交響態は、（中略）関係の直接的な歓び、共にあることのエクスタティックな感動や静かな祝福 bliss、という経験の火芯のようなものを、「外部的」な社会態の経験の内のいくつかの肯定的な様相――開放性、関係の偶然性の楽しさ、多様なかつ異質なものの接触と共生の楽しさや感動という経験を媒介として、新しく開かれた場所に点火し、新鮮な風を送るという仕方で、（中略）展開されつづけてきたものである」〔見田　一九九六、一六二〕。

今村にせよ、見田にせよ、想定している状況はきわめて特殊である。しかし、本章冒頭で引用した中上が描く秋幸と自然との関わりのように、本来労働というケの世界においてこそこうした官能的な世界が立ち現れるのではないだろうか。

主客の転換、相互転換、偶発性、そして自他の融解など、近代合理主義が批判してきた諸概念が濃縮している場所にこそエロスの世界が潜んでいる。そしてその導き手となるのが誘惑と誘惑する身体、それに共鳴する身体なのである。このように、否定的な側面を認めつつも、誘惑に、わたしは新しい人間関係、他者との共生の可能性を求めたい。そして、このような概念の探究こそ文化人類学が行うべきことがらであると主張したい。

さて、ここまで理論的な関心から誘惑の意義を論じてきた。以下では、(1)誘惑のトポスと名付けられた新たな研究領域の開拓、(2)誘惑のモメントに注目する他者表象の解釈、(3)フィールドでの誘惑を主題化する民族誌記述の可能性の三つについて論じることで文化人類学における誘惑の意義について考察したい。

七　誘惑のトポス

誘惑はさまざまな領域において認められる。とはいえ、消費経済が発達していなければ商品への誘惑が重要とは言えない。性的な誘惑についても同じである。性関係に入るにあたって誘惑が重要でない社会とそうでない社会、あるいは同じ性関係をもつにしても誘惑という技法が重要でない場合とそうでない場合が想定できる。

たとえば、性関係を結ぶにあたって誘惑が重要とみなされないのは、ホモソーシャルな「男権主義」の社会〈21〉である。そこで女性は生産ならびに再生産に携わる労働力として男性成員に均等配分されることになる。また、男性同士が女性をめぐって競合関係にあり、女性が資源とみなされている場合、そこでは誘惑のシナリオではなく「略奪のシナリオ」〔菅原 二〇〇四、一六〇〕が幅を利かす。

男にとって女は稀少な資源である。男が資源としての女を「狩る」とき、女のがわの自発的な欲望が顧慮されることはない。男は、猟の獲物と同様に、女をみずからの属するコミュニケーション領域から排除する。このような男と女のあいだで起こる性交は、基本的には「強姦」と変わらない。（中略）資源としての女たちは、はじめからコミュニケーション領域から排除されているのだから、彼女たちが「私」の欲望を肯定するかどうかなどは、問題にもなりえない。〔菅原 二〇〇四、一八一〕

多くの社会では、誘惑が重要な役割を占める領域（誘惑のトポス）とそうでない領域に分かれていると想定される。以下ではインドと日本、そしてモロッコについて紹介したい。

インド社会の場合、現在においても、こと結婚に限れば、結婚に至る過程に誘惑の要素を見出すことはできない。不要なのである。ほとんどの場合男女は親によって結婚相手をとりきめられる。結婚式当日まで相手がどんな顔なのか分からない場合もしばしば生じる。それだけではない。恋愛結婚は厳しく罰せられる。結婚による紐帯（血族と姻族、親子関係）が社会の基盤をなすと考えるなら、誘惑の出番はないと断定してもいいであろう。しかし、それはあくまで構造の領域（おもての世界）においてにすぎない。結婚を核とする親族組織、カーストなどの帰属集団が重要な役割を果たす社会関係においてのみ誘惑はほぼ不在であると想定できる。この領域から見ると、誘惑はきわめて特殊なものである。そこでは、誘惑者とそれに応じる人びとの個人的資質が重んじられると言っていいであろう。処女が重視され、法的な結婚と性的関係が重なる場合、誘惑そのものが「うらの世界」の行動実践となる。その結果、文化人類学者の目に触れることはまれである。

しかし、先に触れたムリが語る世界は誘惑に充ちている。これは、ムリ自身が不可触民の一員としてヒンドゥー世界の周辺に位置するというだけでなく、彼自身が定職をもたず、市場をぶらぶらしているのが好きという個人的な資質と関係していると思われる。不可触民の男性も女性も働き者で、男性は非力ながらも自分たちの女性たちを高位カーストの男性から守ろうとする。これに対し、ムリは自分の親戚の女性を高位カーストの男性に紹介して小銭を稼いでいる。

そんなムリの視点から見ると、人間関係はかけひきであり、誘惑に充ちていると言える（ムリについては第三章参照）。
他方、中部インドのムリア社会［Elwin 1947; Gell 1992］のように、親がとりきめた結婚が支配的な制度であるにもかかわらず、処女性が重んじられず、将来の夫以外の男性との性関係が肯定的に認められている世界もある。この場合、誘惑が全面的に否定されているわけではないのである。

ムリア社会では複数の父系親族集団（クラン）間の婚姻連帯が存在し、結婚は子どもの頃に決められている。しかし、結婚前に村の男女が寝食をともにする若者宿（ghotul）では自由恋愛が認められている。若者宿に入るのは、男性なら一五歳、女性なら一二歳くらいからである。結婚する年齢になると若者宿を出るが、男性は結婚後も通うことがある。

若者宿では女性が男性パートナーを選ぶことができる。また若者宿によっては三日ごとにパートナーを変えると妊娠しないと信じられていて、これを実行している。妊娠はきわめて否定的にとらえられていて、相思相愛になると妊娠するとも信じられている。つまり、若者宿での関係は、恋愛関係でもない。好意を抱いていてもそれを「愛情」へ移行させてはいけないのである。むしろ性関係だけに特化した男女関係が若者宿では求められていると言える。ムリアによると、結婚は永久で仕事や家事、育児の分担がはっきりしている。それは経済的な関係と言ってもいい。夫方居住のため、女性は孤独を強いられる。それに対し、若者宿での関係は一時的で、自由で楽しいとされる。若者宿のメンバーはほとんどが知り合いである。

つぎに日本の事例に移ろう。日本社会の一部には若者宿が戦後まで存続していた。そこで若い男女が結婚相手を見つける。若者宿がなくても、村内婚が一般であった。村の中でのみという制限があるにしても、若衆たちと娘も結婚相手は親ではなく、当事者が決める。しかし、多くの場合、それはあくまで結婚相手を選択するためのつきあいであって、同時に複数の異性と関係をもったり、頻繁に相手を変えたりするのは非難の対象となった[22]。ここでは、そうした若衆の外部に位置していた男性を扱った宮本常一の「土佐源氏」に注目する。

宮本［一九六〇］によると、語り手の老人（土佐源氏）は婚外子で、母方の祖父母に育てられた[23]。母も嫁ぎ先で死んだため、父母の顔を知らない。畑仕事も教えてもらわなかった。学校にも行かず、近所の子守り（女）たちと遊んでいた。そんなことをしている男子は彼くらいだったという。

一五歳になって牛を扱う馬喰の家に奉公に行って二十歳で独立する。しかし、馬喰は「世間では一人前に見てくれなんだ」〔宮本　一九六〇、一一四〕。

わしらみたいに村の中にきまった家のないものは、若衆仲間にもはいれん。若衆仲間にはいっておらんと夜這いにもいけん。夜這いにいったことがわかりでもしようものなら、若衆に足腰たたんまで打ちすえられる。そりゃ厳重なもんじゃった。じゃからわしは子供の時に子守りらとよく××したことはあったが、大人になって娘とねた事はない。わしのねたのは大方後家じゃった。〔宮本　一九六〇、一一八〕

農村の社会構造の外部に位置する馬喰のような人びとは、村の娘衆と馴染みになることもできず、村境に居を定める後家しか相手にできなかった。かれらは村の掟の外に位置し、「ドラ」と呼ばれ、まともな存在とみなされていなかった。そこには、ともに社会から排除された男女の周縁領域でのエロティックな交歓——「後家」だけでなく役人や庄屋の妻との不倫などが示唆されていて興味深い〈24〉。

本節の最後に、アメリカの文化人類学者で精神医学者のヴィンセント・クラパンザーノの記した『精霊と結婚した男』（一九八〇）を紹介しておきたい。これは、女性の魔物に取り憑かれた男トゥハーミのライフストーリーを描いた作品である。同書については第七章で再びとりあげるが、ここでは誘惑が言及されている箇所に注目したい。トゥハーミは、ムリや土佐源氏と同じくモロッコ社会においては周縁的存在であった。彼は孤児であったことで、フランス人の女性（尉官の妻、マダム・ジョラン）の家族と親しくなっていた。少し引用しよう。

かれは、女性の世界の中心にいた——しかし、その世界に無視されるためだけに戻ってくる、割礼を受けた子供とは異なっていた。〈マダム・ジョラン、そして彼女の娘たちと姉妹は、家ではたいてい私と一緒にいました。〉かれは家族の一員となった。〔クラパンザーノ　一九九一、一〇五-一〇六〕

そこでトゥハーミは女たちに言い寄られたという。

「マダム・ジョランはあなたに言い寄ろうとしたのですか。」「はい。彼女も彼女の姉妹も、私に言い寄ろうとしたのです。」〔クラパンザーノ　一九九一、一一一〕

しかし、この幸福な状況はマダム・ジョランの息子ジャン゠ピエールの介入によって一変する。彼は、噂を恐れてこの女の園からトゥハーミを追放したのだ。しかし、彼は、「現実的に自分が男性であることを放棄」〔クラパンザーノ　一九九一、一一〇〕することで、道化となり、女性たちの世界――モロッコの男性にとって「禁じられた楽園」に入り浸ることができた。

彼は、伝統的なモロッコ人の家庭において、女たちに囲まれ一人で座っていることがあった。話し手および道化を演じる天賦の才によって、彼は、ジョランの家庭と同様に、彼自身の社会においてもこの変則的な立場を確立しえたのである。この立場は〔男性らしさという〕代価を払うことなしには入手できなかった。〔クラパンザーノ　一九九一、一一〇〕

トゥハーミは、マダム・ジョランの家庭に入り込み、フランス人女性たちに囲まれて道化を演じていたとき、すでに他の男性とは異なって取り扱われていた。彼は周縁状態に甘んじ、モロッコ社会における絶対的な境界――男性と女性、モロッコ人とフランス人――を越境する両義的な役割を引き受けていたのである。そしてそこは性的な誘惑が支配する世界でもあった。誘惑は、周縁的な領域で許されている行為であると同時に、誘惑を通じて人びとは既存の社会的境界を越境するのである。

このように、誘惑に注目すると、今まで無視されてきた世界が重要な意味をもつということが分かってくる。それは、たんに周縁的な世界を研究対象にせよ、ということではない。そこで認められる人びとのかけひきが、公的な領域からは想定できない人間像を浮かび上がらせる可能性があるということである。ムリや土佐源氏、そしてトゥハーミを当該社会では例外的として切り捨てるのは簡単かもしれない。しかし、かれらに寄り添うことで当該社会がより豊かに見えてくるのも事実である。誘惑のトポスは異文化の男性・女性像のステレオタイプを攪乱するコンタクト・ゾーンなのである。

八　他者像の転換

文化人類学が対象とするのは、かつてヨーロッパの人たちから「未開」とか「野蛮」と呼ばれた人びとであった。その特徴として、衣食住などの物質文化が発達していないこと――その典型は「裸族」と呼ばれる人びとである――がある。ヨーロッパ人の基準を、白人成人男性で合理的に行動する存在と考えるなら、未開人は感情的で子どもっぽい。かれらは東洋人とならんでヨーロッパの主要な「他者」としてその否定的な要素を背負わされてきた。

他方で、こうした他者を理想化する傾向も存在していた。たとえば、先に触れたムリア人たちは、世界的なベストセラーとなった『エマニエル夫人』では、深遠な性の哲学を実践する「熱狂的な官能愛の伝道者」として詳しく紹介されている［アルサン 二〇〇六、二三一-二三七］。性愛だけではない。かれらこそ平和を愛する存在であり、戦争に明け暮れているヨーロッパ社会こそ野蛮だというわけである。「未開人」は本当に野蛮（暴力的）なのか、そうではないのかといった論争は無数にあると思われるが、この点については、本書第八章を参照してほしい。以下で考えたいのは、暴力性とならんで他者に付与される否定的な属性の一つである誘惑である。

エドワード・サイードはその著書『オリエンタリズム』で、人文・社会科学におけるオリエント表象に潜む問題を、西欧による植民地支配との関係で論じている［サイード 一九八六］。そこでオリエントは、文化・社会的に劣っていて（後進的）、無力（受動的）で、これ以上の発展を望めないような場所、植民地支配を正当化されるべき地域として描かれている。それは西欧（オキシデント）の（存立に必要な）他者なのである。

この他者はまた官能的な誘惑者として立ち現れる。サイードは、本章冒頭で引用したように、どうしてオリエントが、誘惑者として表象されるのかと問う。確かに、オリエントは危険な誘惑（者）として現れるが、誘惑に主客転換といった積極的な意味を認めることで、こうした固定的な他者表象を内側から攪乱できるのではないだろうか。誘惑者としての他者の表象は、確かに一方的な堕落や悪への誘いでしかない場合もあるかもしれない。しかし、そこに本章で指摘したような主客転倒の可能性――一方的な表象の亀裂とでも言おうか――を指摘することもまた、文化人類学者の使命ではないだろうか。すなわち、誘惑者を悪とみなし、また誘惑されることを自己の弱さとみなし他者との関係を避けるのではなく、あえてその誘惑に乗る選択の可能性を探究する態度が重要なのである。「ファム・ファタル」すなわち死や破壊をもたらす魅惑的な女性とみなすような紋切り型の他者像を否定しつつ、なおそこに肯定的な「誘惑」のモメントを救い出すという困難を引き受ける必要があるのである。そして、そのような困難の先に、他者との官能的かつ感応的な出会いを実現することが重要となる。

その場合、二つのことが考えられる。一つは、従来の性的な他者表象をたんに偏見に満ちた一面的なものとして批判するのではなく、そのような表象を生みだした当事者たちの他者との関わりについて考慮することである。もう一つは、次節で改めて考察することになるが、文化人類学者自身が当事者としてどのような他者表象（民族誌）を創出することができるのかに関わる。前者の当事者には文化人類学者も含まれると考えられるため、これら二つの項目は実際には一つの問題でしかないとも言える。

ここでインドについて三つの事例を挙げたい。最初の二つは太平洋戦争直前にインドに渡った日本人によって戦中に出版された紀行からの抜粋である。偶然、どちらも南インドのマドゥライにあるヒンドゥー寺院の記述である。

ヨーロッパ人をして『南インドのアテネ』と讃えしめたマヅラの大寺を訪れるものは、まずその東西南北の四隅に聳立する鐘楼風の高さ一五二尺に及ぶ大塔が、基底から頂上まで隙間もなく偶像を以て埋められているのを見て一驚を吃するだろう。そして種々の男神及び女神、生殖器崇拝を象る動物像などが押し並び、一室のみで丈余の偶像三千を納めている内陣など、昼なお暗く埃っぽい殿堂内の光景は、一種の圧迫すら感ずる雄大ながらも怪奇なものである。そこにはパンテオンのヴィーナスの清純美は見られない。熱帯樹林の醸し出す異常な雰囲気の中に、カースト制度の桎梏に縛られて、蠢めく囚人の祈りにも似た神秘的な怪奇美が生誕しているのである。〔網本　一九四二、四三〕

マズラはベナレスに次ぐ印度教の霊地でミナクシ寺は印度最大の寺院ではないにしても少なくとも最大なるものの一つだ。全部壮大な石造ではあるが複雑怪奇の大寺院である。種種雑多の偶像を彫った何百何千という石柱、無数の神像を鏤めた石

図1-1　南インド，マドゥライのミーナクシー女神寺院塔門
（Noradoa/Shutterstock.com）

> 塔、何れも想像を絶する手数をかけたもので迷信の力以外こんなものできっこはない。迷信の権化であるごて〳〵した偶像の羅列でありシバ夫婦の神像を中心とした淫靡の空気に充満した低級なものである。教育の女神までが大きな乳房を垂らしお尻をへんな格好に曲げて居る肉欲以外娯楽と言うもののない印度人の好きそうな宗教だ。仏教が斯様な宗教にとって代られたことは印度の不幸であって印度の分裂及び滅亡に対しては此の宗教が大きな責任を負わねばならぬ。［河東　一九四四、九―一〇］

網本は、ヨーロッパ文明の発祥の地とされるアテネのパルテノンと対比し、河東は仏教と対比することで、この寺院のいかがわしさを、したがってヒンドゥー教やインド世界の「淫靡」さを強調している。そこにあからさまな批判や偏見を認めることは可能である。しかし、あえて誘惑という視点から述べると、著者たちはマドゥライのミーナークシー女神寺院（図1-1）に圧倒され、それに誘惑され、動揺していると言える。たとえ否定的な言辞を連ねているとはいえ、かれらの雄弁さこそ、そうした誘惑の圧倒的な力強さを語っているのではないか。両者の記述を日本人によるオリエンタリズムとして批判するのではなく、そこに「誘惑の痕跡」を探ることこそ重要ではないだろうか。

三つ目は、大英図書館に残されている英国人行政官モーリス・V・ポートマンによる、一八八三年のアンダマン諸島の巡回日誌である[25]。巡回日誌は手書きのもので二冊あるが、そのうちの一つに落書きが残されている。これらはすべて男性性器のスケッチであった（図1-2）。なぜ性器、それも男性性器ばかりなのか。誰が描いたのか。誰の性器なのか。単純に考えれば、ポートマンが巡回中に出会ったアンダマン島民の男性性器をスケッチしたもの、と推察できる。もしかしたらポートマンがホモセクシュアルだったため、現地の男性に惹かれたのかもしれない。

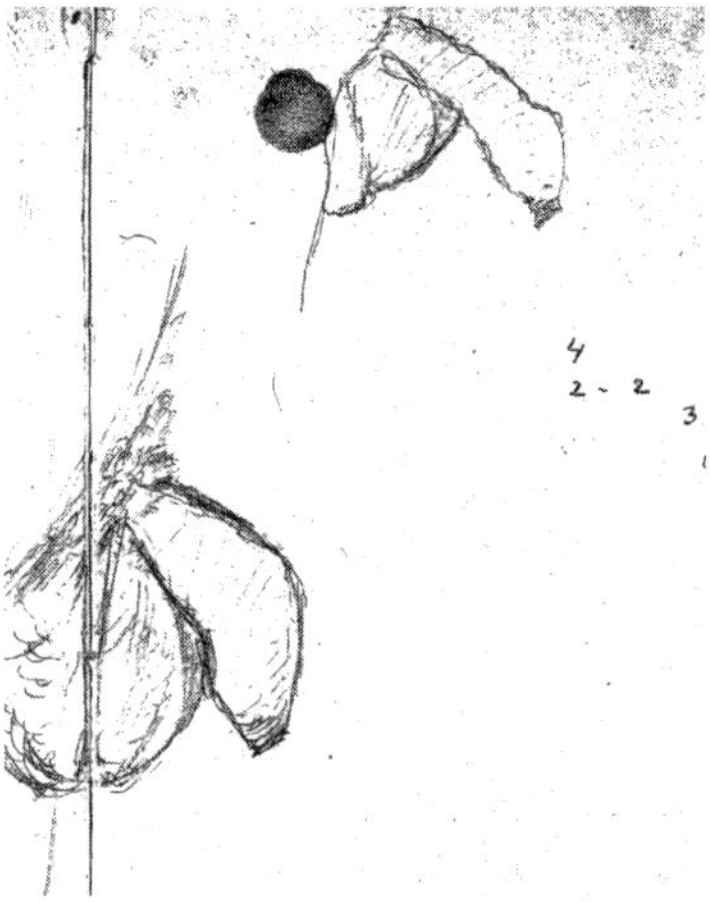

図1－2　ポートマンによるスケッチ

ポートマンは当時英国支配下にあったアンダマン諸島の官僚であり、支配する側、文明化を推し進める側にいた。彼にとってアンダマン島民の性器を描くことや、実際に関係があったかはともかく性的欲望の対象にすることは、支配に通じるみずからの欲望をたんに意味していただけかもしれない。したがって、ポートマンのスケッチに、「未開の他者」との新たな関係を見出すのは深読みではないか、という批判もあるかもしれない。わたしは、こうした相反する両方の解釈を認めた上で、なお他者による誘惑が生みだす創造的関係に想いをめぐらしたい。ミシェル・フーコーをもちだすまでもなく、知るということや、表象するということは支配に通じる。しかし、他者表象に他者の力を読み解き、みずからが異化の経験の伝達者になろうとする可能性も無視すべきではない。

九　誘惑する民族誌の創出

民族誌は、文化人類学者がフィールドワークで蒐集したデータに基づいて生みだす他者表象のテクストと定義できる。前章で述べたように、フィールドでの経験がそのままテクストとして再生産されるわけではない。民族誌執筆の過程でフィールドにおいて経験した多くのものが削除される。その一つがフィールドでの「誘惑」経験であろう。このような経験は私的なものであると判断されて削除されるのが関の山である。私的な経験を些末なものとして切り捨てることで民族誌は成立してきた。しかし、前章や本章の主張に従えば、誘惑のモメントにこそ照準を当てる必要がある。実際、そのような民族誌が皆無というわけではない。アメリカの人類学者、ポール・ラビノーの『異文化理解』（一九七七）には著者と現地女性との交流が記述されている［ラビノー　一九八〇、九〇－一〇二］、夜這いの経験を述べている赤松［二〇〇四、二六－二八］、最近では棚橋の経験［松園編　一九九六、一八一－一八五］などを挙げることができる。[26] しかし、極めつけは中根千枝の

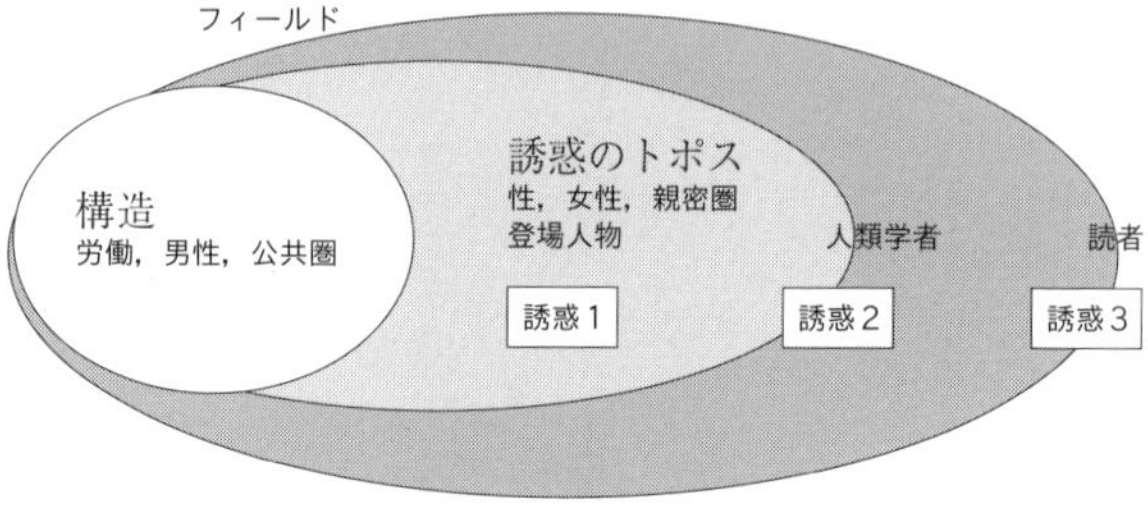

1）フィールドにおける誘惑の相　登場人物を惹きつける
2）フィールドワークにおける誘惑の相　人類学者を惹きつける
3）民族誌における誘惑の相　読者を惹きつける

図1-3　誘惑の三相構造

『未開の顔・文明の顔』（一九五九）であろう。

酒と踊りに狂おしいまでの陶酔。私はジャングルの野性的なエキゾティズムにたまらない歓びを感じながら、ふと横を見ると、〔政府〕長官が情熱的な瞳を投げかけてにっこりほほえんだ。それは未開人の気味悪いほどの本能の狂乱に輝く瞳ではなく、三千年の長い長いインド文明に培われた神秘な深淵にやどる情熱である。私は野蛮の熱狂の異様な陶酔の中で、神秘なインド文明の情熱に誘われて（中略）杯を傾けつづけたのである。［中根　一九五九、四〇］

ここで中根は、高等教育を受けたヒンドゥー教徒の政府役人と調査地で出会い恋に落ちたとも言えるが、それは同時に彼の誘惑でもあった。そして二人の接近のお膳立てをしたのが「ジャングルの野性的なエキゾティズム」である。網本や河東のテクストでは、ヒンドゥー教がギリシャ文明や仏教に対比されていたが、ここでは「野蛮」が「神秘なインド文明」に対比され、貶められている。代わってインド文明が賞賛されている。

言語学者の長田［二〇〇二、一七〇–一七六］は、中根による文字をもたない部族民への偏見を批判している。その批判に反論するつもりはないが、本章の関心から注目したいのは、この場面における誘惑の構造である。一見、中根は長官に誘惑のまなざしを感じているように読める。しかし、中根は同時に「野蛮の熱狂の異様な陶酔」にも惹かれていると考えるべきではないだろうか。野蛮と文明の両者が相乗効果を発して中根を虜にしている。そして著者のこの「よろめき」がテクストに一種の亀裂を生みだし、対象に一歩踏み出した記述を可能としていると言えないだろうか。より一般化すれば著者自身が誘惑に乗ることで自他の境界が攪乱されるのである。そこに著者の受動性（誘惑を受ける）と能動性（誘惑に乗る）の両方が立ち現れ、対象との距離が縮まる。「狂おしいまでの陶酔」あるいは「熱狂の異様な陶酔」が著者を襲う。陶酔の中、心身の境界もここで崩壊する。そして、こうした自他の境界の攪乱は、民族誌を読む読者にも感染するのではないだろうか。そのとき民族誌は誘惑のテクストへと変貌する（詳しくは第七章参照）。まとめると、図（1-3）が示すように、誘惑が問われる領域は、大きく三つに分かれる。まずフィールドにおける主として性に関わる世界、つぎに人類学者を巻き込む関係、最後に民族誌（テクスト）と読者との関係である。

以上、誘惑という概念に注目することで、それがどのように文化人類学の今日的課題に貢献するのかについて論じてきた。誘惑は身体やエロティックな世界と密接に関係している。このため、誘惑が示唆するエロスの世界は、いくつかの例外を除いて無視されてきた。誘惑という視点から、新たな文化人類学の構想、たとえば身体やエロスをめぐる文化人類学が生まれるはずである。もちろん、厳格な禁欲主義的宗教を別にすれば、エロスを完全に無視してきた世界はないということを付け加えておく必要がある。

思想史的には、自己と他者との関係の見直しや他者との道具的関係から、より相互交渉的なエロス的空間の発見と構築へといった道筋が見えてくる。また、どちらかというと誘惑という技法が重視されない公的領域から私的領域への研究対象の拡大の可能性を挙げることもできる。他者表象については、そこに誘惑のモメントを探ることでオリエンタリズムの再考を促すことも可能と思われる。最後に、フィールドでの誘惑体験の前景化を試みることで、文化人類学者自身が民族誌記述を通じて他者と自己、あるいは自身の身体との境界を攪乱することができよう。

注

〈1〉 日本語文献に限ると、［落合 一九九三、一九九七］や［竹沢編 二〇〇九］がある。

〈2〉 厳密に言えば、もちろん誘惑は古代ギリシャやインドの叙事詩に頻繁に認められる行為であり、すべてがつねに悪というわけではない。

〈3〉 たとえば［池上 一九九二、大橋 一九九八、川村 一九九一、塩月 二〇一二］を参照。

〈4〉 他に［立川・山田 一九九〇、二二一-二三六］参照。立川の誘惑論は、他者との関わり（コミュニケーション）をめぐって論じられている点で、本章の問題意識と共通する。立川は、ここでサルトルの『存在と無』に肯定的に言及しているが［立川・山田 一九九〇、三三二］、サルトルの限界については次章を参照。

〈5〉アルチュセールは、大文字の主体による呼びかけ（interpellation）と小文字の主体による呼びかけによる主体化を分けている（本書序章、［アルチュセール 一九九三］）。前者が呼びかけの起点である。前者の呼びかけなしに、後者は生まれない。また前者は相互の呼びかけではなく一方的なものである。後者の相互性にのみ注目するとそこに誘惑との類似性を見てとることは簡単かもしれないが、前者を想定しない誘惑と、想定する呼びかけとの相違は大きい。

〈6〉リンギスは、信頼（trust）と誘惑、エロチックな衝動に、他者についてのイメージと表象を突き破って接する力を認めている［リンギス 二〇〇四、一二一-一五］。

〈7〉［赤松 二〇〇四、二六-二八］も参照。もう一つは以下に引用する「乗馬」バージョンである。「ここは、デボチン（頭）、ここはおめめ（目）、ここはおくちと下っていき、ここは、オチチ、このあたりからハダカになり、お乳をさわらせたり、すわせる。……馬なら乗らして、と腹の上へのぼる。うちは暴れ馬やから、ようかきついとらんとハネとばすよ、と脅かされる」［赤松 二〇〇四、六六-六七］。

〈8〉儀礼的なコミュニケーションについては［Bloch 1974, 1977］や［田中 一九九〇］を参照。ブロックは形式性の高い儀礼的なコミュニケーションに選択の自由がないため、政治的には支配と従属の関係を再生産すると指摘している。

〈9〉この点については簡単な記述ではあるが、［赤松 二〇〇四、二五-二六］を参照。

〈10〉本章では立ち入らないが、フーコーの告白をめぐる考察については［藤原 二〇一二］を参照。

〈11〉AKB48の歌詞に限ると、「大声ダイアモンド」（二〇一〇）であれ「希望的リフレイン」（二〇一五）であれ、告白には多大なエネルギーが要ることが分かる。

〈12〉厳密に述べると、この歌詞の直前に「僕」がビキニ姿の女性を「チラ見」しているという描写がある。それに気づかれて見返されたときの彼女の目が「誘っている」のである。

〈13〉序章で紹介したフランク［Frank 1991］の類型に従えば、フーコーが想定する身体は馴致する身体であって、共鳴する身体ではない。

〈14〉告白の対話的状況については［Tambling 1990: 164-165］が詳しい。本書第七章の最後で触れているが、『愛のむきだし』（園子温監督作品、二〇〇九年）という映画で、主人公ユウの父である神父は、息子の告白を聞いて、怒りのあまり彼を殴ってしまう。告白者とそれを聞く権威者という固定的な関係が、怒りによって撹乱されるのである。

〈15〉他に、［ハルプリン 一九九七、一二五-一四二］を参照。

〈16〉性器中心主義の性的実践の限界については［田中 二〇一〇］が詳しい。

〈17〉ただし、バトラーはルービンの講演会に出ていたようであるし、後に彼女を招いて雑誌上で対談をしている［Rubin and Butler 1994］。この対談で、バトラーはレズビアンSMをめぐる問題を論じることを避けているように思われる。

〈18〉フロイトはメドゥーサについての論文［フロイト 一九九七a、二七五-二七九］で、メドゥーサに睨まれて石になることと勃起との類似について触れているが、石になる＝勃起することが必ずしもエロスの世界を保証するのではなく、客体化（対象化）

の過剰（徹底）、すなわち死に至ることにもなりかねないのである。

〈19〉他にブッシュマンについては［菅原 二〇〇〇、二〇四］参照。寺嶋は狩猟採集民と動物との同一化について興味深い議論を展開している［二〇〇七］。

〈20〉他に［野田編 二〇一七］を参照。ただし、こうした自然との感応を手放しに賞賛するべきではなかろう。青山は法隆寺の再建などに尽くした西岡常一について「棟梁と立木との間に、すでにそのときから、柱になってもらうとか（中略）という内々の約束が成り立っているようである」［西岡・青山 一九七七、一九七］と述べ、西岡と自然との交流を強調しているが、西岡の指示による伐採が一因になって台湾は洪水に襲われ、後に檜の伐採は法的に禁止されたという［田中 一九九八a］。

〈21〉沼崎［二〇〇二］は、男性全員に一人の女性が分配される社会を男権主義の社会と名付け、女性をめぐって男性が競合し、格差が生じる場合を男力の社会として区別している。「「男権主義」の貫徹した社会であれば、自由恋愛の余地はない。フリーセックスも認められない」［沼崎 二〇〇二、三〇二］。

〈22〉日本の若者宿での男女のふるまいについては、［江守 一九八四、三四八、瀬川 一九七二、二八四–二九二］を参照。しかし、夜這いについて論じる［赤松 二〇〇四］の記載からはそのような規定はなかったようにも思われるので、断定はできない。

〈23〉ただし、本書の信憑性については疑問が呈されてきた。この点については、［井出 二〇〇〇、佐野 一九九六］などを参照。

〈24〉一般に夜這いとして知られている風習においても、誘惑のようなかけひきが重要だったかもしれないが、これについては改めて論じたい。赤松［二〇〇四、一五三–一五六］が「筆下ろし」の儀礼的なやりとりについて紹介している点についてはすでに指摘した。

〈25〉この事例について詳しくは［田中 二〇一〇］を参照。

〈26〉フィールドでの人類学者の性体験については［Kulick and Wilson (eds.) 1995］を参照。性関係ではないが、菅原も「私の目には、片膝を立て、もう一方の太股を思いっきり横に開いたグゥイの女性の姿はひどく挑発的なものに映った」［菅原 一九九三、六六］と記し、フィールドでの「誘惑」の場面に言及している。

第二章　誘惑モデルと闘争モデル

一　はじめに

序章では、「代理主体」としてのエイジェンシーの新たな可能性を提示し、身体や共同性を包摂する必要性を説いた。前章では、誘惑という概念に注目し、「呼びかけ」に代わる他者との関わりの可能性を示唆した。本章では、前章に続き誘惑を基盤とする自他関係の可能性を探る。本章は、従来の誘惑論が依拠しているサルトル批判を含むと同時に、暴力を論じる第八章とも密接に関係している。

二　闘争モデル

わたしたち人間は、他人と協力し、また世間と折り合いをつけながら生きていかねばならない。そのとき、個人の欲望とそれが引き起こす個人間の競合、葛藤、暴力、終わることのない報復をどうすれば回避できるのか。トマス・ホッブズは、こうした問いかけに答えようとした一七世紀の思想家である。彼は、つぎのように『リヴァイアサン』（一六五一）で述べている。

もしもふたりの者が同一の物を要求し、それが同時に享受できないものであれば、彼らは敵となり（中略）たがいに相手をほろぼすか、屈伏させようと努める。〔ホッブズ 二〇〇九、一七〇〕

自分たちをすべて畏怖させるような共通の権力がないあいだは、人間は戦争と呼ばれる状態、各人の各人にたいする戦争状態にある。なぜなら戦争とは、闘争つまり戦闘行為だけではない。闘争によって争おうとする意思が十分に示されていさえすれば、そのあいだは戦争である。〔ホッブズ 二〇〇九、一七二〕

これらの引用から明らかなように、ホッブズは「各人の各人にたいする戦争状態」という自然状態を想定し、「畏怖させるような共通の権力」、すなわち各人の自発的な意思による契約に基づく国家権力の必要性を論じた。原初状態に──現実に生じたかどうかは別として──戦闘状態あるいは無秩序を想定して社会の秩序維持のメカニズムを論じる思考法をここでは「闘争モデル」と呼ぶことにする。最近ではルネ・ジラールや今村仁司、あるいはピエール・クラストルらがこのモデルを発展させてきた。本章の目的は闘争モデルを批判的に検討し、それに代わる新たな社会ならびに集団のヴィジョンを提示することにある。

ジラールは自然状態における暴力を「横取りの模倣」〔ジラール 一九八四、二八〕の連鎖として説明する。(1) それはある人間が欲するものをみずからもほしくなるという欲望の模倣を原理とする。その結果、同じものをめぐって個人と個人との対立が生じる（上記のホッブズの言葉「ふたりの者が同一の物を要求」する状態）。さらに、暴力が摸倣され報復が繰り返される。相互暴力の発生である。

ジラールによると、暴力が蔓延する危機的状態を回避するためには、お互いに敵対関係にある相互的な暴力を一人の個人に満場一致で振り向ける必要がある。それによって、相互暴力は集合暴力に変換され、同時に社会秩序も回復するというのである。ジラールは、一人の人間に暴力が集中していく過程には横取りの摸倣に代わる「敵対者の摸倣」〔ジラール 一九八四、三七〕があるという。この段階ではすでに欲望の対象は存在しない。残っているのは暴力の対象（敵対者）だけである。

〔共同体の〕統一は分裂が極度に進んだときに、つまり模倣性の不和が高まって報復行為が際限なくくりかえされ、共同体がみずから解体を目ざすに至ったときに起こります。個人対個人の対立のあとに、急にひとり対全員の対立が起こります。（中略）つまり一方は共同体の全員、他方は犠牲者という形に分かれます。（中略）共同体は、ひとりの人間を犠牲にすることによって、全体の連帯性をとりもどすのです。〔ジラール　一九八四、三四〕

宗教的な禁忌は、相互暴力を引き起こした横取りの摸倣を予防する。また供犠は、このような秩序回復の際に生じた集合暴力の反復で、社会秩序を混乱させる無限に繰り返される暴力、すなわち報復の連鎖を抑制し危機状態への退行を防いでいるという〔ジラール　一九八二、二三、一九八四、四〇〕。さらに、犠牲は、混乱を救った存在として「神聖視」される。ジラールは、これを「和解の転移」と呼び、犠牲化である「攻撃の転移」と対比させている。

さて、暴力の連鎖を回避する供犠は後に法制度にとって代わられる。法制度が整備されるにはそれを支持する強大な権力（国家）が必要である。言い換えれば、国家以前の社会は供犠によって、国家以後は法によって秩序が維持されることになる。

今村もまた類似の関心から、社会秩序の出現を「第三項問題」あるいは「第三項排除」という概念で理論化しようとした。以下では、今村の『暴力のオントロギー』（一九八二）をテクストとして第三項問題について検討したい。

今村は、クロード・レヴィ＝ストロースが分析したアスディワル武勲詩を再解釈し、そこに社会秩序出現に関わる二つの現象を認める。一つは「相互性」であり、一つは第三項問題である。第一の現象である相互性とは「暴力を中軸に展開する相互性」あるいは「暴力の互酬性」である。そこでは暴力を被ることなく暴力を行使しえないという相互性が支配する。社会関係は「つねに必ず暴力と闘争に呪われている」〔今村　一九八二、三〇〕。そして、ジャン＝ポール・サルトルに言及しながらつぎのように述べている。

サルトルは、他者を地獄であるといったが、まことにこの相互性は、暴力と闘争という地獄的相互性である。物理的であれ、精神的であれ、主体と客体との相互関係は、この種の暴力にとりつかれており、暴力と闘争という地獄のごとき悪循環を免れることはできない。主体の対象活動は、必ずメズ《マ》ュ《マ》ーサの首のごとき物化の働きを相手に及ぼすのであるから、相互の内面的交流は原理的に閉ざされ、すさまじいまでの物化と支配の相互的応酬をおこなうほかはないのである。［今村　一九八二、二八］

今村によると、二者が暴力的相互関係を回避し調和的な関係を維持するには、第三項を排除する必要がある［今村　一九八二、二九、二三二］。ここで想定されている第三項とは供犠の犠牲（身代わりの山羊）である。

暴力的相互性や第三項排除に見られる暴力は、ヨーロッパ思想史における中心的課題であるだけでなく人類に普遍的な現象と位置づけられている。そして、この第三項排除は、ジラールの言う満場一致の暴力に他ならないと主張する［今村　一九八二、二三六―二三七］。

第三項は否定的な価値のみを帯びているのではない。それはまず否定され排除されるが、とり違え（転倒）によって肯定的な存在、聖なるものとなる。これは先に紹介したジラールの「和解の転移」に対応する。したがって、第三項は首長や王、神、フェティッシュ、貨幣でもある。第三項排除によって形成される（と想定される）社会は、なにかを頂点とするような社会と言っていいだろう〔2〕。

最後にフランスの人類学者クラストルの議論を吟味しておきたい。『暴力の考古学』（一九七七年公刊）でクラストルは、未開社会をホッブズの言う各人の各人に対する戦い状態にある社会ととらえる。しかし、彼は未開社会の人びとをたんに野蛮であるとか好戦的であるとして片付けない。むしろ、絶え間ない戦争が、未開社会が中央集権的な国家に変貌することを回避し、またその社会の多様性を保証していると考えるのである。つまり、クラストルは一方でわたしたちの未開観を肯定すると同時に、その効果や理由において、わたしたちの未開観を揺るがすのである。彼によると未開社会は、ホッブズが人類史における最初の秩序の出現として論じた「自分たちをすべて畏怖させるような共通の権力」を求めるどころか、むしろそれに抵抗する社会なのである。戦争を続けることで多様性を維持し、また内的な結束・秩序を維持できる［クラストル　二〇〇三、一一二］。ここにクラストルの議論の独創性が認められる。しかし、クラストルの主張で看過できない誤りは、ホッブズはあくまで各人すなわち個人の間の戦いを想定していたのに対し、クラストルはこれを集団間の対立にずらして論じていることである。この結果、どうして敵対する集団が存在しない段階で集団が結束できるのかについて説明できない。この意味で、民族誌的事実としてはたして正しいか、という問いに加え、[3]クラストルはホッブズの闘争モデルを歪曲し、今村やジラールの議論からもずれる不徹底なヴァージョン――個人というより集団の闘争モデル――を提示していることになる。

以上のジラールや今村の闘争モデルは、クラストルと異なり、個人相互の対立を止揚して個人と社会（集合性）をどう結びつけるか、という個人からの問いかけへの回答の試みである。[4]個人と個人の対立的関係様式の一つである暴力が、対立を解消させ集合的世界を生むという弁証法に、闘争モデルの真骨頂がある。この意味で闘争モデルは、社会秩序をアプリオリに想定していない。それはいつ何時社会が危機に陥るかもしれないという不安定さを含む、より動態的なモデルであると言えよう。

なお、闘争モデルの核となるのは欲望する個人であった。[5]本章では、あえてその個人観を継承することにしたい。というのも、まったく異なる個人観を提案して議論を進めるのは生産的とは言えないからである。仮説的であれ同じ出発点に立つことで、より批判的な考察を行うことができると思われるからだ。

三　ネットワークと関わり合い

ここで検討するネットワーク概念や関わり合い概念の背景には、闘争モデルと同様に、調和的あるいは静態的な社会観への批判を認めることができる。そして、闘争モデルと同じく、個人を核とした社会モデルを構想している。しかし、闘争モデルが想定する社会や集団と異なり、その社会モデルは、暴力の脅威にさらされているわけでも、また満場一致の暴力による結束を必要とするわけでもなく、よりソフトで融通無碍なものである。この特質こそネットワーク論から学ぶべき社会の特質であると考えたい。

さて、人類学および社会学の分野で最初にネットワークという概念を提示したのはノルウェーの漁村で調査をしたジョン・A・バーンズであった。彼は、ネットワークを以下のように定義している。

個々人は一定数の他者と接触を保っていて、その人たちの一部は相互に直接の接触があるが、相互に接触のない人々同士も含まれている。（中略）私はこの種の社会的な場のことをネットワークと呼ぶのが便利だと考えている。私の頭に浮かぶのは、一組の点のうち一部が相互に線で結ばれているというイメージである。このイメージのなかの点は人あるいは集団を表しており、線はどの人とどの人が相互作用しているかを示している。［バーンズ　二〇〇六、七］

この論文が公刊されたのは一九五四年のことである。ほぼ同じ時期の一九五三年、東ロンドンの親族調査においてもネットワークに注目するボットの分析が公刊される［ボット　二〇〇六］(6)。その後、一九六〇年代になると南アフリカの都市や産業社会での研究を通じてネットワーク概念や分析方法が発展していく(7)。

アフリカの鉱山都市地帯で調査を行った、マンチェスター学派に属するアーノルド・L・エプシュタインは、ネットワーク概念の特徴を、(1)「つねにエゴ中心的である」、(2)「つねに個人的である」、(3)「個人的相互作用の、一連の鎖の連結」［エプシュタイン　一九八三、九九－一〇二］の三つにまとめている。

ジェレミー・ボワセベンは、一九四〇年代に確立した構造機能主義的な社会観への批判としてネットワーク概念を提唱し、個人の視点を強調する。

インフォーマントが「この場面で私には何が期待されているだろうか」とか「私の集団にとって何が最善だろうか」といった、構造機能主義者の典型的な問題をしばしば自問するのは確かに事実だ。しかし、経験的にいえば、彼らはそれと同じくらい頻繁に「自分と自分の家族にとって何が最善だろうか」とか「どの可能性から最大の利益を引き出すことができるだろうか」（中略）といった自問を繰り返しているように思われる。（中略）要するに、社会の静態的な構造機能主義モデルは、現実の人間が相互作用するレベルでは役に立たないということが、（中略）明らかになってきたのである。［ボワセベン　一九八六、一二二］

この引用からも明らかなように、ネットワーク論は集団中心主義への批判として位置づけられることになる。ネットワークは、役割（権利・義務）の束として人間をとらえる構造機能主義からは見えてこない人間関係、すなわちつきあいや社交を明らかにする概念である。そこには、ほぼ対等で、境界がない、どこまでも広がる対面的な二者関係が想定されている[8]。

ネットワーク論は、都市社会学、社会的ネットワーク論、グラフ理論などへ受け継がれ、発展していく。そこでの個人はいわゆる経済的人間（ホモ・エコノミクス）を想定している。そのため、ネットワーク論においては個人の内実が問われることなく、関係は数量化され、統計学的な方向へ進むことになった。したがって、現在の状況は、必ずしも本章の関心と重なるわけではない、ということを強調しておきたい。むしろ、以下に示す「関わり合い（relatedness）」という概念に初期のネットワーク論の意義が継承されているように思われる。

すなわち、一九九〇年代になると、ネットワーク論の射程と重なりつつ、対人関係を示す新たな概念がジャネット・カーステンによって提唱されることになる［Carsten 1995］。これが「関わり合い」である。カーステンによると、関わり合いは、ヨーロッパにおける親族概念が想起させる生物学的な性格を相対化するために、親族に代わって提案されたものである。これによって、親族を含む、より広範囲な人間関係が研究の射程に入ってくる。また、現代の生殖技術によって生まれたさまざまな「親族関係」をも通文化的な視点から研究可能になるという［Carsten 2000］。しかし、そうした方法論的な問題以上に、関わり合い概念が本章にとって意義深いと思われるのは、ネットワーク概念では看過されがちであった関係の実態（個々人のやりとり）が問われることになったということである。それは具体的には、個々人の間に生じるモノのやりとり、共有、労働などの活動、身体的な相互作用などである。

わたしは、物質（substance）という概念とそれが食事を通じて獲得されていく過程に注目する。わたしの意図は、身体に関わる物質（bodily substance）がマレー人たちが生まれたときからもっていてそのまま変化しないで残っているといったなにかではないことを明らかにすることである。代わりに、人びとがさまざまな関係に入ることを通じて一生の間にそれが徐々に蓄積され、かつ変化することを証明したい。［Carsten 1995: 225］

つまり、カーステンは、人間関係を――母子関係のように生物学的に決定されているように思われる場合も含めて――所与のものとしてではなく、日常的実践を通じて生まれる関係、ある種の生成過程として理解しようとする。固定的に見える集団もまた、その成員たちの日々の活動を通じて生まれる関わり合いの総体あるいは構築物と言うのである。

カーステンが提案した関わり合いの概念は、その後論文集の公刊や、学術論文などを通じて発展、修正されていくが、(9)本章では詳しく立ち入る必要はないであろう。本章では、以下で個人とネットワークとの関係を考察し、その後、個々人の相互作用を論じることにしたい。

四　エイジェントと誘惑

ネットワークや関わり合いが個々人の絆あるいは関係を意味するとするなら、それが結びつける個人とは誰か、ということが問われなければならない。このような問いを念頭に、ここではエイジェントという概念を導入したい。すでに言明したように、わたしは闘争モデルが前提としている「欲望する主体としての個人」という考えを継承している。したがって、ここで導入するエイジェントもまた欲望する個人であることを否定しない。しかし、それについて論じる前に、まずエイジェントとネットワークとの関係について説明したい。

本書の序章で述べたことだが、わたしはエイジェントを構造と対立させて論じるような社会学的パラダイムに依拠しているわけではない。それは、これまでの首尾一貫した能動的個人あるいは行使者とそれほど変わらないからである。これに対し、わたしは、エイジェントの代理という意味に注目した。人はお互いにエイジェントとして単数あるいは複数の他者を代理する。ここで言う代理は一方的なものではない。そのような相互関係の連なりからネットワークが生まれる。エイジェンシーとはたんなる能動性ではなく、代理する能力すなわち広い意味でのコミュニケーション能力なのである。

社会科学において、構造か個人かという問いかけは、個人を能動的にとるか（すなわち個人中心）、受動的にとるか（すなわち社会中心）という二者択一的な選択と表裏一体にあった。そのような能動・受動の転換可能性を示唆するものとしてここで提案されたのが代理性という概念である。そこには代理する／されるという能動と受動の両要素が含まれている。ただし代理性は、エイジェントの性格であって、エイジェント間の相互作用の特質を語る概念としては不十分である。そこで、本節では誘惑という行為について考えてみたい。これは欲望と密接に関係するだけでなく、受動と能動を逆転させることのできる稀有な概念である。

エイジェントの相互作用として「誘惑」という言葉に注目する意義はどこにあるのだろうか[10]。一つは「主客の逆転」、もう一つは身体の重要性——それに付随する偶発性や共鳴性——の二点に求められる。この二点についてはすでに第一章で詳述したので繰り返さない。主客の転換や身体性を核とする誘惑という概念には、良質な性行為に認められる自他の融解（の兆し）が認められるという意味で、誘惑はエロスの世界に人を誘うと言える。そして、エロスの領域における身体は、舞踊その他のパフォーマンスや介護に認められる「共鳴する身体（communicative body）」［Frank 1991］である[11]。前述したように、この身体は、さまざまな存在やモノを結びつける。それは、なによりも誘惑する身体であり、それに応じる共鳴する身体なのである。

とはいえ、すべてが肯定的であるというのではない。誘惑には危険が伴う。たとえば、誘惑者は、性欲の一方的な充足や、性的快楽を与えることで支配しようとする意図をもっているかもしれない。性交はときに一方的な侵犯でしかない。そこでは、身体はあくまで他者（の身体）を支配する道具でしかない。そして、この点において誘惑モデルは闘争モデルに重なる。

こうした否定的なモメントを考慮するにしても、ここで提案する誘惑モデルにおける誘惑の相互性は、闘争モデルが想定している暴力の相互性からもっとも遠いところにある。その理由の一つは、個人あるいはエイジェントを欲望する存在とみなす点では同じであるとしても、誘惑者の欲望はAとBが共通に欲望する対象ではなく、お互いに対しての欲望であるからだ。そこには暴力を生む、他者の欲望の対象を欲望するような「横取りの模倣」が存在しない。また、誘惑モデルにおける他者認識は、サルトルの考えるような地獄を不可避の事態とは考えない。誘惑者のまなざしは、相手の物化＝死＝究極の客体化を生みだすのではない（上記の今村の引用を参照）[12]。反対に誘惑者は、「わたしをまなざせ」と誘っているのである。誘惑とは、排除なきコミュニケーション能力であり、そのような能力がエイジェンシーなのである。そこでは、いかに（相手との関係で）能動的にふるまうか——戦いに勝利し、支配するか——ではなく、いかに誘惑の相互作用の中で受動的にふるまうのかが求められることになるのである。誘惑モデルがわたしたちに問うているのは、受動的になることの強さである。

以下のような反論が予想される。たとえ誘惑モデルの欲望が二者関係であるにしても、それは、第三者の欲望を無視しているだけではないか[13]。AとBとの関係がどうであれ、そこに第三者Cの欲望は介在しないのか。Aに対してCはBと競合関係にあるのではないか。またモノへの欲望についてはジラールが想定したような横取りの摸倣がなお有効なのではないのか、と。これについて、欲望とその作用である誘惑は、AとBの二者だけで閉じられるものではなく第三者Cにも開かれていて、なお、所有や占有は本質的ではないこと、また誘惑の相互作用は人の間だけでなく、人とモノとの間にも生じること[14]、この二点を指摘して反論への答えとしたい。

さて、冒頭で紹介した今村の議論では、サルトルについては肯定的であったのに対し、モーリス・メルロ=ポンティについては批判的である（後述）。以下では、誘惑の要素として重要な「愛撫」に注目して、サルトル批判を試み、メルロ=ポンティの重要性をまず確認することにしたい。その後で、今村のメルロ=ポンティ批判を検討することにする。本章では闘争モデルのオルタナティヴなモデルとして誘惑モデルを提示したわけだが、メルロ=ポンティの主張を簡単に吟味することで、誘惑モデルのさらなる可能性を示唆したい。それだけではない。あえてメルロ=ポンティをとりあげるのは、そこに、より根源的な思考が認められるからである。今までのエイジェント、代理性、誘惑をめぐる議論は、闘争モデル批判として意図されているわけだが、それは必ずしも闘争モデルが想定する原初の相互暴力の状態に対するオルタナティヴとして提示されているわけではない。原初がどうであったかは想像の領域に属する。誘惑モデルは、むしろ闘争モデルが導くところの社会観への批判であり、新たな社会観を構築するための摸索の軌跡である。しかし、メルロ=ポンティの議論は、そのような次元に留まらない、より根源的な深みをわたしたちに示している。その意味で、今村はメルロ=ポンティを無視できないと判断し批判しているのであるし、本章で哲学的な議論に触れるのも、その位相でしか闘争モデルを真に批判できないと考えるからである。

五　愛撫する手

サルトルは、その主著『存在と無』（一九四三）で、「性的欲望の表現である愛撫」［サルトル 二〇〇七、四三五］について考察を行っている。そこで、彼は身体（corps）と肉体（chair）を対比させている。肉体とは、目的や意味が剝奪され、偶然性によって特徴づけられた存在様式である。それは通常、身体と異なり、わたしたちの前に現れることはない。それは、衣服や化粧に覆われているだけではない。意味ある行為によって覆われている。

> 他者の身体は、根源的に、状況の内における身体である。それに反して、肉体は、現前しているものの単なる偶然としてあらわれる。［サルトル 二〇〇七、四三二］

隠れていた肉体を顕示させようとするのが性的欲望であり、それを可能とするのが愛撫である。

> 性的欲望は、相手の身体から、その衣服とともにその運動をも取り去って、この身体をたんなる肉体として存在させようとする一つの試みである。それは、他者の身体を受肉させようとする一つの試み（une tentative d'incarnation du corps d'Autrui）である。その意味で愛撫は、他人の身体をわがものにすることである（引用者強調）。［サルトル 二〇〇七、四三二］

愛撫は、「他者を受肉させる儀式の総体」である。したがって愛撫はたんなる接触ではない。それは加工（façonnement）である。しかし、この儀式の効果は、他者にのみ生じるのではない。

> 他者を愛撫するとき、私は、私の指の下に、私の愛撫によって、他者の肉体を生まれさせる。（中略）愛撫は、他者を、私にとっても、その人自身にとっても、肉体として生まれさせる。［サルトル 二〇〇七、四三三］

ここで問われるのは自身の受動性である。というのも他者の愛撫は、自身の統御された能動的身体というよりは、みずからの受肉化を通じてなされるからである。

私は、他者の肉体を他者自身にとっても私にとっても実現するように他者を誘いこむために、私をして肉体たらしめるのであるが、私の肉体が、他者にとって、他者を肉体として生まれさせる肉体であるかぎりにおいて、私の愛撫は、私の肉体を私にとって生まれさせる。私は、他者に、他者自身の肉体をとおして、私自身の肉体を味わわせ、かくして私は、他者が自己自身を肉体として感じるように仕向ける。そういうわけで、実際には、二重の相互的受肉としての所有があらわれる。〔サルトル 二〇〇七、四三五〕

愛撫とは、自身の肉体を相手に知らしめ、相手もまた肉体となる行為と言える。それは、相互に受肉する・される過程である。その相互的受肉は愛撫がもたらす快楽によって可能となる。愛撫は、確かに能動的な行為であり、そこで手や指、舌や口唇は道具である。それらは「行為している身体」に属し、その統御下にある。しかし、愛撫はそれだけの一方的な行為ではない。相手の体に指をはわすとき、その指は「消失」し、私自身が「粘膜」になることを意味する。そのとき、「性的欲望のコミュニオン」が生まれるとサルトルは主張する〔サルトル 二〇〇七、四四八〕。そこに自己と他者による、能動と受動のめまぐるしい相互作用（誘惑の相乗効果）が認められる。こうして受肉化した意識は「混濁」する。しかし、ここで気をつけなければならないのは、サルトルにとって、性的欲望とは他者を「わがものにしようとする欲望」であるということだ。性的欲望は自他相互の受肉では満足しない。受肉した他人の意識を所有しようとする。こうして、私は再びみずからを脱肉体化し、道具的存在となろうとするのである。その最たる者がサディストである。サルトルに従えば、「性的欲望そのものの内に、サディズムが、この欲望の挫折として、萌芽的に含まれている」のだ〔サルトル 二〇〇七、四六八〕。

私は、私の受肉をとおして他者の身体を受肉させるにいたったにもかかわらず、ひとたび私が他者のこの身体をとらえようところみるやいなや、私は、受肉の相互性（性的欲望のコミュニオン）を破り、私自身の諸可能性へ向かって私の身体を超出し、サディズムの方へ私を向かわせることになる。〔サルトル 二〇〇七、四六八〕

このように、サルトルは、愛撫を性的欲望の表現であり、またその手段であるととらえながら、性的欲望のコミュニオンをもってその中心概念として位置づけることはなかった。性的欲望は不安定であり、つねにサディズムかその反対のマゾヒズムの間で動揺する。このような見方に、彼の男性的セクシュアリティの限界を見出すことも可能であろう。それは性の「闘争モデル」の限界でもある。これに対し、サルトルのパートナーであったシモーヌ・ド・ボーヴォワールは、サルトルと類似の視点から性行為を論じながら、その最終的な形態において、サルトルを批判的にとらえるような考察を提示している。

ボーヴォワールの主著でフェミニズムの古典としての地位を得ている『第二の性Ⅱ　体験』（一九四九）の第一部に、女性の性と性体験についての考察が含まれている。その大半は、女性の性的行為の困難さについての考察に当てられている。というのも、異性愛の場合男女の間には社会的な不平等が存在することに加え、女性の快楽は能動性と受動性の微妙なバランスの上に成立するからである。

女が、肉体の客体への変貌と主体としての要求を両立させるためには、自分が男の獲物となりつつ、また男を自分の獲物としなければならない。［ボーヴォワール　二〇〇一、二四九］

そのようなバランスは、女性だけに求められる課題ではない。女性が客体になるとき男性は主体となり、女性が主体となるとき男性が客体となるはずだからだ。この点についてボーヴォワールはつぎのように述べる。

この［女の性愛の正常で幸福な］成熟は、――恋愛、愛情、快楽の追求のうちに――女が自分の受動性を克服して、相手と相互的な関係を作ることを前提とする。［ボーヴォワール　二〇〇一、二六六］

それは、たんに主観的な問題ではない。具体的に相手（この場合男性）の体の一部が私のものになると感じるからだ。

生命の膨張した男の性器は、男に快楽を与える女の微笑が男のものであるように、女のものでもあるのだ。男であることと女であることがもっている豊かなものはすべて反映し合い、互いに相手をとおして取り戻され、揺れ動く恍惚の結合をつくりあげる。このような調和に必要なのは洗練された技巧ではなく、むしろ、直接的な官能の魅力を基盤にした、身体と精神

との相互的な寛大さである。〔ボーヴォワール 二〇〇一、二六六〕

ここでボーヴォワールが理想的な（「感動的な」）性関係として描写しているのは、サルトルの「性的欲望のコミュニオン」に他ならない。男性と女性とはもはや敵同士ではないのだ。サルトルにとってそれは不完全なものであった。他方ボーヴォワールにとってそれは性行為の理想でもある。この違いは、すでに示唆しているようにサルトルの他者観やその背後にある男性的セクシュアリティの限界にあるように思われる。これとの関係でボーヴォワールは愛撫する手についてつぎのようにも述べている。

〔自分を従わせようとする男の〕意思を感じると、女は逆らう。女の多くは手で愛撫されるのを嫌がる。手はそれが与える快感に関わらない一個の道具であり、活動であって、肉体ではないからだ。〔ボーヴォワール 二〇〇一、二四八―二四九〕

手はたんなる道具ではない。それもまた感覚器でもある。愛撫する男性が自身の手を相手に快楽を与える道具とみなすとき、女性は反発する。その手の背後に、冷静に手を操る男性の意思を感じるからだ。手を道具として考えると、それをどのように扱うかといった技巧（技能）が問われることになる。しかし、愛撫する手とは、愛撫される手でもある。この両義性を無視すべきではない。こうした両義性を突き詰めて論じたのがメルロ＝ポンティであった。

六　肉の共同体

今村は、メルロ＝ポンティについてつぎのように疑問を呈している。

メルロ＝ポンティは、根源的な知覚的な開けによって、あるいは根源的な脱我によって私と他人とが同時に間身体性の両項として素直に生誕すると考えているが、間身体性の形成はそれほど素直に、なめらかに形成されるものだろうか。しばしば知覚的開けは、裂開（ディッサンス）ともよばれるが、この裂開のイメージはつぼみから花へと移行する美的開花のイメージである。メルロ＝ポンティの「知覚的開け」「脱我」による間身体性は、あまりにも花のごとき美しさと滑らかさをもっていないだろうか。（中略）すさまじい日常生活上の、歴史上の社会的暴力現象がありながら、他方でそれと無関係に「裂開」のごとき楽天風景が根源にあるというのも、少しおかしいのではあるまいか。根源的なレベルにおいても、日常的社会生活上の諸暴力につながる根源的暴力があるのではないか。［今村　一九八二、二一六―二一七］

ここで今村は日常生活に認められる暴力と「根源的暴力」を連続して考えていることに留意したいが、その妥当性についてては立ち入らないでおこう。むしろ、わたしが本章で提示した誘惑モデルは、今村が批判しているようなメルロ＝ポンティの立場に近いことを指摘したい[15]。

メルロ＝ポンティは、独我論批判を徹底し、人間の知覚や身体感覚に注目して自己と他者、自己と世界との関係の構造を現象学的観点から解明しようとしてきた。彼は、遺稿となった『見えるものと見えないもの』で右手と左手が相互に接触する際の感覚について述べている［メルロ＝ポンティ　一九八九、一九六］。わたしたちは、両手が接しているとき意識を変えることで一方が触り、他方が触られていることを理解する。しかし、それらが同時に触る、あるいは触られるということはない。それらは可逆的（触り、触られる）であるが、同じではない。同じことが身体の一部である両手だけでなく、モノを触ったり、人に触ったりするときにも妥当する。その可逆性が実現するのは、わたしたちがともに「肉（体）」、すなわち感じられる存在だからである。それは、主体と客体を形成する場である［メルロ＝ポンティ　一九八九、二〇四］。その形成の動きを、彼は裂開や作裂と称する。今村は、このような過程があまりに牧歌的ではないかと疑義を呈したのである[16]。ここでは今村の批判の内実に拘泥することなく、もう少しメルロ＝ポンティの思索につきあってみたい。

右手と左手の場合、こうした可逆性はどちらも同じ身体の一部だということで保証されているように思われる。ところが、自己（の右手）と他者（の片手）を結びつけるような大いなる身体、すなわち「大動物」は、モノや他人に接するときには存在しない。だが、とメルロ＝ポンティは続ける。

〔有機体の〕風景は互いに縺れ合い、それらの能動も受動も正確に適合し合うのである。そのことは（中略）感じるものの感じられるものへの、感じられるものの感じるものへの肉的癒着として理解するならば、すぐにも可能なことであろう。［メルロ＝ポンティ　一九八九、一九七］

見えるものと触れられるものとの転換可能性〔可逆性〕によってわれわれに開かれているのは、（中略）間身体的な存在であり、見えるものと触れられるものの推定的領域、私が実際に触れたり見たりしているものよりも広い広がりをもった領域なのである。〔メルロ＝ポンティ　一九八九、一九八〕

可逆性を通じてわたしたちは感じられる「肉」として他者や世界に身を拓く。

われわれは、あくまで自然的人間のままで、われわれの内に身を置くとともに物の内に身を置き、われわれの内に身を置くとともに他者の内に身を置いているのであり、その地点では、われわれは、一種の交叉（chiasma）によって他者になり、また世界になるのである。〔メルロ＝ポンティ　一九八九、二二四-二二五〕

このような可逆性の議論をエロティックな文脈で読み替えるという誘惑にかられるのはわたしだけではあるまい。そして、それは案外的を外れていないように思われる。〈17〉また、上記の引用にあるような「肉的癒着」を、自他のずれととらえることで、メルロ＝ポンティの哲学的な思索を社会科学的な社会や集団の議論へと接合することも可能と思われる。〈18〉右手と左手はけっして同じ感覚を同時に得ることはない。両者は「差異と同一とのたわむれ」〔加賀野井　二〇〇九、二八二〕を含みつつも表象あるいは形象を拒否するような「肉（感じられるもの）の共同体」〔松葉　二〇〇八〕である。
「はじめに暴力ありき」、「はじめに各人の各人に対する戦いありき」「他者の地獄」という闘争モデルに対し、メルロ＝ポンティは「はじめに感じられる肉の世界ありき」と主張している。本章で提唱している誘惑モデルもまた間接的であるにしても、メルロ＝ポンティの論点を支持するものである。

個々の相互暴力の発現と拡大、集合暴力を通じての社会（あるいは集団）の形成という闘争モデルのストーリーは魅力的であるが、わたしたちは、新たな社会のヴィジョンとして、もう一つ別の社会の起源、すなわち対立や暴力、競合が想定されないような状況を想定することはできないだろうか。そんな問題意識に立って、ネットワークや関わり合いの概念に依拠しつつ本章で提案したのは、二者関係が無限に展開していくことで生みだされる重層的な関係の束（ネットワーク）であった。そこに、明確かつ固定的な境界が想定されているとは言えない。そして、結果として境界を確定するような、全体を見渡せる位置を占める超越的存在も象徴——第三項と言うべきか——もそこには欠如している（クラストル流に表現するなら欠如ではなく拒否と言うべきかもしれない）。境界のない人びとの関係は集団でも社会でもない、といった批判が聞こえてきそうだが、わたしはそうは思わない。自他を区別する境界、あるいは社会や集団と個人の対立を想定するというこれまでの社会観こそが問われるべきだと考えるからだ。そしてエイジェントと無数のエイジェントから成るネットワークは前者の代理的性格によって主従が固定されることなく結びついていると指摘した。

本章では、エイジェントは闘争モデルと同じく欲望主体であるが、エイジェント間で生じるのは暴力的な対立ではなく、誘惑に基づく身体的、偶発的、そして共同的関係である。他者に欲望を抱くエイジェントたちが相互に誘惑し、ネットワークが生まれる。こうした関係の束において重要なのは、受動と能動との微妙な位置取りにどのくらい敏感になれるかであろう。自律や主体性ではなく、受動的にふるまうということの「能動性」こそが強調されなければならない。本章では関わり合いという概念に注目した。その核となるのは授乳など母子関係だが、子どもにおける受動性（しかし飲むという行為は受動とは言えない）や出産における受動性（産むという行為は能動的だが、意図に基づく能動性ではない）に、こうした能動と受動との微妙な関係の原型を認めることが可能である。メルロ=ポンティに戻ると、彼の間身体性の哲学は、わたしたちにそのような他者や世界との関わりの重要性を教えてくれているのである。そして、今村が拒否反応を示したのは、この受動性（生ぬるさ?）に対してだったのではないだろうか[19]。

本章では、闘争モデルに代わるものとして誘惑モデルを素描した。そこにももちろん暴力を生起するモメントがないわけではない。そのようなモメントを無視すべきではないのは当然である[20]。誘惑モデルはバラ色の人間社会論ではない。誘惑という言葉が示すように、さまざまな危険が待っている。荻野は、誘惑の否定的な側面の一つと言える詐欺は社会の周縁に属する活動だが、社会の成り立ちを理解するには根源的なものであると指摘する［二〇〇五］。誘惑もまた根源に属すると考えてほしい。そのような根源あるいは周縁にこそ、規律・訓練を内面化している近代的な個人と法が支配する近代社会の限界を克服する可能性が認められるのである。原初の状態から始まり、根源へ、わたしたちは闘争モデルや誘惑モデルを論じながら遠くまで来すぎたかもしれない。しかし、重要なことは、過去だけでなく未来につながる人類社会の変化を射程に入れた人類学の役割は、実証的な次元での分析に留まることなく、より根本的な人間像とその社会像を未来に向けて提示することであると考えたい。

注

〈1〉 ジラールについては、とくに『暴力と聖なるもの』（一九七二）と『世の初めから隠されていること』（一九七八）の議論に依拠している。

〈2〉 この点については［今村　一九八九］における呼びかけの議論を参考にせよ。

〈3〉 低地ペルーで調査をし、やはりホッブズに言及しているサントス＝グラネロ［Santos-Granero 1991］がクラストルを支持しているが、南米以外の「未開社会」、たとえばブッシュマンは相互に戦争状態にあったと言えるのだろうか、という疑問を感じざるをえない。

〈4〉 他にフロイトの「トーテムとタブー」（一九一三年刊）なども闘争モデルに基づいていると考えることができるであろう。

〈5〉 ここではとくにジラールを念頭に置いている。今村の場合、他の著作を考慮すると（たとえば［今村　二〇〇〇、二〇〇七］など）単純化できないように思われる。なお、ホッブズの場合、相互暴力を促進する情念的人間とこのような自然状態を克服する理性的人間の両方が併存しているという点で闘争モデルとしては徹底性に欠く。ホッブズの人間観については［有馬　二〇〇二］が詳しい。

〈6〉 本章では、具体的な民族誌に言及することは控えるが、ネットワーク社会の典型としてここでは［立本一九九六、二〇〇一］の描く東南アジア島嶼部のマレー社会を挙げておく。

〈7〉 これらの研究の代表的なものが、［ミッチェル編　一九八三］に収められている。

〈8〉 本章ではより理論的かつ普遍的な視点から提案されているネットワーク論を紹介した。一方では、歴史的な視点から、確固たる境界や帰属意識を前提とする集団が、近代、ポスト近代の歴史的段階を経て衰退し、代わって生まれるのがより柔軟で平等主義的な人間同士のつながりであり、それがネットワークだという理解もある。これについては［山住＆エンゲストローム編　二〇〇八］を参照。

〈9〉 この点については、［Carsten 2000; Hutchinson 2000; Viegas 2003; Bamford 2004; Nyambedha and Aagaard-Hansen 2007］などを参照。マイヤーズも relatedness 概念を提案しているが、カーステンはこれを参照してはいない。彼によると、「関わり合いを生みだし、維持するためには、相互作用、互恵制、そして交換が必要である」［Myers 1986: 163］ということだが、この言葉から明らかなように、これはカーステンの概念に近い。なお、マイヤーズについては寺嶋論文［二〇〇九］から教えられた。relatedness の訳は國弘暁子の「係わり合い」［二〇〇九、一九六］に示唆を得た。

〈10〉具体的な事例については［大村 二〇〇九］を参照。

〈11〉北村［二〇〇九］の言う「同調」との共通性にも注目したい。

〈12〉フロイトのメドゥーサについての論文［一九九七a］（本書第一章注〈18〉）もまた今村がサルトルに言及しながら論じている物化の地獄を示唆している。

〈13〉この点については［ジラール 一九七一、二、一九八二、二二一］に詳しい。そこでジラールは、一つの対象（第三者）をめぐって競合関係に入る場合、他者を内的媒介と呼ぶ［一九七一、九］。自己はこの媒介者の欲望を模倣する。これに対し、媒介者が崇拝の対象になるとき、自己がこの媒介者の欲望対象を欲望しても、競合は生じない。ジラールはこれを外的媒介と呼ぶ。どちらも同じ媒介であるが、一方は嫉妬を、他方は崇拝を強化する。そして、現代社会では、この内的媒介による対立が支配的になっていく。ジラールはここではむしろ相互暴力の状況は現代の方が強まると考えているようだ。

〈14〉モノとの関係については本書第五章で論じている。

〈15〉今村がここで主としてとりあげているのは［メルロ＝ポンティ 一九七〇］であるが、内容は［メルロ＝ポンティ 一九八九］に重なるため、以下では後者をとりあげる。

〈16〉あえて言えば、裂開などの「暴力的表現」は他者への暴力ではないが、自己への暴力という点で、暴力性を帯びている表現であることに変わりはない。

〈17〉この点については、メルロ＝ポンティにとっての「存在」は、「無意識のエロスとしての見えないものであり」［滝浦 一九七四、一二四］という文章（ここで肉は「存在」の具体的姿ととらえられている）、またメルロ＝ポンティには批判的ではあるが、ミシェル・アンリのエロティシズムの議論［アンリ 二〇〇七］を参照。メルロ＝ポンティは、胸元を誰かから見られていると感じてコートをかき合わせる女性の例を挙げているが［メルロ＝ポンティ 一九八九、二六九–二七〇］、こういう事例を誘惑の文脈で読み解くことは可能であろう。なお、可逆性をめぐる批判として［中 二〇〇八］を挙げておく。

〈18〉肉については［メルロ＝ポンティ 一九八九、三八二］を参照。松葉［二〇〇八］は、共同体にはなんらかの形象化が必要であるという主張に対し、肉の共同体については難しいと述べているが、それは欠点とみなすべきではなかろう。

〈19〉中動態についての議論がここでは参考になるかもしれない。この点については［松嶋 二〇一四］を参照。

〈20〉すでに指摘したように、性愛関係そのものに反エロス的要素が秘められているし、そこに家父長制に通じるホモソーシャルな絆を認めることができるからだ［セジウィック 二〇〇一］。

第三章　構造と誘惑のトポス――カースト社会に生きる

一　はじめに

各社会には、誘惑というコミュニケーションのあり方が支配的な領域（誘惑のトポス）とそうでない領域が存在する。本章ではその具体例として、インドの事例をもとに、これまで文化人類学が理解してきたインド像と、そこから外れる周縁的な世界（誘惑が支配する世界あるいは誘惑のトポス）との関係について論じている。周縁的であるからといって無視すべきではない、というのが本章の主張であり、またそこから新たなインド像の可能性も見えてくるはずである。この点については浄不浄観から検討する。

二　文化の記述から個人の記述へ

現代ほど異文化について語ることが困難な時代はない。異文化を語ることの政治性を鋭く指摘したのはサイードであった。彼は、その著作『オリエンタリズム』（一九七八）において、ヨーロッパの東洋学（オリエンタリズム）は、他者としての東洋を非歴史的なものとして固定化し、さらにヨーロッパ文明よりも遅れたもの、劣ったものと表象することで、現実の植民地支配を正当化した、と批判する。

文化相対主義は一見、異文化（ここではとくに第三世界、発展途上国を念頭に置いている）の独自性を認め、優劣の価値判断をつけないことによって、異文化を劣ったものととらえる態度を回避しているかに見える。しかし、異文化を固定的にとらえる態度、さらに文化を一つのまとまった単位（トライバル・ゾーン）として、内的合理性を想定することで、そこに認められる差別を固有の文化の一部として無批判に受容、正当化したり、あるいは積極的に「共生」の可能性を求めたりする態度のゆえ、異文化を理解する真の解決法にはならない。本章の前半では戦後のカースト論を吟味することでこの問題について触れたい[1]。

パレスチナ人のサイードが東洋学を批判したように、異文化についての記述は、その異文化の人びとによって吟味され、批判される。かれらはもはや一方的に記述されることに甘んじてはいない。かれらはもはや誰かに代弁を頼まなければならない声なき人びとではない。こうした状況の中で、政治・文化的に抑圧され、自分たちについて語る手段を奪われている、周縁に生きる人びとを代弁するということをもって異文化についての記述を正当化しようとする傾向がある。つまり、異文化を一枚岩ととらえるのではなく、いわれなき差別を受け、搾取されている人びとの代弁者となること、これが異文化についてなお語り続けようとすることの根拠となっているのだ。

しかし、こうした傾向は必ずしも異文化表象をめぐる問題の解決には結びつかない。なぜなら貧富の差が大きい、差別が存在する、抑圧が存在する、暴力が幅を利かしている、という異文化あるいは第三世界についての告発は、差別のない社会、暴力のない民主的な社会としての自文化（理想化された先進諸国）を潜在的に対峙させ、優劣の判断を下しているからだ。

異文化の少数民族差別や女性差別を論じればそれだけ、かれらの属する社会を今までよりさらに厳しく糾弾することになる。差別を受けている当事者たちが、自分たちの状況を告発すれば、社会そのものを再び先進諸国より劣ったものとして提示しなければならない。分離独立を求める少数民族の運動の場合は、話は単純かもしれない。先進諸国と結託して、差別する多数派を徹底的に批判すればすむだけだからだ。しかし、女性差別の場合、差別の告発は自分たちの属する社会・文化の否定的な面を明らかにすることになるから問題は深刻だ。西欧社会におけるアジア系移民の女性たちが差別について西欧の女性たちとの対話を拒否する理由の一つは、自分たちの告発がホスト社会に潜む偏見をさらに助

長することを避けたいからだ。彼女たちの直面するジレンマは異文化の差別問題を記述するわたしたちのジレンマでもある。(2)

こうした問題を意識した上で被差別者たちを代弁しようとしても、なお異文化記述の問題の解決にはほど遠いことも指摘しなければなるまい。なぜなら、そこで表象される人びとはしばしば無力な犠牲者と決めつけられ、個性のない存在として描かれる傾向にあるからだ。これに対し、無力の犠牲者ではない「したたかで、抵抗するサバルタン」という表象が生まれてから久しい。しかしそれもまた一方的なものである。本章の後半ではインド社会の最底辺に位置する不可触民（ハリジャン、ダリット）のライフストーリーを吟味し、浄不浄に注目することで、犠牲者・被差別者あるいは抵抗者としての不可触民のイメージを揺るがしたい。

三　ヴァルナ、ジャーティ、カースト

いったいカーストとはなんだろうか。たとえば一九八五年に出版された『広辞苑 第三版』ではカーストについて「インドのアーリア人が維持していた極端に閉鎖的な身分制度。バラモン（僧侶）・クシャトリヤ（王族・武士）・ヴァイシャ（平民）・シュドラ（奴隷）の四姓（四種姓）をいい、職業・交際・通婚・慣習などが厳正に規制された。現在これから派生した数千にのぼる亜カーストがあるが、その規制は徐々に弱まっている」と説明されている。しかし、一九八九年発行の第五版では、大幅に変更がなされている。それによると、「儀礼的な観点から秩序づけられており、各集団間は通婚・食事などに関して厳しい規制があるが、弱まりつつある。（中略）インドではジャーティ（生れの意）」と記述されている。バラモンやクシャトリヤはどこに行ったのかと、さらにページをめくると、ヴァルナという項目に「（色の意）インドの種姓制。バラモン（祭官・僧侶）、クシャトリヤ（王族および武士階級）、ヴァイシャ（平民）、シュードラ（隷属民）をいう。不可触民は第五のヴァルナとされる。五つのヴァルナの大枠には多数のカーストが存在」という説明が目に入ってくる。すなわち、ヴァルナ（varṇa）のどれかに属するとされるジャーティ（jāti）が存在する。ヴァルナは四つしかないが、カースト（ジャーティ）はさまざまな職業を単位として成立し、さらに地方や言語の相違によっても異なる

集団とみなされているのである。そして、一つのカーストはさらにいくつかの内婚集団（サブ・カースト）に分かれる。

それではどのようなカーストが存在するのだろうか。

インド全域を通じて高い地位を認められているのはバラモン（ブラーマン）で、儀礼の専門家、学者を伝統的な職業とする。バラモンはしばしば地主でもある。経済的に見れば、上層に地主がいて、その下に自作農や小作がいる。農民たちに農具などを供給する鍛冶師カースト、壺作りカースト、大工カーストといった職能者カーストがある。さらに、さまざまなサービスを提供する洗濯屋や床屋などのサービス・カーストがいる。本職の他に洗濯屋カーストのメンバーは結婚式や初潮儀礼に白い布を提供したり、寺院に灯明を灯したりする。床屋カーストは葬式を執行する。地域によっては床屋の女性は助産婦でもある。楽師カーストも結婚式や祭りに演奏し、村の生活には欠かせないサービス・カーストである。村にはしばしば複数の不可触民カーストがいて、農業労働者、雑役夫として地主のもとで働き、また清掃、屎尿処理や死んだ家畜の処理などを行う。かれらは火葬の燃料を集めたり、死体が燃えるまで見張りをする。中には、葬式で太鼓を奏する不可触民もいる。かれらの間にも微妙な身分の相違がある。

こうしたカーストがすべて一つの村にいるわけではない。しかし、完全ではないにしても数村を単位として、農業と宗教生活を中心に労働の分業が成立している。

異なるカーストの間では結婚が禁止されているという事実は、カーストの閉鎖的な性格を示すものとしてしばしば強調されてきた。ただ、注意しなければならないのは、職業集団としてのカーストと内婚集団としてのカースト（サブ・カースト）の境界は必ずしも一致しないということである。前者よりも後者の方が範囲が狭いのである。[3]

この閉鎖性の延長に、身分の異なるカーストとは食事をしてはならない、接触してはならないといった規則が認められる。一緒に食べなくても、上層のカーストが下層のカーストの料理する食事を口にすることは禁じられている。接触に関しては、とくに不可触民と他のヒンドゥー教徒との間で強調されている規則だ。

四　カーストを理解する試み

浄不浄観とカースト

カースト（ジャーティ）は地域的なまとまりの中で一つの身分制を形成している。それでは身分の上下を正当化している原理とはなんなのだろうか。カーストについて大著を著したフランスの社会人類学者ルイ・デュモンに従えば、それは浄と不浄の観念となる。伝統的な知識の専門家や司祭を専門職とするバラモン・カーストの身分が高いのはかれらが清浄であるからだ〔デュモン 二〇〇一〕。反対にもっとも地位が低いとされる不可触民はもっとも汚れている。同じように、身体的な汚れに関わる床屋（毛髪、爪）や洗濯屋（経血）も不可触民ほどではないにしても地位は低い。

一九六六年にデュモンの書物がフランスで公刊された頃、彼が問題視していたカースト論の一つはカーストを政治・経済的な要因によって理解しようとする「唯物論的な」立場であった。それは、カースト制度はそこにどのような観念が付随しようと、土地所有などを背景とする経済的な搾取を正当化する制度である、という立場だ。

デュモンはこうした考えはインド人たちのカースト観からかけ離れているだけではなく、カースト制度のリアリティを正しく伝えていないと反論する。すでに述べたように、カースト社会ではバラモンが最高位を占める。しかし、かれらは経済的に必ずしも裕福ではない。むしろ清貧を理想とする。地域によっては地主として経済力を保持しているが、その伝統職は宗教的なものだ。政治・経済的要因をカースト制度の本質とする考えからはこうした現象を説明することはできない。すなわち、インド社会は西欧の階級社会と異なり権力や経済的な要因をめぐる競合や独占を通じてヒエラルキーが形成されているのではないというのだ。もちろん、浄不浄によってカーストの序列がすべて説明できるというのではない。たとえば、菜食主義のカーストはそうでないカーストよりも清浄であるから地位が高いはずだが、必ずしもそうではない。ヒエラルキーの中間部では経済力のある非菜食の地主カーストが貧しい菜食の職能カーストよりも地位が高いということが生じるのである。

王権とカースト

デュモンのカースト論に対し、カーストを浄不浄ではなく王権を中心とする支配と従属（奉仕）との関係で理解しようという立場がある。この視点を採用すると、カースト世界の中心にはデュモンが副次的と排除した権力者、王族や村の豪農、村落の有力カーストなどが位置することになる。

この立場が権力関係に着目し、司祭あるいは浄不浄観を重視しないからといって、権力と宗教との密接な関係を無視しているわけではない。王権を強調する立場はけっして、デュモンが批判したような唯物論的立場と同じではない。すなわち、物質的基盤に支えられた経済力と政治力が直接反映したものとしてカースト制度を理解する立場ではないのである。たとえば王権の役割を強調したホカートは、カースト社会を「供犠組織」［Hocart 1950: 17］と表現しており、カーストの儀礼的役割を無視していたのではないことが分かる。権力者を中心に据えるにもかかわらず、そこで強調されているのは「供犠」を中心とする宗教的な分業なのである。

歴史的な研究からは以下のような指摘がなされた。すなわち、カースト制度は本来王を中心とする政治体制の根幹を構成していたが、イスラームの侵入、それに続く英国の支配を通じて王権が弱体化し、代わって、英国による植民地体制の確立に関与したバラモンによるカースト観、すなわちバラモンによって編纂された古典に見られるバラモン中心のカースト観が実体化することになったというのである［藤井 一九九四］。それはまた、本来は王都を中心とし、村落を末端とする王国のネットワークが解体し、村落があたかも自立した共同体として理解されるという現実に起こった過程をイデオロギー的に強化することになった。つまり歴史的な視点から言えば、デュモンが描こうとしたカースト制度は植民地支配下で創造されたもの、ということになる。

しかし、より根本的な問題は、バラモン中心の浄不浄であれ、権力者中心の奉仕であれ、そこで強調されているのは宗教と密接に結びついた観念であり、観念が示唆している全体的な調和・協調のイメージである、ということだ。そこからは不可触民が日常的にさらされている暴力の脅威は排除されるか、せいぜい副次的なもの、また近代化の結果として片付けられる。その主張するところは、伝統的なインド社会ではカーストはさまざまな集団を結びつけ、また各々に地位を与えることで「共生」を可能にしていたが、市場経済の浸透、民主主義を標榜する近代国家の成立（政党政治と総選挙の実施、多数派工作）、個人主義、政教分離などの宗教政策がカーストを圧力団体に変容させ、共生ではなく対立・競合を生みだす温床となった、というのである。ここでは暴力の根源は外部に求められている。しかし、伝統社会においても下層カーストが過酷な条件のもとで生計をかろうじて維持していたという事実を無視すべきではない。

もう一つ、観念を強調する立場から抜け落ちてしまうのは個人の視点である。カーストはなによりも集団であり、またカースト社会はバラモンであれ、王であれ、なんらかの中心をもつ全体として語られてきた。集団や全体性を強調する議論に個人の入り込む余地はなかった。本書序章で指摘した全体化の傾向が、カースト社会研究にも認められるのである［Appadurai 1988］。以下では、全体化の誘惑に抗しつつ、カースト社会の個人に焦点を当てることで、カースト社会に生きることの意味を考えてみることにしたい。

五　ムリの世界

オディシャーの村にて

本章の後半で紹介するのは、東インドのオディシャー（オリッッサ）州で調査をした文化人類学者フリーマンが聞き書きした、ムリという男性の自伝の一部である［Freeman 1979］。ムリは、バウリという不可触民カースト（ハリジャン、ダリト）の一つに属する。フリーマンは、すでに同地域で一冊の民族誌を公刊している。本書は調査地で出会ったムリとの複数回のやりとりを通じて聞き出したライフストーリーに基づく。ムリの伝記からも明らかなように、ムリはフリードマンにパトロン候補の一人として近づいたと思われる。

ムリの村には一九七一年当時三〇〇〇人近い人びとが住んでいた（およそ六〇〇世帯）。そこには二〇種類のカーストが存在するが、その中でも有力な地主カーストは三種類である。バウリは村の不可触民の中でも最大の人口を誇る。インドの他の地域の不可触民たちと同じように、村の中心から少し離れたところに複数の居住地に分かれて住んでいる。不可触民の多くは日雇い農業労働者として上層カーストのもとで働く。しかし、その仕事は安定せず、十分な食料を確保できるのは収穫期とそれに続く半年間にすぎない。残りの数ヵ月は未熟練労働者として町に仕事を探しに行く。かれらは経済的にも最底辺に位置する。

バウリたちも上層カーストと同じく、兄弟、親子が共同生活する合同家族を理想とするが、現実は理想からほど遠い。

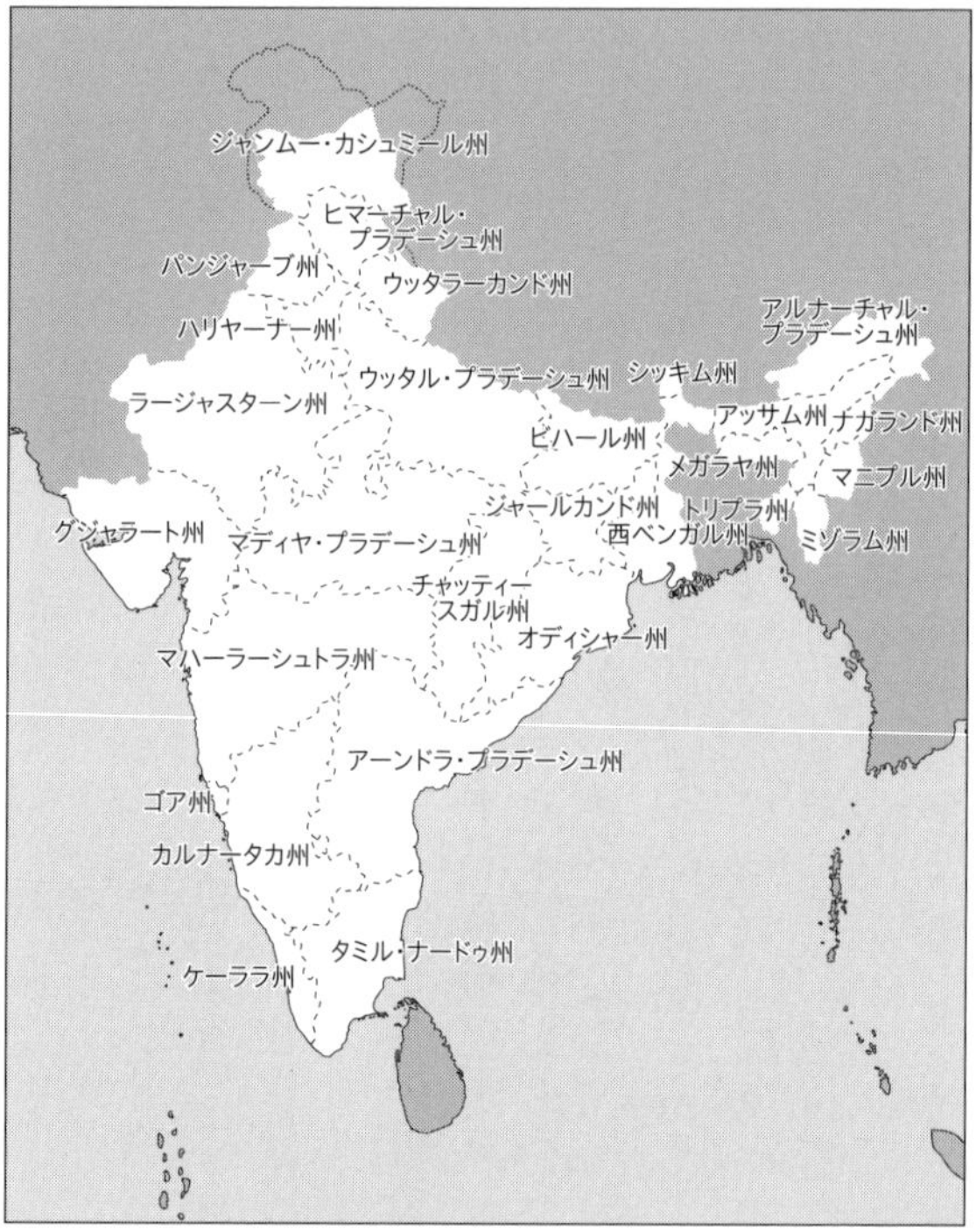

図3−1　インド全図

上層カーストの女性たちは外で働くこともなく、離婚も再婚も無縁な生活だが、不可触民の女性たちはしばしば家を出て離婚し、男女とも再婚を繰り返す。上層カーストのように処女性について厳しいわけではないが、最初の結婚は両親がとりきめる。また婚姻圏は村を中心に五キロ内である。彼女たちは男性たちと同じように農業労働者として働き、独立心が強い。夫婦喧嘩は絶えないし、男たちはすぐに妻に向かって手を上げる。

ムリの父は地主の雑役夫として働いていた。農地で働くだけでなく、井戸を掘ったり、屋根を葺いたり、雑用をする。さらに父は砕石場や建設現場で働いていた。ムリは長男でその後、二人の弟と四人の妹が生まれた。

簡単にムリの人生について触れておこう。彼は九歳で学校に通うことになるが、上層カーストの生徒や教師にいじめられ数ヵ月で学校に行かなくなる。そして、父と同じように建設現場や砕石場で働き始める。後に詳しく述べるような事情から、上層カーストの男性に自分のカーストの女性たちを紹介して小遣いを稼ぐ。彼の一〇代は顧客と女たちの関係（堕胎、性病、演劇団の上層カースト指導者との交流、顧客の裏切りなど）を中心に語られている。一六歳のときの初体験の相手もそうした女の一人だった。

二〇歳になって、彼は働き者のキアと結婚し、息子も生まれるが、彼のライフスタイルに変化はない。一家を支えるのは妻であり、自分は小遣い銭をもって市場をぶらついて「友人」を作るのがなによりの楽しみだ。両親はムリがどうやって小遣いを稼いでいるのか薄々気づいているが、決定的な証拠をつかんではいない。実際、ムリは田畑でも建設現場でも砕石場でも無能さをさらす。家では妻との間で口論が絶えない。

三〇歳になって、ムリにも運が開けることになる。一人の顧客の好意で市場の一角で嗜好品を売る小さな店を開いたのだ。このおかげで、毎年餓死の脅威にさらされていた彼の生活は安定する。しかし、彼に目を付けた近くの村の男性（同じバウリ・カースト）に紹介されたタフッリを妊娠させてしまう。ムリは彼女の村の男たちに脅かされ、タフッリを第二の妻に迎えることを了承する。当然妻のキアは黙っていない。ムリは仕事が手に付かず、店を他の者にとられてしまう。しかし、タフッリの子どもは生後三日目で死に、彼女とも別れる。こうして、ムリの家族に平穏が訪れるが、経済的な状況は厳しいままだ。再び、彼は女を世話したり、市場に足繁く通うようになるが、家庭でのいざこざは絶えない。両親とも喧嘩別れしたままだ。四〇歳になったムリが語る最後のエピソードは、けちなバラモン地主にこっぴどくだまされる話である。

性との出会い

ムリは九歳で学校をやめた後、建設現場で働くことになった。そこで四ヵ月働いた後、今度は砕石場に行った。さらに、近くに飛行場ができるというのでそこで働いた。ムリが一二歳のときだ。ここで彼ははじめて上層カーストとの関係に性をもちこむ。

ムリの村にはバヌという男がいた。彼は上層カースト出身で熟練レンガ職人だった。一緒に働いていた七名のバウリの女はすべてムリの村の出身だ。ある日バヌは未婚のバウリの女性、ネータにちょっかいを出した。彼女の胸元をじっと見ながらバヌはこう言ったのだ。「なんてたわわに実ってるんだ」。ネータはすばやくやり返す。「わたしには穴ぼこがあるんだけどさ、あんたは立派な銃身をもってるそうじゃないか、よかったらわたしの穴ぼこを貸したげるよ」。そう言ってネータは頭を大きく振った。するとしっかり束ねていた髪が少しゆるんだ。これを見てバヌは「なんてすばらしい髪なんだ、よかったらヘア（陰毛）を少し借りたいところだ」とちゃかす。バヌは股間に近いところに嗜好品のキンマの葉とビンロウジを入れた袋を下げていた。ネータが「袋のキンマをちょうだい」と言うと、バヌは「おれの袋に入っているキンマはすごくでっかいキン（タ）マだ。あんたの口に入るかどうか……」。さらにやりとりが続く。男たちがセメントを混ぜているところには水が貯まっていた。この水を指さしながらバヌが叫ぶ。「ほら、水が多すぎて（膣から）流れ出してるぞ」。ネータがバヌの指をさして、「あんたのその杭で水漏れをふさぐことができるのかい……」。四人の若い女たちはみんなこのやりとりを大いに楽しみ、男たちも女たちの反応に気をよくして、からかい半分に彼女たちの体を触った。しかし、そばにいた年輩のバウリの女たち三人は黙ったままだ。バヌに無視されたのが気にくわないのだ。

作業現場からの帰路、彼女たちはネータがだらしないと、文句を言った。これを聞いたネータは彼女たちに当てこするように大声で独り言を言った。「しわくちゃの胸をした女ってのは立派なことを語ろうとするが、道ばたで誰とでも寝たおかげでどれだけ子どもを始末したものか分かったもんじゃない」。

翌朝、今まで一緒に行動していた女たちは二手に分かれて仕事に向かった。異変に気づいた村のバウリの男たちがムリになにがあったのか問いただしたので、彼はそこに潜んでいる性的な意味をまったく解さないまま、バヌとネータのやりとりをこと細かに説明した。この話を聞いて男たちはすっかりレンガ職人が自分たちの女と懇ろになっている、と思いこんで建設現場まで抗議に行った。建設現場の責任者は、バウリたちの勢いにのまれて、バヌに問いただした。しかし、バヌと女たちの間にはなにもなかった。

責任者はバウリの男たちに向かって、「レンガ職人はなにもなかった、と言っている。誰も目撃者がいないなら信じるしかないんじゃないか。若者たちの間でこの手の冗談を気にしていたらきりがない。どうやって止めさせられるんだ」と諭した。

これに対して、バウリの男は「冗談の対象になると、女たちの名誉が損なわれるんだ」と抵抗した。「それほど名誉にこだわると言うなら家から出さなければいいだろう、代わりはいくらでもいるさ」と責任者。

怒った男たちは女たちを建設現場に出さないことにした。しかし、それも一週間が限度だった。なぜならお金が必要だったからだ。余裕のある中流以上の家だけが女を家に留めて、名誉を保つことが可能だ。女が働き始めると、またレンガ職人との冗談が始まった。そしてしばらくすると性関係もできてこちらの方でも女は金を稼ぐことになった。どうしてムリがこういうことに詳しいかというと、彼が女たちとレンガ職人との密会を手配することになったからだ。ムリはレンガ職人からも女からもお小遣いをせしめることができた。こうして彼はぽん引きの味を知ったのである。

ここでは、まず上層カーストのレンガ職人とバウリの若い女性たちの性的な言葉遊びが紹介されている。女性の方も臆することなく、一歩も引かない。男女間、カースト間に想定される忌避関係はまったく姿を消している。さらに女性たち同士のやりとりにも遠慮はない。年輩の女たちは若い女性らのふるまいが気にくわない。しかし、これも倫理的な観点からというよりは、自分たちが相手にされないことを恨んでのことだ。

ここで唯一たてまえに則って行動を起こすのはバウリの長老たちだ。自分たちの女性が他のカーストの男性と性関係をもった、冗談で辱められた、と集団で抗議し、上層カーストのように女たちを外に出さないことを決める。同じような抗議は、バウリの演劇団を指導していた上層カーストの男がその中のバウリの若い女性に手を出そうとしたときや、ムリがタフッリを妊娠させ、第二の結婚を強制させられたときにも見られた。

長老たちの心配は的中した。ただ、ここで気をつけなければならないのは、こうした性的関係は売春であれ、微妙な人間関係によっているということだ。女たちは自分たちがしていることが男たちに分かるとひどい目にあうことは重々承知の上だ。しかし、彼女たちはわずかな楽しみとお金のために危険を冒す。

ケとハレの世界

一〇代のムリはその後、自分の雇い主のバラモンや、その友人、不可触民たちで作った演劇団の指導者（貧しい上層カースト）に仲間の女性を紹介し、それで小遣いを稼ぐという暮らしをする。こうした暮らしは二〇歳で結婚した後も変わらない。家長としての責任を果たすことなく、生活は働き者の妻に任せっきりだ。彼は、同じカーストの男たちに比べても怠け者で、農業も砕石場での仕事も一人前にすることはできない。彼は、労働、婚姻をめぐる女性の管理、カースト間の規則などで表現される俗（ケ）の世界では半人前もいいところだ。もっとも、たとえ彼が立派な労働者、家長であったとしても、不可触民から抜け出すことにはつながらない。まれに上層カーストと不可触民との間に信頼関係が生まれることもある。しかし、それは例外的なことだ。かれらは上層カーストの若者から、子ども扱いされ、食堂に入ることもできない。

このケの差別構造から抜け出る伝統的な道は宗教（ハレ）の世界に入ることだ。出家して広く人びとの尊敬を得て、カースト社会の改革に取り組むという方途がないわけではない［Khare 1984］。しかし、必ずしもすべての僧院が不可触民を受け入れるわけではない［Gross 1979］。カースト差別が出家の世界にももちこまれていることがしばしば認められる。

宗教に関わるもう一つの方法はシャーマンとなることだ。バウリのシャーマンは女神カーリーにとりつかれ、公然と上層カーストを批判することができる。類似の事例はインドの他の地域からも報告されている［Kinsley 1986］。神との媒介者となることで下層カーストの人びとは一時的にせよ上層カーストの人びとに対して優位に立つことができる。

しかし、ムリが選んだのはもう一つ別の道だ。彼は神ではなく女もしくは性の媒介者として、上層カーストの欲望をもてあそび、女をはさんで自分と対等の地位に引きずりおろそうとする。そこでムリは勤勉さや体力ではなく、気の利いた話しぶりで男たちを信用させ、自分に頼るように策を練る。女の性は（少なくともムリの話では）合意のもとで商品化されているが、それはなお社会関係に埋めこまれている不完全な「商品」だ。そこにムリの関わる余地がある。一家の働き手として、バウリの社会から疎外されているムリは、性の世界に自分の居場所を見出したに違いない。そこで彼が求めたのはお金だけではない。上層カーストの男性とのより親密な関係だった。すでに述べたように、ときには上層カーストの愛顧を得て小さな店を出すこともできた。しかし、この「友情」は、ムリがいい女を紹介し続ける限り、という条件付きだ。ムリが歳をとるにつれ若い女を供給することが困難になると、「友人たち」は離れていった。[4]

浄不浄とヒエラルキー　ムリのライフヒストリーにおいても何度か浄不浄への言及がなされている。一つは近親の死を契機に生じる不浄である。もう一つは上層カーストとの関係で自分たちが引き起こすとされる不浄である。後者について整理すると、これに対する恐れの程度によってムリの態度は三つに分けられる。

まず、ムリは上層カーストとの交流でかれらを汚してしまうのではないか、という不安を口にする。「この食器をわたしが洗うと、汚してしまう」とか「もしあなたと一緒に食事をすれば罪を受けることになる」といった発言の背後には言葉にならない本心からの恐れがある。しかし、浄不浄をめぐるカースト間の規則への気遣いを見せながらも、身分の高い者への形式的なへりくだりではないか、と思われる場面もある。彼の気遣いは、しばしば相手から「気にするな」、「それどころではない」と否定される。ムリもまたこうした男たちの態度を「友情」の印として受け入れる。この場面には浄不浄の規則を破ると生じるかもしれない神秘的な制裁への恐れは見られない。

ムリは浄不浄観に対して挑戦的とも言えるような態度をとることもある。ある日彼は親しくなった上層カーストの男が自分たちをどう思っているのか試してみたくなる。「わたしたちはこれからスナックを食べるが旦那さまはどうなさいますか。彼女からあなたが今日一緒に食べると聞いている（これはムリのでまかせである）」。男はこの誘いを無視しようとするが、結局バウリの女性は妻以上だと言ってこの誘いに同意する。しかし、ムリの嘘がばれてしまう。ムリは震えながら言い訳をする。「バウリの女の両足を肩に乗せてセックスを楽しんでいるくせに、わたしたちバウリと食事を一緒にできないわけがない。わたしは旦那さまが自分たちと自由に交際できるのか試そうとしたのです」。男はこの弁解にかえって感動してムリとの友情を誓う。一方でムリは、この男が浄不浄に基づく食事規制に従おうとする気持ちよりもセックスの欲望の方がずっと強いとシニカルなコメントをしている。類似の態度はつぎのようなエピソードにも見出される。ムリは性病にかかった男の手当を任されたときに、「わたしが近くに行くとあなたを汚すことになる」と言い訳して、自分にも病気がうつらないように努めた。ここでムリは自分が汚れた存在であるというスティグマを逆手にとっている。

浄不浄の観念がカースト間の関係を考える上で無視できないイディオムであることは明らかである［Moffatt 1979］。しかし、それはバウリたちが浄不浄についての規則に従っていることを意味するのではない。かれらは、カースト規制を犯すことを恐れると同時に、それをめぐってさまざまなかけひきを行っているのだ。

バウリたちはまた、浄不浄の観念を使って上層カーストを批判する。たとえば、地位の高い金細工師について、かれらからは食べ物や水を受けとらない、なぜならかれらは糞まで洗って金を探そうとするから自分たちより汚れていると言う。同じ考えは、汚れた衣類を洗う洗濯屋カーストや油を搾るために種子を殺してしまう搾油カーストについても認められる。ここで浄不浄の観念やそれに類似する考えそのものが否定されているわけではないことに注意したい。上層カーストがかれらを見るときと同じ観点から他のカーストを評価しているのだ。その意味で、浄不浄の観念は差別される不可触民にも認められるというモファット［Moffatt 1979］の合意論は正しい。

また、ムリの友人の一人は、「M（村の上層カースト）とわたしたちバウリとの違いは、かれらが裕福だということだけだ。実際、かれらの方が地位が低い。なぜならかれらは村の中で結婚するからだ。こうした慣習は近親相姦と同じで野蛮なものだ」と述べる。この説明には浄不浄は顔を出さないが、類似の価値の逆転が認められる。ムリは、雇用者のバラモンにだまされたとき、つぎのように罵倒する。「これまでずっと神のごとく敬ってきたが、今彼の体に触れようものなら、モグラのようなくさい臭いがうつってしまって大変だ」。ここで正義がカーストの地位を逆転し、バラモンをモグラへと貶めているのである。

インド世界はいかに語られてきたのか。すでに述べたように、インドを文化的に他の地域と区別された全体として描こうとする試みは、カースト制度をインド文化に不可欠なもの、本質的なものととらえ、結果的にその差別構造を容認することになった。そこでは下層カーストの人びとが日常的に直面しているさまざまな差別、いやがらせ、暴力は抜け落ちてしまう。異文化についてそれが暴力的だと断じるわたしたちの「暴力」を見据えた上で、なお不可触民たちが直面している現実を「文化」によって隠蔽してはならない。そのためにはわたしたちは文化の暴力性についてもっと議論を深めるべきであろう（本書第八章参照）。

文化を否定的にとらえることは、必ずしも差別の文化的特質を無視して経済的要因に還元すべきであるということを意味しない。ムリの浄不浄へのこだわりは、そうした観念が上層カーストとの関係を考える上で重要だということを示している。しかし、ムリは浄不浄の観念に盲従しているのではない。ムリは、不当な差別に甘んじてきた声なき犠牲者として描かれることをわたしたちにはっきりと拒絶している。それが分かるのは、不可触民ではなく、ムリという人間個人に焦点が当てられているからだ。言うまでもなく、ムリは不可触民ゆえに差別されている。その意味で、個人の次元だけを問題にするのは不十分であろう。

ムリが語る世界は俗世の誘惑に充ちている。その誘惑を拒否することなく、彼はカーストやジェンダーの規範を侵犯し、また境界を越境していく。フリードマンに会って自身の話をすること自体一種の越境とも言える。だからといって、彼がつねに権威に抵抗したり、裏をかいたり、へこませようとして活動しているというわけではない。誘惑に乗るというのは、自身の弱さを見せるということでもある。若いときはうまくやっていても、世間の常識の壁は厚く、規範を無視することはできない。しかし、人は規則や構造にがんじがらめになっているわけではないし、またつねに反抗しているわけではないこと、人びとは悩みながら選択し、またみずからの意思を曲げて他人の意見に従うことを、はからずもムリの生き方は示していると言えよう。

ここで第一章の誘惑の三相構造の図（1-3）に話を戻すと、長老たちが守ろうとする不可触民たちの名誉とは「構造」の世界を支配する価値である。これに対し、ムリや女性たちは「誘惑のトポス（1）」に、より価値を置き、行動の指針としていると言えよう。浄不浄観についてムリが示す矛盾した態度は、これが「誘惑のトポス」において本質的でなく、名誉のように「構造」の世界に関わる観念であることを示している。

注

〈1〉文化相対主義については第七章で詳しく検討している。

〈2〉もちろん、これは、文化や宗教によるマイノリティ集団に限らず、労働階級の女性たちにも当てはまる問題である。

〈3〉サブ・カーストは特定の地域に認められる地縁集団としての性格が強い。

〈4〉ムンバイの売春女性たちの間では、カーストはほとんど考慮されないで社交がなされているし、また顧客も女性のカーストを問題視しない。

第四章 「未開」の誘惑——モダン・プリミティヴ論

一 はじめに

共鳴する身体、誘惑における身体の偶発性などからも明らかなように、本書で扱う重要な概念の一つは身体である。身体は、序章で指摘したように学術的な言説で無視されてきた歴史をもつ一方で、今日ますます重要度を増しつつあるように思われる。

かつて社会とは、地縁や血縁の絆を基盤に成立していた人間関係であり、人びとはさまざまな集団に属し、集団の成員としての義務を担い、権利を行使していた。今日、親族集団や村落などの地域集団が果たす役割はきわめて小さくなっている。代わって学校や職場が多くの人間が時間を過ごす場所になっている。だが、それさえ集団としての力は弱まっている。不登校、ひきこもりやフリーターの急増、年功序列制度の崩壊などを考えてほしい。さらに、人やモノ、情報の急速かつ大量の移動は、国家という単位をも弱体化させつつある。家族についても同じであろう。価値観の多様化や少子化、女性の労働市場への進出、さらには生殖技術の発達は、新しい家族像の模索を促している。こうした中で、わたしたちにとって唯一の存在根拠となるのは自分の身体だけだと言えなくもない。しかし、はたして身体はそれほど確固たる基盤と言えるのだろうか。こうした問題意識のもとで検討しておきたいのは、本書序章でも触れた身体を社会のメタファーとしてとらえるメアリ・ダグラス(一九二一~二〇〇七)の仕事である。〈1〉

二　『汚穢と禁忌』をめぐって

社会のモデルとしての身体

ダグラスの主著、『汚穢と禁忌』（一九六六）は、未開社会についての誤解を解き、当時の英国文化（社会）人類学の最新成果をもとに新たな未開社会像を提示しようとした野心作である。本書の意義は大きく二つある。一つは、文化人類学的な視点から社会と身体との関係を明示したこと、もう一つは汚れについて理論的に貢献したことである。

ダグラスは、『汚穢と禁忌』において「人間の肉に彫り込まれるものは社会のイメージなのだ」〔ダグラス　一九九五、二二二〕と指摘し、身体と社会との密接な関係を強調している。具体的に、ダグラスは、インド社会の高位カーストの例などを挙げて、社会の境界維持に多大な努力を払う人びとには、身体の周辺部、開口部や頭髪などの処理をめぐって厳格なタブー（禁忌）が認められるという。なぜなら、開口部は、秩序を脅かす外的な力が侵入しやすい危険な場所であるからだ。頭髪や体毛についても同じことが言える。開口部を清潔に保ったり、剃髪をしたりすることは身体＝社会秩序の境界への関心とその維持を象徴する。排泄物や唾液、精液、経血などの分泌物は汚れであり、身体を脅かす存在である。それらに強大な力が認められていて、分泌物に関わるさまざまなタブーや呪術が認められる。身体が社会を象徴するという視点から解釈すると、分泌物はまた社会を脅かす要素を象徴する。

身体の一部であると同時にそうではないという分泌物や体毛のもつ両義的かつ境界的な性格については、つぎに述べる汚れ（不浄）に関するダグラスの見解において、より一般的な視点から論じられている。

『旧約聖書』の食物禁忌

『汚穢と禁忌』の第三章は『旧約聖書』の「レビ記」に見られる肉食に関わるタブー（禁忌）について考察しているが、ここにダグラスの基本的な考え方が認められる。

ダグラスによると、当時のイスラエル民族にとって、完璧な、したがって聖なる領域に接することを妨げない動物は家畜である。その典型は一度飲みこんだ食物を再び口の中にもどし、よくかんでから飲みこむ反芻類で、なおかつ分かれたひづめのある牛などの動物であると理解されていた。

ウサギやヤマネズミ（またはイワダヌキ）などの動物は、つねに歯を動かしているので反芻類としてみなされたであろうが、ひづめが分かれていない。一方で、ひづめは分かれているが、反芻しない動物に、ブタやラクダがある。これらはすべて食べることが禁じられた。つまり、反芻類でありかつひづめが分かれていることが、聖域に接することを妨げない動物の必要条件であった。

ここでダグラスは、支配的な世界観、とくに分類原理に注目し、その分類からはみ出す、場違いな存在が不浄でありタブーの対象だと主張している。それは個別的な説明（ブタは汚物を食べるから汚れている、食べてはいけない）を拒否し、またわたしたちになじみ深い衛生思想に基づく説明（豚肉は病原菌の巣だから食べてはいけない）を否定する。彼女の立場は世界観や分類は文化によって異なるという文化相対主義的なものであり、また異文化をまとまりのある全体としてとらえるべきだという点で全体論的である。不浄とは場違いなものであるとするなら、なによりもその場、すなわち文化的文脈の全体を知らなければならないからである。

汚れ（dirt）のあるところには必ず、秩序の認められる、システムとしての全体が存在している。言い換えれば、この秩序に基づいてシステム内のことがらを分類することで生まれるのが、汚れである。秩序が不適切な要素を汚れとみなして拒否しているのである。

センザンコウの秘儀　不浄は境界的存在であり、社会の周辺に位置する。それは秩序を維持しようとする排除の力によって社会の周辺に押しやられ、また隠蔽される。だが、不浄はただたんに忌み嫌われ、排除されるべきものではない。そこには危険な力が潜んでいる。その力は破壊的であると同時に限られた状況で社会の再生に貢献する。その例としてダグラスはセンザンコウ（穿山甲）をめぐるアフリカ・レレ人の秘儀を紹介している［ダグラス　一九九五、三一二-三一八］。

センザンコウは、レレ人の動物分類にきちんと収まらない。魚ではないのに、その体は鱗《うろこ》で覆われているし、トカゲに似ているが乳で子どもを育てる（図4-1参照）。また一度に一匹しか子どもを産まない。これらは動物として不適切な

図4－1　センザンコウ
［Douglas 1975: 52］

要素なのだ。本来なら忌み嫌われてもおかしくないセンザンコウが男性成人式において、これから成人になろうとするものによって食される。これによって、女性の多産が保証され、狩猟も成功する。ダグラスによれば、センザンコウの秘儀は、動物としての特徴とそうでない特徴を統合して、強力なよき力を生みだす回路である。

この力はまた覚醒の力でもある。なぜなら基本的な分類体系を脅かすセンザンコウに注目することで、成人式を受ける男たちはかれら自身が所属している社会が有する、ある特定の秩序に基づいた分類の仕方を知る。それと同時に、矛盾した特質をもつために基本的な分類体系に当てはまらないセンザンコウによって、分類そのものが作りもので、都合に合わせた意図的なものであると気づくことになる。レレの男性たちはセンザンコウを通じて、この社会の基本原理を知るに至る。かれらはこの世に隠されている曖昧な、したがって不気味なものを回避するのではなく、直視することでこの世界の虚構性に目覚める。しかし、それはこの世を否定することを意味するのではない。社会生活をより深い次元で理解し、実践することになるのである。

三　身体のゆくえ

流動化する社会と身体

デカルトに始まる近代思想において身体は一種の機械とみなされ、精神の容器であった。それをいかに管理し、その寿命を延ばすのかが医療技術の目的であった。整形、臓器移植、生殖技術、遺伝子操作などは身体をとりかえ可能なパーツからなるという機械論的モデルによって可能となる。個人は、これ以上分割不可能な存在（in-dividual）を意味していたが、少なくとも身体に関する限り、分割可能（dividual）となった。身体は、自然環境と同じく、開発の対象となり、操作可能となり、今では「サイボーグ」がとりざたされている。この意味で伝統的な身体は消滅した。

それだけではない。わたしたちをとりまくメディア空間は身体に基づく現実感というものをさらに弱めていく。湾岸戦争の際、テレビ画面に映し出されたミサイルによる「ピンポイント」爆撃の映像を思い出してほしい。この映像を見る限り、爆撃は軍事施設を狙い撃ちしているように見える。実際には多くの誤爆があり、多くの人びとが死傷していったにもかかわらず、わたしたちは爆撃の映像からきわめて無機質で（それはテレビゲームを想起させる）、ときに「人道的」とさえ思われる戦争の新しい姿に接することになる。空爆という攻撃形式は、わたしたちの感覚を麻痺させる。攻撃する対象との距離があまりにも大きいため、攻撃の破壊力に現実性がなくなるのである。それだけではない。映像を通じて表象される湾岸戦争においては、わたしたちは軍事施設の破壊を上空から観察するだけで、死傷者の映像は隠蔽されていた。つまり、わたしたちは犠牲者のない戦争を目撃しているのである。湾岸戦争の映像体験は、みずからの身体感覚を変貌させると同時に、他者の身体をも（破壊する前に）消去しているのだ。

メディアは生身の身体では感じることのできなかったものを知覚しわたしたちに伝える。それはわたしたちの身体の延長として機能している。しかし、同時にわたしたちの身体を拡散させ、空虚なものとしてしまう。身体はここにあって、ここにない。そんな感覚を、メディアは生みだしていく。わたしたちが生きている現代とは、身体なき世界なのである。唯一の存在根拠となる身体でさえそれほど確固たるものとは言えないのである。以下では、このような状況に抗して身体の復権を目指すモダン・プリミティヴについて考察を加えたい。

ダグラスの身体論再考

序章で指摘したように、本書はダグラスが依拠していたような全体論、それに密接に関係する文化相対主義などの諸概念についての懐疑から始まっている。この批判は、「全体」を想定しにくい現代社会――そこでは、伝統的な集団が崩壊しつつある――にとくに当てはまるはずだ。では、現代社会において身体はいかなる社会のモデルとなるのであろうか。医療技術やメディア空間の発達によって身体が消滅しつつある、とわたしは指摘した。ブライアン・S・ターナー［Turner 2003］によれば、この「消滅感覚」は集団の崩壊と連動している。社会の流動化は（社会モデルとしての）身体の流動化を招いていると説明できるかもしれない。

しかし、それだけでは身体は社会のまさに反映でしかない。本書の全体化批判の射程には、こうした身体観自体への批判が含まれていた。ダグラスの身体論〈2〉の限界は、あくまで社会（集団）中心主義であり、そこから身体を論じているにすぎないことである。そしてダグラスの依拠する社会モデルは、本書第六章や七章で改めて述べることになるトライバル・ゾーンを前提とするものである。すなわち、トライバル・ゾーンとは地域、言語、文化、社会、民族がほぼ対応するような一つの全体（まとまり）である。そこには固有の価値や考え方があるため、相対主義が有効とされる。そして、それらが無数に集まって世界が成立しているということになる。こうした全体を身体が表象するわけである。身体の境界はトライバル・ゾーンとしての境界に対応する。しかし、はたして過去においても、そのような全体を実体化しているようなトライバル・ゾーンが存在したのか、というのが本書の問題意識であった。他方でわたしたちは身体を個別化した実体ととらえる個人主義的な立場にも批判的に接する必要がある。身体と社会が対応するという全体論を批判しつつ、同時に身体が社会と無関係であるという立場にも疑問を投げかける必要があるのである。

身体をめぐる以上の批判を踏まえた上で、以下では流動化するメディア空間にとりこまれていくわたしたちの身体と身体感覚をもう一度取り戻そうという動きに注目したい。それによってわたしたちは、身体が個別実体的なものでもないし、また社会のたんなる反映でもなく、むしろ強力な社会批判のメディアであることが明らかにできる。ここでわたしたちに必要なのは、操作され心地よい、ファッションなどの美的空間に適応する健康な身体の復権ではない。ボードリヤール［一九七九］の言う投資の対象となっている身体ではない。それはあまりにも規律・規格化され［フーコー 一九七七］、また商品化されている。そうではなく、こうした規格化を批判する身体こそが求められているのである。わたしは、第五章で、フェティシズム研究の困難さについて指摘している。フェティシズムは、人とモノとの関係を再考する起点として重要である一方、フェチという名でモノが過剰に商品化あるいは性化されているという事態を手放しで称賛するのではなく、批判的にとらえる必要があると考える。同じことは身体についても当てはまる。身体を起点に自他の関係や世界との関係を考えることは、近代主義的思考を検討するために重要だが、他方で身体を対象とする過剰な商品化や欲望の称賛を批判的に検討しなければならないと考えるのである。

四　モダン・プリミティヴという実践

モダン・プリミティヴという言葉が広く注目を浴びることになったのは、一九八九年に公刊されたサンフランシスコを拠点とする雑誌 *Re/Search* を通じてである。本誌は一冊丸ごとそのものずばりモダン・プリミティヴに捧げられていて、タトゥーやピアッシングという言葉がならんでいる。扉にはこれから紹介するファキール・ムサファー（Fakir Musaffar 一九三〇〜）がサン・ダンスというアメリカ先住民の儀礼に参加したときの写真が載っている。彼の胸はするどい金属の鉤《かぎ》爪でえぐられ宙吊りになっている。腕には「インディアン」を想起させる鳥の羽が飾られている。またペニスがひもで強く縛られている。本書はムサファーを含む二五名の人物から、性器ピアッシングやタトゥーなどの体験を聞き出している[3]。

図４－２　サン・ダンスを実践するファキール・ムサファー
［*Re/Search* 12, 1989］

ムサファーはインタビューに答えて「幼少の頃からよくトランス状態に入り、また肉体への強力な感覚に対する強い欲望があった」と告白している。そして、六〜七歳のときにカーニヴァルで出会った刺青《いれずみ》の男性に強く惹かれる。自分の体に文様を刻み、穴をあけたいという欲望に襲われる。こうして彼の身体加工の遍歴が始まるのだが、その後も彼が惹かれ続けていたのは、『ナショナル・ジオグラフィック』誌が紹介する異文化の風習であった。そして、彼はモダン・プリミティヴという言葉を一九六七年に生みだす。これは原初の衝動に応えて肉体になにか手を加える人を意味する。彼がカム・アウトしたのは一九七八年のことだ。ムサファーにとって、身体加工や異文化の暴力的な儀礼は、この原初の衝動を呼び起こし、その要求を満たすものなのである。ムサファーは、こうした儀礼が現代社会の閉塞状態、大衆の疎外を克服できると感じている。したがって、それは、身体を拠点としてこの世でよりよい生を生きるための方策なのである。

モダン・プリミティヴの思想には、確かに多くの問題が含まれている。たとえば、かれらは未開社会を理想化している、文化というものを固定的に考えている、などの批判がユーバンクス［Eubanks 1996］によってなされている。本書の序章で指摘した二元論的他者像から一歩も出ていないというのである。しかし、わたしたちが直面する「身体の消失」という状況において、モダン・プリミティヴを含む身体をめぐるさまざまな実践を無視するわけにはいかないとピッツ［Pitts 1998］は言う。また、身体を所有する対象とみなす、意識中心の思想を額面通り受けとるべきではなかろう。たとえばムサファーは自傷を伴うある儀礼についてつぎのように述べているが、そこには、意識に対する身体の「反乱」がいきいきと描写されている。

> 槍をかたかたいわせて震えさせながら動けば動くほど槍は皮膚に深く刺さり、長く続ければ続けるほど深く刺さるのです。（中略）強烈なエクスタシー状態になり、私は何度か経験したことがありますが、完全な意識の変容状態に至るのです。［ムサファー 一九九二］

本書の関心から言えば、ムサファーは未開の誘惑に身体丸ごとで乗ったのである。

五 変態／ヘンタイする身体

ここでもう一度センザンコウをめぐる議論を思い出してほしい。センザンコウは場違いな存在ゆえに、レレ人の社会について深い洞察をもたらす。わたしたちに必要なのはまさにこの「場違いの身体」なのである。若くて健康な身体が称賛され、商品化され、「フェチ」の対象となっている現代社会を批判できるのは、心地のいい、無臭で「カワイイ」身体ではなく、場違いの身体、居所を失った身体なのである。

モダン・プリミティヴの身体に社会批判が含まれているとすれば、それはどのような意味で「センザンコウ」なのだろうか。すでに明らかなように、モダン・プリミティヴの実践とは過激な性器ピアッシング、コルセット着用や全身を覆う刺青、鉤つりなどである。これらが重要なのはもちろん、個人に痛み、そしてしばしば快楽を与えるからだけではない（本書五七頁、「拳による性交」を参照）。こうした身体加工あるいは人体改造や実践は、それを見る人びとに快感をもたらさない。そこにあるのは異物への衝撃であり恐怖である。それはバフチーン［一九七三］の言うカーニヴァルに現れるグロテスクな身体の再来である。モダン・プリミティヴの身体は世界を異化させる。今まで見慣れていた風景、身体像が突然見慣れないものとなる。これこそがレレ人たちがセンザンコウの秘儀に際し直面した世界認識ではなかったであろうか。

身体加工は痛み‐快楽を通じて当事者に「変態」を促す。そしてそれを見る人びとにも身体とはなにか、社会とはなにか、と自問させる。それは奇形の見せ物として商品化するぎりぎりのところで踏み留まって世界と対峙している。同じくモダン・プリミティヴ自身、みずからの奇形の身体に世界の成り立ちを見るのではないか[4]。

この場違いな身体の系列に、拘束具、ラテックスあるいはラバーファッション、さらに緊縛《きんばく》を含めたい。それらは、「自然体」を拒否することで、わたしたちに身体の可能性を示すからだ。モダン・プリミティヴは、初期の段階から、大っぴらではないにしてもつねにセクシュアリティとの関係がとりざたされてきた［Bean 2001］。ムサファーは自虐志向があるのか。彼のインタビュー記事が、ＳＭを実践するゲイたちについての論集に収録されていることは、このあたりの事情を雄弁に語っている（本書五五‐五八頁も参照）。身体加工は、クィアな（ヘンタイ的）セクシュアリティの実践と密接に結びついているという意味で、孤独な実践に留まらず、密度の高い社会関係構築の可能性を示しているのだ。

ダグラスの『汚穢と禁忌』を導きの糸として、本章では身体加工の可能性について考察してきた。わたしたちがたどりついたのは、身体を拘束する性の実践であった。それは一見暴力的な世界であるが、そうではない。そこに認められるのは排除ではなく、相互の信頼関係である。こうして、グロテスクな身体は性の文脈において新たな他者関係の始まりとなる。ことを終えた後、身体に痛々しく残る麻縄のあとに、あるいは身体を覆う低温蠟燭《ろうそく》の蠟片に、そして鞭打ちの痕跡にセンザンコウの鱗を想起するのはもはやわたしだけではあるまい〈5〉。

注

〈1〉 ダグラスについて詳しくは［Fardon 1999］を参照。
〈2〉 ダグラスの身体論については［ダグラス 一九八三］も参照。
〈3〉 モダン・プリミティヴについては［Myers 1992］なども参照。サン・ダンスについては［Guinn 2012］、日本人の参加に関する興味深い報告については［谷口 二〇一七］を参照。
〈4〉 土方巽や大野一雄らによる暗黒舞踏も、身体をもって世界と類似の対峙をしている［稲田 二〇〇八、コーカー 二〇一五、宇野 二〇一七］。
〈5〉 緊縛については、まだ試論の域を出ないが［田中 二〇一五a］を参照。

第五章　モノの誘惑——フェティシズム論

最初の一歩は、フェティシズムをまじめにとり扱うことだ。脅威ではなく、望みとして。

（Ellen L. McCallum 1999 *Object Lessons: How to Do Things with Fetishism*, p. xi.）

一　はじめに

本章では、最近注目されているモノのエイジェンシーを、フェティシズムという視点から考察する。モノがエイジェントであるという命題自体、きわめて革新的であり、序章で指摘したような主客の二元論の攪乱を目指す本書の観点とも重なるが、ここでは、エイジェンシーとならんで本書のもう一つの重要な概念である誘惑とを結びつけ、フェティシズム論の文脈でモノについての考察を行う。と同時に、従来のフェティシズム研究の再考を試みる。なお、本章ではモノを、品々、商品、素材、物体、物質、もの（物）など、さまざまな意味を包含する形でカナ表記としていることをことわっておく［佐野　二〇〇二］。

二　今なぜフェティシズムなのか？

わたしたち人類は、太古の昔からさまざまなモノに囲まれて生きてきた。人類の生活基盤たる物質性あるいはモノ性（materiality）は、身体性（corporeality/corporality）とともに自明のことがらである。ところが、その自明性ゆえなのか、モノについても身体についても、個別の研究は多々あるが、統合的な視野から明らかにしようとするような研究はそれほど多くはない。本章は、人とモノとの関係を、フェティッシュ（呪物、物神）あるいはフェティシズムという概念を切り口に考察しようという試みである。それはまた、わたしたちの考え方や行動を支配する近代主義的思考の枠組（パラダイム）批判へとつながると確信する。

もう一つ考慮しておくことがある。それは、現代社会における「フェティッシュ化」とでも呼べる傾向である。フェティッシュ化は、さまざまな領域においてモノ（商品）や身体の部位（のイメージ）がエロティックな相貌を呈し、性的欲望の対象になることを意味する。フェティシズムは、後で見るように主として宗教（呪物、物神）、経済（商品フェティシズム）、性（節片淫乱症）の三領域にまたがって使用されてきた概念であるが、これらの三領域におけるフェティッシュ化は相互に関連し、今日ますます強まっていると思われる。宗教財は商品化され、性的フェティッシュは商品として、あるいは崇拝の対象としてネット世界を流通していく。商品についても、その価値は使用価値や交換価値を越え、エロティックな価値を秘め、わたしたちの社会生活においてますます重要な役割を果たしつつある。[1]商品がマルクスの言う商品フェティシズムを越えて、性的なフェティッシュとなったのである。このような傾向について、ベンヤミンは、今から八〇年ほど前に以下のように述べている。

> 万国博覧会は商品の宇宙を作り上げる。〔芸術家〕グランヴィルの幻想的作品《ファンタジー》は宇宙までも商品の性格をもったものにしてしまう。この幻想的作品《ファンタジー》は宇宙を近代化する。土星の輪は鋳鉄できたバルコニーに変質し、土星の住民たちは毎夕そこで涼むことになる。（中略）モードこそは物神としての商品をどのように崇拝するかという儀礼の方法を指定する。グランヴィ

ルは、このモードの要請をごく普通の日常品にまで拡大し、また他方で宇宙にまで押し広げる。（中略）モードはどれも有機的なものと相対立しながらも、生ける肉体を無機物の世界と交わらせる。生ける存在のうちに、屍の権利を認めているのである。無機物的なものにセックス・アピールを感じるフェティシズムこそが、モードの生命の核である。商品崇拝はこのフェティシズムを自らのために使うのである。［ベンヤミン 二〇〇三、一六―一七］〈2〉

ここでベンヤミンは、商品と性（セックス・アピール）との結合による新たな商品フェティシズムの出現――性的フェティッシュとしての商品――を指摘している。もちろん、こう考えることも可能かもしれない。商品とは、潜在的に性的フェティッシュであり、また性的フェティッシュは、すべての存在がそうであるように潜在的に商品であると。

本章は、主としてフェティシズム研究の意義をめぐって、その概念の歴史、思想的問題、既存の学問との関係、これから進むべき方向などを検討することになるが、その背景には、「現代社会のフェティッシュ化」という現状についての認識が存在する。しかし、ここで近代主義批判におけるフェティシズム概念の意義を強調するからといって、それがそのまま現代社会のフェティッシュ化の受容や賛同を意味しているのではないということをことわっておきたい〈3〉。むしろ、この現状については批判的な立場、すなわちアンチ・フェティシズムの立場に立つ。つまり、本章は、近代主義批判を通じてモノ・身体・自然と人との多様な関係の復権を主張する際にフェティシズムという概念に注目するが――この立場をここでは「方法論的フェティシズム」と名付けておこう〈4〉――、フェティッシュ化が進む現代社会の傾向をよしとするのではない。

三　道具的世界観批判

二一世紀に入り、啓蒙の時代以後求められてきた、国民国家、民主制、政教分離制、市場経済などの近代のプロジェクトは大きな見直しを迫られている。同じことは、近代に成立した諸概念や対立項についても当てはまる。本書序章でわたしは、理性を体現する、自立的な個人（通常ヨーロッパの白人、成人男性）を理想とするヨーロッパの近代人格概念が、どのような形で他者を生みだし、かつ自分たちよりも劣位の者として位置づけてきたのかを明らかにした。すなわち、理性と感情、合理と非合理、意識と無意識、精神と身体、個人と集団、白人と非白人、男性と女性、成人と未成年・子ども、西洋と東洋などの対立図式に基づき、理性的な個人（ヨーロッパ成人男性）を理想とし、そこから外れる存在を劣位に置くのである。ここに認められる自他理解は、たんに認識的な次元に留まるのではなく、一九世紀に本格化する植民地支配を正当化し、かつそれを促すような世界観（オリエンタリズム）を生みだす。本書が提案する文化人類学は、こうした近代主義的対立を克服することを目的としていた。そこでとくに注目してとりあげたのは、個人と集団の対立、感情や身体性の位置づけであった。

フェティシズムあるいはフェティッシュを扱う本章もまた、こうした一連の非対称的な対立図式の背後にある理性的な個人中心主義やヨーロッパ中心主義に対する異議申し立てを目指す。ここでとりあげるのは、なによりも人とモノ、生物と無生物、霊性とモノ性という対立である。[5] 人とモノには確かに能動かどうかという決定的な相違がある。その相違に基づいて、つねに前者が能動的主体で、後者が受動的客体とみなされてきた。人がモノを操作する。こうした一方的な関係こそ正常かつ当然とみなされてきた。

人とモノとを支配する典型的な関係は、モノを利用するという「道具的な関係」と言えよう。人は、理性的な存在として、あるいは万物の長として、人以外の生物や無生物を利用する権利が認められてきた。そうした道具的なまなざしは、人にも向けられてきたことも確かだ。先に挙げた非対称的な対立項に現れる男性と女性、西洋（人）と東洋（人）、大人と子どもという対立においても、また資本家と労働者という対立においても、人とモノとの間に典型的に認められる道具的関係がその基盤にあると言える。前者が後者を支配し、利用する（道具として、また資源として）という関係が認められるからだ。わたしたちは、モノや動植物、すなわち自然だけではなく、人間をも対象化あるいは道具化してきた。それだけではない。さらに、内なる自然と形容されるみずからの身体さえ道具として位置づける。[6]

道具的世界観の問題点は二つある。一つは、個人の周りの人びと、モノ、生物世界の総体である自然（以下、他者・モノ・自然と一括して呼ぶことにする）を合目的な視点からとらえようとすることである。あることがらを達成するためにという視点は、効率的な観点から対象やその方法、手段を序列化する。わたしと他者・モノ・自然との関係は効率によって規定される。効率性は本来多様なはずの関係を一元的な関係、すなわち経過時間や達成量などの数字へと還元してしまう。

もう一つの問題は、主客の関係がつねに一方的であるということである。主はこのわたしであり、他者・モノ・自然は、わたしに働きかけられて利用される対象である。この世界ではわたしが利用されることは、同じ人間による場合を除けば想定されていない。だが、こうした世界観は現実を反映しているとは言えない。現実において、他者・モノ・自然との関係は多様であり、またその関係あるいは作用は、一方的というよりは相互交渉的で、一義的に決定されるものではない。こうした相互交渉性は人と人の場合や人と自然の場合において想定するのは困難なことではない。だが、モノについてはどうだろうか。道端に落ちている石ころ、机の上の鉛筆。こうしたモノはどういう形でわたしたちに働きかけるのだろうか。このような問いを考察するにあたってフェティッシュという概念が有効である、というのが本章の主張であるが、以下ではもう少し人とモノをめぐる視点についておさらいをしておきたい。

モノはもちろん道具や資源として位置づけられているだけではない。もう一つの重要な見立ては、それを象徴とみなすという視点である。そこでは、モノはなんらかの意味を運ぶ記号である。その際、モノはテクストとして解読される対象なのである。ここでも、テクストとしてのモノが担う意味が多義的であるとしても、それを解読する主客の一方向性に変わりはない。人がモノの意味を読み解くのであって、その反対ではない。モノをテクストとして位置づける立場をここでは、道具的世界観と区別して象徴的世界観と呼んでおく。

周知のように、人類学には古くから「物質文化」研究という分野が存在する。それは衣食住に関わる物質的側面を典型として研究する。その理論的枠組は、伝播論や象徴分析を越えるものとは言えない。モノとモノとの形態的な相違に注目する伝播論において、人（そして人の関係の総体である社会）は不在となる。また象徴分析において、モノは意味を運ぶテクストと化し、モノは不在となる。

こうした状況で、わたしが注目するのはフェティッシュという概念である。なぜ、フェティッシュなのか。その理由は、フェティッシュは、すでに指摘した人とモノの一義的関係や非対称（一方）的な関係を攪乱する可能性を秘めていると考えるからだ(7)。すなわち、フェティッシュ概念には、人とモノ、生物とモノといった対立の絶対性を揺るがし、またモノとの関係で人や生物が優勢にあるという一方的な主客の関係を逆転させる可能性が期待できるのだ。さらに、フェティッシュには、モノをテクストとみなし、そこに意味を読みとろうとする態度を批判するような視点を認めることも可能だ。こう言った方が正確かもしれない。人とモノとの多様で相方向的な関係は、フェティッシュ概念においてよりはっきりと認められる、と。では、そもそもフェティッシュとはなんなのか。

四　フェティッシュあるいはフェティシズムとはなにか?

本章の第二節でも触れたが、一般にフェティシズムという言葉は三つの領域を想定している。〈8〉それらは、宗教領域における宗教フェティシズム（ド・ブロス）、経済領域における商品フェティシズム（マルクス）、性的領域に結びつく性的フェティシズム（フロイト）である。歴史的には、後に詳しく見るように、宗教フェティシズムがフェティシズムの起源であり、フェティッシュがしばしば呪物や物神と訳されてきた理由もここに求められる。〈9〉商品フェティシズムは、マルクスが一八五九年の『経済学批判』において、さらに一八六七年に出版された『資本論第一巻』で、資本主義社会における商品とそれを生産する労働者との価値の転倒を揶揄した概念である。また、性的フェティシズムは、ビネ（「愛におけるフェティシズム」一八八七）、クラフト＝エビング（『性的精神病質』第四版、一八八九）、そしてフロイト（『性理論三篇』一九〇五）によって注目される、身体部位や下着などへの性的嗜好である。

さて、三種類のフェティシズムに共通に認められるのは、神、人間の労働、性器（母のペニス）などの「真実」あるいは価値が否定あるいは隠蔽されて、まったく別のもの、とくにモノがそうした真実や価値とみなされている、ということである。つまり、フェティシズムとは「真理」の誤認を、フェティッシュは真理の代理品を意味する。フェティシズムとは、真実であるはずの神を誤認して木片を崇拝すること、人間の活動（労働）を否定して商品や貨幣を崇拝すること、本来の欲望の対象（性器）を誤認して下着や足を性的欲望の対象とすること。フェティッシュを理解する鍵の一つはこうした誤認あるいはとり違えあるいはずれなのだ。しかし、このとり違えの軌跡は、批判的な他者によってしか指摘できない。従来の研究は、啓蒙的な視点からフェティッシュのずれあるいは「幻惑」を暴くことに専念してきた。だが、本章ではむしろ、フェティシズムそのものに認められる批判性にこそ注目する。従来の議論がフェティシズムの批判であったのに対し、ここではフェティシズムによる批判（方法論的フェティシズム）を試みたい。以下、もう少し詳しくフェティシズムあるいはフェティッシュの概念について見ていきたい[10]。

ピーツは、今日のフェティシズム再考への機運を生みだしたフェティシズム研究の第一人者であるが、彼によると、一五世紀後半、フェティッシュはポルトガル商人と西アフリカの地域社会・文化との交流（交易）を通じて生まれた言葉だという［Pietz 1985, 1987, 1988; Pietz and Apter (eds.) 1993; ピーツ 二〇〇二］。商人たちは現地の崇拝物をフェティソと呼んだが、その意味するところはポルトガル語で魔術であった。その語源はラテン語の人工物を表し、ファルス（陽根）、フェイク（偽物）とも類似する。

丸山圭三郎は平凡社の『世界大百科事典』（一九八七）の「文化のフェティシズム」（九四五-九四六頁）の項目で、つぎのように述べている。ここではピーツとの微妙な相違には深入りしないでおこう。

> 従来のフェティシズムなる用語は、宗教学（呪物崇拝・偶像崇拝）、経済学（物神崇拝）、心理学（節片淫乱症）の３分野で使われてきた。フランス語の fétiche はラテン語の facticius を語源にもつことからもわかるように、もともとは factice〈〈人工の、作品〉〉の意味であるが、これが17世紀以来〈呪物〉のコノテーションを帯びるようになったのは、ポルトガル語の feitiço《ママ》（呪具、護符）の影響である。その由来は15世紀後半にポルトガルの航海者たちが西アフリカへ行って、そこの原住民が歯、爪、木片、貝殻をはじめ、剣、鏡、玉、臼、首飾などを崇拝するのを見たとき、自分たちが本国でカトリックの聖人の聖遺物やお守りなどを feitiço《ママ》と呼んでいることに関連させた命名にもとづくと言われる。この語がフランス語に正式に登録されるのは１６６９年であり、ついでディドロ、ダランベール監修の《百科全書》には〈フェティッシュ〉という項目の下に次のような記述が見いだされる。〈アフリカ、ギニアの住民が彼らの神々に与える名前。彼らはそれぞれの地域に一つのフェティッシュを、それぞれの家族に個別的ないくつかのフェティッシュをもっている。この偶像は……時には木であったり猿の頭であったり、あるいはそれに類するものである〉。

ただしキリスト教神学においては偶像とフェティッシュは区別されていた。偶像について言えば、悪意のある霊性

（スピリチュアリティ）が偶像とされるモノの背後には存在していたが、フェティッシュはあくまでモノであった〈11〉。フェティッシュには、本来区別すべきはずのモノと霊性や精神性との混乱、あるいはたわいない（したがって効果のない）信仰という意味が込められていた。ピーツはつぎのように述べる。

フェティッシュというのは、これ以上還元不可能な物体である。それはどこか他の所に存在するとされるなにか非物体的なモノ（たとえば悪魔）を表す偶像とは異なる。［Pietz 1985: 7］

キリスト教の文脈では、人工物の崇拝は、偶像崇拝とともに真の宗教実践とはみなされていなかった。偶像崇拝には（悪魔という）「ウラ」があるのに対し、フェティッシュにはそんなものさえない。

こうしたフェティッシュのモノ性とともにピーツが注目しているのは、それが異文化との接触によって、しかも交易という文脈で生まれたということである。つまり、フェティシズムという概念には、すでに西欧と非西欧（西アフリカ）、あるいはキリスト教と非キリスト教との非対称的関係が体現されている。フェティシズムとは、たんにキリスト教とは別の宗教を意味するのではなく、異教徒たちの偽の（つまりキリスト教徒から見た場合に、誤認に基づくとされる）宗教実践を表す言葉であった。フェティッシュの言説は、ある文化についての批判的言説であった。そしてそれを語る者は、当の文化から一歩離れていて、見下す立場にあった。とすれば、フェティッシュやフェティシズムは異文化を対象とする人類学においては無視できない主客、自他の関係を問う概念と言えよう。フェティシズムは、非キリスト教世界で発見された多様な宗教実践の一形態ではない。それは「誤認に基づく」という価値判断が含まれる宗教実践なのである。再びピーツの言葉を引用しておこう。

ヨーロッパ人による黒アフリカへの初期の旅行において、社会的価値の非普遍性や構築性という問題が集約的な形で浮上した。早い時期に西アフリカに旅したヨーロッパ人旅行者の一人は（中略）感動してガンビアの黒人についてつぎのように書いている。「黄金はかれらの間で、わたしたちにとってより、ずっと高価なものとされている、とわたしは考えている。しかし、それにもかかわらず、かれらは、安く、つまりわたしたちの眼にはほとんど価値のない品々と黄金を交換する」。

図５－１　フェティッュ像（国立民族学博物館所蔵）

［Pietz 1985: 9］

　つまり、たとえ、ヨーロッパ中心主義によって生まれた概念であるとしても、価値あるモノは文化によって異なる、という相対主義的、構築主義的視点がフェティシズムという概念に認められるということである。当時、ヨーロッパのキリスト教世界を絶対視していたポルトガルの商人にとって、自分たちにとって無価値のものを価値あるものとみなす態度は、無知蒙昧の印でしかなかった。だが、異文化の崇拝物をフェティッシュとして批判するとき、そこにはつねに自己批判ともなりうる毒が含まれていたのである。[12]その典型が、後に見るマルクスによる用法であろう。

　フェティッシュはポルトガルに代わって覇権を握ったオランダで蒐集が流行し、その後フランス語にとりこまれていく。[13]一七六〇年に公刊されたド・ブロスの『フェティッシュ諸神の崇拝』においては、フェティッシュを崇拝する宗教がフェティシズムとされ、これは学術的用語として確立することになった。

　アフリカ西海岸の黒人たちやエジプトの隣国であるヌビアにいたる内陸部の黒人たちでさえ、ヨーロッパ人が「フェティッシュ」と呼ぶある特定の崇拝物を礼拝の対象としている。このフェティッシュという用語は、ポルトガル語の *Fetisso* つまり魔力をもった、魔法がかった、神的なもの、信託を下すものという言葉に基づいて、セネガルと貿易をするヨーロッパ商人たちが作り出した用語であり、*Fatum*、*Fanum*、*Fari*〔神意、聖所、預言の意味〕というラテン語の語根をもっている。これら神的なフェティッシュは、各民族や各個人がそれぞれ選び、神官たちに儀式で聖別してもらう任意の物的対象に他ならない。なにかしらの樹木であったり、山であったり、海であったり、一片の材木、獅子の尾っぽ、小石、貝殻、塩、魚、植物、花、それに牝牛、牝山羊、象、羊といったある種の動物であって、つまりは想像しうる同種のすべてのものである。そのどれもが黒人にとってことごとく神がみであり、聖なるものであり、また護符である。かれらはそれらを几帳面に敬意をもって崇拝し、祈りを捧げ、生け贄を供し、できるものなら行列で持ち歩き、あるいは大いなる崇敬をこめて身につけたりもする。また重要な場面ではいつもそれに伺いを立てる。要するに人間を守ってくれるもの、あるいはあらゆる類の災厄に有効な予防薬だと一般にはみなされているのである。［ド・ブロス 二〇〇八、一一－一二］〈14〉

このようなフェティッシュへの崇拝・関与をド・ブロスはフェティシズムと名付けた〈15〉。彼にとって、フェティシズムとは真の神以外のものを神的な存在とみなす宗教実践であった。そして、それはきわめて不合理なものであり、精神状態が（ヨーロッパ人にとっての）幼年の段階にあるアフリカ人にふさわしい実践だ、ということになる。ただし、ド・ブロスは生物をフェティッシュに含めていることに注意しておきたい。

フェティシズムはヘーゲルやコントにも受け継がれ、タイラーら進化論的な枠組のもとで宗教の起源として位置づけられていく〈16〉。

しかし、神話学者のマックス・ミュラーは、フェティシズムを宗教の起源とするド・ブロスらの立場を批判する。ミュラーは、未開人（野蛮な人間）が同時代の存在であって、必ずしも太古の人類と同一ではないということを、正しくも指摘している。

民族学者は、現代の野蛮人が現存する種としてわたしたちより一日たりとも若いわけではない人だということを忘れて、［太古の世界から］この世界に突如放り込まれたかのように語る。［Müller 1901: 68］

そして、さまざまな文献に基づいて、フェティシズムは、古代であれ近代であれ、あるいは未開社会であれ文明国であれ、いたるところに認められると主張する。そして、ほとんどの社会でフェティッシュが副次的なものであるとするなら、どうしてアフリカのフェティッシュのみが主要な宗教要素だと断言できるのかと批判する。さまざまな社会でフェティシズムが他の宗教要素とならんで認められるのに、アフリカにはフェティシズムしかないと主張することを疑問視する。

フェティシズムは、アフリカだけでなくどの地域においても宗教の崩れた形態で、黒人たちは切り株や石の崇拝よりも高度な宗教観念を抱くことができるし、さらには、フェティッシュを信じる多くの部族は、同時に大変純粋かつ崇高で、真の感情をもって神を慈しむことができる、と主張したい。［Müller 1901：108］

このような議論を展開しながら、ミュラーは、宗教の進化においてまず重要なのは強力な力の認識であって、その後に第二段階として本来それを表象していたモノ自体の崇拝、すなわちフェティシズムが生まれるという。フェティシズムが宗教の起源であり、一番低俗な形態であると主張する人びとは、力や神という概念がすでに存在し、その存在理由を説明する必要はないと考えている。これに対し、ミュラーは、神概念の起源を論じることこそがなによりも重要であると考える。

このように、宗教研究におけるフェティシズムの位置はけっして確定したものではなかったが、そのような文脈から離れたところで、マルクスやフロイトによってフェティシズムという概念が注目され、受け入れられていった。

五　不在の否認

マルクスは、『資本論』第一巻第一章「商品」の第四節「商品のフェティッシュ的性格とその秘密」で以下のように述べている。(17) 少し長いが引用しておきたい。

それでは、労働生産物が商品形態をおびるやいなや生まれる労働生産物の謎めいた性格はどこから発生するのだろうか。明らかにこの商品形態そのものからである。（中略）すなわち、商品形態は人間自身の労働の社会的性格を、あたかもそれぞれの労働生産物自身の対象的性格であるかのように、つまりはこれら種々の物体に生まれつきそなわった社会的属性であるかのように反映させる。したがってまた、総労働に対する生産者たちの社会的関係を彼らの外に実在するかのような、種々の対象の社会関係として、彼らの頭のなかに映し出すのである。このような位置のとり替え〔quid pro que 換位〕によって、労働生産物は商品になる。すなわち感覚的にして超感覚的な物あるいは社会的な物になる。（中略）商品形態と、商品形態が表現される労働生産物の価値関係は、生産物の物理的性質とも、物理的性質から生まれる物的関連ともまったく関係がない。それはもっぱら人間たち自身の特定の社会的関係であって、それがここでは人間にとって物と物との関係というファンタスマゴリーのような形態を受けとるのである。したがってそれと似たものを見つけだすためには、宗教的世界のおぼろげな領域へと逃避しなければなるまい。この領域では、人間の頭脳の産物は、それ自身の生命を与えられて、相互に関係し、また、人間とも関係する自立的なすがたをそなえているかのように見える。商品世界では人間の手の生産物がそれと同じふるまいをする。わたしはこれをフェティシズムと名づける。フェティシズムは、労働生産物が商品として生産されるとたちまち生産物に貼りつき、したがって商品生産から分離できなくなる。商品世界のこのようなフェティッシュ的性格は、（中略）商品を生産する労働がもつ独特の社会的性格から生じるものである。〔マルクス 二〇〇五、一一〇-一一二〕

本来人間の労働の産物であり、労働によって価値づけられ、したがって人間によって制御されるはずの「人間の手の生産物」あるいは「労働生産物」が、資本主義世界において商品として生産されるやいなや、こうした関係が逆転し、商品が「それ自身の生命を与えられて、相互に関係し、また人間とも関係する自立的なすがたをそなえているかのように見える」。商品フェティシズムは、労働者が疎外されている資本主義社会のあり方を示唆している。このフェティシズムは、商品の価値の単位であり、媒介者である貨幣、とくに紙幣――「物神性の極致」〔やすい 一九九八、一五五〕において完成する。[18]

マルクスが指摘した商品フェティシズムは、商品一般についての議論だが、第二節で引用したベンヤミンが指摘するように、消費社会の成熟や広告産業の発展とともに商品自体がますます「フェティッシュ化」していく。そして、消費者の地位や欲望を示す記号として流通する。[19]

さて、マルクスの視点は、ド・ブロスにおけるフェティシズム概念を資本主義社会に援用したものであるが、フロイトの場合は、後で指摘するように少し趣が異なる。ビネやエビングによる心理学的な研究を引き継ぐ形で、フロイトが、フェティシズムという概念に言及する最初期の文章は一九〇五年に出版された『性理論三篇』である。[20]そこで、彼は「性対象の不適切な代理」としてフェティシズムを挙げ、さらに「中間状態のフェティシズム」と「完全なフェティシズム」とを区分する。前者は、たとえば特定の色の髪をもつ女性にしか性的魅力を感じなかったり、愛している女性の下着などに関心があったりする場合である。それは「正常な愛」のヴァリエーションにすぎない。そして、性器による結合を否定しない。これに対し、後者、すなわち病的な現象としてのフェティシズムは、その対象が「特定の人物から離れ、一般的な性目標となる」［フロイト 一九九七b、五九］。そして、それは性的結合をむしろ忌避する。

病的な現象としてすぐに思い浮かぶのは、靴や下着泥棒である。これらは、フェティシズムを原因とする犯罪行為の典型であり、古典的事例と言えよう。しかし、世の中にはもっと奇天烈な事件が起こっている。サドルの窃盗だ。『日刊スポーツ』（二〇一三年八月二五日付）の記事「主婦の残り香求めサドル盗み「なめた」」（http://www.nikkansports.com/general/news/p-gn-tp0-20130825-1178459.html. 二〇一四年一月二〇日閲覧）から引用しておこう（一部省略・修正している）。

異色の「匂いフェチ」が逮捕された。神奈川県警は二四日、女性の自転車のサドルを盗んだとして窃盗の疑いで無職の容疑者（三五）を逮捕した。同署によると「残っている女性の匂いを嗅ぎたかった」と容疑を認めており、容疑者の自宅からサドル二〇〇個を発見した。子供用シートを付けるなど、女性が乗っていそうな電動自転車ばかりを狙っていた。容疑者は、サドルへの異常な執着ぶりを明かした。取り調べに対して「残っている女性の匂いを嗅ぎたかった。サドルの匂いを嗅げば、女性が座っていたかが分かる」と、嗅覚の鋭さを語った。その言葉通り、署管内のサドル盗難の通報二四件は、すべて女性から。うち一二件で被害届が出された。容疑者は昨年一月からサドルの窃盗を始め、子供用シートを付けるなど、持ち主が女性とみられる自転車のサドルを集めていた。逮捕容疑は二一日午前四時四五分ごろ、中区の集合住宅の駐輪場で、主婦（三一）ら女性三人の電動自転車のサドル三個（計一万八〇〇〇円相当）を盗んだ疑い。中区では、主婦らの自転車からサドルがなくなる事件が相次いでいた。容疑者の自宅を調べると、ちょうど二〇〇個のサドルが白いゴミ袋計七袋に分けられ、一部屋と押し入れに置かれていたという。被害に遭ったのは、すべて電動自転車。ビニール製のサドルはなく、すべて革製だった。容疑者は「革の匂いや質感、肌触りが好きだった。嗅いだりなめたりした」と供述。女性の下半身を想像していたのかもしれない。（中略）容疑者は今回が初犯で、女性用下着の窃盗などの犯歴はないという。

容疑者はサドルに残る女性の身体の痕跡、とくに匂いに欲情している。毎日利用する自転車のサドルには利用者の陰部の匂いがしみ込んでいると考えるなら、サドルは女性の身体の延長である。利用者から見れば、自己や身体は自転車全体に拡張されていると考えるべきであろうが、フェティシストはこれを切断する。フェティシストにとって重要なのは自転車全体ではなく、陰部や臀部が密着するサドルなのだ。このサドルを容疑者は窃盗、蒐集し、なめていた。直接の身体的危害はなくても、知らない男性にサドルをなめられていたと聞いて被害者の女性はぞっとしたことだろう。

しかし、「完全なフェティスト」は女性に淫しない。むしろ、作家稲垣足穂のようなサドルへのまなざしこそが真の意味での完全なフェティシストと考えるべきであろう。一九六六年に発表されたエッセー「臀見鬼人《いさらいみのおにびと》」を紹介しておこう。

さてわたしは山伏の法螺の貝をひしゃげたような、自転車のお尻台を眼の前にして、その革臭い、滑らかな焦茶色のおもてを撫でながら、変てこな気持ちに襲われるのだった。何故ってこの妙な形は、人が自転車に跨ってペダルを踏むのに都合がよいように作られているのだろうが、何もわざわざこんな形にしなくてもよさそうに思われたからだ。［稲垣　二〇〇五、一二七］

興味深いことに、この文章に利用者への推量は認められない。当然、利用者の一部である匂いなども問題視されない。足穂もまた自転車全体ではなく、サドル（お尻台）を切り取る。しかし、その背後のなにかに向かうことはない。あえて言えば、そのなにかとはサドルと接する臀部なのかもしれないが、それ以上にどこにも向かうことはない。これが「完全なフェティシズム」なのである。

その後、フロイトは一九二七年に「フェティシズム（呪物崇拝）」を公表する。ここでフロイトは、フェティッシュと去勢コンプレックスを生みだす母の性器とを結びつけてフェティシズムを説明している。

まず、男性は幼児の頃母の性器を見るが、彼女にペニス（ファルス）がないという事実に衝撃を受け、この事実（母にペニスがない）を否認（Verleugnung（独）, disavowal（英））する。だからといって、ペニス（の代理物）は母の性器に登場するのではない。そこからずれた形で――つまり、身体の部位や衣服などに母のペニスとしてフェティッシュが生じるのである。これによって、子どもは去勢の恐怖に打ち勝つ。なぜなら母にはペニス（フェティッシュ）があるからだ。フェティッシュは「去勢の脅かしの勝利であり、この脅かしから守ってくれる」［フロイト 一九九七c、二八七］存在なのである。ペニスの欠如の否認は、一方で女性性器の嫌悪に、他方でフェティッシュへの性的欲望を生みだす。こうした否認は、フロイトによると完全ではなく、事実の否認と承認の両方、つまり両極的態度が認められるのが一般的だという。

本章では、すでにフェティッシュがなにかの代用品であるということを指摘した。性的フェティッシュにおいて、それは女性性器や女体あるいは母の代理というふうに一般化されてしまう。以下では、この代理はもともと不在のもの（母のペニス）を示しているというフロイト説に注目したい〔21〕。つまり、フェティシズムには真実についてのトラウマとなる知識（母にはペニスがない、母のペニスは去勢された）とその否認（母にはペニスがない、という事実の否定、すなわち母にはペニスがある）という心的過程が認められる。フェティッシュという代理は、不在物を指し示すと同時にそれが不在であることを覆い隠す。さらに、それは不在であることを哀悼するモノでもある［Mulvey 1996: 5］。

フロイトのフェティシズムは、フェティッシュがたんなる真実のとり違えあるいは代理であるという説明とは異なることを主張している。宗教的フェティシズムでは、たとえば木片を神ととり違えるからフェティッシュとみなされるのであるし、商品フェティシズムも人間の活動（労働）が生みだす諸価値が商品そのものに本来備わっているととり違えるからフェティッシュとなる。これがフェティッシュについての従来の説明である。精神分析におけるフェティッシュについてはどうか。フロイトに従えば、ハイヒールを女性性器ととり違えるから性的対象になるのではない。確かに、ハイヒールを母のペニスととり違えるからフェティッシュとなるという意味で、とり違えである。しかし、もっと根源的なとり違えは、女性の性器にはペニスが存在するという錯誤があったということである。

この点、もう一歩進めるとつぎのように言うことができないだろうか。宗教的なフェティッシュの場合、神は本来存在しないのに、わたしたちはこの事実を否認し、代理となるフェティッシュを生みだした、と。こう考えると、宗教フェティシズムにおけるオリエンタリズム、すなわちフェティッシュの崇拝を無知蒙昧な他者の宗教（したがって偽の宗教）に結びつけ、ヨーロッパ・キリスト教文化の優越（真の宗教）を確認し、宣教を正当化するような立場を克服できるかもしれない。フェティッシュが神の不在という事実の否認によって生まれたのであるとするなら、アフリカの住民たちが崇拝するちっぽけな木片であれ、バチカンにある荘厳な聖像であれ、すべてフェティッシュだということになろう。この観点からは、フェティッシュと偶像との区別も絶対的なものではなくなる。

商品や貨幣についてはどうであろうか。たとえば、商品は、使用価値と交換価値という二つの価値を体現していると理解されているが、（神や母のペニスと同じように）交換価値がもともと不在である、と考えたらどうであろうか。そうすると、交換価値の不在という事実を否認することで、わたしたちは商品をフェティッシュとする、ということにならないだろうか。このような商品についての議論は貨幣においてより完全なものとなろう。

フェティシズムとは、真実の錯誤に関わる現象などではなく、真実（母のペニスの不在、神の不在、交換価値の不在）の否認と代理による承認、その結果生じる代理への欲望（価値の生成）という一連の過程によって生まれる現象なのである。〈22〉

フェティシズムは、まず母にペニスがないという真理を否認する。しかし、この否認によって母のペニスが陰部に生えてくるわけではない。そこでつぎに他の身体部位や靴、下着などが代替ペニスとなる。神についてもまた、本来不在であるという事実が否認され、さまざまなモノが代替神となる。商品について言えば、交換価値の不在がまず否認され、貨幣が交換価値の代替となる。どの代替も本来のものではないという意味でここでは否認と表現する。このような二重の否認から成立するフェティッシュは、ほとんどすべてのモノが性化、聖化、商品化の対象になる可能性のあることを示唆している。どんなものでも性的欲望を喚起し、崇拝対象となり、また商品となって値段が付けられ購買欲をそそりうるのである。フェティッシュは不在のなにかを代替するわけではあるが、無から代替物が生まれるのではなく、なんらかのオリジナルがすでに存在するということにも留意したい。性的フェティッシュのオリジナルは（男性の）ペニスであり、宗教的フェティッシュのオリジナルは人間であり、商品フェティッシュのオリジナルは金塊や銀塊からなる本位貨幣である。これらが母のペニスや、神や貨幣（紙幣）を生みだすのである。フェティシズムは真理の女神から見放された無知蒙昧な輩に特有の現象とは言えないことが分かる。フェティシズムを二重の否認とする見方は、性的嗜好、宗教、経済の領域において論じられてきたことを論理的につき詰めていった結果である。フェティッシュが、どのような領域のものであれ、本来、不在であるはずのものの代理物であるなら、フェティッシュはいかなるものも代理できる、ということにならないだろうか。そもそも、母のペニスも神も交換価値も存在しないのだから。したがって、こう言い換えることもできる。どんなものでも宗教的崇拝物になるし、商品になるし、性的対象になると。その意味でフェティッシュは意味されるもの（シニフィエ）なき意味するもの（シニフィアン）、すなわち「浮遊する意味するもの」と言えるかもしれない「バケス＝クレマン 一九七四」。しかし、そこで価値は社会や歴史あるいは個人によって自由に付与されると考えるべきではないし、またニヒリズムの陥穽を避けるべきであろう。

ここで気をつけなければならないのは、二重の否認はけっして単純な論理によってなされているのではなく、事実についての知識（母にペニスは不在である）と否認（母にペニスがある）との関係はきわめて両極的である、ということである「フロイト 一九九七c、二八八」。両極的であるというのは、わたしたちは、母におけるペニスの不在や、神の不在、交換価値の不在を簡単に承認も否認もできない、ということである。母にペニスなどない、貨幣に価値はない、神など存在しない、と言明するのはわたしたち自身とわたしたちをとりまく世界のあり方を否定することになるからである。フェティッシュは「真実」を否認することで生じる代価であり「救い」なのである。それは、記号的な操作の次元で理解されるべきではなく、欲望や不安、さらに「不気味さ」を呈するモノなのである。

フロイトは一九一九年の「不気味なもの」という論文で、不気味なもの《ダス・ウンハイムリッヒェ》とは本来抑圧されたまま留まるべきなのに現れ出てしまったことがらである、と主張する「フロイト 二〇〇六、三六」。そして、「アニミズム、呪術と魔法、思考の万能、死との関係、意図せざる反復、そして去勢コンプレックスについて論じたことで、われわれは、不安を掻き立てるものを不気味なものとする諸々の要因の範囲を、ほぼカヴァーし尽した」「フロイト 二〇〇六、三八」と述べている。フロイトはここでまだフェティシズムに言及してはいないが、フェティッシュもまた不安を引き起こす「不気味なもの」と考えるべきであろう。[23]

フェティシズムを二重の否認に基づく人とモノや身体との関係であるとみなす視点は、真実との正しい関係（表象）が存在することをいまだに想定しているが、言うまでもなく、そのような想定こそ冒頭で述べたような近代主義的思考の基盤となっている。

啓蒙的理性とは、こうした二重のとり違えのメカニズムを明らかにすることにある。あなたが崇拝している木片は神ではない。あなたの崇拝する神像は神ではない。貨幣はただの紙切れにすぎない。あなたが欲情するハイヒールはただの靴にすぎない……。しかし、このような指摘からは、啓蒙的理性のみが増大するばかりで、新たな人と他者・モノ・自然との関係は生まれない(24)。必要なのは、わたしたち自身が、否認ととり違えのメカニズムを明らかにしようとする「探究者」に留まることはできないこと、あるいはとり違えから自由な特権的な立場にある存在ではないこと、を認めることであろう。わたしたちが「探究者」の立場に立つ限り、フェティシストをつねに劣位に位置づけることになる。たとえば、宗教的フェティシズムにおいてフェティシストとはアフリカの人びとである。それに対立するのが真の信者であり、商業的合理主義を備えているポルトガル商人であった。性的フェティシストに対立するのは、性器結合で快楽を得る「正常な」ヘテロセクシュアルな男性である。商品フェティシズムにおいて、フェティシストは資本主義経済の仕組みに無知な消費者ということになる。ここでフェティシストは誤認を犯している他者として、真実と直接的な関係を保持する自己、あるいは真実を所有する自己と対峙する。フェティシストは真実について誤認を犯した、したがって劣った他者なのである。フェティシズムをめぐる新たなプロジェクトは、人と他者・モノ・自然における道具的、一面的関係だけではなく、フェティシズムに認められる自他（わたしとフェティシスト）の非対称的な関係をも問わなければならない。そのためには、近代主義的な世界観において劣位に位置していたフェティシストの視点からこそ議論を始める必要がある。マッカラム［McCallum 1999: xvi］が正当にも主張するように、フェティシズムとはなにかという答えを求めることだけではなく、それ以上に重要なのはフェティシズムを通じて思考し、生きるということなのである。

六　フェティッシュ・ネットワーク

それでは、フェティシズムはどんな生き方を示唆しているのであろうか。

まず、わたしたちもまたフェティシストと同じように——「フェティシストとして」と言うべきかもしれない——とり違えを行うことを自覚すべきであろう。このとり違えは今村が主張するように、より普遍的な心的メカニズムである［今村 一九九二］。前述した道具的世界観や象徴的世界観を越えて他者・モノ・自然との交渉的な関係を確立するにあたっては、とり違えを非難するのではなく、むしろ他者・モノ・自然とのネットワーク形成にとってこのとり違えが決定的な要素であるとみなすことこそ肝要ではないだろうか。たとえば、フェティッシュは個人の欲望、活動、健康や自己アイデンティティと密接な関係をうちたて、それらに影響をおよぼす。さらに、人格だけでなく、身体と不可分の関係に入る。

ピーツは、フェティッシュと身体との関係についてつぎのように述べている。

> フェティッシュという観念は、（欲望と行為の物質的な場所として）人体がなんらかの重要な物質的客体の影響を受けているということに関係する。それは、身体から切り離されていてもときに器官を統御するのである。［Pietz 1985: 10］

つまり、身体はフェティッシュ（たとえば護符）の作用と連動する。わたしが、フェティッシュ・ネットワークとして想定しているのは、こうした身体とモノが相互交渉的に結びついているような関係である。ここで人は、必ずしもみずからの身体や周りのモノ、あるいは人びとを周到に統御したり支配したりする存在ではない。そこに一方的な支配-従属関係のみを認めるべきではない。フェティシストとフェティッシュを結びつけるきずなを特徴づけるのは力や快楽であり、それをめぐる欲望である。この場合、力は権力を意味するのではないし、欲望は他者の資源化を意味するのではない。ここでわたしたちは欲望の主体であると同時に、欲望の対象である。わたしたちは、フェティッシュを欲望する。しかし、わたしたちの身体もまたフェティッシュ化し、欲望の対象となる。こうして、わたしたちはフェティッシュを核とするような欲望のネットワークの世界にともに存在することになる。

この欲望のネットワークには、みずからの身体の部位を含む欲望の対象となるさまざまなフェティッシュが含まれている。わたしたちは、一人ひとりがフェティシストとして——つまりとり違える能力をもつ存在として——近代主義的な真実を探究する態度を批判し、モノや身体、他者、自然と呼応可能な世界を形作る。フェティシズム概念の人文・社会科学的な意義とは、新たな人間像（フェティシスト）とそれが形作る（人だけに留まらない）ネットワークの性質にあると言えよう。

単純な事例をここで紹介しておこう。ＮＨＫ朝の連続テレビ小説『あまちゃん』は日本中に大旋風を巻き起こしたが、その中に被災地の復興を願って破損した底引き網を材料にミサンガを作ろうというエピソードがある（第一四〇話「おら、やっぱりこの海が好きだ！」二〇一三年九月一〇日放映）。それによると、「底引き網には漁師の魂が宿って」いて、海女たちが作るミサンガには彼女たちの復興への願いが込められている。使い慣れた道具（底引き網）は使用者たちの身体や自己（魂）の延長である。底引き網が漁師にとって崇拝の対象になっている地域もある。また、たとえ不特定多数の人びとを対象に販売される商品であっても、そこに作り手が特別な思いを込めようとしていることは不自然ではないはずだ。それはわたしたちが違和感なく想定できるモノを通じての創造的な行為である。底引き網やミサンガへの思いを東北地方の沿岸部に今なお残存する呪術的態度だとか、労働の疎外の結果だと理解するとしたら、それは大きな勘違いであろう。

ミサンガは、購買者の手首に結ばれることで、今度は彼・彼女の一部となる。ここに作り手と受け手との「であい」が生じる。ミサンガを購入し、身につけることで制作者の思いに人びとは応えようという決意をもって、購買者は「フェティッシュを呑む」［石井 二〇一四、五〇、五七］。これが海女たちのフェティッシュ・ネットワークに参画するということなのだ。身につけることがなによりも重要だというきわめてフェティッシュな欲望がそこに認められる。ミサンガが贈与であれば、そこに反対給付の義務（たとえばボランティア）が生じるはずだ。また商品であれば、復興への貢献度はミサンガの購入数で決まるはずだ。ここでミサンガは贈与でも商品でもないなにか、すなわちフェティッシュとして人びとの間を流通し、新たな社会関係を生みだそうとしているのである。この事例に性的な欲望を想定する必要はない。重要なのは、身体やモノとの接触がなんらかのネットワークや共属の意識を当事者に生みだすということである。

わたしと同じく、近代に特徴的な二元論的思考枠組を批判するマッカラムは、フロイトのフェティシズム論がもともとジェンダーやセクシュアリティの固定的な図式から出発しているというよりは、これらに関係する諸概念の危うさについて示唆していると指摘する。そして、フェティシズムは、より開放的なアイデンティティ形成や多様な解釈の可能性を約束する生き方であると主張している［McCallum 1999］。たとえば、母にペニスがないということを否認しつつ、代替となるフェティッシュを通じてその不在を結果として認めるという態度は、さまざまなセクシュアリティの差異の承認に通じる。事実の否認をめぐる両極性こそ（不安を引き起こすだけでなく）創造性を生みだすと述べる。さらに、彼女はフェティシストには不完全さの自覚があり、そこからケアに基づく友愛がフェティシズムに認められるとさえ論じている。

以下に見るように、フェティシズムを無批判に肯定することは避けるべきであるが〈25〉、フェティシズムが、分析のため――世界を理解するため――というだけでなく、よりよく生きるためにも意義深い、と主張するマッカラムの立場は傾聴に値すると考えたい。

七　現代社会への視座

さて、今日フェティシズムを考える上で重要なのは、第二節で指摘したように、現代社会では宗教、経済、性の三領域において発展してきたフェティシズム概念が、より密接な形をとることになった、ということであろう。近代主義的思考の視点から、現代社会を分析するなら、わたしたちはますます「真実」から遠いところで、短絡的な欲望に身を任せている、ということになるだろうか。現世利益的なカルトにはまる、消費にはまる、ヴァーチャルなセックスにはまるなどの傾向は、フェティッシュ化の結果生じた現象だ、ということになろう。そこで欲望とその充足のサイクルは限りなく即時的なものへと変化していく。

人びとは好みのフェチ・オブジェに囲まれて幸せな生活を目指そうとする。限りないオブジェのヴァリエーションと、それを購入しようとする消費主義が前面に出現する世界。フェティッシュとの「であい」の現場にいた他者や異文化についての困惑、不気味さ、そうしたものがぬぐい去られ、根拠のない幸福感のみが世界を満たす。この後期資本主義が用意した退行的自我もまた、フェティシズムの産物であることを忘れてはならない。

四方田は、スチュアートの議論［Stewart 1993］に触発されて、「「かわいい」を語る雑誌メディアが説いているのは「幸福感」であり、消費主義であり、生理的年齢に対する精神の勝利である。また手の届くところに置かれた祝祭であり、選ばれてある「わたし」をめぐる秘密めいた快楽である」［四方田 二〇〇六、一四九］と指摘し、そこで隠蔽されているのは消費の快楽に対立する労働であり、歴史であり、「雑誌の作り手と読者が作り上げる共同体の外にいる他者である」と主張する。歴史の代わりにノスタルジアが、他者の代わりにエスニックが準備される。そして、このような共同体に参加する方法は、雑誌が提示するかわいい商品を実際に購入することではなく、そのような商品が紹介されている雑誌を購入することだと述べる。発達した消費社会では、具体的なモノ（商品）ではなく、その表象（メディア、雑誌）こそが自己のアイデンティティ構築において決定的な役割を果たすのである。

こうして読者は消費社会によりいっそう組み込まれることになる。四方田は、「このとき、メディアの生産者と受容者との対立を越えて、すべての状況に覆い被さるように君臨するのが「かわいい」の神話である」［四方田 二〇〇六、一五二］と締めくくっている。これらの引用での「かわいい」を「フェチ」に言い換えれば、「現代社会におけるフェティッシュ化」批判にほぼ重なると言っていいだろう。かわいいについて批判するのが困難なのと同じく（それは神話だから）、フェチも反社会的な行為が伴わない限り批判するのは困難である。そして、かわいいがいくつかに類型化され、相互に排他的な共同体を生む契機となるように、フェチもまた同じような排他性をはらんでいる。

これは、フェティッシュがわたしたちを支配する世界である。高度にフェティッシュ化した現代の消費社会にバラ色の未来社会を見出そうとするのは、必ずしも正しい見解とは言えまい。すでに示したような道具的世界観や二元論を批判することで行きつく先が現状賛美であるとすれば、それは真に批判的であるとは言えない。批判精神を徹底するには、啓蒙的理性批判の先に、現代社会に対し「アンチ・フェティシズム」という立ち位置を用意しなければならないはずである。つまり、わたしたちは、フェティシストとして啓蒙的理性を批判し、他方で現代社会を支配するフェティシズムを批判しようとしているわけである。このような「離れ業」は可能なのだろうか。

以下では、町口［一九九七］の議論を検討することにしたい。町口は、主として性愛シーンにおけるフェティシズムが二〇世紀末期において多様化し、細分化していることを指摘する。それらは、大きく五つに分かれる。すなわち、①身体部位、②コスチューム、③道具（鞭、縄など）、④素材（レザー、ラバーなど）、⑤身体加工である。また、こうした性愛シーンに連動するモード（ファッション）として、町口は一九八〇年代のボディ・コンシャスから一九九〇年代のスキン・コンシャスへの変化に注目している。

整理すると、性愛シーンにおける④の素材〔レザーやラバー〕の呪物化は、視覚よりも触覚や嗅覚を刺激するものであり、（中略）レザー製品やゴムの木が分泌する乳液（ラテックス）を原料に加工したラバー製品、毛皮、ビニール、レース、さらにメタリックな素材で作られた無機物がボディプレイの際などに使用されている。他方ファッションシーンにおいても、（中略）ポリウレタン、レザー、ビニール、フェイクファー、オーガンジー、ベルベットなど柔らかいもの、肌が透けるもの、収縮性のあるもの、光沢感のあるもの、つまり身体の表面で触感的な輪郭を与える様な素材の衣服が流行している。従って現代においては、身体そのものより身体の表面にある皮膚とそれを包む触感的な素材で作られた第二の皮膚であるコスチュームや衣服に対するフェティッシュ化が進行していると言えよう。〔町口　一九九七、五一〕

町口は、モードが、利潤をあげるためにつねに変化しなければならないという資本主義の論理からの自由ではなく、過去と断絶した「幻影（ファンタスマゴリー）」であることを指摘する。モードの快楽に踊らされるのではなく、むしろ批判することが重要になってくる。「モードという空虚なゲームから降りること、モードの自己確認的な意味を拒否すること、記号・意味システムとして流通し消費を繰り返す資本主義的な商品概念から己を切断すること」〔町口　一九九七、五二〕が問われることになる。町口は、こうしたアンチモード、アンチ・フェティシズムの例としてファッション・デザイナー山本耀司の作品を挙げている。そして、フェティッシュな性愛についてつぎのように批判する。

「究極の性-愛」とは、お互いの皮膚を切り裂き「内部から血を激しくたたきつけ、甘美な深淵（夜）に身を投じること」であり、「触覚に嗅覚に、この死の領域の案内役を委ねること」である。それは決して現在の性愛やファッションシーンでモードとして展開されている傾向、すなわち単なる素材の呪物化や身体加工といった表層のスキン・コンシャス（皮膚感覚的）モードではなく、「裁断」技術を駆使して皮膚の内部を露出させ、甘美な深淵、あるいは夜や死に身体を投じ、身体意識や皮膚感覚のみならず、お互いの脳や精神、さらに思考構造や価値観をも変革する様な「アンチモード的な性-愛（深層の身体加工）」だと言えよう。［町口 一九九七、五四-五五］

ここで注意しておきたいのは、町口が「深層」という言葉を使っているからといって、本物がどこかに隠されている、モノは象徴としてなにか別のものを意味する、といった態度を支持しているわけではない。裁断はむしろ「横断」である。このことは、この引用の後にバルトの『テクストの快楽』（一九七三）に言及していることからも明らかであろう。バルトにおいてテクストは生成のモデルであり、佐藤［二〇〇九］の言う「抹消」なのである。その背後に意味や真実を求めるべきではない。テクスト（テクスチュア、織物、クモの巣）は巨大で統御不可能なシステムを意味するのではない。わたしもまた、このテクストを紡ぐ存在として横断的に生成に関わる存在として——フェティシストとして——立ち現れる、そんな開放系の世界である。このテクスト／テクスチュアの世界こそ、前節で論じたフェティッシュ・ネットワークなのである。このネットワークは、視覚的イメージ（表象、メディア、モニター、スクリーン）が喚起する欲望を通じて主体化する「主体」からなるものではない。わたしが想定するフェティシストはこうした主体（消費者）からはほど遠いところに位置する。フェティッシュ・ネットワークは、「深み」を拒否する。しかし同時になめらかな仮想世界から距離を置き、表層に触覚的「ねばり」や「ざらつき」（テクスチュア）を希求する。それは、身体やモノとの関係で批判力や交渉力、欲望、差異を認め、不気味さやトラウマ、肉体の物質性からの完全なる離脱を幻想として拒否する。(26) だからと言って、ここに二つのフェティシズムが併存する、と主張しているのではない。また「方法論的フェティシズム」は是だが、現代社会のフェティッシュ化はすべて非である、といった単純な区別が可能とは思わない。

フェティシズムとは困難な問いである。それは啓蒙的理性が生みだした他者についての言説であった。だからこそ、それは啓蒙的理性を核とする近代の言説に亀裂を生みだす可能性に満ちた概念でもある。他方で、わたしたちは今、エロティックな特質を備えた商品に囲まれ、望むと望まないとにかかわらずフェティシストとならざるをえない。しかし、それはわたしたちの批判によって実現しているわけではないし、また本章で提案したフェティッシュ・ネットワークの世界だとは言えない。むしろ、フェティシズム論の到達点から批判的に検討すべき世界なのである。

追記　フェティシズムについては、その後［田中 二〇一四、二〇一七］でさらに考察を深めている。

注

〈1〉現代社会のエロティックな性格については、本章第七節でとりあげるが、その概略としてはメディア・セックスを論じた［キイ 一九八九］を参照。

〈2〉フランス語版では草稿の対応箇所は以下の通りである。「モードは、商品という物神が崇拝されるべき儀礼を定める。グランヴィルは、日用品に対しても、宇宙に対しても、モードの支配を拡大する。極端な結果をもたらすまで、モードの支配を徹底させ、モードの本性をあらわにする。モードは生きた肉体を無機的な世界に結びつける。生者に対して、それは屍体の権利を擁護する。こうして、非・有機的なもののセックス・アピールに従属したフェティシズムが、モードの生命力となる」［ベンヤミン 二〇〇三、四五］。他に、「モードというものはそれ自体としては、性をもっと深く物質の世界へと誘い出すもう一つ別の手段にすぎない」［ベンヤミン 二〇〇三、一四五］などの文章を参照。

〈3〉現代的な問題については［石塚・やすい 一九九八］などを参照。なお、石塚は、丸山［一九八七］らとともに、フェティシズムに注目した数少ない研究者の一人である［石塚 一九九一、一九九三］。

〈4〉この言葉は、アッパードゥライによっても使われている［Appadurai 1986: 5］。さらに［Pels 1998: 93-95］も参照。

〈5〉もっと言えば、新宮［二〇〇九］が指摘しているように、在と不在という対立にも関わってくる。

〈6〉以下では、議論を単純化するために人とモノとの関係を主として論じるが、身体についても同じことが妥当するであろう。

〈7〉この点については［McCallum 1999: xi-xii］を参照。

〈8〉詳しくは［Gamman and Makinen 1994］を参照。

〈9〉この領域での人類学的なフェティシズムでの用法については［Miller 1990］および［Pool 1990］を参照。

〈10〉フェティッシュあるいはフェティシズムという概念は、現代ではフェチというような略語できわめて多様な現象や嗜好を意味する。そうした多様性の一端は、［Browne 1982］に認められる。そこにはキューバの混淆宗教サンテリアの呪物からコンピュータまで含まれている。

〈11〉ピーツのヨーロッパ中心主義に対する批判として［Graeber 2005］がある。この点については［石井 二〇一四］も参照。

〈12〉たとえばビネはその論考［Binet 1887］でカトリシズムにフェティシズムを見てとっていた。

〈13〉このあたりの事情について、［村上 二〇〇九］に詳しい。

〈14〉訳は一部、［今村 一九九二、一四九－一五〇］を参考に変更している。

〈15〉ド・ブロスのフェティシズム論はそれ自体検討に値するものであるが、ここでは石塚の研究［一九九一、二〇〇八］を参照してほしい。

〈16〉一般社会での関心にもかかわらず、学術的に見ると宗教学におけるフェティシズムの意義は一九世紀半ばまでに失われていた。この点については［Matsuzawa 2000］の興味深い議論を参照。

〈17〉商品フェティシズムとは異なる文脈におけるマルクスのフェティシズム概念については［Guardiola-Rivera 2007］を参照。マルクスの商品フェティシズムとド・ブロス理解をめぐっては、［石塚・やすい 一九九八］を参照。

〈18〉ちなみにやすいは以下のように貨幣フェティシズムについて説明している。「貨幣の代用に出された紙幣になると、価値はまったくないのに、それが交換される貨幣の価値によって交換力が保証されているのです。そうすると単なる紙切れが、つまり物が価値であって、社会的支配力をもつという物神性の発展が見られます。それが不換紙幣になりますと、システム全体から交換力を保証されたなんの労働対価としての価値の裏付けもない紙切れが物神となって君臨する物神性の極致になります。商品にしても貨幣にしてもほんらい労働の対価物であるところに価値の根拠があったはずですが、物を媒介した関係に置き換えられた結果、物がそれだけで価値をもつように扱われ、多くの富を積み上げたり、貨幣を積み上げたり、資本を牛耳ったりすることが自己目的化して商品・貨幣・資本の物神化が発展するのです」［やすい 一九九八、一五五］。他に［ゴドリエ 一九七八］を参照。

〈19〉本章では詳述しないが、後期資本主義における商品の位置づけについては［ボードリヤール 一九七八、Gamman and Makinen 1994: 28-36］などを参照。

〈20〉以下は［フロイト 一九九七b］に収められている『性理論三篇』による。

〈21〉去勢コンプレックスや女性のフェティシズムの問題については、本章では触れることができない。男性中心主義的なフロイトのフェティシズム論の修正については、ラカンの理論に依拠している［Krips 1999: 8-9］を参照。また、女性のフェティシズムをめぐる理論については、［田中 二〇一七、Gamman and Makinen 1994; McCallum 1999］を参照。

〈22〉三種のフェティシズムについては、いくつかの研究（［Krips 1999］など）は、とくに性的フェティシズム（私的領域）を宗教フェティシズム（公的領域）に結びつけようと試みている。また総合的に理解しようとする試み（たとえば［今村 一九九二］や［Ellen 1988］）なども存在する。

〈23〉フロイトは「フェティシズム」において「不気味な外傷」という用語を使っている［フロイト 一九九七c、二八八］。これは同僚の立木康介の教示による。鷲田［一九九一］はそのフェティシズム論を不気味なものの体験から始めている。不気味なものをめぐっての議論ではないが、貨幣を商品フェティシズムの文脈からずらして、性的なフェティシズムとの関係で論じている栗本慎一郎の独創的な試み［一九七八］は、わたしたちに理性的なフェティシズム論の限界を間接的に示唆していると言える。

〈24〉 啓蒙的理性は、典型的には総合（たとえば［Ellen 1988］）と脱構築（フェティシズムは無意味であるといった議論［Pool 1990］）という一見対立する方向を目指しながら展開していく。そしてフェティッシュ論とかフェティシズム研究という言説空間を生みだすのである。

〈25〉 マッカラムも、そのような問題点を無視しているわけではない。この点についてはたとえば［McCallum 1999: 167-168］を参照。

〈26〉 ミラーは、現代社会を支配するフェティシズムを克服する方途として、多元主義を認めるコミュニティの確立を示唆しているが［Miller 1990］、わたしには、それはあまりにも理念的かつ反動的に思える。むしろ、そのようなコミュニティの役割を果たすのが、逆説的に見えるかもしれないがフェティッシュ・ネットワークではないだろうか。インゴルドは、ラトゥールらの提案するアクター・ネットワーク理論（Actor Network Theory: ANT　アリ）を批判的に論じて、みずからの立場をSPIDER（Skilled Practices Involves Developmentally Embodied Responsiveness: クモ）と名付けている［Ingold 2008］。SPIDERが想定するのは、身体、実践、技術などが複雑に絡んで生みだされるメッシュワーク（meshwork）である。本章で提案するフェティッシュ・ネットワークについては、メッシュワークとの関係でさらに洗練する必要があるかもしれない。

第Ⅱ部　コンタクト・ゾーンの文化人類学

第六章　トライバル・ゾーンからコンタクト・ゾーンへ

一　はじめに

本書の「はじめに」や序章で、本書が提案するのは、全体化に抗する文化人類学であると指摘したが、全体化が前提とする世界像によると、地球上には無数の文化・社会が存在し、相互に自律・自立して独自の文化を育んできた。トライバル・ゾーンとは個々の自律・自立した文化・社会を指す。全体化に抗する文化人類学は、当然こうした世界像への批判を含む。トライバル・ゾーンに対する概念として、本書ではコンタクト・ゾーンの有効性を提案している。なお、前章でとりあげたフェティッシュもまた、一五世紀の西アフリカ海岸という世界史的なコンタクト・ゾーンで生まれたということを思い出してほしい。本章はまた、第Ⅱ部全体の導入、とくに第九章と第一〇章の「序章」の役割をも果たしている。

二　コンタクト・ゾーンとはなにか？

コンタクト・ゾーン（接触領域）という概念は、グローバリゼーションの時代に生きるわたしたちにとっていかなる意義をもっているのだろうか。この言葉が、今日使われるような形で使われたのは、メアリ・ルイーズ・プラット

(Mary Louise Pratt) 著『帝国のまなざし――旅行記とトランスカルチュレイション』(一九九二) においてであった。彼女は、ヨーロッパを中心とする植民地宗主国と非ヨーロッパ諸国との「接触」を主たるコンタクト・ゾーンとして想定しているが、本書では彼女の問題意識を批判的に継承しつつ、さらなる発展を目指す。

プラットは、序論でつぎのようにコンタクト・ゾーンの概念について定義している。

> コンタクト・ゾーンという社会空間は、まったく異なる文化が出会い、衝突し、格闘する場所である。それは、植民地主義や奴隷制度など（中略）しばしば支配と従属という極端な非対称的な関係において生じる。[Pratt 1992: 4]
>
> コンタクト・ゾーンとは、植民地における邂逅の空間である。それは地理的にも歴史的にも分離していた人びとが接触し、継続的な関係を確立する空間である。それは通常、強要、根本的な不平等、そして手に負えない葛藤を巻きこんでいる。[Pratt 1992: 4]

つまり、プラットにとってコンタクト・ゾーンとは「植民地支配の辺境 (colonial frontier)」を指す。しかし、彼女は、辺境というのが支配の側からの一方的な視点であるとして、より相互交渉的なコンタクトという概念を採用したという。

> 「コンタクト・ゾーン」は、地理的かつ歴史的に、以前は分かれていたが今やその軌道が交差することになった主体の、空間的かつ時間的な共在を想起させる試みである。「コンタクト」という言葉を使うことで、植民地での出会いにおける相互作用的、即興的な次元を際立たせたい。それは、伝播主義者の説明では簡単に無視され、また抑えられてきた征服と支配という次元である。「コンタクト」という視点は、いかにして主体が相互の関係において、かつ相互の関係によって構築されるのかということを強調する。それは、植民地支配者と被支配者、旅行者とそれを受け入れる人びとの関係を、分離やアパルトヘイトによってではなく、しばしば権力の根本的な非対称的関係が存在する中での共在、相互作用、絡みあう理解や実践によってとり扱うつもりである。[Pratt 1992: 7]

プラットにとって、相互交渉の世界こそがコンタクト・ゾーンを特徴づけているのであり、それを無視したり否定したりすることは非対称的な関係の遂行でしかない。

三　『帝国のまなざし』を読む

プラットの議論をもう少し詳しく見ていくことにしよう。同書は旅行記の分析を目的として書かれたものであるが、こうした旅行記は人類学者による民族誌の前史を形成するからである。彼女の視点や分類、歴史的な変化についての議論は、民族誌を批判的に理解するためだけでなく、新たな世界認識のビジョンを提案するためにも重要と思われる。

『帝国のまなざし』は序論と三部（九章）からなり、その主題は一八世紀半ば以後、ヨーロッパ人が著した旅行記における著者と非ヨーロッパ人との邂逅をめぐる記述である。ただし、彼女のとりあげるヨーロッパ人は、探検家から、学者、商人、そして文学者までさまざまであり、かれらの著作が必ずしもすべて厳密な意味での旅行記とは言えないことをことわっておく。なお二〇〇八年に公刊された改訂版には「ネオコロニーにて――モダニティ、モビリティ、グローバリティ」という一章が追加されているが、本章では省略する。

第一章「序論――コンタクト・ゾーンにおける批判的思考」に続く第一部「科学と感情、一七五〇年―一八〇〇年」は四章からなる。その最初を飾る第二章は「科学、地球意識、奥地」と題され、ヨーロッパにとって一七三五年を重要な年だと位置づける。まずその年にリンネの『自然の体系』が発刊された、そして、同じ年に国際的な科学的探検隊が組織され南米の奥地に送られたのである。その生存者たちが帰国後記した旅行記――生存記――が、近代ヨーロッパの新たな「地球意識（planetary consciousness）」の形成に貢献した。

さらに、リンネの弟子たちによる旅行記が、これまでの探検と従来の旅行記のスタイルを変える。「見本の蒐集、コレクションの構築、目新しい見本の命名、既知の見本の確認などが旅行や旅行記の標準的な主題となった」［Pratt 1992: 27］のである。こうして、これまで航海による世界の記述と沿岸地域の地図作製を主としていたヨーロッパ人の「地球意識」が変貌することになる。それは、たんに海岸部をなぞるということではなく、地球上のあらゆる生物をその生態系から分離し、リンネが確立した「体系」に収め、自然に「秩序」を導入しようという「全体化」のプロジェクトが開始されたということであった。

第三章「反・征服を語る」でプラットは、科学者の態度が交易や植民地支配とは無関係な無垢なもの（反・征服）として語られていることを指摘する。反・征服とは、ヨーロッパ人が覇権を確立する際、同時にみずからの無垢さを保証しようとする表象の戦略であり、そこでヨーロッパ人は受動的な眺める男（seeing man）として登場する［Pratt 1992: 7］。

同章で、プラットは南アフリカを舞台にした四つの旅行記をとりあげる。そして、旅行者と土地の人間との関係についての記述を分析することで、ペーテル・コルブの旅行記を例外として、対話的、相互作用的な性格が消えることを指摘する。コルブにとって現地人は文化的存在であったが、それに続くアンデシュ・スパルマンやW・ピーターソンなどの旅行者にとって、土地の人はたんなる身体としてしか描かれない。そして、旅行記の作家たちは権威ある科学者としてではなく、無垢な存在として自己を描く。さらに、四番目に考察するジョン・バロウの旅行記では、風景は、分類の対象ではなく、見えない要因によって生みだされる因果関係の連鎖の一部に位置づけられる。それは、自然を資源として見る視点に重なる。そして、人（ここではブッシュマン）もまた、抽象化され、風景と同じように資源（労働力）として語られる。

第四章「反・征服――互恵制の神秘」では情緒的な記述の事例が論じられている。プラットは、情緒的な記述の特徴として、「わたし」という代名詞と能動的な動詞の多用、周りの人間との不断のかけひきなどを挙げる。彼女は、さらにこうした記述が、交易など私的な経済的企てに通じるものであるのに対し、科学的記述はむしろ国家による植民地の官僚的管理に通じると指摘する。

第五章「エロスと奴隷制廃止」では、情緒的な記述の主題がセックスであるという視点から、旅行記をとりあげる。第四章と第五章は、どちらも「わたし」と現地人との相互交渉（互恵制）が主要な記述の枠組であると言える。しかし、プラットによると、ここで旅行家たちのエイジェンシーは最小限必要な形でしか作用せず、あくまで受動的、すなわち反・征服者に留まっているのである。

同章で、プラットは数少ない女性の旅行家、アンナ・マリア・ファルコンブリッジの作品をとりあげている。彼女は、そこに「帝国のまなざし」あるいは「全体化する思考」とは異なる視点を認めようとする。女性旅行家は、観察を通じて「所有しようとする」のではなく、好奇心から見てしまうのだ。それは、反・征服に通じるヨーロッパのジェンダー規範を引きずっているとはいえ、男性たちの態度や植民地支配の実態を批判する起点となる。彼女の記述に対話的な関わり方が存在すると主張する。

第二部「アメリカの再創出――一八〇〇―一八五〇」の最初を飾る第六章「アレクザンダー・フォン・フンボルトとアメリカの再創出」がとりあげるのは、アレクザンダー・フォン・フンボルトの南アメリカの旅行記である。彼は、これまで対立関係にあった客観主義と主観主義、科学と情緒、情報と体験を統合し、さらに新たな地球意識を生みだす。彼は、自然の背後に神秘的な力を想定する。だが、ここに人間は存在しない。

人間の歴史の痕跡は、正体を明らかにすることはできないが、存在はする。すなわち馬や牛は、秘教的な力と同じように侵略者のスペイン人の力でもたらされたのだ。しかし大平原に人間は不在だ。これらの「メランコリーや神聖なる独居」で語られる唯一の「人間」は仮想的で不可視の旅行家、彼自身なのだ。［Pratt 1992：125］

同じことは、考古学的発見の位置づけにも認められる。中米では過去の栄光とまったく断絶した現地人が構築されるのである。

同時期のエジプトについてのモニュメント中心主義的な再創出の場合と同じく、考古学化された社会とその同時代の子孫たちの結びつきは、まったくもって不明のままだ。ヨーロッパの想像力は同時代の非ヨーロッパ人をその前コロニアル、あるいはコロニアル時代の過去からさえも分裂させることで、主体（臣民）を生みだす。土着の歴史や文化を考古学として再生することはそれらを死者として再生させることだ。いかにして風景についてのヨーロッパの言説が現地の人びとを脱領土化し、かつて支配し、今でもそこから生計を立てている領土から分離させたのかについて、本書で何度も語ってきた。考古学の視野はこれを補強する。考古学もまた、コンタクト・ゾーンにおいて征服された居住者が、歴史的なエイジェントであるということを忘却させる。かれらが前ヨーロッパ征服時代の過去と今なお連続し、歴史に基づく熱望と現代への要求をもっていることを忘れてはならない。［Pratt 1992：134-135］

第七章「アメリカの再創出2――資本主義の先兵と社会探査」では、自然を資源とみなし、目的とその達成について自覚のある旅行家たちの分析がなされている。かれらの旅行記を支配するのは企業家の夢想である。かれらはアメリカを後背地ととらえることで、近い将来の搾取を合理化しようとした。それは、「文明化の使命」に通じるレトリックであった。

同章で、プラットが検討するのは二人の女性旅行家、フローラ・トリスタンとマリア・キャルコット・グラハムである。両者ともに、対話的で、後者の場合には後の参与観察を想起させる場面さえ認められる。彼女は、南アメリカ（ペルーとチリ）の女性たちの地位の描写を通じて英国を批判している。

第八章「アメリカの再創出・ヨーロッパの再創出——クレオール風の自己形成」は、ベネズエラ生まれのアンドレ・ベッジーによる、ロンドンで発行されたスペイン語の雑誌の記述から始まる。さらに、ヨーロッパ旅行を含むいくつかの著作が紹介されていく。南米の独立を指導したシモン・ボリバルのテクスト、キューバの詩人、ホセ・マリア・ヘレディア、そして現代の詩人エステバン・エチェベリア、ドミンゴ・ファウスティーノ・サルミエントたち。プラットは、かれらのテクストにフンボルトの影響を認めつつも、それがかれら自身の想像力の出発点でしかないことを主張し、これをヨーロッパのものをトランスカルチュレイトする事例として紹介する。トランスカルチュレイト、あるいはその名詞形のトランスカルチュレイション（transculturation）とは、従属的な立場にある非ヨーロッパ人が、支配的な立場にある西欧人あるいは都市民によってかれらに伝えられるさまざまなことがらを選び抜き、新しいことがらを創出すること、あるいはその過程を意味する。

クレオールの表象をより正確に考えるとするなら、その表象はヨーロッパの覇権的夢想をたんに再生産したり、たんにヨーロッパ資本の構想を正当化したりするのではない仕方で選択・展開して、ヨーロッパのモノをトランスカルチュレイトすることなのである。たとえば、繰り返し、書き手はフンボルトの言説を自分たちの国家・国民建設の問題群へと流用する。それはフンボルト自身の著作が一般に拒否したことである。ヨーロッパ人の科学と美学による視覚上の流用に対して、南米人の記述には、道徳と市民としてのドラマが風景に投影されている。そのような投影は、旧スペインの支配だけでなく、英仏の帝国主義にまさる、そしてそれらに対するクレオールの覇権を正当化するために、そしてたぶん一八二〇年代までにはもっとも重要とみなすことができる、支配下にあったメスティーソたち、アフリカ人、そして土着の人びとによる民主的な主張を正当化するために、イデオロギー上構築されたのである。［Pratt 1992: 188］

トランスカルチュレイションはプラットの提案する自己民族誌（autoethnography）の実践の一部を構成する。自己民族誌あるいは自己民族誌的表現という概念は、旅行記など広義の民族誌の対象となる人びと自身による自己表象の試みである。

これらの言葉でわたしは、植民地化された主体が宗主国の人びと自身の言葉に関与して自分たちを表象しようとする事例を指している。民族誌のテクストが、（通常征服された）他者をヨーロッパ人たちのために表象するのであるとすれば、自己民族誌のテクストはこれらの中心世界の表象に反応し、またそれらとの対話によって他者たちがみずから構築するものである。（中略）自己民族誌は、自己表象についての「真正な」あるいは土着の形態として通常考えられていない。むしろ、自己民族誌は征服者のイディオムとの部分的な協力や流用を含む。（中略）それらはしばしばバイリンガルで対話的である。典型的な自己民族誌はそれを受ける側についても均質ではない。それは一般に中心世界に位置する読者と語り手自身の集団に属する知識人の両方に向けられているからだ。そして当然その受けとり方は大いに異なる。（中略）わたしは、自己民族誌的表現はコンタクト・ゾーンについての広く行きわたった現象で、現場から見た帝国の征服と抵抗についての歴史を解きあかすのに重要となろうと信じている。［Pratt 1992: 7］

ここでプラットは、コンタクト・ゾーンで生じる現象として、対抗的な表象に言及している。そこで、人びとは征服者（ヨーロッパ人）の言語や表現を使って、みずからを表象しようとする。同じことは、表象だけでなく実践についても当てはまるであろう。たとえば、その例としてホミ・バーバによる模倣《ミミクリ》［バーバ 二〇〇五］を挙げることができよう。ただし、自己民族誌もトランスカルチュレイションについても、後者は副題にもなっているが同書で十分に議論されているとは言えない。なお、林［二〇一三］によると、トランスカルチュレイションという用語は、プラットの造語ではなく、キューバの社会学者フェルナンド・オルテスの発案である。これにブロニスワフ・マリノフスキーが関心を抱き、一九二九年にオルテスにハバナで出会っている。ここにも人類学（者）とポスト・コロニアルな世界との交錯を認めることが可能である。

さて、第三部「帝国の文体――一八六〇―一九八〇」には第九章「ヴィクトリアのニャンザからシェラトンのサン・サルヴァドールへ」しか含まれていない。ここではまず「わたしが探査するすべての君主」という視点が、リチャード・バートンの著作を通じて吟味される。そこで、プラットは風景が美化されていること、風景には深い意味が求められていること、最後に著者自身がこの風景の描き手としての位置にいることを指摘する。

この章で、プラットはメアリー・キングズリなどの女性旅行家、またアルベール・カミュなどをとりあげることで、「帝国のまなざし」の影響やコロニアルな状況を考察することの意義を強調している。

プラットが、一八世紀半ば以後の旅行記の吟味を通じて明らかにしたことは、コンタクト・ゾーンでどのような力が働き、独自の歴史をもち、環境や社会についての知識を有する人びとを、資源利用の視点からあるいは自然の強大なエネルギーの礼賛を通じて、消し去ってしまうのか、ということである。すでに明らかなように、プラットが注目し、肯定的にとらえているのが対話的あるいは相互交渉的な関係が認められる記述である。ただ、そうでない記述について彼女は、現実には相互交渉的であるにもかかわらず、記述の次元でそのような関係が破綻してしまうと考えているのか、それとも記述における反対話的な性格はたんに現地の人びととの人間関係を忠実に反映しているだけと考えているのか、残念ながら不明である。この問題については、次章でさらに考察することにしたい。

プラットの提唱するコンタクト・ゾーンは、彼女自身が認めているように、過去の植民地支配の分析にのみ意味があるというのではない。植民地がこの世からなくなればコンタクト・ゾーンが消滅するというのではない。むしろ、その反対である。ポスト・コロニアルな状況で、またグローバリゼーションがかつてない勢いで進行していく状況で、コンタクト・ゾーンは、今やいたるところに出現していると考えるべきであろう。

さらに、プラット自身が繰り返し述べているように、ヨーロッパの都市に住む知識人に対比されて、ヨーロッパ内の多くの民衆（農民）たちが、やはり後進地帯に住む存在として位置づけられていた。つまり、コンタクト・ゾーンは、ヨーロッパの内部にすでに生まれていたのである。

以下では、まず文化人類学において、コンタクト・ゾーンという概念がどのような意義をもつのかを考えることにしたい。

四　コンタクト・ゾーンとしてのフィールド

現代の文化人類学においてフィールドワークという方法は欠かせない。フィールドワークとの関係でコンタクト・ゾーンとはどんな意義をもつのだろうか。ここでは、二つの視点を提案しておきたい。まず、フィールドとは、人類学者が当事者となって他者と出会うコンタクト・ゾーンであるという視点である。したがって、すべてのフィールドがコンタクト・ゾーンとなる。こういう意味でのコンタクト・ゾーンをコンタクト・ゾーン1とここでは記しておこう。伝統的に人類学者は、フィールドを相互作用的な力が働くコンタクト・ゾーンとみなすことを拒否してきた。かれらは、自身を超越的な立場において他者の世界を自己完結的なものとして記述・分析しようとする。フィールドをコンタクト・ゾーンとみなすということは、その記述の対象に人類学者自身も「対話的存在」として含まれるということである。すると、その記述はより主観的な性格を帯びると考えられる。したがって、フィールドを俯瞰的に観察し、客観的な記述に徹しようとする人類学者にとってフィールドはコンタクト・ゾーンであってはならない、ということになる。繰り返すが、本書でコンタクト・ゾーンという概念に注目するのは、「全体化」批判として有効であると考えるからである。

通常、フィールドワークの対象となった社会は、外界から孤立した、自給自足的な世界として描かれる。そこで、キリスト教の影響や、ヨーロッパ人による経済的搾取や暴力的支配、ヨーロッパ産の物資の痕跡はきれいに払拭されている。あったとしても、それはこの社会の一部――周辺においてでしかない。人類学者は、フィールドの村人たちが最初に見た他者なのだ。そうでなければならない。しかし、自分自身をみずからの視野から追い出してしまう。人類学者は村人の前に現れると同時に、みずからが生みだす言説空間においては姿をくらますのである。

時間的には、オランダの文化人類学者ヨハネス・ファビアンが指摘したように［Fabian 1983］、人類学の対象となる人びとは、同時代人でありながら、遠い過去に生きる存在として描かれ、人類学者たちが生きる時間から断絶されている。

村人たちは過去に生き、人類学者は現代の時間を生きる。時間が異なるのだから村人たちと人類学者とが出会わないのは当然だ。他者の自律――凍結と言うべきか――は、こうして構築されていくのである。(1)

もう一つの重要な視点は、人類学者との出会いが生じる場所としてフィールドをコンタクト・ゾーン（すなわちコンタクト・ゾーン1）とみなすだけではなく、ヨーロッパの影響を多大に受けたコンタクト・ゾーンを視野に入れるべきだという提案である。人類学者は、純粋な異文化を探究してきた。このため意図的に、この第二の意味でのコンタクト・ゾーンを研究対象とすることを避けてきた。ヨーロッパ人の進出で生まれたような港湾都市を避け、内陸部になお残る自己完結的な「伝統社会」こそが、人類学の対象であった。そこで、言語、民族および身体的特徴（「人種」）、文化あるいは風習、そして領土がほぼ対応する世界が想定されていた。わたしは、これをトライバル・ゾーンと呼ぶ。(2)

トライバル・ゾーンとは、コンタクト・ゾーンと対立する概念である。西欧中心の歴史から考えると、トライバル・ゾーンが西欧社会との接触によってコンタクト・ゾーンになったということになる。これは、ヨーロッパ、すなわち近代に「汚染された」世界である。しかし、このような、より一般的な意味でのコンタクト・ゾーン（ここではコンタクト・ゾーン2と呼ぶことにしておこう）は現代のグローバリゼーションの時代にますます増えている。それは、雑多な文化実践が認められる異種混淆的な場所であったり、反対に世界中どこにでもあるような非《ノン》・場所《プレイス》［Auge 1995: オジェ 二〇〇二、二〇一七］であったりする。文化人類学者たちは、目の前からトライバル・ゾーンが消えていくことを嘆き、「緊急の」調査が必要だと声高に叫ぶ。だが、実際のところどうなのだろうか。

人類学者がフィールドに選んだ場所は多くの場合、すでにコンタクト・ゾーン2に位置する、と考えるべきなのではないだろうか。人類学者自身がファースト・コンタクトをとるような状況がかつてはあったかもしれない。しかし、多くの場合、それは現実にすでに接触がなされていた。とすれば、コンタクト・ゾーン1とコンタクト・ゾーン2は限りなく重なることになる。概念的に二つは異なるが、前者はすでに後者の意味でコンタクト・ゾーンだったと考えるのが妥当であろう。重要なことは、フィールドにはすでに外部から――多くはヨーロッパから――の接触があったにもかかわらず、人類学者たちはどちらの意味においてもコンタクト・ゾーンの要素を排除する形で「伝統的社会」の再構成を試みてきたということである。人類学者は意図的にトライバル・ゾーンを求め、「接触以前」の理想的な世界を探究し提示してきた。

日本人研究者にとってトライバル・ゾーンの典型は沖縄であろう。日本民俗学や文化人類学にとって沖縄は「日本人の魂の原郷」［比嘉二〇〇〇］であり、長らく宗教（シャーマニズム）、親族、生態の三領域での研究が支配的であった。沖縄のポスト・コロニアルな状況が研究の対象になったのはつい最近のことである[3]。

コンタクト・ゾーンに注目するのは、過去の人類学的な営みが含む政治性を批判し、人類学そのものを再考する可能性がそこに含まれているからだ。現代の人類学者に問われているのは、フィールドが人類学者（自己）と他者とのコンタクト・ゾーン1であることを再認することである。それだけではない。どちらかというとフィールドとしてふさわしくないと回避してきたコンタクト・ゾーン2をフィールドとして積極的に研究対象にすべきであり、またコンタクト・ゾーンに特徴的な要素を回避して描写されてきたフィールドをもう一度再考すべきだということである。

簡単にまとめると、コンタクト・ゾーン1についての自覚は、フィールドにおける人類学者自身の他者との関係を対象に入れる記述を心がけるということになるだろう。具体的には、インフォーマントとのやりとりをそのまま記録したり、一人称で記述したりするという方法が考えられる。そして、そこには誘惑のモメントも含まれる。コンタクト・ゾーン2については、フィールドの拡大を意味する。

このように、フィールドをミクロとマクロの次元で異種混淆的な、異質な要素が混在する場所ととらえることによって、そこで出会う他者についての見方も変わってくるはずだ。たとえば、プラットは、コンタクト・ゾーンという概念を提唱することで、ヨーロッパと非ヨーロッパとの間に認められる相互交渉を強調する。しかし、その相互交渉は、あくまで非ヨーロッパに赴くヨーロッパの知識人――プラットによる分析の対象となったテクストの創出者――が中心である。かれらが出会う他者は、自己民族誌を創出できる例外的な存在を除けば、みな一様である[4]。そこに欠如しているのは、「コラボレイター」（協力者）とか「文化媒介者」、「文化ブローカー」と呼ばれる存在である。コラボレイターとは、文化的・歴史的背景を考慮するなら支配されている側に属するが、植民地支配の維持に深く関与してきた「現地人」のことを意味する。たとえば日本の植民地下で日本に協力した朝鮮の人びと（対日協力者）などを想定してほしい。

コンタクト・ゾーンをめぐる議論においてもこうした中間者の概念を導入する必要があろう。ただ、栗本［一九九九、一六

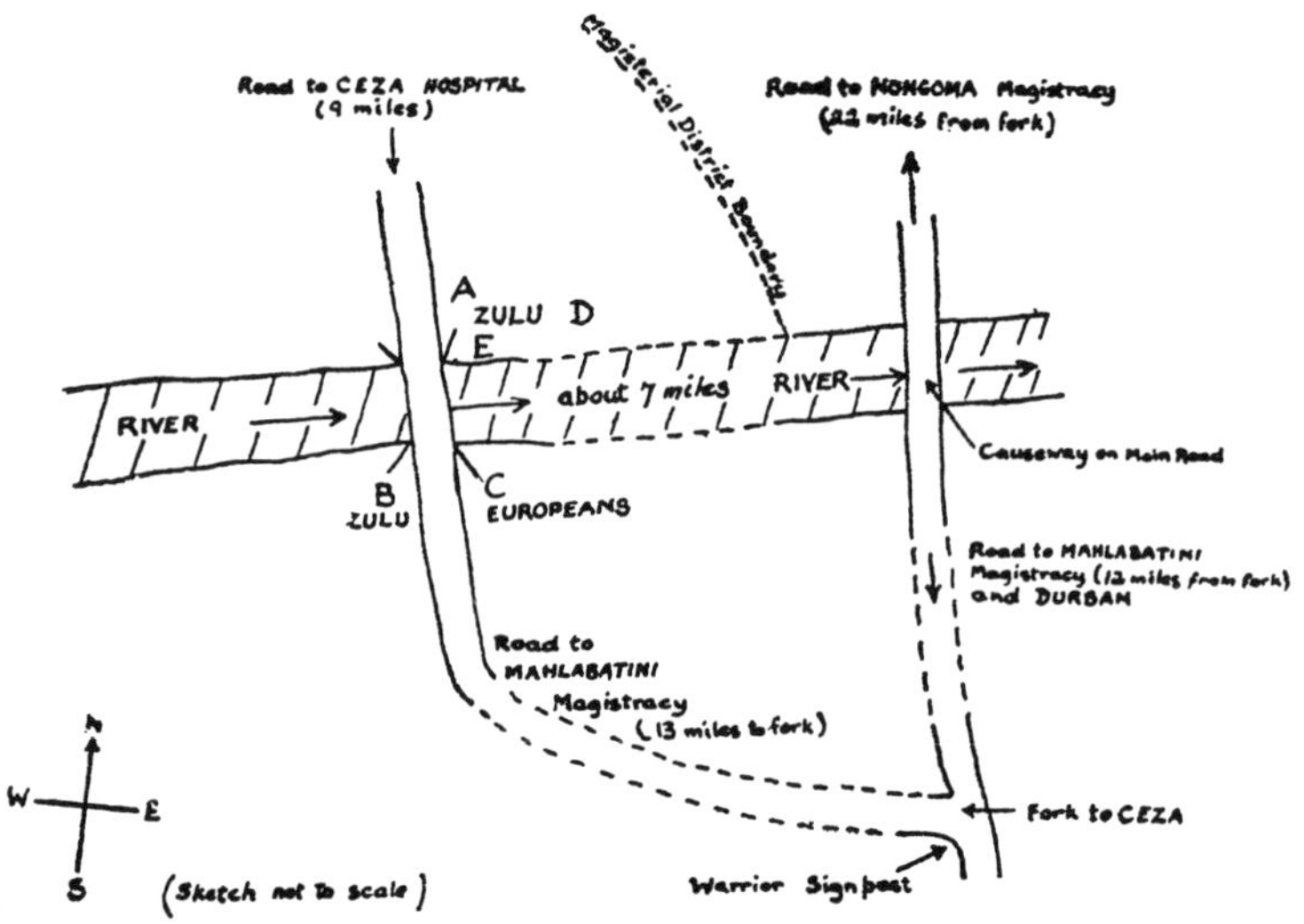

図6－1　式典の場所を描いた図［Gluckman 1940: 5］

四］が指摘しているように、一人の人間が、ときに協力者でありときに抵抗者であるというような状況を考慮すべきである。コンタクト・ゾーンにおいてはすべての存在がコラボレイターとなりうるという視点が重要である。

文化ブローカーは、外部から新規の文化要素や制度をもちこみ、社会変化や文化創出に積極的に貢献する人びとを指す。これまでの文化人類学の記述においては、すでに述べてきた純粋文化探究の視点から明らかなように、コラボレイターや文化ブローカーの役割が重視されてはいても、それはあくまで社会変化との関係においてのみ注目されてきたにすぎない。フィールドをコンタクト・ゾーンとみなすなら、そこで出会う多くの人間がコラボレイターであったり、文化ブローカーであったりするという視点からの分析が必要と思われる。

さて、文化人類学者たちによる自覚的なコンタクト・ゾーン研究の端緒となったのは、マックス・グラックマンの通称「橋《ザ・ブリッジ》」論文であろう［Gluckman 1940］。この論文は、当時の英領南アフリカ、ズールーランドにおける開橋式典の出来事を詳述したものである。論文は、「一九三八年にわたしは、ヨーロッパ人行政管区とノンゴマ村から一三マイル、マポポマ・ストアから二マイルの所にある首長代理マトラナ・ンドワンドゥェ氏の屋敷に住んでいた。一月七日に日の出とともに起きてマトラナ氏と半マイルほど離れた屋敷に住む召使いのリチャード・ントンベラとともに（以下略）」[Gluckman 1940: 2] というふうに、一人称で書かれている。

朝、グラックマンは友人と連れ立って式典に参加する。グラックマンは、そこに集っていたさまざまなヨーロッパ人との会話につかまってしまう。他方で彼のインフォーマントは現地民の方に赴く。ヨーロッパ人は二四人、現地民は四〇〇人ほどであった。最初にこの地のクランの歌が歌われていたが、これは止められ、代わりに伝道師による賛美歌が歌われた。これがセレモニーの始まりとなる。その後、行政官による英語のあいさつがある。これは通訳によって翻訳される。内容は植民地支配がもたらす開発や橋の価値などである。続いてズールーの統治者（ズールー王）による感謝の演説がある。これで行政官や他のヨーロッパ人たちはこの場を離れる。グラックマンは岸辺の北側に集っていた現地民たちの集会を観察する。そこでは四頭の牛が解体されていた。彼によると、ズールー人は三つのグループに大きく分かれていた。一つは、雑木林の近くに摂政を中心に集まり、肉が準備できるまでビールを飲んでいる人びと。二つは、牛の解体作業に携わる人びと。最後に伝道師と信徒たちの集まりであった。

本論文は、橋の建設という植民地政府にとって重要な活動とその開橋式典という、従来の人類学において対象にならなかった出来事が主題となっている。アダム・クーパーは、「人の往来、演説やコメント、お茶のたしなみなど、臣民が示す社会的忠誠心に注意をはらいつつ、白人行政長官や側近から始まり、首長ととりまき、人類学者自身にまでおよぶものであった。グラックマンの主唱する点は、異なる性質の集団の構成員は象徴的にも実際にも分化され、どの点でも対抗しているが、共通の利益の部分では相互に交わらなければならない、ということであった」[クーパー 二〇〇〇：二三四]と述べている。グラックマンの後継者たちが、複数の民族集団が集う炭鉱都市での調査を始めたのは当然なのかもしれない(5)。

グラックマンの論文が出版されたわずか四年後に今西錦司編集による『ポナペ島——生態学的研究』（一九四四）が公刊されている。同書は、第一部「生物」（今西、吉良龍夫）、第二部「島民」（森下正明）、第三部「日本人」（浅井辰郎）、第四部「紀行」（梅棹忠夫）からなる総合調査の報告書である。ここから明らかなように、現地人の人びと（島民）だけでなく、ポナペに移住したり一時的に滞在したりしている日本人についても頁が割かれている。とくに興味深いのは沖縄出身の移住者の記述である。また、梅棹による「紀行」では、多くはないにしても植民地支配についての心情が吐露されている〈6〉。

このように、例外がないわけではないが、一九七〇年代までの民族誌においてフィールドでのコンタクトの実態は、まったく触れられないか、触れられてもはじめか最後の方に「社会変化」といった章題のもとで記述されるに留まっていた。こう考えると、コンタクト・ゾーンという概念は、少なくともフィールドワークを主たる方法とする文化人類学においては、フィールドで他者と向きあい、その経験を記述することの意義を自覚させると同時に、グローバリゼーションが進む現代のリアリティに迫る重要なキーワードになっているのである。

五　文化交流を越えて

最後に、より一般的な意義について触れておくべきであろう。コンタクト・ゾーンは、フィールドワークや他者をめぐる民族誌記述を必須としない研究においてどのような意味をもつのだろうか。

第一に、一昔前に、文化交流とか東西交渉という言葉で意味していたような現象を、プラットが提唱し、本章で展開したようなコンタクト・ゾーンの視点からとらえるということである。これによって、わたしたちは交渉や交流という平等主義的な概念を括弧に包み、そこに作用する権力や暴力、葛藤や抵抗の動きを想定することが可能となる。

第二に、コンタクト・ゾーンという概念を必ずしも植民地時代あるいはポスト・コロニアルな状況に限定して用いる必要はないということを強調しておきたい。つまり、重要なのは、歴史時代の大半において、人類はすでに他者と接触し、社会生活を形成していたのであるという考え方である。たとえば歴史学が対象としてきたさまざまなことがらが、ある社会や文化に自生したものとみなすのではなく、さまざまな他者との交渉の結果であるという視点をもつことが必要なのである。これは、前節で指摘したコンタクト・ゾーン2の概念を拡大解釈した文化・社会論である。

第三に、コンタクト・ゾーンに注目することで、学問の対象と、「伝統」や文化の本質を明らかにするといった本質主義的な、そしてしばしば偏狭なナショナリズムに回収されるような「国民文化」探究との間に、距離を置くことが可能となる。これに関連して、周縁的な領域への配慮も深まると考えられる。もちろん、歴史的な探究は適切な歴史資料の有無に左右されることが大きいのは言うまでもない。しかし、コンタクト・ゾーンの視点により、これまで無視されてきたような資料や対象が歴史研究などに生かされることを期待したい。コンタクト・ゾーンは、この意味で文化人類学だけでなく、他の学問にも新たな世界をもたらすのである。

注

〈1〉時間の問題については次章を参照。

〈2〉たとえば、ファーガソンらは、トライバル・ゾーンを、国家権力や植民地主義と近接するが、その支配下にない地域として定義している［Ferguson and Whitehead 1992: 3］。これは、政治的な自立を念頭になされている定義で、本書での定義とは異なり、むしろコンタクト・ゾーンに近い概念である。なお、一九九九年の改訂版の序文にプラットの著作［Pratt 1992］への言及がある［Ferguson and Whitehead 1999: xii］。

〈3〉文化人類学における先駆的な研究として［田中 二〇〇六、Inoue 2007］がある。より一般的な批判書として［村井 一九九二］参照。トランスカルチュレイション概念の限界を示唆する問題に富村順一をめぐる論争がある［富村 一九九三、冨山 二〇〇七］。富村は一九七〇年七月に米人宣教師を人質に東京タワーにたてこもり、沖縄を弾圧してきた日本政府やアメリカを批難した。プラットに従えば、富村の獄中手記を自己民族誌ととらえることも可能だが、そうするとその手記を生み出した暴力の連鎖や狂気をめぐる政治性への考察が抜け落ちてしまう。プラットにおいては、コンタクト・ゾーンにおける交差的（インターセクショナル）な差別や暴力への考察がなお十分でないと判断せざるをえない。

〈4〉コラボレイターについては［栗本 一九九九］、文化ブローカーについては［Paine 1971］を参照。グローバル化が進むことで文化ブローカーの役割の重要性の認識も高まっている［Becker 2015］。ほかに［Kennedy 2012］を参照。

〈5〉詳しくは、第九章を参照。そこでわたしは、グラックマンとその弟子たちによるマンチェスター学派の活動を分析している。他に橋論文の政治的意義を指摘した［Cocks 2001］を参照。

〈6〉詳しくは第一〇章を参照。また［中生 二〇一六、三九八‐四〇〇］を参照。

第七章　民族誌の時間

一　はじめに

コンタクト・ゾーンという概念はどうしても空間を想定してしまう。しかし、コンタクトすなわち接触は時間軸にも関わる。このことを念頭に、本章は他者との接触における時間について考察を行う。

二　フィールドの時間、ホームの時間

本章の目的は、フィールドワークにおける時間の諸相を考察することで、フィールドの複雑な性格を明らかにすると同時に、民族誌記述の可能性を探ることにある。

文化相対主義を標榜する文化人類学は、言語、「人種」、文化、地域などの諸要素がきれいに重なる自己完結した世界――「トライバル・ゾーン」――を想定し、これを研究対象とみなしてきた。[1] このような世界観によって、トライバル・ゾーンの独自性が強調されてきた。時間について言えば、非可逆的な時間に対立する歴史意識や時間観（たとえば回帰的な時間）を発見することで、近代的な時間論の相対化に貢献した。[2]

しかし、他方で、トライバル・ゾーンは非ヨーロッパ社会の異質性を過度に印象づけることになる。この異質性は、

なによりもヨーロッパ社会に対する劣位を示していた。日々発展し拡張する近代西欧社会に対し、トライバル・ゾーンは無知蒙昧の状態から抜けることができずに停滞し、西欧の助けがなければ近代化できないとみなされたのである。ファビアンによる『時間と他者』（一九八三）の主張に従えば、文化人類学の対象である異文化は、地理的に遠いだけでなく時間という点からも遠くに位置づけられていた。

人類学は他の時間に属する他の人びとの科学である。その言説においては言及する対象は話し手や書き手の現在から切り離されているのである。［Fabian 1983：143］

言い換えれば、異文化はわたしたち人類学者が属する社会、すなわちホームとは異なる時間に属しているというわけである。この傾向は、進化論から象徴人類学まで基本的に同じである。

たとえば、伝統的な民族誌で採用される「民族誌的現在（ethnographic present）」という時制。これは、記述の時制を、フィールドワークを行った当時に設定するという工夫と、ヨーロッパとの接触以前の時代を指す場合の二つがある［清水　一九九三、Sanjek 1991］。後者の場合、かれらの孤立や自律・自立は、どこにも存在しない民族誌的現在というレトリックによって構築されていく。ここにおいて、民族誌の時間は、フィールドでの体験とほとんど交わることはない。

時間の分断によって生じる他者化の問題を克服するために、ファビアンは「共時間性（coevalness）」とこの否定を意味する「異時間主義（allochronism）」という概念を導入する。前者はほぼ同時的（synchronous/simultaneous）と同時代（contemporary）との間に位置する時間概念である［Fabian 1983：31］〈3〉。

ファビアンにとって、文化人類学の大きな矛盾は、フィールドワークにおいて人類学者はその対象となる人びとと共時間的な交流をしているにもかかわらず、民族誌記述においてはそうした共時間性が否定あるいは隠蔽されてしまうということにある。そして、こうした時間の対比を、ファビアンは時間の分裂病的使用［Fabian 1983：21, 33, 71］と表現する〈4〉。

一方でわたしたちは教条的につぎのように主張する。人類学は他者との個人的で長期の相互作用を含む民族誌的調査に依拠していると。しかし、そのような調査に基づいて得られた知識に依拠しつつ、わたしたちは空間的であれ、時間的であれ、遠さによって他者を構築するような言説を発する。他者は経験的には存在するが、理論上は不在へと変貌する。[Fabian 1983: xi]

しかし、本当にわたしたちはフィールドで他者との共時間性を経験していると言えるのだろうか。本章では、この点について、文化人類学以外の事例も含めて、ファビアンの考えを修正したい。すなわち、次節では文化人類学者とインフォーマント、精神科医と患者、そして裁判官と被告（判決文）という三つの事例を挙げる。これらは、すべて異時間主義の事例である。第四節ではこれらの事例の分析を受け、フィールドにおける二つの時間モードについて論じる。第五節では同じような状況で共時間的なやりとりの可能性をいくつか事例を挙げて考察する。そして、そこにはたんに共時間という概念でくくることのできないさまざまな時間モードがあることを指摘する。具体的に、それはタイミングや瞬間である。第六節で、民族誌記述をめぐる諸議論の文脈に本章の主張を位置づけて結論とする。

三　フィールドでの異時間主義

エチオピアで出現した竜

フランスの文化人類学者ダン・スペルベルは、つぎのような体験を述べている。一九六九年八月、エチオピアでのことである。

日曜日の朝フィラテ老人が大変興奮のおももちで私に会いに来た。（中略）「まだ誰にも話してはいないのだが。あれを殺すつもりはないだろうか」「殺すですって、一体何を殺すんです」「あれの心臓は金でできていて、うなじに一本の角がある。全身金色でね。ここからほど遠くない所、せいぜい二日の道程の所に住んでいる。もしあんたがあれを殺すなら、あんたは偉大な人間になるだろうよ！」対話はまだ続いた。わかったのは、フィラテが私に竜を殺してもらいたがっているということだ。今日午後、彼はその獣をみた人物をともない再び来るはずである。竜について彼らはもっと話をしてくれるだろう。
［スペルベル　一九八四、七八－七九］

スペルベルにとって、竜の存在を信じ、その殺害を依頼する老人の言葉は非合理的なものである。これをどのように理解すべきなのか、これがスペルベルの問題意識である。しかし、ここで彼の論旨を追うのではなく、このような体験は異文化をフィールドとする人類学者にはけっしてまれなものではないということを確認した上で、彼がとまどいを隠せないにしても、老人の話を聞き、その再来を心待ちにしているという点を強調しておきたい（残念ながら老人は目撃者と戻っては来なかった）。

竜の存在を信じていないのなら、「なにをあほなことを言うてんねん！」とその場で叱りつけてもいいと思われるが、優秀な人類学者であるスペルベルは、信じていないからこそ、そのような発言を避けている。竜などいない、という彼の信念が、老人の迫真的な態度に圧倒されて崩れたからではもちろんない。彼は文化人類学者として、その場の会話から身を引いたのである。

こうしたスペルベルの態度は、人類学者に特有の態度だと言えないだろうか。人類学者は、みながそうとは言えないにしても、非合理的とみなされることがらに関心を抱く。なぜならそれこそ「文化的」要素――異国趣味を示唆しているからである。

医者と患者　つぎに、長くなるが、エスノメソドロジスト、山田富秋の『日常性批判』の終章「「妄想」の語られ方――精神医療の言説編成」に記録されている精神科医と患者との会話を紹介したい。「Tは医者、Pは患者、：は音の延ばし、//はオーバーラップ、（1）は沈黙の秒数、=は発話間に間合いがないこと、-は音の中断」を示す［山田 二〇〇〇、一六九］。

T　えぇ：と、それで、いま問題になってるのは、た-退院の時期よね。
P　はい、退院の時期です。
T　うん。
P　もうちょっと早くてもいいんじゃないかなって//（思うん）ですけどね。

T　　　　　　　　　　　　　　　　　　うん、だけど、ワンパターンでそうふうにな：なっちゃうからな：、
　Aさんでも B さんでも B さんでも、早ければ早いにこしたことないって言うやろ。
P　はい。
T　もうちょっとこう、あ-あれこれ//理由をゆってくれない
P　　　　　　　　　　　　　　　　　俺がおるとお客さんが減るんですよ　へへへ
T　え
P　俺がおるとお客さんが減りますよ。
T　いると減る？
P　はい。
T　どこのお客さん？
P　面会室の。
T　H 病院のお客さんが減るの。どういう意味それは？
P　ぼくが、考えが伝わってるから、見たことも見えるから。
　（1）
※T　うん、見たことも見えるから？
P　だから、あの：（1）人に知られたくないって思ってから来てるんですから。
T　うん。
P　で、顔見られるとまずいと思って、お客さんが減るんじゃないか。
T　あ、来るひ-精神科に来る人たちは//、自分が精神科にきたことを知られたくない//と思って来てるのに//、B さん
　がこの病院に入院してるとそのことが（1）
P　　　　　　　　　　　　　　　　　　　　はい　はい　はい　ばれちゃう＝
T　＝ばれちゃう、どう、いや、B さんには、ばれるんだけども。
P　みんなにばれる。

(2)

T　ん？どうしてばれるの。しゃべる-しゃべんの、どっかで？
P　いや、ぼくが見たことは見えるんですよ、ほかの人にも。
T　ほかの人にも見える？
P　はい

［山田　二〇〇〇、一六九－一七二］

山田はこの対話について、※印をつけた医者の発言の前と後ではその性格が変わっていると指摘する。前半では、早く退院したいという患者の要求をめぐるやりとりがある。これは通常の会話と変わらない質問や説明、応答からなる。これに対し※印以後、太字で示した後半部について、山田は「精神疾患の徴候を定式化する」ものと述べ、そこに「患者の発言それ自体の分析に対する志向性」を読みとっている。後半部での医者の態度は、通常の対話ではなく、おだやかな追及である。山田によるとそこに見られるのは、「うん、あなたの言うことは精神疾患の徴候として理解できました。それで、見たことも見えるから、どうしたのですか？　もっと説明してください」ということになる。つまり、普通の日常会話なら、「えぇー、すごーい、見えるんだ」とか「そんなことないでしょう」「変なんじゃない？　病院に行ったら？」とちゃちゃを入れてもおかしくないところを、医者は一歩引いて質問を続けているのである。わたしは対話から一歩引く態度に、医者の専門的な態度を認めたい。

その場の会話から身を引くことで文化人類学者や精神科医は、相手との距離を作ったのである。この距離は、共時間性の否定であり、時間的な差異の挿入、すなわち異時間主義の実践なのである。

判決文　三番目に、わたしのフィールドである南インドのチダンバラムでの事例を紹介したい。チダンバラムには、シヴァ神を本尊とするナタラージャ寺院という大変有名な寺院がある。タミル語で寺院はコーヴィルと言うが、たんにコーヴィルと言うと、このナタラージャ寺院を指すくらい由緒のある寺院である。この寺院の特徴の一つは最近まで州政府の管理下に置かれていなかったという点にある。(5)

図7－1　ナタラージャ寺院（著者撮影）

チダンバラムが位置するタミル・ナードゥ州では、大きな寺院は財政の透明化のため州政府の管轄下に置かれている。このため、賽銭や供物の販売による売り上げが司祭や寺院の私的な管理人の私腹を肥やすということはない。寺院でさまざまな儀礼を司る司祭は州政府によって雇用されている。これによって政治や経済的な配慮が宗教的な決まりごとに優先する場合もあり、お金の流れは透明になっても、宗教施設としてのありがたみは減じていると考える人も多い。また人気のある寺院の浄財を他の寺院の修復費などに流用することも問題視されている。

ナタラージャ寺院はバラモンのサブ・カーストでディークシタルと呼ばれている司祭たち（およそ二〇〇家族）によって管理されてきた。南インドでは二〇世紀になって反バラモン運動（本書一九七頁参照）が盛んになったためディークシタルに対する批判（たとえば、賽銭の強要といった批判）が根強い一方で、他の寺院と異なり政治的な思惑に左右されないという理由から、真の信仰に値する場所だという評価も高い。そういう状況で、例外措置を許さない州政府は、寺院の司祭たちから管理権を奪おうと何度か裁判に訴えてきた。

詳しい展開や最近の動向は省略するが、一九五一年の判決ではナタラージャ寺院を管理するディークシタルたちを、独自の内婚集団を形成しシヴァ神を崇拝するデノミネーション（宗派）の一つと位置づけている。そして、寺院の管理権を州政府に委譲するのは、憲法で保証されている財産権を奪うだけでなく信教の自由の保証も脅かされるといった理由から、州政府の試みを違憲とする判決を下している。

ディークシタルたちが独自の集団を形成しているという根拠の一つに、シヴァ神がかれらの仲間であるという神話がある。どのような神話かというと、あるとき三千人いたディークシタルたちがワーラーナシー（ベナレス）に向かう。ところが儀礼を行った後チダンバラムに戻ってくると一人足りない。ディークシタルたちが慌てふためいていると、天から声がして、行方不明の一人はシヴァ神自身だ、ということが分かり安堵した、という話である。ここから、シヴァ神はかれらの指導者であると同時に仲間でもあるという主張が生まれる。

このような神話がディークシタルの集団としてのアイデンティティを形作っているということには疑いの余地はない。興味深いのは裁判所の態度である。裁判官たちは、こうした神話を否定することなく受け入れ、ディークシタルを独自の宗派として認める。それは、わたしたちが日常生活のやりとりで肯定する態度とは明らかに違う。かれらが確認したいのは、シヴァ神とかれらの関係についての真偽ではなく、そのような神話がかれらのアイデンティティの核となっているかどうか、ということだ。ここに認められるのは、これまで見てきた、他者と距離をとろうとする専門家特有の態度と同じものなのである[6]。

本事例が興味深いのは、裁判においても相手の主張を尊重する文化相対主義的な立場が認められることである。これによってディークシタルはかれら特有の文化を守ることができた。

この判例は、最初の二つと異なり、具体的な対話に関するものではない。しかし、判決文は、裁判という場でのやりとりを前提にしているわけだから、この場合も具体的な対話を想定していると考えてもいいだろう。判決文はディークシタルたちの主張の中身の真偽（かれらがシヴァ神を指導者とする集団かどうか）ではなく、主張しているという事実の真偽（かれらがシヴァ神を指導者とする集団であると信じているかどうか）を問うている。多くの民族誌もまた類似の態度によって書かれたり、読まれたりしてきたはずである。

四　フィールドにおける二つの時間モード

文化人類学者、精神科医、裁判官、かれらに共通するのは、他者について記述するという職業的態度である。他者の非合理的な主張に耳を傾けることで合理的な「自己」に対比される「他者」が生まれる。報告書（民族誌）やカルテ、判決文などの作成を通じて定着し、他者性が確定する。この過程は積極的に見れば、ディークシタルのように自分たちのアイデンティティの獲得と密接に関係するものと言えるが、一方では植民地期に東アフリカの諸民族やインドのカーストで生じたような、社会関係の固定化を促進することになる。[7] 人びとは、人類学者や医者、司法関係者との接触を通じて他者化されていくのである。このように考えると、ファビアンの主張する共時間性の否定あるいは隠蔽は、すでにフィールドにおいて生じていると言えるのではないだろうか。

ここでは、学術的な事例として文化人類学者のスペルベルの態度を挙げたが、それはフィールドワークを行う学問にほぼ当てはまる態度と言える。わたしたちが他者と接し話を聞こうとするのは、もちろんかれらを理解しようとするためである。その際、かれらの意見に耳を傾けよう、というのはもっともな主張である。自分の考えと違うことを相手が言うたびに、それを批判したり議論したりしていたらインタビューが進まない。インタビューというのはなによりも相手の話を聞くというところから始まるからである。しかし、そのような一歩引いたことによって生まれる「理解」とはなんなのか。[8] それは、他者に自身について語らせることでかれらについての知を生産・体系化し、これを核とする主体化あるいはアイデンティティ形成を行う、フーコー流の権力の実践と言えないだろうか。誤解を恐れずに言えば、インタビューの多くは体のいい告解（告白）なのである。第一章で示唆したように、専門的な態度とは他者の語りに巻きこまれることを避ける技法、誘惑を拒否する技法とも解釈できる。わたしたちがフィールドで出会う他者は、専門家の寛容的態度を通じてさらに他者化され、そして最終的にはユニークな儀礼や神話をもつ人びと、つまり、異文化に属する人びととして創出され、固定され確定される。

ここで重要なことは、わたしたちが依拠している価値基準は、かれらとのインタビューを通じて生まれるものではないということである。医者の診断基準、裁判官の判決基準は当事者とのやりとりを通じて生まれるのではない。同じく、民族誌のできばえは当事者との関係で判断されるのではなく、アカデミズムという当事者と関係のないところで蓄積されてきたさまざまな価値基準に基づいて判断される。わたしたちは、寛容的な態度をよしとして他者に接し、他者化を完成させる。この寛容性こそ専門的訓練の賜物でもある。同時に他者化はわたしたちが依拠している権威の承認過程でもある。

このように見ると、人類学の主たる方法がフィールドワークであり、他者との交流がそこに認められるという事実だけでは、少なくとも民族誌における異時間主義の克服を保証できないことになろう。このような批判に対し、つぎのような反論が考えられる。すなわちわたしが想定するような事例が、なおフィールドにおいて特殊なものである、という考え方である。確かにそうかもしれない。文化人類学の事例に限れば、人類学者はいつも非合理的な考えに邂逅するわけではないし、つねに一歩引いて現地人の語りに耳を傾けているわけでもない。ときに感情的になって言い争いになることもあるであろう。フィールドでの大半の時間を、人類学者は慣習的な行為を学びそれを実践することに費やしている。そのような実践は、まさに共時間的な領域において可能になるのである。この事実をわたしは否定しない。しかし、共時間的な他者との交流経験が存在するということと、その否定という二つの自他関係のモードがどのように関連しているのかが、つぎに問われなければならない。異時間主義のモードだけがフィールドでの他者との関わり方ではない、という事実を認めれば、異時間主義が免罪されるのだろうか。

本章で提案するのは、まずフィールドにおいて二つの時間モードがあるということを認めた上で、異時間主義のモード、すなわちわたしたちが当然とみなしてきたような「専門家」のインタビューや態度を拒否するという立場である。この場合、わたしたちはデータを蒐集するというよりは、自然な態度でフィールドで暮らすことに重きを置くことになる。生活をするということの徹底である。

ここからさらに、先に進むことにする。それは、自然な態度に、他者とのより積極的な議論を含めようという態度である。これは、一歩引かないで、一歩前に出る態度と言っていいだろう。この「一歩前へ」を「ボケとツっこみ」（以下ツっこみと略する）という言葉で表現したい。[9] ツっこむという態度は他者否定を意味するのではない。むしろ、他者の存在を尊重し、相互に自省的な視点をもたせるような態度を意味する。しかし、ツっこみを可能とするためには、すでに述べたフィールドワークの大半を占める慣習的な交流に基づく信頼こそ不可欠なのである。この信頼は、相互に共有する空間や時間が増えることによって可能になる。長期のフィールドワークを通じて人類学者は他者への寛容的な態度を身につけるのではない。他者の信頼を得てツっこみ関係を培う必要があるのである。

第一章でわたしは、告白と誘惑を対比させて論じたが、告白にも転移のような誘惑のモメントが存在すると示唆した。

本章では告白を生み出す状況そのものを変化させる可能性を指摘したい。それが「ツっこみ」である。

このように考えてはじめて、わたしたちは他者理解におけるフィールドワークの意義を真に評価できることになる。フィールドワークは、実験や文献解読などと対比されるデータ蒐集の方法の一つではない。これだけでは、フィールドワークとは生の人間（の諸活動や語り）や自然を相手にすると述べているにすぎないからだ。この場合、フィールドワークはすでに述べた事例のような異時間主義的な方法にすぎない。いかに限られた時間内で効率的に良質かつ膨大な資料を蒐集するのか、という時間に縛られた調査になる。しかし、本来人類学が求めるフィールドワークは、もちろん時間的な制限があるにせよ、なによりも他者とともに生活することを抜きにしてはほとんど意味のない方法である。そして、それには長い時間がかかるのである。

ここで文化相対主義についても簡単に触れておく必要がある。ファビアンも認めているように、他者との時間的距離を否定する共時間性は、文化相対主義への「究極的な強襲」である［Fabian 1983: 34］。わたしたちは、人類学者が属している世界とは別の世界を想定することで、文化相対主義を保証してきたからである。しかし、一度こうした別世界の創出が人為的かつ政治的なものである、ということになると、相対主義の正当性も崩れてしまう。

文化相対主義の長所は、言うまでもなく他者の慣習や考え方に対する尊重である。共時間的な領域の拡大に密接に結びついている文化相対主義批判は、こうした態度をも放棄することを意味するのであろうか。わたしはそうは思わない。他者との相互の尊重や信頼関係とは本来共時間的な生活実践から生まれる。これは、文化相対主義に基づいて他方が一方的に尊重するという態度とは異なる。ここでは文化相対主義の欺瞞性を詳述しないが、本章の主題との関係で言えば、その最たるものは、わたしたちは他者に対し文化相対主義的な態度を要求しないという点に尽きる。文化相対主義を要求するのは「わたしたち」の間においてのみなのである。「かれら」と文化相対主義について論じることはない。文化相対主義が分からない他者を前提にしているという意味で、文化相対主義は一方的な対他関係である。かれらの非文化相対主義を相対的な文化的態度として「尊重」する態度こそ文化相対主義だからだ。このような態度は、ツっこみとともに生まれる省察性（後述）とは無縁である。

つまり、文化相対主義に固執することなく、わたしたちはフィールドで他者と相互信頼的な関係をもつことができ、その信頼に基づいて、文化相対主義がわたしたち人類学者に陰に陽に強いていた専門的態度、すなわち一歩引く態度をも克服することが可能となるというのが、わたしの考えである。

五　共時間的なやりとり

フィールドでの共時間モードとは、生活する場面に関わる。それは他者とともにいて、活動している時間である。それは他者となじみ、なごみ、そしてフィールドでの作法を倣う・習うために過ごす膨大な時間である〔野村　一九八三〕。つぎに、より特殊な時間のモードについて考えてみたい。

一喝療法　以下では、再び精神科医と患者とのやりとりを挙げて、わたしがツっこみという概念で想定する事例を考察したい。これは、佐久病院で完全開放を実施し、その後「生活臨床」を唱えた精神科医江熊要一の「分裂病者に対する私の接しかた」に見られる「一喝療法」〔江熊　一九六九、二四七〕である。江熊はその例に触れながら、以下のように述べている。

私は入院患者に（そんな気ちがいじみたことをするな）とか（そんなことを考えたり、言ったりすると気ちがいだと思われるよ）とよく言うが、意外に良い反応（病気とか異常行動などに）がみられることを経験している。〔江熊　一九六九、二四五〕

江熊は、普通なら避けるべき言葉でもって患者の心にぐっと入っていく。このような態度は、先に引用した山田の紹介している医者の態度とまったく方向が逆であることが分かるだろう。もちろん両者はともに治療を目的としている。しかし、江熊はあえて一歩踏みこむのである。一喝療法とは、「ツっこみ療法」に他ならない。この点について社会福祉学を専門とする久保紘章はつぎのように述べる。

症例の一つひとつを読んでゆくとこれらは単に「説得した」のでも、患者をからかったのでもないことは容易にうかがえる。

この場合「変容」にとって重要なのは、患者との信頼関係を基礎にして、もっとも適切な「時」（カイロス）に適切な言葉が述べられていることである。［久保 二〇〇四、一一二］

久保の発言の中で注目したいのは「変容」（治癒と言ってもいいだろう）が信頼関係を前提に「適切な時」になされる言葉によって引き起こされる、ということである。この事例を共時間性に基づく医者と患者との交流の例として考えるなら、重要なのは「タイミング」ということになろう。それが適切であってはじめて言葉（「そんな気ちがいじみたことをするな」「そんなことを考えたり、言ったりすると気ちがいだと思われるよ」）がすっと心に届くのである。わたしの提唱するツッこみという概念は、まさにこうしたタイミングを計って一歩前に進む言葉の介入を意味する。ただし、ツッこみはたんなる共時間的なやりとりではない。この点をつぎの事例を通じて考えることにしたい。共時間性と異時間主義との止揚がここで目指されているのである。

JAPUN

つぎにわたしが注目するのは笑いである。言うまでもなく、ツッこみというコミュニケーションは、批判の応酬というより、笑いを含みながら進む対話を想定している。そのとき生じる笑いは、自己の優秀さを誇示し、他者を否定するような嘲笑ではない。求められているのは、否定ではなく、自他の瞬間的な変容なのである。そのとき重要になってくるのが、やはりタイミングということになる。

横須賀の米海軍基地にはＪＡＰＵＮという素人の演劇集団がある。これは米兵による米兵のための慰問組織である。ここで演じられるのは、道路工事での車の整理、茶道、回転寿司、ルーズソックスの女子高生、人気の富士登山など、主として日本の慣習にとまどう米兵たちの姿であって、異文化を非難することなく、自分たちを笑いの種にしている。回転寿司を素材とする寸劇では、『ローハイド』の替え歌で、ローフィッシュ（生魚）が力強く歌われる。そして舞台の上には二人掛けのいすがあり、テーブルでは二人のすし職人がすしを握っている。

ＪＡＰＵＮは米兵を題材にしたコントを米兵が上演するわけだから、厳密には人類学のフィールドワークとは異なり、演者たちと観衆との間には信頼関係がすでに築かれている。しかし、この事例から「ツッこみ」の二重性について議論を進めていきたい。

　ＪＡＰＵＮとは、より一般化すればマイノリティの移民集団が生みだした自省的な演劇装置と言えよう。移民たちはホスト社会の文化との軋轢を演劇化することで、自分たちの日常を笑いの種にする。実際には笑ってすまされないことも多いに違いないが、さまざまな出来事を上演することでみずからの置かれている状況を笑いの対象にするのである。軋轢やとまどいは、米兵たちにとっての日常である。そこにこそ共時間性が存在する。これに対し、そのような日常を題材とするＪＡＰＵＮのコントは、この共時間的経験を括弧でくくり演劇化し誇張する。講堂でＪＡＰＵＮのコントを観て笑いころげることで、米兵たちは自分たちの日常を省みることができる存在となる。

　しかし、ツっこみというコミュニケーションにおいて日常経験を反省し笑いとばすという行為は一瞬のうちに生じる。つまり、ツっこみの特徴とは、共時間的モードの中で瞬時にそれを括弧でくくり、あるいは自省し笑いの対象にするという二重性にあるのである。同じことは「一喝療法」にも当てはまるのではないだろうか。ツっこみは共時間的なモードにおけるたんなる日常的な実践の一つではない。それは、日常的な時間の流れを一瞬止め置く省察的な遂行的行為であると同時に、相手をも省察的存在へと変貌させる実践なのである。その意味で、ツっこみには瞬時ではあるが「異化」が認められるのである[10]。

　異化は異時間主義とどう違うのか。後者はなによりも距離をとることを想定しているが、前者は距離を縮めることと関係する。縮めながらいわば共時間の土俵の外にウッチャる（打棄る）行為と言えばいいだろうか。外に投げ出すことで異質な時間を導き、それまでの共時間的な状況を自省できるのが異化なのである。

六　運命的瞬間

　フィールドでの暮らしに根ざした共時間的な経験は、自然をも含む相互行為的な時間である。それは、人や景観、音や臭いとともに経験される時間であり、そんな経験を可能とする時間でもある。それこそツっこみによる他者とのやりとりを可能にする信頼やタイミングを計る能力が培われる時間である。そして、そこでは相互の自省を促すような異化が生まれるとも指摘した。このような共時間と異化の絡まるような経験を持続することこそが、わたしたちとかれらとの時間的な断絶を克服する方法の一つであると述べたが、さらにそこからどのような民族誌記述が可能なのかを探る必要があろう。

「わたしは治療者になった」

民族誌的現在をめぐって、最近ではD・ソイーニ・マディソンが、民族誌的現在（ethnographic present）ならぬ民族誌的現前（ethnographic presence）という概念を提唱している［Madison 2005: 10］。そして、人類学者の現前が効果的に表現できるのが、フィールドでの対話を前面に出す対話的民族誌であると主張する。それはあくまで対話という形をとるべきであって、一人称単数の文体、すなわち自伝であってはならない。語りにこそ、人類学者が経験している共時間性が如実に表れているからである[11]。

作者である人類学者の現前をいかに提示するのかという点について、たとえばヴィンセント・クラパンザーノの『精霊と結婚した男』（一九八〇）は、インフォーマントとの対話的関係を重視する。しかし、ここでわたしが注目するのは人類学者の変貌である。フィールドでの自身の変貌をクラパンザーノはつぎのように吐露する。「私は民族誌学的に要請された彼との間の距離を、これ以上保ち続けることはできないと悟った」［クラパンザーノ 一九九一、二二七］、「私は悟った。これ以上、文化相対論的な態度を貫くことはできないと。私は治療者になった」［クラパンザーノ 一九九一、二二八］。文化相対主義に基づく距離をとるという異時間主義の態度を放棄し、クラパンザーノは他者と向き合うことになったのである。

クラパンザーノの変貌のきっかけはなんだったのか。彼は、インフォーマントであるモロッコ人のトゥハーミから友人がおぼれ死ぬのを見殺しにしてしまったという話を聞き、つぎのように述べている。

> 私は、トゥハーミの友人の死を、現実に起きたことだと考えた。それはちょうど、フロイトが、自分の女性患者が父親によって誘惑されたということを、現実的なことと見なしたのと同じ意味においてである。私は、トゥハーミの生の核心をなす出来事そのものを見出したのだ。それは、彼が絶えることなく隠喩的に表現してきた対象であり、彼の空虚さや不能の状態、すなわち死んだも同然の存在としての彼の人生の源泉をなしているものなのである。ジャン=ポール・サルトル（中略）の

言葉をかりるなら、私は「運命的瞬間」を発見したのだ。トゥハーミは、ジャン・ジュネと同様に、その心の中に致命的な毒性を少しも失わない瞬間を抱きつづけているのである。それは、彼が幾度となく、繰り返し繰り返し生き続けている瞬間——すなわち「極致の空虚、神聖な空虚であり、一つの死に終止符をうち、恐るべき変身の始まりとなる」瞬間である。

〔クラパンザーノ　一九九一、二二四-二二五〕

この文章のすぐ後に、先に引用したみずからの変化が記されている。クラパンザーノは、トゥハーミとの対話を通じて「運命的瞬間」としか表せないようなトゥハーミ自身の経験に触れる。そして、彼は変化を決意するわけだが、それは、人類学者だけでなくわたしたち読み手の変貌をも促すのではないだろうか。そして、それこそ民族誌に求められている共時間性ではないだろうか。テクストでは、作者である人類学者の現前だけでなく他者の「現前」をも生みだす工夫が必要である。その際、重要なのは他者の人生に生じた「運命的瞬間」である。この経験、すなわち他者の変貌の記述に接して、人類学者だけでなく読者もまた変貌する。この変貌こそが民族誌を読むことの共時間的経験だとわたしは理解している。

インナーチャイルドの出現

最後に、わたし自身の「運命的瞬間」との出会いに言及することで本章を終えることにしたい。これが民族誌記述の理想とは言わないが、これまでの議論を経た上で考えている方向である。以下の議論はおよそ一年にわたって行われた、Sへのインタビューに基づいている。長い間風俗産業で働いてきた三〇代半ば（インタビュー当時）の女性である。一九九〇年代初頭に大学に入学。一年目から風俗産業で働き始め、卒業後もセックスワークを続けている。

Sの存在を知ってから二〇年ほど経っているが、親しく話を交わしたのは二〇〇一年頃から[12]で、二〇〇八年六月頃から定期的に会って話を聞いてきた。長いインタビューは五回行った。ただし録音したのは二度のみである。また最初の聞きとりはノートもとっていない。

二回目のインタビューでは、Sが用意したメモをもとに詳しい経歴や雇用形態などについて聞いていった。それによると、最初になにをするか知らないまま行った店の面接で店長から直伝でフェラチオの方法を教わる。帰り際に一万円をもらうが働くことはなかった。その後、抜き（射精サービス）なしのピンサロ[13]で働く。最悪の場所だったと回顧している。無断欠勤で大幅減給されたりしてやめる。他の風俗店でもトラブルが生じる。そんな中で、風俗産業をなんとかしたい、悪いのはヤクザたちで女性たちに問題はない、という思いが強まる。具体的には、搾取の実態を明らかにし、また病気などの予防を徹底させたいと考える。ここに認められるのは、S自身がインタビュー当時定期的にセックスワークをしながら抱いていた、同じ境遇にある女性たちをなんとかしたいという強い思いである。わたしは、彼女のこうした義務感に両極的な感度で接していた。セックスワーカーたちの実情を知っている誰か、できればセックスワーカー自身が指導的な立場に立つことは重要であり、そのような人物像にぴったりのSを強く支援したかった。他方、なんの罪悪感やとまどいもなくセックスワークを行い、そのまま指導的な立場に立とうとするSの姿勢があまりにすっきりしていて、腑に落ちないものを感じていたのである。

Sは、他のセックスワーカーについて、距離をとって話していたかに見えたが、自分についてはどうかというわたしの問いに、この日、はじめて兄との関係を語り始めた。これが、インタビューでの大きな転機となり、徐々に内面の問題、とくに家族との関係が主題となっていく。

S自身は兄によるいじめで悩んでいたようだ。兄との緊張関係は小学校から中学校にかけて感じられた。母も兄もSと向き合ってくれない。その場さえよければいいというお気楽な性格で、「もっと人生楽しんだら」というのが口癖の母に、よく笑われた。兄とは七年ほど前に会って悩み続けていたことを打ち明けた。しかし、兄は反省することもなく、「あきらめろ」と言われてパニックになる。さらに、「自分たちのことを他の人にも相談したのか」と世間の目を気にする質問をする。パニックになったのは、繁華街を歩いているときだった。泣きながら家に帰った。

三回目のインタビューでは、抽象的、一般的な話になることを避けるため、風俗での体験を書いてきてもらう。一通りそれを読んだ後でそれにそって話を聞いた。

兄については、突然怒りだし、感情をコントロールできない存在だと言う。兄との関係は、映画でたとえると『遊星からの物体X』[14]、『死霊のはらわた』[15]、『es（エス）』[16]などが描く状況を思い起こさせると述べている。つまり、閉ざされた空間で自分にとって大事な人が豹変するのである。これは、その後のインタビューでも繰り返し現れるテーマである。

この後、突然インナーチャイルドの話になる。インナーチャイルドが現れたのは二〇〇四年頃だった。また、その後兄が謝り、インナーチャイルドがいなくなってから、過去がしんどくなくなった。インナーチャイルドは過去の子ども時代に傷ついた心、あるいは本来心の底に閉じ込められた否定的な感情を意味する心理学用語と理解されるが、具体的な文献や研究者への言及はなかった[17]。インナーチャイルドとは、本来自身の分身のような存在で、これを発見し、擁護することで、負の感情を解放し自身の惨めな子ども時代と決別できるとみなされている。しかし、Sがこうした概念に従って使用していたとは思えない。

以下、二つの「運命的瞬間」について触れておきたい。一つはインナーチャイルドについてである。インタビューは風俗産業の現場から彼女自身のことがらへと変化している。そして、家庭の話があり、インナーチャイルドの経験へと話は急展開していく。

ここに四回目のインタビューの一部を再録するが、これはインナーチャイルドの出現とその後の彼女の変化を追体験する試みとして理解してほしい。Sの事例では、トゥハーミの場合――友人を見殺しにするというトラウマ的経験――と異なり、彼女自身の変化（治癒）のきっかけとなったインナーチャイルドの出現という出来事を運命的瞬間とみなしていることをことわっておく。彼女の場合、トラウマ的経験は兄によるいじめであろう。インナーチャイルドについての彼女の語りを通じて、わたしもまたそのような瞬間に出会う。そして、彼女との関係も変化する。同じような変化が、Sについての記述を通じて読者に生じてもおかしくないのではないか。このような瞬間あるいは変化の記述を対話という形で記述することが、人類学者とインフォーマント両者の現前をより密な形で可能にすると考えたい。

S　それは、もうしょうがないと思って、もうそいつ〔インナーチャイルド〕と一緒にいるしかないって。

田中　だけども、それはもう自分ではない、と。今の自分…

S　そうそうそうそう。それで、もうこいつはずうっと多分これからも一緒にいるんだ、って思ったら、めっちゃ楽になって、じゃあ、そうかぁ、って思って、で、そのようやく過去になったというか、今までぴったりくっついてたんですよ。自分のそのしんどい自分というのと、その、今を生きてる自分、ていうのが。そう。それで大分こう、ホントにそっから楽になったというか、ううん、それで、えっと、もうそんときだだ泣きになりながら、そいつ可哀相なヤツだったなぁみたいな感じで、ホントに、そりゃしゃあないわ、っていう。（中略）

田中　俺はさ、イメージとしてはさ、やっぱ分かりにくいけども、まあ、どちらにしてもそれは、なんていうのかな。自分のもう一つの自分て言うの？　で、その人と、まあ、要はわりとこう、離れられないけども、ある程度こう、離して。

S　うぅん。そうそうそうそう。

田中　それをまあ、二重にできるっていうかさ。そういうなに？　つねにこう対応しているっていう…。

S　ああ、いやいや全然そんなのは。そういう多重人格的なリアリティはなくて、でも、それはまあエネルギー…それは自分、今も、その完全になくなったって感じじゃなくって、エネルギーの塊、みたいなのがあって。怒り…自分の中の一つの感情としては、あって、それのこう、行き場所っていうのがわりと、自覚的に探していて、ああ、自分はこういう活動とか、まあ、怒りや、感情があるっていうのがそいつから出てるなあ、みたいな。それでちょっとこう、分けてる、っていうか、でも今はもう、もうちょっと、自分はそれを忘れて、前に進むことをやりたいよね、とか思ってるので、その…なんか、人格的に…人格的にじゃないけどなんかエネルギー的な感じ？

ここでわたしはツっこんだりボケたりしていないが、「分かりにくいけども」と正直に述べている。インナーチャイルドの話を聞くことでセックスワーカーとしてのSの像が大きく変わったが、それはわたし自身が変わったということでもある。わたしは、語りの記述が民族誌記述に不可欠だと主張するつもりはないが、フィールドでの他者との共時間性の経験、とくにタイミングや運命的瞬間の遭遇などの経験が読者に「伝染する」方法としてきわめて有効であると考える。

Sのインタビューで、もう一つ注目したい運命的瞬間は、彼女がこれまで働いた店で一番ひどいところだったと評したピンサロでのハッスルタイムについてである。ハッスルタイムとは、一定の時間下着を見せて客を喜ばせる時間〔18〕である。このとき店内がエロティックな雰囲気になるはずなのだが、ここで冗談を言ったりしておどけると店の雰囲気はむしろ陽気で明るいものにがらりと変わり、下着姿を客の目にさらす不快感が軽減される。そして、むしろ自分たちの方が主導権を握ったと感じる。そのような変化をもたらす自分の力に気づき、自信がつく。状況は確かに深刻だが、ひどいことは滑稽でもあると思う。心が動けばいい。そうすれば状況も変えられると思い始める。そこで、笑い、怒りなどを発露できればいいと考える。

風俗産業で生きることを決意したSにとって、ハッスルタイムを乗り切る技を見つけたときもまた運命的瞬間だったのではないだろうか。ピンサロのような閉鎖空間でも、笑いをとることで変化をもたらすことができるという自信がついたのではないだろうか。他者の人生においてなにが運命的であったかを明らかにすることこそ、これからの民族誌記述に求められているのである。

ハッスルタイムの話を聞いて、わたしが連想したのはJAPUNであった。本章でJAPUNは笑いやツっこみにおける共時間性と異化の二重性を説明するために紹介したのだが、こうした文化装置も民族誌記述において重要と思われる。Sはどうしようもない状況で、みずからを笑いの対象にすることで、つまりボケを入れて、その状況を変化させようとしている。対話という形式に加えて、このような笑いの装置を記述そのものに埋めこむことが、共時間的経験と異化の経験を生みだし、さらには民族誌の読みをめぐる新しい経験につながるはずである。

本章はファビアンの人類学批判を受ける形で、フィールドにおける人類学者と他者との関わり方について検討してきた。そこでの典型的なやりとりは、文化相対主義的な観点から一歩引いて他者との対話を続けるという態度である。そこにわたしはファビアンの言う異時間主義を認めた。そして、そのような異時間主義を克服するコミュニケーションの手段としてツっこむことの意義を強調した。しかし、そのために必要なのは信頼である。その信頼は、わたしたちがフィールドでともに生活をするというあたりまえの共時間的実践から生まれる。もちろん信頼がつねに先立ってあるというわけではない。タイムリーなツっこみを通じてこそ信頼が増すというのも事実であるからだ。

ツっこみというコミュニケーションの場で想定され、かつ創出が求められているのは、省察的自己であり他者である。ツっこみとは、ちょうど笑いがそうであるように、共時間的な状況で同時にみずからについて、そしてみずからの置かれている状況について省察を生みだす異化的なコミュニケーションの方法だということになろう。

民族誌記述については、現前をキーワードに人類学者とインフォーマントの対話や、後者の現前を規定したり、変化を促したりしてきた運命的瞬間に注目した。このような瞬間それ自体にフィールドで出会うことはまれであるにしても、過去に起こった運命的瞬間を探し求め、それを記述していくことが重要なのである。また異化を促すような文化装置、すなわちJAPUNやハッスルタイムを記述することの意義についても触れた。

異化は笑いによってのみ生まれるのではない。より広い意味で情動的体験が生じることこそ重要となる。本章を閉じるにあたって『愛のむきだし』（園子温監督作品、二〇〇九）[19]から印象深い場面を紹介しておこう。主人公のユウは、神父の父親から毎夜告解を求められるが、ざんげする罪がなくなり、女性のパンチラを盗撮して罪を犯し始める。これを知った「神父」は告解室からユウを外に連れ出し、父となってユウを平手打ちする。「今までどんな罪にも平然と神父としてとりすまして罪をゆるしてくれた人が突然父になった」。ユウは殴られて父に久しぶりに出会えて嬉しかった、とまで語る。ユウは父を取り戻したのである。父の怒りこそ、「司牧の権力」［フーコー 一九七八］を内側から突きくずす情動に他ならない。そして、その基盤になっているのが家族という共同体的関係だということにも注意したい。わたしたちがフィールドで他者と長い時間をかけて築きあげようとしているのも、この共同体的／家族的関係なのだから。

本章でわたしは、遠くにあるトライバル・ゾーンを少しずつ引き寄せながら、フィールドでの経験や他者とのやりとりに注目しつつ、異時間主義の確認、共時間性の拡大、ツッこみや笑いにおけるタイミングの意義、異化概念の導入、さらには他者の運命的瞬間の記述へと、時間のモードを操りながら徐々に他者との時間の幅を狭めてきた。それはフィールドをわたしたちに近づけようという、あるいはわたしたちがフィールドに近づこうというささやかな、しかし重要な試みなのである。

追記　本章については、山田富秋［二〇一三］によるさらなる展開がなされている。本章をこうした試みへの見取り図として位置づけたい。

注

〈1〉トライバル・ゾーンについては別の意味もあるが（第六章注〈2〉参照）、ここでは人類学が想定してきた自律的な異文化社会とみなし、複数文化間の接触状態にあるコンタクト・ゾーンと対比させて使っている。コンタクト・ゾーンについては第六章を参照。

〈2〉たとえば［エリアーデ 一九六三、真木 一九八一、吉田 一九八八

四、六七–六九、Hughes and Trautmann (eds.) 1995］を参照。

〈3〉　訳は［小田 二〇〇九］に従う。［オジェ 二〇〇二］の森山訳では「異時間性」である。

〈4〉　ファビアンの主張を受ける形で、大塚和夫はフィールドワークの重要性を強調している［大塚 二〇〇二、一五三–一五六］。他に［久保 二〇一五、二四］を参照。

〈5〉　チダンバラムのナタラージャ寺院については、田中［二〇一一］を参照。なお、高等裁判所の判決によって二〇〇九年二月になって州政府による管理が確定した。寺院側はこれを不服として最高裁に上告し、二〇一四年一月に勝訴している。

〈6〉　このような態度が司法一般に認められるのか、インド特有なのかは今後の課題としたい。

〈7〉　東アフリカの諸民族については［松田 一九九九］、インドのカーストについては［藤井 二〇〇三］を参照。

〈8〉　ピエール・ブルデュの主張に従えば、「客観主義は（中略）一次経験に距離をとり一次経験の外に立つことのなかに刻印されている」［ブルデュ 一九八八、四〇］（［Fabian 1983: 141］も参照）。客観主義に立つ限り、そこではつねに一歩引いた考え方が支配的となる。そうだとすると、客観主義こそ問われる必要がある。なお、彼の言う一次経験とは本章でのフィールドにおける共時間的経験である。

〈9〉　ツッコミについて詳しくは元祖爆笑王編［二〇〇八］を参照。

〈10〉　笑いや異化については山口の一連の書物（たとえば［山口 一九七五］）を参照。

〈11〉　臨場感を与える方法としての物語の可能性については小田［二〇〇九、二九–三〇］を参照。

〈12〉　プライバシーを守るため、本章の論点に関係することがらや出来事があっても、省略したり詳述を避けたりしている場合があることをことわっておきたい。

〈13〉　ピンク・サロンの略。ボックス席で女性が男性客に性的サービス（手や口による射精）を行う場所。体を触らせたりはするが、射精に至るようなサービスはしない、ということを「抜きなし」と言う。

〈14〉　一九八二年制作。監督ジョン・カーペンター。アメリカ映画。通信機能が麻痺して閉鎖空間となった南極基地における、宇宙からの侵入者と基地隊員との葛藤と恐怖を描く。

〈15〉　一九八一年制作。監督サム・ライミ。アメリカ映画。五人の若者が森の中にある山小屋で、復活した森の悪霊たちに襲われるというストーリー。ここでも、橋が崩落して森から外に出ることができなくなるという閉鎖空間の恐怖が認められる。

〈16〉　二〇〇一年制作。監督オリヴァー・ヒルシュピーゲル。ドイツ映画。スタンフォード大学で一九七一年に行われた実験に触発されて制作された。大学での心理学の実験のために二〇名のアルバイトが募集され、二週間監獄という閉鎖空間で、看守と囚人に分けられて過ごすことが要請される。

〈17〉　インナーチャイルドについては、［ブラッドショー 二〇〇一、黒川・上田 一九九七、斎藤 二〇〇四］を参照。

〈18〉　時間限定の特別サービスがなされるわけだが、その内容は、店によって異なる。

〈19〉　ＤＶＤ発売元、アミューズソフトエンタテインメント株式会社。

第八章　暴力とその変貌

一　はじめに

第二章で取り扱った暴力は、どちらかというとわたしたちの社会を成り立たせているような「根源的」暴力であった。そのような暴力を想定する社会論を、誘惑という視点から批判した。本章では、コンタクト・ゾーンという文脈から暴力を論じる。前半では他者のまなざしとの関係で暴力的な慣習を考察し、後半ではコンタクト・ゾーンにおける典型的な活動の一つ、すなわち観光との関係で暴力の現代的変容を考える。前章に続いて、本章でも文化相対主義を批判的に検討する。文化相対主義は他者の暴力的実践を容認する傾向にあるからだ。

二　人類学の死角へ

暴力は文化人類学の死角に潜んでいる。確かに、フィールドではさまざまな暴力が見聞可能だ。それは、たとえばブッシュマンたちの諍い［菅原　一九九八c］であったり、南部スーダン・パリ社会におけるような組織的な戦闘［栗本　一九九八］、あるいはスリランカで起こった警察による陰惨なリンチであったりする。人類学者自身が不幸にも暴力の犠牲者になることもある。〈1〉しかし、奇妙なことに人類学者はこうした暴力についてこれまで十分に語ってきたとは言えない。

いや語ることを避けてきた。

その理由はさまざまであろう。暴力は日常的であるにしても、人類学者は必ずしもつねにその場に居合わせるわけではない。なにが実際に起こったのか、どういう理由から暴力事件が生じたのか。噂や憶測を排して、これらの問いに答えるのはきわめて難しい。誰から話を聞いたかによって、まったく解釈が異なるからだ。目撃者が少ない場合はなおさらである。

確かに、人類学の対象には凶暴な民族として語られてきた人びとが存在する。[2] しかし、他者を暴力的だ、好戦的だと語ることでわたしたちはどれほど多くの歪曲を行ってきただろうか。ある社会が暴力的である、と述べることは、結果として良心的な人類学が払拭しようとしてきた野蛮、残酷、暴力といった否定的な異文化観を再び呼び起こすことになりかねない［Besteman 1996: Daniel 1996: 7-9; Larlalestier 1990; Nordstrom and Robben (eds.) 1995: 11-12］。好戦的だという言説が、偏見を助長し、当の民族を支配することの根拠となりはしなかっただろうか。そう考えるといきおい異文化の暴力について語ることを躊躇せざるをえない。つまり、自分が書いたものがどのように受けとめられ、利用されるか確かではないから、人類学者はフィールドで邂逅する暴力沙汰について、たとえ見聞してもあえて語ろうとはしないという事態が生じるのである。人類学は西欧近代社会から見て異質な人びとも、人類の一員であることに変わりはないと主張し、西欧近代社会の価値基準で他の民族について優劣の判断を下すことを批判してきた。これがよりよい意味での文化相対主義の立場である。[3] したがって、ある民族を暴力的といった価値判断を含む否定的な言葉で形容することは、文化人類学の基盤を揺るがすゆゆしき問題となる。

さらに、暴力事件は例外的なものという意識も根強い。同じように、植民地支配に関わる暴力事件は非伝統的な要素として無視されてしまう。実証性の問題に加えて、人類学は異文化が暴力的（すなわち野蛮）であると書くべきではないという意味と、暴力は例外的な形でしか存在しないという意味で、暴力を二重に否定してしまう。

最後に、こうした知的思惑に加えて研究者自身の心理的あるいは文化的特質も考慮しなければならない。暴力を調査テーマにすることは、しばしばみずから進んで危険な状況に入っていかなければならないし、また中立を守って調査をすることも困難だ。身の安全のため、微妙な問題は避けておこう、変に疑われては困る、といった調査地での配慮が、暴力をめぐる諸問題を研究テーマとしてとりあげることを避けてきた理由として挙げることができよう。そして、人類学者自身のふるまいが誤解を招き暴力沙汰を引き起こすことがあれば、沈黙を守ろうとする気持ちが強くなるのは当然であろう。現地の人びとと喧嘩したとあっては、彼・彼女のフィールドワークの能力とその成果の客観性が問われることになるからだ。

とはいえ、人類学が異文化の暴力を無視してきたわけではない[4]。一九四〇年に公刊されたエドワード・E・エヴァンズ＝プリチャード〔一九七八〕の『ヌアー（ヌエル）族』では、首長や確固たる政治組織の欠如した無頭（無国家）社会が、同次元の集団間の恒常的な敵対関係によって内的秩序を保っている、という見解が提示されている。ここでは構造機能主義の枠組に矛盾しない形で、秩序維持のための恒常的「暴力」が記述されているのである。同じ年に公刊された「アフリカの伝統的政治体系」〔フォーテス＆エヴァンズ＝プリッチャード編 一九七二〕では、ヌアーを典型とする無頭の政治体系とそうでない伝統的な国家との二大類型論が提唱された。

構造機能主義が前提としている集団中心の調和的世界観は、一九五〇年代から批判されることになった。ここでフレドリック・バルトによる『スワート・パターン人の政治指導力』（一九五九）を見てみよう[5]。パキスタンのスワート渓谷では広大な土地を所有するパシュトゥーン（パターン）人が絶大な権力をもつ。かれらは正式名をヤスフザィ・パシュトゥーンと言い、アフガン出身のヤスフを共通の先祖とする。かれらの力はなによりも豊沃な土地の所有という事実に由来する。土地をもたない多くのパシュトゥーン人や非パシュトゥーン人が小作人や使用人として大土地所有者に依存する。かれらは大土地所有者をリーダーとする集団（徒党）を形成し、（主として土地や収穫をめぐる）葛藤が生じた際には動員される。そしてリーダーへの忠誠と引きかえに他者による攻撃から保護を受ける。バルトによれば、スワート渓谷は恒常的な無秩序状態だ。ここで言う無秩序とは物理的な暴力の行使や脅威を意味する。土地の境界は少しずつ侵略され、また人はいとも簡単に殺害される。それは秩序を目指すための暴力というよりは無秩序の印としての暴力、他人を抹殺してでも個人の利害を優先させようとするエゴイズムの暴力である。ここで暴力は個人的な政治活動の選択肢の一つとして描かれている。こうした視点は、その後のデイヴィッド・リッチズによる暴力論〔Riches 1986〕へと継承されている。

もう一つ人類学の大きな流れで無視できないのはヴィクター・W・ターナーの『儀礼の過程』（一九六六）に代表される象徴人類学である。儀礼の研究は、象徴人類学によって飛躍的に発展した分野である。ターナーの業績は中央アフリカ・ンデンブ人のさまざまなシンボリズムの分析から欧米のキリスト教巡礼まで多岐にわたるが、とくにアルノルト・ファン・ヘネップによる『通過儀礼』（一九〇九）の分析を踏まえて、イニシエーションにおけるリミナルな状態（どっちつかずの境界領域）のシンボリズムに注目した。そこでは日常生活で禁止されている禁忌がしばしば積極的に侵犯され、逆しまな状態を生みだす。それは日常に対する非日常であり、生に対する（社会的な）死である。この状態を生みだすきっかけがさまざまな暴力であり、暴力そのものが非日常や始源的な混沌――再生への力を宿す――を表す。

以上、一九七〇年代までの大きな動きを見ると、いくつかの例外を除いて暴力そのものがテーマとなったのではないことが分かる。[6]あえて要約すれば、個人に焦点を当てるバルトやリッチズが強調する暴力は、計算された合理的な政治活動（アクション）を意味しているのに対し、象徴人類学では一時的にしろ、混沌、コスモロジカルな力、再生する力（パッション）を意味する暴力に着目していると言えよう。[7]

その後、一九八〇年代に入ると、以上のような流れを乗り越える形でモーリス・ブロックの『祝福から暴力へ』（一九八六）が登場する。これはマダガスカル・メリナ人の男子割礼の象徴と歴史を考察したものである。ブロック［一九九四］によると、割礼儀礼において割礼という暴力を受けた少年が、今度は女性に代表される日常的な生の世界に暴力を加えて、これを否定する。代わりに、祖先に代表される個人を超越した集合的死の世界が真の生の源泉として現れる。これを受容することはまた、祖先にもっとも近い長老たちの権威を受容することである。儀礼における暴力が暴力を行使する主体を生みだす、という視点を提示することで、儀礼的な暴力と実体的な暴力との連続性を示唆している。[8]歴史について言えば、割礼儀礼はメリナ王国の発展に伴って、その王宮儀礼の一部にとりこまれ、長老だけでなく王の権威を正当化することにもなった。

同じ年に『暴力の人類学』［Riches（ed.）1986］という論文集が編まれ、都市の貧困や民族紛争に関わる暴力をテーマとする大部な民族誌が増えてきた。[9]また、一方で既存の民族誌を批判する形で、そこで作られた好戦的な民族のイメージを再考するという仕事も現れてはいる。[10]しかしなお、多くの人類学者は暴力について語ることに抵抗があるように思われる。沈黙を破って語ろうとしても、すぐにそれを（たいしたものではない、と言って）否定しようとする。これを暴力への消極的な態度としてすますわけにはいかない。というのも「文化人類学の暴力」とでも言えるレトリックがそこに認められるからだ。

三　文化人類学の暴力

異文化の暴力がどのように「処理」されてきたのか、どんな知的暴力がそこに作用していたのかを検討するために、同じ地域を扱った二つの民族誌を具体例としてとりあげることにしよう。どちらも五〇年以上前の仕事であるが、今なお読みつがれている点で影響力の大きい書物である。一つは一九六四年四月の新聞連載開始時から話題を呼んだ本多勝一による『ニューギニア高地人』で、これは同年一月から二月にかけて、現在のインドネシア領イリアン-ジャヤ高地における、およそ一ヵ月の調査に基づいたものだ。対象はモニとダニである。本多は人類学者ではないが、人類学と近いところで仕事をしてきたし、この調査もたんなる紀行ではなかった。もう一つはそれより数年前にやはり同地域で調査を行ったカール・ハイダーの『グランド・バレー・ダニ――穏やかな戦士たち』（一九七九）である。こちらはグランド・バレー・ダニと呼ばれる人びとが調査対象である。

本多はその書物でいくつかのショッキングな出来事を記述しているが、ここでまず紹介したいのはダニたちの「戦争」についてである。その後に「指の切断」について論じたい。

> 彼らの戦争は、決して皆殺しの戦争の形をとらない。夕方になれば互いにやめるし、お天気が良くなければ、戦争日和ではないとみて休戦する。たしかに死者は出るが、部落が全滅するような、文明人的残酷戦争はやらない。ある意味では刺激の少ない彼らにとってのスポーツでもある。だから私たちのような第三者は、たとえ戦争見物に行っても、少しも危険はない。事実これまでに見物したことのある探検家や宣教師・役人なども珍しくない。［本多　一九八一、二一一］

このようにダニたちの戦争を牧歌的なものとして紹介した後に、これを他の戦争と比較している。

彼らの戦争には、政治にしろ経済にしろ、支配権をかけた侵略・対決の要素が少ない。日本の戦国時代はもちろん、トロヤ戦役など、私たちが歴史として知っているどんな古い戦争ともこの点が違う。これは歴史のない国の戦争である。逆に言えば、支配権をかけた戦争が始まるときに、歴史も始まるのではないか。高地パプアは、やはりまだ「有史以前」の社会だと思う。〔本多　一九八一、二一二〕

つまり本多はここでダニたちの「戦争」をわたしたちの暴力（「文明人的残酷戦争」）と対比することで、それがたいしたものではないと主張し、ダニたちの暴力性を減じようと試みているかのようだ。だが、こうした記述はわたしたちの暴力を告発するレトリックとしてはある程度効果があるとしても、はたして本多の意図は成功しただろうか。本多は右の引用箇所のすぐ前で高地ニューギニアがつねに戦争状態にあると述べ、女の略奪と巻き添えをくった子どもの死から二つの村の対立へと発展し、死者が一〇名を越えた事件を紹介している。そこで彼は、「互いに、味方が殺された数と同数の敵を殺すまで停戦しないでがんばるからきりがない」と論じているではないか〔本多　一九八一、二〇九〕。とすれば、死者が大量に出ないのはダニたちの使用する武器の効率の悪さのせいということになろう。その結果ダニたちの野蛮さは暴力（好戦）的であることと、幸いにも技術が低いということの二つの事実から、その未開性が二重に強化されることになる。

さらに言えば、本多はダニたちの「戦争」とわたしたちの戦争を対照的に描くために、歴史と有史以前という対比までもちこんでいる。ダニたちは、皆殺しをしない、残酷ではない戦争を行うという評価と引きかえに歴史の外に追い払われてしまった。これは典型的な「異時間主義」（第七章参照）と言えよう。かれらはこれによって〈暴力的＝野蛮〉という定式を免れたかもしれないが、他方でこの操作のおかげで〈野蛮＝未発達＝古代〉という、異文化をめぐるもう一つの、よりロマンティックな進化論的定式を押しつけられることになるのである[11]。本多は、ニューギニア高地人の「毒抜き」すなわち「異文化で観察された（とされる）現象の衝撃を緩衝化しあるいは無化する手続き」を行うポーズをとりつつ、結果としてさらに手強い未開のイメージに訴えているのである〔春日　一九九八、三八三〕。ここで問わなければならないのは、そもそも毒抜きは必要なのか、ということだ。つぎに指の切断（指切り）の慣習についてどのような議論をしているのか見ることにしよう。

本多は、指切りについて「ニューギニア高地では、親や子供などの親族が死ぬと、女は指を切って死者に哀悼の意を表す習慣がある。これは習慣であるから嫌でもなんでも切ることになっている。また社会的習慣というものは個人に疑問など少しも起こさせない。とくに原始社会では」と断じて、「いったい彼女は、八本もの指を失うまでにどのような親族と死にわかれたのだろう。私はその由来を知りたいと思った」と話を進めている〔本多 一九八一、七二〕。本多にとって指切りは未開社会特有の風習であり、それを（共同体の、あるいは男性による女性への）暴力とみなす視点をもつに至っていない。

指切りを暴力としてとらえようとする視点はハイダーにも欠落している。それだけでなく、彼はグランド・バレー・ダニの指切りの不条理さを指摘し、これをダニの文化に異質であると主張する。〈12〉だが、彼がこのような結論に至った歴史的な資料については明らかにされていない。彼の考察の根拠になっているのは、つぎのような文化についての視点である。これはすなわち各民族は固有の文化をもっていて文化を構成する要素の間にはなんらかの親和性が存在する、そして文化は全体として一つのまとまりをもつという、本書で繰り返し指摘しているトライバル・ゾーンの文化論である。だが、すべてがしっくりと調和的な関係にあるのではない。まとまりから外れると判断されるものは、すべて他の文化からの借り物だということになる。しかし、繰り返すがそれが異質かどうかを判断する基準は曖昧であるし、たとえその出所が判明したとしても、なお異質だとして排除する根拠とはならない。なぜなら、ある要素が別の文化起源を有していても、現在当の民族に受け入れられているとすれば、それは十分にその文化の一部と言っていいからだ。もしそうならないならば、そもそも受け入れることなどなかったであろう。ここで批判されなければならないのは、文化を静的な統合体としてとらえる視点である。他民族からの借り物であることが異質であるとして排除する理由にはならないのである。歴史的に異質なものが共存している状態こそ、文化のダイナミズムを考える上で格好の研究対象として評価すべきであり、本書で提案するコンタクト・ゾーンの文化人類学の主張なのである。

こうして、葬儀での指切りというダニの暴力の象徴をハイダーはダニの外部に放り出して、その残虐さを弱めようとする。だが、はたしてハイダーの試みは成功したのか、そもそも外部に放り出すことがダニにとっていかなる意味をもつのだろうか。ハイダーが行ったのはダニ文化の「現在」の否定あるいは混淆性の否定、すなわち「文化人類学の暴力」なのではなかろうか。人類学者がまずしなければならないことは「奇妙な風習」の意味を明らかにすることで、それを当該社会の一部として説明することである。しかし、ハイダーはそうした試みを最初から放棄していると言えよう。だが、そうしないでなんとか意味ある風習として指切りを位置づけたとしても問題は残る。

北アフリカ諸国の「女子割礼」、中東からインドにかけて認められる「名誉殺人」、インドのサティー（寡婦殉死）など特定の文化や社会集団に固有の「野蛮な」風習では、実質若い女性や寡婦など社会的弱者が犠牲者となっている。女子割礼の事例からも明らかなように、こうした問題を文化相対主義というスローガンで擁護することは今日きわめて困難だ。[13]では、野蛮な風習について今日の社会科学はどのように語ることができるのか。グランド・バレー・ダニの指切りは本来ダニ文化とは関係ない、異質だとしてダニを擁護する立場も、それがダニ文化のエッセンスだ、そしてわたしたちはそれについて干渉すべきではないと言って擁護する立場も、そこで見落とされているのは犠牲者であり、そうした見落としの前提となっているのは、未開社会には個人が存在しない、したがって犠牲者の立場から議論を組み立てるのはナンセンスだという、「かれら」と「わたしたち」とを本質的に異なるものとみなす考え方――これもまた文化相対主義の変奏として現れる――である。こうした断絶こそニューギニア高地で見聞可能な暴力とアウシュビッツでの暴力を異なるものとみなす根拠となっているのではなかろうか。これによって、前者は文化的に意味があり、容認可能――そもそも暴力とみなす視点が確立されていない――だが、後者は容認できない暴力だと判断する根拠となっているのだ。さらには、未開社会には犠牲者は存在しないという命題は、近代社会が未開社会にふるうさまざまな形の政治的暴力・経済的収奪を正当化することになっていないだろうか。

もちろん、現代の人類学は他者の否定的な異質性を記述することがきわめて政治的な意味を含んでいることに気づいている。繰り返しになるが、他者の好戦的性格を誇張することで西欧諸国の植民地支配や侵出が正当化されてきたのは確かだ。また「大文字の第三世界の女（The Third World Women）＝犠牲者」という図式を安易に掲げるべきではあるまい。これもまたある社会が暴力的であるということを支持する言説として、植民地支配を正当化してきたからだ。[14]この意味でも異文化の暴力記述・分析には多くの困難が伴い、細心の注意が払われなければならない。しかし、だからといって、この困難を回避すべきではない。というのも、沈黙することは〈未開社会＝個人不在の社会、したがって犠牲者が存在しない世界〉というもう一つの偏見を暗に受け入れることになるからだ。暴力を無視・否定したり、社会的に意味のある（あるいは意味のない）「文化実践」ととらえることで暴力を隠蔽するか、あるいは野蛮であるというイメージを呼び起こすことを恐れずに、「文化実践」を暴力とみなし、それを記述し、その意味を問い、必要なら犠牲者について語るべきか。これがわたしたちにつきつけられている選択肢だ。

以上の点から、暴力とはわたしたちに強靱な思考力と想像力を要求するテーマであることが明らかであろう。暴力とはそれを語る側に覚悟を必要とする数少ない重要なテーマなのである。異文化の暴力について語り、暴力の文化人類学の確立を目指すことの意味は、同時に「文化人類学の暴力」について反省的に語ることである。それはまたわたしたちをとりまく知の状況の暴力性についてまで視野を広げることになる。

四　儀礼という回路

暴力を語るには細心の注意が必要である。ここでは実体的な暴力と儀礼的な暴力の関係を念頭にわたしの考えを明らかにしておきたい。儀礼的暴力にこだわる理由は、「儀礼的」という形容をつけることによって、突発的、一回的な暴力事件よりも恒常的な暴力現象に注目しようとするからである。それは、人間一般の攻撃性や暴力の心理などを問うのではなく、あくまで暴力の文化的特質を視野に入れた分析枠組を保持することが重要と考えたからである。もちろん、こうした視点は、実体的な暴力を無視するわけではない。したがって、儀礼的という形容詞は暴力を考える上での一つの視点・方法であって、対象の限定を意味しないことを強調しておきたい。

さて、暴力はなによりも「他人や物品に向けられた突発的・物理的（実体的）な力」（たとえば［Riches 1986: 4］）を指すが、そこになんらかの文化的・社会的な形式（すなわち形式や表現の首尾一貫性）が認められる場合、これを暴力の儀礼化（ritualized violence, ritualization of violence）とみなす。儀礼的暴力とは儀礼化された暴力である。ここでの儀礼化にはとくに宗教的な意味を含める必要はあるまい。しかし、これを拡大解釈して超自然的存在に関わる宗教儀礼に埋めこまれた暴力と考えることも可能だ。それは宗教儀礼における暴力的要因である。そのような暴力が顕著に認められれば、それは暴力的儀礼とみなされることになろう。ここではまず、暴力をめぐって非宗教的な儀礼と宗教的な儀礼とを連続してとらえる視点を提示したい。

たとえば、動物行動学者のコンラート・ローレンツは、動物の儀礼的行動が攻撃抑制の機能を果たしていると指摘する［ローレンツ　一九七〇、一二二］。彼が動物の儀礼的行動を人間の慣習行為にまで適用しているのは明らかである。そして、このような視点はフォックスら人類学者によって、人間の攻撃性の表出とそれが引き起こす被害を最小限に抑える文化的仕組みとして理解されている〈15〉。

暴力（violence）とはなによりも侵犯（violation）、すなわち他者の身体の侵犯、秩序の侵犯である。これをいかにして回避するのかが当然のことながら重要な課題となる。暴力をいかに回避するのか、いかに最小の被害にくい止めるのかが儀礼化と呼ばれる形で実施されているという指摘は重要である。そして、こうした儀礼化がフォックスの言葉を借りれば文化そのものであり、社会の内と外を区分する指標となっている。なぜなら暴力を抑止する諸規則は、しばしば外部の人間への暴力には適用されないからだ。ここでエヴァンズ＝プリチャードによる『ヌアー族』の有名なくだりを引用しておきたい。

少年たちは鋲のついた腕輪を使って喧嘩する。同一村内や同一キャンプ地の男たちが喧嘩するときには棍棒を用いる。近い隣人同士で槍を使って戦い、誰かが殺されるようなことになれば、共同体は血讐によって分裂してしまうであろうから、それを避けるために槍の使用は習慣的に禁じられているのである。（中略）村を異にする人々の間で喧嘩が始まると槍がもちだされる。両村の成人男子は全員が喧嘩に加わり、かなりの数の人命が失われるまで争いは続く。ヌアー族はこのことをよく承知しており、よほど腹をたてているのでないかぎり、近隣の村と争いを始めようとはせず、豹皮首長や長老にしばしば進んで仲裁を任せる。（中略）今日では政府軍に介入されるかもしれないという恐れが抑止力になって村間の闘いは少なくなっている（以下略）。［エヴァンズ＝プリチャード　一九七八、二三四―二三五］

ここでは社会関係が使用する武器によって表現されている。それはまたかれらの内と外の境界を表す指標でもある。さらにまたこうした境界を調整する宗教的な人物（豹皮首長）の存在と政府軍、すなわち「国家の影」にも注目しておきたい。

さて、ローレンツは『攻撃』（一九六三）で暴力を抑止する儀礼の典型例としてスポーツを挙げているが、宗教的な儀礼もまた同じ機能を果たしていないだろうか。とくに儀礼の一部をなす模擬戦や綱引きなどにはローレンツが示唆している機能を認めることはたやすい。ここでさらに進んで、儀礼における暴力的要素や暴力的な儀礼もまた実体的な暴力の回避に役立っているのかどうかを考えてみたいのである。

供犠のような暴力的儀礼に暴力抑止の機能があることを強調したのがルネ・ジラールである［ジラール　一九八二］。ジラールはお互いが敵対関係にある暴力的な状況を回避するためには一人の個体に暴力を集中させる必要があると指摘する。それによって社会秩序が回復する。今日供犠のような儀礼は、この秩序回復の集合暴力の象徴的な反復であり、危機状態への退行を防いでいると述べる。

> 供犠の効果には共通点がある。（中略）こうした共通点、それは内的暴力である。つまりそれは、軋轢であり、敵対関係であり、嫉妬であり、近隣者間の争いであって、供犠はそれらをただちに除去しようとするのである。供犠が修復するものは共同体の調和であり、供犠が強化するものは社会的統一性である。［ジラール　一九八二、一三］

ここでわたしたちはジラールの集合暴力が実際にあったのかどうかという問いに関わる必要はなかろう（その点については本書第一章を参照）[16]。とくに彼が、回避すべきことは暴力の発現というよりは、暴力がさらなる暴力を呼ぶという報復の連鎖であるということ、また秩序維持のためにこそ暴力が必要なのだと論じているのは、暴力を社会的な視点から考える上で重要と思われる。確かにその一般化や視点に問題があるとしても、供犠が暴力回避の機能を果たしているということを、強く否定する根拠もないように思われる。事実多くの社会で暴力の終焉は供犠によって印づけられている。さらに、現実の危機的状況には身代わりとなる山羊が求められるのである［富永　一九九八］。このように考えると、本節の冒頭で示した形式的な反復を意味する非宗教的な儀礼化と宗教儀礼とは、暴力抑止という機能において連続していることになる。ただし、ここでは儀礼における暴力的要素や暴力的儀礼をすべて実体的暴力の抑制といった機能的観点から理解することを提唱しているわけではないことをことわっておきたい。

五　儀礼的暴力の「野蛮さ」

先のエヴァンズ＝プリチャード著『ヌアー族』からの引用からも明らかなように、ヌアー（ヌエル）ならヌアーという共同体における暴力はエスカレートすると、しばしば国家（政府軍）の干渉によって統御される。この場合、共同体内部で暴力が抑止できなくなったわけだが、国家が介入するのはそのような場合だけではない。実質的な暴力の脅威、それが共同体を破壊し、さらに拡大するといった脅威がなくても、国家が介入することがある。それが生じるのは暴力的な儀礼をめぐってである。

暴力を儀礼によって臨機応変に抑止する社会は、どちらかというと、強力な権力が発達していない伝統的な共同体を意味する。現代的文脈ではそれは近代国家という制度の中にあって、なおある種の自立性を保持しているような共同体である。それは、国家（装置）による一元的支配に対抗するさまざまな地域共同体と考えることもできよう。ここで言う共同体を実体的に考える必要はまったくない。それは国家への抵抗の基盤としてすでにそこにあるのではなく、抵抗を契機として立ち上がってくると想定することも可能だからだ。

共同体の内部に認められる「野蛮な」儀礼が示唆しているのは、国家とは別の権威の存在である。植民地支配下でしばしば暴力的な儀礼が「社会改革」という名のもとで弾圧されたのは、危険であるとか野蛮・不衛生だとかいう理由からではなく、それが植民地支配が依拠している権威とはまったく別の権威――王や土着の神に関わる儀礼が地域共同体の権威を強化しているということに権力者が気づいていたからに他ならない。したがって、植民地独立後も、国家と地域共同体という二重構造が存在する限り、状況は変わらない。あるいは国家が世俗的な装いをとる限り、事態はあまり変わらない。野蛮とされる儀礼は弾圧すべき暴力の象徴である。共同体の再生を求める儀礼的暴力はときには猥雑な祝祭に現れ、ときには植民地支配を批判する千年王国運動といった形をとる。そして、より意識的な革命的暴力に転じる。しかもそうした抵抗の暴力が外部には抵抗として、内部には抑圧的に働く（たとえば女性に対して）ことも忘れてはならない。マクロな次元では、国家の干渉を招く危険な力、まさに野蛮な儀礼、とされるのである。本章の冒頭の議論に戻ると、人類学者が共同社会の「野蛮な」風習や出来事の記述を避けてきた理由の一つは、こうした植民地政府や国家権力による改革という名で行われた露骨な介入に利用されることを恐れたからである。

一九世紀初頭のサティーをめぐる論争や二〇世紀初頭のケニアにおける女子割礼をめぐる論争［Murray 1974］は現代の類似の論争を喚起する。その理由は、政治体制こそこの半世紀に激変したが、この種の暴力に対するまなざしはあまり変わらないというところに求められよう。そのまなざしが変わらないのは、ヨーロッパ宗主国対植民地という対立が欧米諸国対第三世界という図式に移動したにすぎないからだ。さらに国単位では国家（エリート）対地域共同体あるいは民衆という図式が存在する。植民地や第三世界、民衆の野蛮さを象徴するのは、まさにコンタクト・ゾーンにおいてはじめて問題化される儀礼的な暴力なのである。文化人類学が対象としているのが、第三世界や民衆であることを考えると、ここでわたしたちは、暴力をめぐって再び文化人類学のジレンマに直面することになる。

六　コンタクト・ゾーンにおける暴力の変容

本章の後半では、シンガポールの事例からコンタクト・ゾーンにおける儀礼的な暴力の新しい展開について考えることにしたい。

シンガポールのヒンドゥー教徒と改革の動き

今日のシンガポールを含むマラヤ半島に居住するヒンドゥー教徒の祖先は、一九世紀にインドからやってきた［Mani 1993］。かれらの多くは当時の英領マラヤにおけるサトウキビやゴムのプランテーションで働く労働者であった。五人のうち四人がヒンドゥー教徒で、その多くが南インド出身の低カースト、とくに不可触民であった。反対に、高位のカースト、とくにバラモンは見当たらなかった。

二〇一〇年のシンガポールの人口、三七七万のうち、およそ三五万人、すなわち九・二%が「インド人（Indian）」とされるが、この中にはインド以外の南アジア出身の人びとやヒンドゥー教徒以外の人びとも含まれる〈17〉。そして、このインド人のおよそ六割がタミル語を話す南インド出身者である。[18] ヒンドゥー教徒はインド人の半分を占める。[19] かれらは、徐々にその地位を高め、代わりに一九八〇年代に増加したインドからの出稼ぎ労働者が最下位の階層を占めることになった。

さて、南インドのマドラス州を中心に反バラモン運動が登場したのは一九一〇年代に遡る。それは少数派の高カーストであるバラモンを北からの侵入者と非難し、その政治的支配体制を打破し、下層カーストの政治的動員を目的とするものであった。バラモンを北すなわちアーリア文化の担い手ととらえ、そうでない人びとを南インド固有のドラヴィダ文化を継承するドラヴィダ人と規定した。一九一七年に正義党が結成され、一九二三年にはペリヤールと呼ばれたラーマスワーミ・ナーイカル（一八七九～一九七三）の自負運動（Self Respect Movement）が始まる。

自負運動は海外のインド系移民にも影響をおよぼし、一九二九年のナーイカルのマレー半島訪問を機に、一九三二年にマレー半島のタミル社会の間でもタミル改革協会（Tamils Reform Association）が生まれた。類似の組織がシンガポールでは一九三八年に始まっている。その目的は、社会福祉の普及、女性の地位の向上、平等主義の主張、禁酒や節制などであった。当時のマレー半島やシンガポールでバラモンは支配的な地位を占めてはいなかった。したがって、その矛先はバラモン的要素が色濃い結婚式の改革であった。結果的に結婚式はきわめて簡素になった。

儀礼の領域では、反バラモン運動とは関係なく、野蛮とみなされそうな動物供犠や身体を傷つける儀礼（火渡りや後述するカーヴァディ）の廃止が問題となった。たとえば一九三七年にタミル改革協会が時の植民地政府（海峡政府）に以下のような手紙を書いている。

> 金属針による身の毛もよだつ自傷行為がこの国にあまねく見られる。これは最近ではとくに労働者階級の間でますます増えている。しかし、これは宗教上も道徳上も裁可のない悪い慣習であり、これに反対する分別のある意見が多数を占めるようになった。ヒンドゥー諮問会議はこれを真摯に考え、マドラス政府と同じように、海峡政府にこの悪い慣習の廃止を推薦することを願うばかりである。［Nair 1972: 33］

この引用文にある「金属針による身の毛もよだつ自傷行為」というのはカーヴァディという儀礼実践である。今日ではとくに、アラフ・カーヴァディ（alaku kāvaṭi）と呼ばれる金属製のフレームを頭からかぶるものがきわめて危険とみなされている。動物供犠は一九四八年に廃止されたが、それ以外の儀礼は数度の陳情にもかかわらず法律による禁止には至らなかった。かれらは一九五〇年にも類似の陳述を行っている。その結果、二つの寺院でカーヴァディが禁止されたが、地域の富裕な住民からの圧力もあって、翌年にはその禁止を解いている。

一九三九年に創刊された週刊の『タミル・ムラス（*Tamil Murasu*）』紙（後に日刊）は、タミル改革協会の会誌とも言えるものであったが、ここでもカーヴァディは批判されている。

奉納儀礼カーヴァディ　人びとは、病気やけがからの快復、係争での勝訴、入学試験や就職での成功、長旅の安全などを求めて神々に祈願する。祈願がうまく成就すると、その感謝を表現してさまざまな儀礼行為や寄進を行う。こうした行為は祈願のときに願掛けとして宣言するのが一般的である。つまり、祈願のときに「病気が治れば寄進をします」というふうに神に約束するのである。したがって、人びとは約束を守って儀礼的所作をすると言える。こうした所作をここでは奉納儀礼と呼ぶ。

奉納儀礼には、たんに寺院に参拝して簡単な供物を供えるものから、祈願した神のために新たに寺院を建立し、定期的な祭祀を執行させる場合までさまざまである。奉納儀礼は願掛けが成就した後なされるが、一般にそれは寺院の祭りのときなど特別の日に合わせて実行される。カーヴァディはそうした奉納儀礼の典型であり、通常男性が行う。

カーヴァディはとくにムルガン神への願掛けと密接に関係している。願を掛けた者は願いが成就すると、神像のところまでミルク壺を運ぶ。それは家からの場合もあれば、他の寺院からの場合もある。ミルク壺は天秤棒の両端に吊るすようにして運ばれるが、この棒（カーヴ）にはアーチ型の覆いがついていて、孔雀の羽や色鮮やかな紙片できれいに飾りつけられている。奉納者はこれを担いで、ミルクを神像の安置されているところまで踊りながら運ぶ（図8-1参照）。このミルクは後で神像の灌頂に使用される。カーヴァディを行う者はその間憑依状態にあることが理想とされ、また小さな針を身体中に刺す自傷行為もしばしば見られる。ここに自己をムルガンに捧げ、象徴的な死（自傷行為）を通じて救済されるというきわめて自己否定的な観念が認められる。そして、この自己否定（象徴的な死）と再生の過程がムルガンへの献身の表明であり、証なのである（詳しくは後述）。

シンガポールのインド系住民にとって重要な祭りは三つある。一つはディーワーリー（Diwali）あるいはディーパーヴァリー（Deepawali）で光の祭りである。一一月の新月に行われ、祝日である。それは基本的には家庭祭祀であり、インドでは南部よりも北部で盛んである。神によるアスラ（阿修羅）の退治を祝って家中の灯火に火をつけ、揚げた菓子を食べる。この日に親戚の間でサリーなどの贈与がある。つぎに四ヵ月かけて秋に行われる『マハーバーラタ』のヒロイン、ドラウパディー女神を祝う火渡りの祭りがある。これはサウス・ブリッジ・ロードのマーリ女神寺院で行われるが、そこに祭られているドラウパディーが祭神である。三番目がタイ・プーサム[20]である。後者二つは南インド、とくにタミル系の祭りとして知られている。カーヴァディが多数見られるのはこのタイ・プーサムにおいてである。それは、タミル暦のタイ月（一月半ばから二月半ば）の満月の日になされる。

図8－1　カーヴァディの基本形式［Sonnerat 1782］

ムルガンはタイ・プーサムの日にヴァイディーシュヴァラ・コーヴィルというところで母のパールヴァティーから、スーラパドマ率いるアスラの軍勢と闘うために武器（ヴェール）を送られたという。タイ・プーサムがムルガン神と結びついているのはこのような故事に由来する。

タイ・プーサムを祝うのは、タンク・ロードに位置するムルガン寺院[21]である。これは一八五九年に建立され、シンガポールで勢力を誇ってきたチェッティヤール（金貸し、商人）・カーストが管理する[22]。したがって、この祭りはチェッティヤール・カーストの祭りとも考えられる。祭りに先立って一三日間ここでは床屋が数人集まり、剃髪がなされている。これは、願を掛けた人の御礼の行為である。

祭りの前日早朝に、行進用のムルガン像がムルガン寺院の境内から銀色の山車へと運ばれ、そこで多くの信者から供物を受ける。ムルガンは布（衣服）や花輪を受けとる。そして、車で引かれて山車がムルガン寺院から中華街に近いサウス・ブリッジ・ロードのマーリ女神寺院へと向かう（図8-2参照）。この山車にはムルガン寺院のバラモン司祭も添乗する。マーリ女神寺院の前で立ち止まり、ここでも供物を受ける。そして、山車の上のムルガン像と内陣のマーリ女神像の両方に各寺院の司祭による礼拝が同時に行われる。この後、やはりチェッティヤールが管理する、キョン・サック・ロードに位置するヴィナーヤガ寺院に向かい、ここで夕刻まで留まる。ヴィナーヤガは象頭でムルガンの兄である。ここまで片道およそ四・五キロの距離である。そして夕刻ムルガン寺院へと向かう。ここでカーヴァディが準備され帰路に参加するが、身体に針を刺したりしない（図8-3参照）。帰路はチェッティヤールの商売の中心地であったマーケット・ストリートに立ち寄る。

この日の巡行に関わるのはチェッティヤールに限られている。カーヴァディを担ぐチェッティヤールとともに、夜七時頃にムルガン寺院に到着すると、境内で歌を伴う踊りを披露する。

同じ頃、この寺院から二・五キロほど北のセラングーン・ロードのヴィシュヌ寺院[23]に、カーヴァディを行う人びとが集まる。このヴィシュヌ寺院に隣接して、シンガポールの主要なヒンドゥー寺院を管理するヒンドゥー寄進局（Hindu Endowment Board）の本部があり、ヴィシュヌ寺院もその管理下にある。この寺院はカーヴァディの出発点に選ばれただけで、儀礼的なつながりは存在しない。かれらは境内で簡単な礼拝をし、カーヴァディの準備をする。真夜中には、あちこちで針刺しの光景が見られ、少数の人にとくに専門化しているわけでもないようである。そして、一部の人は暗い夜道をムルガン寺院へと歩き始める。

このような実践を行う信徒は数日前から――ときには四〇日前から――菜食を守り、禁欲をする。儀礼の直前には水浴し身を清める。そして聖灰を体に塗る。祭具の棒が地面に置かれ、その前にバナナの葉が敷かれる。その上にバナナの房やココヤシの実、ビンロウジなどが供えられる。そしてその前で、家族や友人によって礼拝がなされる。壺は香

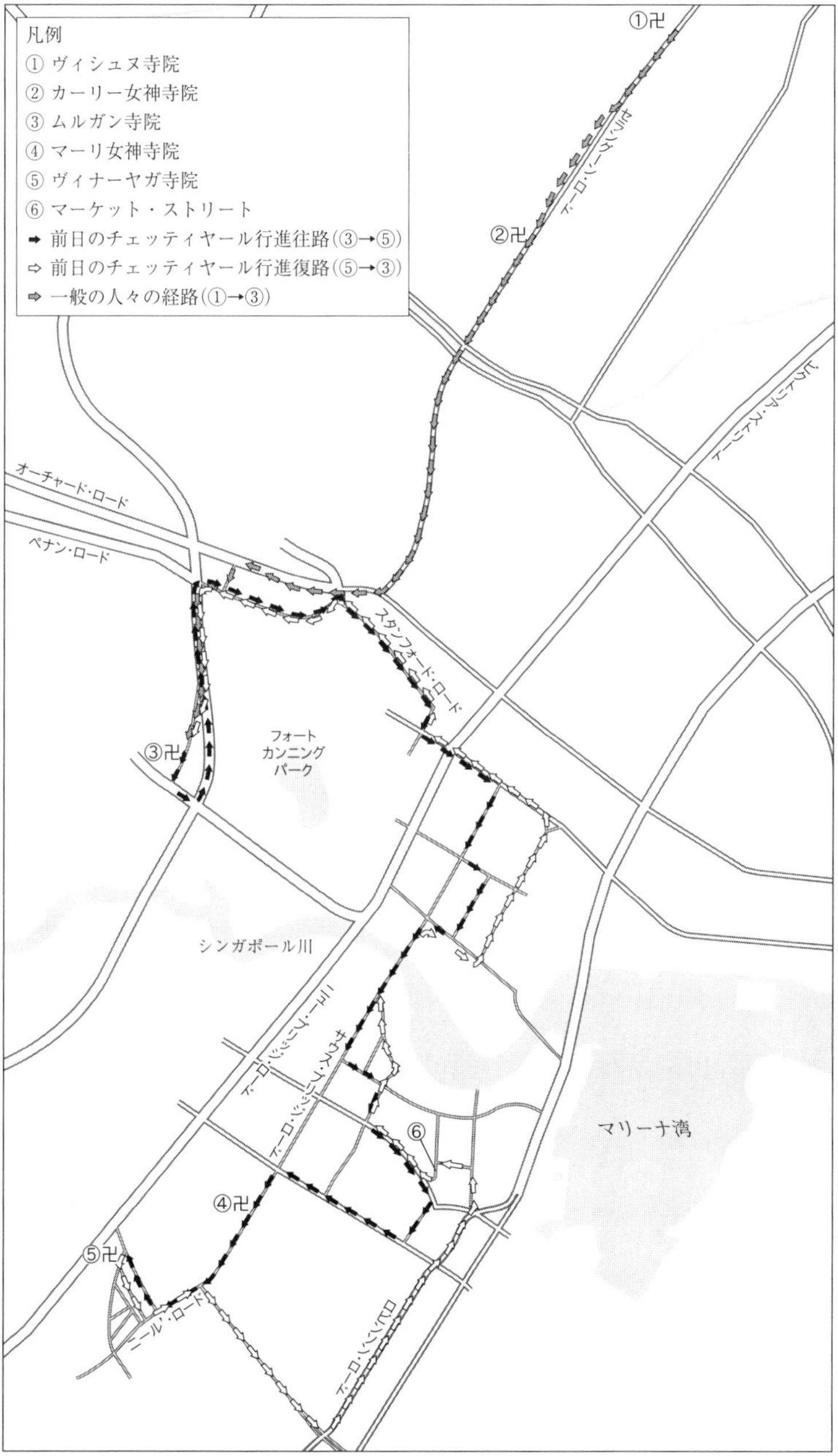

図8－2　カーヴァディの経路

図8－3　チェッティヤールのカーヴァディ（著者撮影）

煙で清められ、ミルクを入れた後封印される。ムルガン寺院に着くと、運んできたミルク壺を寺院に供える。これは神像の聖化（灌頂）に使われる。こうした行為が翌日も夜まで延々と続く。参加者には、家族や親族、友人たちがつきそい、ムルガン寺院に着くと参加者を囲んでレモン水などを飲ませる。途中セラングーン・ロードにあるカーリー女神寺院の前で留まり、一礼し、ココヤシを砕く。ここで踊る人もいる。四つ辻では悪霊を追い払うためにライムを切って放る。

ヴィシュヌ寺院に集まる人びとは、儀礼実践の形式によって四種類に分かれる。一番簡単なのは頭にミルクの壺を乗せて運ぶ場合で、男女がともに参加できる。それ以外は男性のみが実践する。まず木製のカーヴァディを担ぐ形式、つぎに少数だが背中に鉤を刺して、そこに通したロープで山車（irata）を引くカーヴァディ（irata kāvaṭi）。最後に、金属製のアラフ・カーヴァディである（図8－4参照）。これは、数は少ないが、もっとも人目を引く。人によっては頬や舌に針を刺す。

アラフ・カーヴァディの祭具はアルミ製で前後ならびに左右にアーチ型のフレームからなる。肩パッドと腰のベルトでこれを支える。ときには、このフレームを直接身体に刺さった棒で支えることもある。外から見ると、円形に広がったスカートを頭からかぶっているような形になる。この上に（つ

図8－4　アラフ・カーヴァディ（著者撮影）

まり頭上に）ムルガンの像を描いた絵を掲げ、さらにその上にクジャクの羽などの飾りがつく。そして、ここにミルク壺二つが収められている。タイ・プーサムに参加する人は年々増えているが(24)、アラフ・カーヴァディを運ぶ人は六五〇人前後に留まっていて横這い状態である。

二〇〇五年のタイ・プーサムではアラフ・カーヴァディは午前二時から午後六時までの間に出発しなければならなかった。さらに登録料のレシートの色によって、午後二時を境に「午前」と「午後」の二つに出発時間が分けられている。ミルク壺を頭に乗せる人と、木製のカーヴァディを担ぐ男性は、午前〇時五分から出発可能である。小さな山車を引くカーヴァディは午前二時から午後二時までに出発する。そして、午後から出発するアラフ・カーヴァディは一〇〇シンガポールドルを預け、夜の一一時までにムルガン寺院に到達しなかった場合は罰金として没収される。真夜中から開始するのは、人数の問題だけでなく、当日が平日の場合仕事を休めない人たちを考慮してのことである。

ムルガン寺院では、針などを抜いてもらい、冷たい飲み物を飲む。三日後に自宅で人びとを招待し、カーヴァディの由来を説明する神話の登場人物イドゥンバンへの礼拝がなされる［Babb 1976: 15］。このとき鶏などを供犠し、酒なども飲む。この礼拝によってはじめて菜食・禁欲の期間が終了する。

神話によると、イドゥンバンは、聖者アガスティヤに大きな二つの丘を南インドに運ぶように命ぜられ、途中でムルガンに会って殺害されるアスラである。夫の死を悲しんだ妻の願いを受け入れて、ムルガンはイドゥンバンを生き返らせるのである。そして、彼を寺院の門番として受け入れる。カーヴァディを行う人たちは、このイドゥンバンの行為を実は模していて、ミルクの入った壺は二つの丘を原型としている。さらに、体に刺す針は、ムルガンの武器（ヴェール）を象っていて、かれらが象徴的な死と再生（ムルガンによる殺害と蘇生）を経験していることを示唆している。このため、カーヴァディの実践者にとって、イドゥンバンは信者のお手本となる存在なのである。

暴力へのまなざし

過去二〇年のカーヴァディを見るまなざしの変化を考えるにあたって、三つの点をここで指摘しておきたい。まず、タイ・プーサムはヒンドゥー教徒の祭りととらえられていて、タミル人の祭りとみなされていないことである。また、カーヴァディを行う人の名前から、タミル以外のヒンドゥー教徒がたくさん参加していることが分かる。それだけでなく、インド系以外の人間、たとえば中国系シンガポール人や、ドイツ人のような外国人の参加も珍しくはない。そして、来賓として政治家が招待される。タイ・プーサムは、こうして、エスニック・コミュニティの祭りであると同時に、多民族国家、そして共存をうたうシンガポールにとっても重要なシンボルとなっているのである[25]。

二点目として注目したいのは、タイ・プーサムを報じる新聞では、以前問題になっていた儀礼の野蛮さを嘆いたり非難したりする声がなぜか聞こえなくなっているという点である。強調されているのは、カーヴァディのような儀礼は本来神聖なものであるということ、それが心ない若者たちによって台無しにされているということである。批判の矛先は、カーヴァディという儀礼の実践ではなく、それを冷やかしたり、その機会を自分たちのお遊びに利用したりしようとしている若者に向けられているのである。

植民地時代のカーヴァディに代表される野蛮な儀礼への批判は、若者への批判にとって代わられた。しかし、そのためにはカーヴァディを見るまなざしも変化しなければならなかった。カーヴァディはもはや吐き気をもよおすおぞましい儀礼というよりは、美しい儀礼として表象されていく。たとえば、政府の刊行物である『シンガポール・ヒンドゥー

（*Singapore Hindu*）』の表紙を、対称性が強調されたカーヴァディの写真が飾っている（図8-5参照）。タイ・プーサムに見られる自傷行為は、真摯な信仰の証となったのである。

第三点として注目したいのは観光である。タイ・プーサムが観光資源として注目されて久しい。観光客がタイ・プーサムに惹かれる理由は、カーヴァディにおける自傷行為に他ならない。観光客はそこに異国情緒豊かなヒンドゥー教徒の風習を見出す。しかし、それだけでなく、インド人コミュニティやシンガポール政府が主張する信仰の真摯さや多民族社会における調和に感動する。かれらの主張が受け入れられる場があるからこそ、観光資源としてタイ・プーサムは重視される。もし否定的な印象だけを与えるのなら、とっくの昔に廃止されていたであろう。

図8-5　『シンガポール・ヒンドゥー』の表紙

政治（第一と第二の指摘）と経済（第三の指摘）が相互に益を得る形で、タイ・プーサムは存続している。そこで、暴力は排除すべき「野蛮」の象徴ではなく、特定のエスニック集団に留まらない、真摯な信仰の証として受容されることになる。

七　暴力の分類

以上、本章では、文化人類学による暴力研究を批判的に検討しながら、そこで作用する「文化人類学の暴力」について論じた。また儀礼と暴力との関係を考察しつつ、コンタクト・ゾーンにおける儀礼的な暴力が、批判や弾圧を受けつつ、他方で観光資源へと変容する事例についても指摘した。暴力についての文化人類学のジレンマとはトライバル・ゾーンを絶対視する視点から生まれていると考えられるが、儀礼的暴力はすでにコンタクト・ゾーンの文脈で新たな変貌

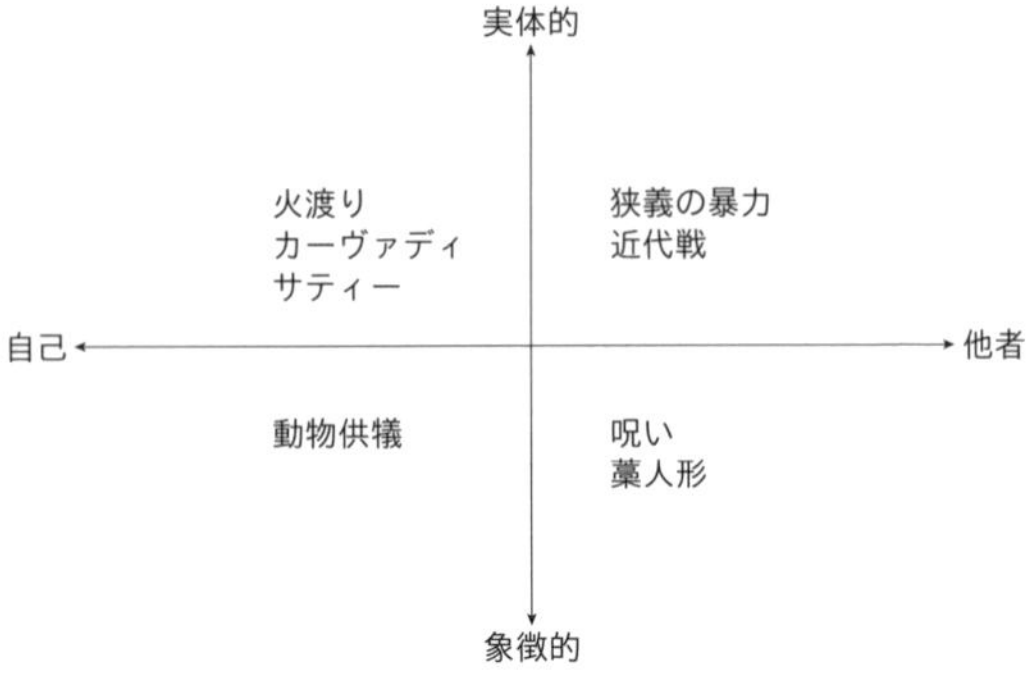

図8－6　暴力の類型化

を遂げつつあるのである。ここで注目すべきことは、かつて「野蛮」の表徴であった暴力が真摯な信仰の証となって観光的価値を高めているという状況である。

本章を閉じるにあたって強調しておきたいのは、暴力という概念を狭くとらえる必要はないということである。わたしたちが通常想定する暴力は、他者に向けられ、他者の自由を奪う（ときに死に至らせる）実体的な暴力である。近代戦に見る暴力はその典型であろう。類似の暴力に呪いなどの象徴的暴力を想定することができる。呪いは他者に不幸をもたらすためになされる実践であるが、因果関係は立証されていない。藁人形に五寸釘を打つことと、特定の人間を死に至らしめるという目的との間にどのような関係があるのかについては不明である。呪いは当事者たちの間でのみその効力が認められている暴力と言えよう。これらは、実体的であれ、象徴的であれ他者に向けられた暴力である。これに対し、本章では自己に向けられた暴力や、他者の否定というより、自己のよりよい変貌を可能とする（と信じられている）暴力をも考察の対象にした。

たとえば、カーヴァディに見られる自傷行為は、神（ムルガン）によるアスラの殺害という神話的暴力に基づく。これはムルガンから見れば他者（アスラ）への暴力だが、信徒たちには他者を殲滅する暴力とは理解されていない。むしろ、それは、自己に向けられた暴力であり、自己によりよき生をもたらす供犠的な暴力、すなわち再生の暴力なのである。カーヴァディは自己の身体に実際に針を刺すため実体的であるのに対し、動物供犠は自己の身代わりとして山羊などの動物が殺害されるので象徴的と言える。

本章（一九一、一九六頁）で少し触れたサティーも、自己に向けられているのか他者に向けられているのかは解釈によって異なるが、実体的な供犠的暴力と解釈することも可能である。サティーは、寡婦を女神に変貌させるからである［田中 一九九八b］。このような積極的な意味が、サティーに付与されているゆえに、その廃絶が困難なのである。これに対し、性的な規範を犯した女性の殺害を意味する名誉殺人や持参金目当てで新妻を殺害する持参金殺人は、そこに正当化を可能とする文化的な要素が認められるとしても、被害者の再生は想定されていない[26]。供犠的な暴力は、カーヴァディのように観光資源となり、新たな政治的要素が加わって社会に受け入れられる場合もあれば、サティーのように現実に死を引き起こすため国際社会において厳しい非難の対象になる場合もある[27]。暴力を対象とする文化人類学は、フィールドにおける暴力実践の意味を丁寧に吟味する必要があると同時に、より広義の文脈においてそうした暴力を分析し、場合によっては、文化相対主義に陥ることなく積極的に批判していくという姿勢も必要なのである。

注

〈1〉フィールドワークがいかに暴力と危険に満ちているのかという点については、[Nordstrom and Robben（eds.）1995] を参照。一九八〇年代で少なくとも六〇名の人類学者が「フィールドワークでの不幸な出来事」で死んでいる、という [Sluka 1995: 276 n1.]。

〈2〉シャノンが語る南アメリカのヤノマミ人との出会いの記述は、かれらの好戦的な性格を読者に印象づけるのに十分である。「村の入り口で私は上を見上げて唖然とした。十数名の男たちが、矢を引いて待ち構えていたからだ。かれらの体はがっしりとしているが、裸で、汚く、ぞっとするような出で立ちであった。（中略）ふと足もとを見ると十数匹の犬が鼻を鳴らしていた。それらは私が今日の餌であるかのように私の周りをくるくる回っていた。私は恐れおののいて、ノートをもったまま立ちすくんだ。無力でどうすることもできなかった」[Chagnon 1968: 5]。

〈3〉暴力と文化相対主義の問題については [小田 一九九七] を参照。文化相対主義批判については [田中 二〇一五b] も参照。

〈4〉文献については、「未開人の戦争」の民族誌についての批判的考察を加えている [栗本 一九九七] が多くの事例を紹介している。他に、[Poole 1986] が役に立つ。宗教の関係では [Candland 1992] が詳しい。

〈5〉バルトの学説史上の位置については序章、ならびに補論1を参照。

〈6〉例外は [Marx 1976] に代表されるグラックマンの影響を受けた人類学者である。

〈7〉アクションとパッションという対比は [Corbin 1976] による。

〈8〉この視点は後の書物 [Bloch 1992] においてさらに発展することになる。批判については [Hoskins 1996] がある。

〈9〉たとえば、[Daniel 1996; Feldman1991; Heald 1989; Scheper-Hughes 1992] のモノグラフ、[Riches（ed.）1986] および [Harvey and Gow（eds.）1994] 所収の諸論文を参照。

〈10〉一例としてヌアー人の好戦的なイメージを歴史的にたどった [Johnson 1981] を挙げておく。

〈11〉異文化表象と時間・歴史との関係について詳しくは [Fabian

1983］と本書第七章参照。

〈12〉以下の議論は［Heider 1979: 124-126］による。なお、ハイダーの戦争についての考察は本多よりはるかにバランスのとれたものである。彼は戦争が儀礼的な局面と世俗的な局面の二つの発展過程をもち、後者においては大虐殺が生じると述べている。本多はこの世俗的な局面を無視したか、過小評価したのである。

〈13〉この点について［Walley 1997］を参照。

〈14〉［Ong 1988］や［スピヴァク 一九九八］を参照。

〈15〉［Fox 1977］。この文献については［Twitchell 1989: 37-38］から教えられた。

〈16〉その起源遡及的志向ゆえか、ジラールの理論を積極的に人類学で応用している例はあまり多くない。その数少ない試みに［Simonse 1992］がある。また、シェーパー=ヒューズも肯定的にとらえている［Scheper-Hughes 1992: 394］。人類学者による批判については［Rosald 1987］を参照。ローレンツとの共通性は［Holt 1991-92］や［Twitchell 1989］が指摘している。

〈17〉二〇一〇年の統計では総人口が三七七万、そのうち、中国系が七四・一%、マレー系が一三・三%、インド系人口が九・二%である。宗教では、一五歳以上の人口に限って言うと、仏教が三三・三%、道教など中国の伝統宗教が一〇・九%、イスラームが一四・七%、キリスト教一八・三%、そして、ヒンドゥー教が五・一%である。それ以外の宗教が〇・七%、無宗教が一七・〇%である。一九八〇年の統計と比べると、この二〇年間の顕著な傾向として、仏教が二七・〇%から三三・三%へと急増し、道教などが三〇・〇%から一〇・九%へと急減している。そして、キリスト教が一〇・一%から八・三%へと漸減している。二〇一六年の統計では総人口が三九三・四万である。ただし、これに加えて外国人居住者がおよそ六七万人いる（http://www.singstat.gov.sg/keystats/c2010/handbook.pdf 二〇一七年一月二日アクセス、ならびに *Singapore in Figures* 2017 より）。

〈18〉一九八〇年の統計ではインド人の六二%をタミル系インド人が占める。

〈19〉ヒンドゥー教徒は一九八〇年では五六・三%、一九九〇年で五三・一%、二〇〇〇年では五五・四%を占める。

〈20〉タイ・プーサムについて、一九八〇年代半ばの観察に基づきシンハはつぎのように論じている。「タイ・プーサムはこれまで重視していなかったつぎのような人びとにアピールし始めた。それは、バラモン、マラヤーリ〔商人〕、北インド系の人びと、また知識階級に属する個人、そしてスィク教徒やイスラームなどの他の宗教、さらに中国系など異なるエスニック・カテゴリーに属する人びとである。かれらがこの祭りに数多く参加し始めたのである」［Sinha 1987: 143-144］。タイ・プーサムの記述は田中自身の観察（二〇〇二年一月と二〇〇五年一月）に基づくが、一部［Babb 1976］と［Evers and Pavadarayan 1993］をも参照した。

〈21〉正式には Thandayuthapani と言うが、これはムルガンの別名である。

〈22〉管理委員会は祭りの翌日に毎年替わる。

〈23〉正式には Srinivasa Perumal と言うが、これはヴィシュヌの別名である。

〈24〉一九九三年に七〇〇〇、一九九五年に七七〇〇、そして一九九六年には九五〇〇名の参加者が記録されている。最近では二〇〇一年に一万五〇〇〇名、二〇〇二年に二万名が参加している。二〇〇一年から二〇〇二年の急増については不況を原因とする説明がある（『ストレイト・タイムズ（*Strait Times*）』二〇〇二年一月一九日付け）。

〈25〉 ゲストとして招かれた環境省大臣リム・スィー・セイはつぎのように答えている。「これ〔インド系以外の民族集団が参加していることについて〕は、すばらしい出来事だ。そのような〔民族の〕相互協同や相互理解を何世代にもわたって浸透させ続けることができると思う」（『ストレイト・タイムズ（*Strait Times*）』二〇〇二年一月一九日付け）。

〈26〉 名誉殺人について詳しくは［田中 二〇一二］、持参金殺人については［田中・嶺崎 二〇一七］を参照。

〈27〉 国際的な論争を引き起こしている暴力に女子割礼（ＦＧＭ）がある。これも一部の社会では女性に豊穣力をもたらすという意味が認められるということを考慮すると供犠的な暴力である［田中 一九九四］。それは、実体的であるが、カーヴァディのように自傷的な実践とみなしてもいいのかどうか、疑問が残る。自傷的（自発的）ではなく強制的であることを根拠に廃絶が主張されているからだ。

第九章　実用人類学の系譜

人類学の学習はわたしたちのような帝国には必要不可欠だと言ってよい。
（*Anthropology and the Empire* 1909）〈1〉

率直に言って、多くの人類学的あるいは社会学的な研究は「役立たず」だ。
（Sociology, *Central African Post*, 一九五三年四月一〇日付け）

一　はじめに

本章と次章はコンタクト・ゾーンとしてのフィールドが主題である。前者は北ローデシアを、後者はポナペ島を、とりあげる。どちらも第六章第四節で簡単に触れている。フィールドは、人類学者と現地の人びと（かれらはけっして一様ではない）とが交流し、また宗主国の影響を無視できないコンタクト・ゾーンである。

本章の対象は、中央アフリカ・北ローデシアのローズ・リヴィングストン研究所である。ローズ・リヴィングストン研究所は設立以来二〇年以上にわたって多くの人類学者の調査拠点かつ教育機関として機能してきた。それはまた、フィールドと植民地政府あるいは英国の高等教育機関との間で、きわめてユニークな役割を果たしてきた。わたしの考えでは、コンタクト・ゾーンを主題とする欧米学者の研究が生まれたのもこの地域においてであった。

二　実用という視点

人類学は欧米の植民地支配と密接に関係しながら発展してきた。[2] 人類学とは植民地支配が生みだした学問だとか、いわゆるオリエンタリズム（エドワード・サイード）の一翼を担う政治的支配を正当化する、統治のための知識であったという結論を今日否定することは難しい。[3] しかし、たとえそうであっても人類学と社会（宗主国と植民地双方）のダイナミズムを無視するべきではなかろう。

人類学的知はきわめて具体的な対面関係を通じて生みだされる。人類学者が対象とする「他者」は、欧米人にとっては確かにもっとも遠くに位置する未開かつ野蛮な存在であったかもしれないが、フィールドでの長期の調査方法を確立した二〇世紀の人類学者にとっては、かれら（少なくともその一部）はもっとも身近な存在であった。そうした親密さ（familiarity）ゆえに人類学者自身が批判されるということさえ起こった。[4] 本章でとりあげる北ローデシア（現ザンビア）のローズ・リヴィングストン社会調査研究所（Rhodes-Livingstone Institute for Social Research：以下ローズ・リヴィングストン研究所）のように、旧植民地に設置された研究所においては、それを取り囲む現地人アシスタント、インフォーマント、白人入植者、役人などとの適切な距離のとり方がつねに問われていた。[5] より一般的には、フィールドワークという体験が一方的かつ一面的な知識のあり方を攪乱する可能性を含んでいたのである。

本章では、とくに二〇世紀前半の人類学と植民地政策との関係を検討する。人類学の実用性をめぐる議論を見ると、一九二〇年代に大きな変化が生まれた。それまでは、人類学の実用性を強調していた人びとは、官僚であれ人類学者であれ、植民地となった伝統社会についての人類学の知識が植民地行政官や商人に役に立つと信じ、これを主張してきた。これに対し、二〇年代半ば以後では、長期のフィールドワークを行うという方法論的革新が生じ、実用性を強調する人類学においては、再構築された伝統社会についての知識ではなく、社会変化の過程にある現実社会そのものの記述および分析こそ実用的である、という主張へと変化してきた。この変化が端的に認められるのは、一九二二年と一九二九年に発表されたマリノフスキーによる二つの論文である。

しかし、現実はどうだったのか。実用性の主張が受け入れられたのかどうか、理論的知識との関係はどうだったのか。本章ではローズ・リヴィングストン研究所を対象に、具体的な検討を加えていくことにする。

三　人類学の役割[6]

英国では一八〇七年に奴隷交易が廃止され、解放令が一八三三年に発効する。これを受けて廃止運動に関わった人びとが一八三八年に先住民保護協会を設立するが、路線の違いから一八四三年にロンドン民族学協会（The Ethnological Society of London）が生まれる。この機関誌にはつぎのような文章が掲載された。

「民族学」は今や一般にわたしたちの注意を強く惹きつける主張をもつものとして認められている。それはたんに自然の生みだした世界をのぞきこむのを好む人びとの好奇心を満たすというだけでなく、実用的な（practical）意義をもつものである。なぜなら、とくにこの国には、たくさんの植民地と広範囲にわたる交易によって、相互に異なり、またわたしたちとも異なる肉体的かつ道徳的特徴をもつ多種多様な人びととの接触が生まれたからである。[Brodie 1856: 294–295]

その後も人類学（民族学）が植民地経営に有用であることを強調する主張が続くが[7]、一八七一年の人類学協会（一九〇七年に王立人類学協会と改称）設立後[8]、人類学の実用性についての議論は影を潜める。しかし、この間大学での人類学のポストは着実に増えていった。一八八三年に『未開文化』の著者エドワード・タイラーがオックスフォード大学に、一九〇〇年にはアルフレッド・C・ハッドンがケンブリッジ大学に職を得る。一九〇六年までにオックスフォード大学とケンブリッジ大学、ロンドン大学に社会人類学・民族学の拠点が整備される。人類学のディプロマ・コースが、一九〇五年にオックスフォード大学、そして一九〇八年にケンブリッジ大学に創設されて、行政官を受け入れた。

こうした中、人類学の植民地行政に対する実用性を唱え、応用人類学の学校設立を目指したのがリチャード・C・テンプル卿（一八五〇～一九三一）であった[9]。彼は準男爵の長男で、ハーロー校からトリニティ・カレッジ（ケンブリッジ大学）というエリート・コースを進み、一八七一年から一八九一年まで軍人としてインド、ビルマ、アフガニスタンなどで活躍する。一八九四年にアンダマン諸島の担当局長（Chief Commissioner）となる。一方で、彼は『パンジャーブ覚書と質問（*Punjab Notes and Queries*）』（一八八三〜八七）や『インドの古物蒐集家（*The Indian Antiquary*）』（一八八四〜）の編集、公刊を始める。著書に『アンダマンの言語（*Andamanese Language*）』（一八七七）、『パンジャーブの伝説（*Legends of Punjab*）』（一八八三〜九〇）、『インド政府（*Government of India*）』（一九一一）、『実用科学としての人類学（*Anthropology as a Practical Science*）』（一九一四）がある。最後の書物に収められている三論文はもともと講演[10]である。それらは、一九〇四年のケンブリッジ大学で行った「人類学の実用的価値（The Practical Value of Anthropology）」、一九一三年のバーミンガム大学での「人類学の行政的価値（The Administrative Value of Anthropology）」、同年オックスフォード大学での「行政官のための人類学トレーニングの価値（The Value of a Training in Anthropology for the Administrator）」である[11]。また、一九〇八年には首相に人類学の有用性を認識させ、帝国人類学部局（Imperial Bureau of Anthrpology）の設置を提案した。

以下にテンプル卿の構想を紹介しておきたい。彼の基本的な主張は、大学教育で人類学的習慣（the anthropological habit）をつけることこそ、植民地での他者理解を深めるはずだ、ということである。現地の人びとについての知識を得ることで共感を深め、さらに尊敬も獲得できる、というものであった。

> 行政官にとって管轄下にある人びとをよく知っているということは一つの達成であって、彼の成功にとって本質的であるだけでなく、その知識が洞察をもって使用されるなら、彼の任地国にとっても有益この上ない。そしてこの洞察は「人類学的慣習」によってもっともうまく獲得されるのだ。[Temple 1905: 4]

> 行政で成功するには、機転を使わなければならない。機転とは洞察と眼識で、直感的な人類学の知識から生まれる性質のものだ。（中略）若いときに［外国に送られて現地人を管理する］人びとは人類学的慣習を習得していたはずなので、（中略）自分の周りにいる人びとについてなにを知ることが必要なのかを、しかも最短時間で学ぶだろう。[Temple 1913: 296]

そして、人類学の拠点を確立することを提案している。その具体的な内容は、一九一三年インド高等文官（Indian Civil Service）の見習いたちに対してオックスフォードで行われた講演で明らかにされている。テンプル卿によれば、植民地の行政官に必要なのは彼の地の言語、行政の仕組み、法律だけでなく、その文化についての知識である。そして、それを教えるのが応用人類学校（School of Applied Anthropology）である。

テンプル卿の主張は第一次世界大戦で中断されたが、戦争終結後の一九二一年、再度「応用人類学校」の設置を要求している［Temple 1921: Anthropology British Association 1921］。

テンプル卿の言う実用性とはあくまで任地の現地人たちについての知識であり、人類学そのものをどうすべきかといった、より踏みこんだ議論はなされていない。また彼の言う人類学的慣習の習得とは、観察力を高めたり知識を獲得する方法である。テンプル卿は、次節に見る国際アフリカ言語文化研究所の理念とは異なり、所与の知識としての人類学の有効性を強調し、またその主張に基づいて制度化を図ったが、人類学そのものを変革しようという意図も資格もなかった。彼自身、人類学が有する趣味的性格を完全に取り去っていなかったことは、コインの蒐集など趣味としての実用性に繰り返し触れていることからも明らかである。しかし、人類学の実用性とはこうした趣味性からの決別を意味するのではなかったのだろうか。

テンプル卿が応用人類学校を再び主張した翌年にあたる一九二二年は、後の英国人類学に多大な影響を与えるマリノフスキーの『西太平洋の遠洋航海者』とラドクリフ゠ブラウンの『アンダマン島民』が出版された年で、近代人類学の幕開けとされる。近代人類学とは長期のフィールドワーク（住みこみ）に基づく、地域社会の共時的な記述と社会学的分析を目指す学問としての人類学を意味する。この年、すでにロンドン大学経済政治学院（The London School of Economics and Political Science: LSE）の民族学非常勤講師になっていたマリノフスキーは、『エコノミカ（*Economica*）』誌に「民族学と社会研究」という論文を発表している。

そこでマリノフスキーは、民族学（人類学）には二つの実用的価値があると指摘している。一つは、植民地政策に直接関わるもので、もう一つは人類全体の発展に洞察を与えるもの――彼の言う「ニュー・ヒューマニズム」[12]「未来についての社会学」――である。後の議論との関係で指摘しておきたいのは、この二つの価値のうち、厳密には前者のみが本章で言う実用性を意味し、後者はむしろ理論的な性格が強いということだ[13]。前者に関しては「野蛮人や有色民族の研究は植民地行政ならびに白人と有色人との関係の統制にとって実用的価値がある」［Malinowski 1922: 208］とし、少しでも当地の民族誌的知識に通じていれば回避できる問題——彼がとくに例として挙げているのは性のモラルと戦争である——が多々あるという。さらに、マリノフスキーは、人類学に理解を示す偉大な行政官の一人としてテンプル卿に言及しているが、彼の主張にまで踏みこんではいない。

至るところに文化のあらゆる要素、すなわち、すべての習慣と信念が価値を表し、社会的機能を果たし、社会的でかつ生物学的意義を有するという事実をまったく理解できないというおろかさが蔓延している。というのも伝統とは、すべてのより糸がきっちりと織りこまれているため、どれか一つがほどけてもすべてだめになるような布のようなものだからだ。生物学的に述べると伝統というのは共同体が環境に対してとる集合的な順応形態である。伝統を壊してみなさい。そうすれば統合的な有機体である保護してくれる外皮が共同体から取り去られ、ゆっくりだが不可避となる消滅の過程へと共同体を追いやることになるのだ。[Malinowski 1922: 214]

この文章に、機能主義がよって立つところの社会有機体説を認めることが可能である。非西欧人の道徳的視点からある種の慣習を廃止すると、とりかえしのつかない結果が生じると警告している。しかし、ここで問われている社会は西欧と接触する以前の共同体である、ということにも注意しておきたい。

さて、話は前後するが、一九二〇年代までのアフリカではどの程度人類学者が植民地経営に関わっていたのだろうか(14)。一九〇八年に南ナイジェリアで行政人類学者（government anthropologist）が任命されたが、一時的な試みに終わっている。一九二〇年にアシャンティの研究で有名なロバート・S・ラトレィが黄金海岸（ガーナ）で新しい役職である行政人類学者に任命され、また一九二一年にはナイジェリアで国勢調査のために人類学者が任命された。東アフリカでは一九〇九年から断続的にチャールズ・G・セリグマンがアングロ・エジプト・スーダン政府のために人類学的調査を行い、これをエドワード・E・エヴァンズ=プリチャードが引き継いだ。南アフリカではアイザック・シャペラがベチュアナランド政府と密接な関係を保持していた。

このように、人類学は必ずしも植民地経営に深く関わっていたとは言えないし、関わっていたとしてもセリグマンやエヴァンズ=プリチャードが告白しているように、かれらが助言を求められることはなかった[Evans-Pritchard 1946: 97]。

しかし、こうした状況は徐々に変わっていく。

四　フィールドとしての植民地

一九二六年に国際アフリカ言語文化研究所（The International Institute of African Languages and Cultures）がロンドンに設置された。[15]一九二八年には機関誌『アフリカ』を創刊する。メンバーは人類学者、言語学者、伝道師、植民地行政官などで、第一期の決議機関にはナイジェリアに勤務し間接統治政策の提唱で有名な元ナイジェリア総督のフレデリック・D・ルガード卿[16]、フランスのルシアン・レヴィ=ブリュル、そしてセリグマンらが任命されていた。後に、ヴィルヘルム・シュミットやマリノフスキーもメンバーとなる。一般会員は一九二七年に一四九名、一九三〇年には九〇三名に達した。

研究所は、なによりもアフリカについての一級の知識を蓄積、配分する情報センターを目指していた。さらに、この研究所はアフリカについての科学的な知識を実用的なことがら（開発）に役立てる、橋渡しをするものとして位置づけられていた。

> 研究所のすべての研究は厳密な科学的原理に基づき、科学的方法によって実施されることになろう。それは人類学や言語学の調査を行ったり援助したりするが、同時にその成果をアフリカ民族の実際の生活に結びつけ、アフリカの発展のために働いている、行政官や教育者、衛生・福祉関係者、商人たちすべての関心である差し迫った諸問題の解決に、研究者の調査をいかにすれば利用できるのかを発見しようとしている。[17]［Lugard 1928：2］

こうした視点から、各言語の調査と正書法の確立、教科書の見直し、人類学的研究の促進などが図られた。これは以前の植民地政策と一線を画するものであった。[18]そして、ロックフェラー財団の支援を受けて、マリノフスキーの推薦する学生たちがアフリカで調査をすることになった。[19]奨学生にはジークフリート・F・ナデル、マイヤー・フォーテス、モニカ・ウィルソン（当時モニカ・ハンター）、シャペラ、ダリル・フォード、ヒルダ・クーパーら第二次世界大戦後のアフリカ研究を主導する研究者たちが選ばれている。[20] 研究所は調査費用だけでなく出版やシンポジウムなども支援した。マリノフスキーが一九二九年に『アフリカ』誌で発表する「実用人類学」の視点は、上述の設置目的をほぼ継承している。そこで彼は「新しい人類学の部門」として社会変化や文化接触を研究対象とする人類学を提唱している。それはまた間接統治という植民地政策により適合的な人類学の提唱でもあった。

新しい人類学の部門を遅かれ早かれ開始しなければならない。それは変貌する現地民たち（the changing Native）についての人類学だ。（中略）〔それは〕実際文化接触、思想と慣習の移転についての理論的な問題、つまり伝播問題全体に対してきわめて重要な光を投げかけるはずだ。この人類学は植民地で実務家にとってもっとも重要であるということは明らかであろう。
[Malinowski 1929: 36]

ロックフェラーの援助決定に応じる形で一九三一年に採択された研究所の「調査五ヵ年計画」では、調査目的をつぎのように述べている。[21]

ヨーロッパ文明の思想と経済力がアフリカ人の生活に内部侵食することから生じる根本的な問題はなにか。それはアフリカ社会の結束力をめぐる問題である。アフリカ社会は厳しい負担を強いられていて、大陸に侵入する列強が完璧にアフリカを崩壊するやもしれぬという危険がある。その結果生じるのは、アフリカ社会の成員個々人にとって大災害に違いないし、同時に共同体の通常の進化を不可能にするはずだ。したがって、ここでは研究所が組織する調査とは、本来のアフリカ社会にある社会結束力の諸要素をよりよく理解すること、それらが新規の影響でどう変化したのか、新しい集団形成や新しい社会的絆の形成についての動向、そしてアフリカ社会と西欧文明との協同形式に向けられなければならない、以上のことを提唱したい。[A Five-Year Plan of Research 1932: 1]

研究所の目的は純粋に客観的かつ科学的な方法で変化の過程を研究することである。[A Five-Year Plan of Research 1932: 2]

設置目的、マリノフスキーの提案、そしてこの調査計画が、繰り返し述べているのは社会変化（文化接触）を対象とする人類学の必要性である。この意味で、後にリチャーズが述べているように、国際アフリカ言語文化研究所は当初から実用人類学（practical anthropology）を標榜していた[22]。

国際アフリカ言語文化研究所をめぐる動きに並行して、王立人類学協会でも人類学の応用性についての議論が続けられていた。そして、一九三七年には応用人類学委員会が結成されている［Applied Anthropology Committee 1937］。そこではこの委員会の目的を、文化接触や人類学の知識を植民地政策に応用することについて論じることとし、税金や、出稼ぎの村落社会への影響、スラムの発達などを調査の新しいテーマとしている。

一九三八年にはカーネギー財団の支援を受けて、元インド総督ウィリアム・M・ヘイリー卿が『アフリカン・サーヴェイ（*An African Survey*）』という、およそ一七〇〇頁の大著を著す[23]。同書でも植民地、とくにアフリカに関して人類学的知識の有用性が強調されている［Hailey 1938: 40-59］[24]。ヘイリーはまたルガードを引き継いで国際アフリカ言語文化研究所の代表となっている。

一九四〇年には『アフリカン・サーヴェイ』での提案を受けて植民地発展福祉法（The Colonial Development and Welfare Act）が法制化され、年間五〇万ポンドが調査費として計上される。一九四四年に植民地社会調査審議会（The Colonial Social Science Research Council）が設置され、上記の予算の分配にあたった。これらの調査費はほとんどがアフリカ研究に使用されている。審議会の初代代表がヘイリー卿であり、マリノフスキーの後継者であるレイモンド・ファースが事務局長であった。

以上をまとめると、二〇世紀に入ってから人類学が植民地経営に有効な知識を与えるという主張が続いていたが、その意味するところは変わってきていることが分かる。すでに触れたように、テンプル卿は人類学そのものの変化を意識していたとは言えない。

マリノフスキーによる一九二二年の論文には従来の人類学批判は前面に出てはいないし、また社会変化という言葉も一度しか見当たらない。しかし、一九二九年の論文ではマリノフスキーは実用人類学を、社会変化を対象とする人類学の新しい部門として位置づけ、従来の人類学を批判している[25]。当時社会変化を研究しなければならないという主張は彼独自のものではなかった。国際アフリカ言語文化研究所の設立そのものにこうした視点が認められるからだ。マリノフスキーはこれをより人類学の問題に引きつけて実用人類学を提唱しているのである。つまり、伝統社会（植民地）を研究対象とする人類学一般の実用性の主張から、社会変化を対象とする人類学の実用性の主張へと、一九二〇年代後半に大きな変化が生じたのである。そして、社会変化を研究するという視点は、ゴドフリー・ウィルソンやマックス・グラックマンが関与したローズ・リヴィングストン研究所の基本方針となった。

五　ローズ・リヴィングストン研究所

ローズ・リヴィングストン研究所は一九三七年に北ローデシア、今日のザンビアにヤング知事の主導で設置された[26]。セシル・ローズの南北ローデシア（これはローズの名前に由来する）創設五〇周年と、デイヴィッド・リヴィングストンがアフリカに向けて出発して一〇〇年目が一九四〇年であるということを記念しての設置であった。最初は旧都ソールズベリーにあったが、一九五三年に北ローデシアの首都ルサカに移る。もともとは研究所よりも観光客を集めることのできる博物館の設置（一九三四年に設置）が設置提唱者の主眼であったようだが、博物館は一九四六年に分離する。一八五三年の南北ローデシアとニヤサランド（現マラウィ）連盟の形成にあたってローデシア・ニヤサランド・ユニヴァーシティ・カレッジに吸収され、北ローデシア独立後、ザンビア大学附置社会研究所となる。

ローズ・リヴィングストン研究所は英領中央アフリカ（南北ローデシアとニヤサランド）での社会調査を指導することを目的とする、政府から独立した研究機関で、政府の支出はおよそ半分であった[27]。その運営は複数の評議員が責任を担っていた。評議員には政府役人だけではなく一般人も含まれていたため、純粋に理論的なことがらに専念するわけにもいかなかった。

歴代の所長をここで列挙すると、初代がウィルソンである。ウィルソンのもとで働いていたグラックマンがつぎに所長となる[28]。そしてアメリカ人のエリザベス・コルソンが一九四八年に、ジェイムズ・C・ミッチェルが一九五二年に所長になる。その後、タンザニア政府に雇用されていた研究者ヘンリー・フォスブルック（一九五六〜六〇）、所長代行のチャールズ・M・N・ホワイト、アラステア・ヘロン（一九六三〜六七）、大学に附置されてからはヤープ・ファン・フェルセンと続く。

一九三七年の『人間（*Man*）』誌に研究所支援を呼びかける文章が掲載されている。その一部を引用しよう。


ローズ・リヴィングストン研究所は、アフリカそのものに拠点を形成し、さまざまな領域でなされている、ヨーロッパ文明による土着のアフリカ社会への影響を検討し、科学的営為に貢献しようとするものである。ここでは現地民とそうでない人びととの間に持続的で満足のいく関係をうちたてられるかという問題が社会研究の主題かもしれない。わたしたちは、都市と田舎両方において新たな集団や社会関係の形成を分析することになろう。これを達成するためには現代中央アフリカ社会に認められる鉱山や商店、官吏や伝道師を、土着の鍛冶屋や疑似兄弟関係、首長や楽師と同じ社会で機能する要素とみなす必要がある。［Anon. 1937］

そして応用人類学の専門家（an expert in applied anthropology）を雇用する計画を披露している。

この文章は、先に紹介した国際アフリカ言語文化研究所の五ヵ年計画を想起させる。換言すれば、国際アフリカ言語文化研究所や実用的な知識の蒐集を人類学に託した『アフリカン・サーベイ』と同じ路線でローズ・リヴィングストン研究所も位置づけられていたと言える。[29] 文末には一三名の署名があるが、その中にはルガード卿やヘイリー卿の名前もある。以下、ウィルソンとグラックマンの基本的立場を見ていくことにしたい。

ウィルソンは一九〇八年に生まれ、オックスフォード大学で古典と哲学を学び、一九三二年から三四年までロックフェラー奨学生となってマリノフスキーのところで人類学の訓練を受ける。さらにロックフェラー財団の助成を受けて、一九三六年から三八年にかけてニャキュウサ人の間で調査している。同じ助成を受けていたモニカ・ハンターと結婚。一九三八年に所長となる。戦争が始まると四一年に辞任・入隊、四四年に死亡する。彼は農村調査だけでなく、困難な状況で鉱山町ブロークン・ヒル（現カブウェ）での調査を行ったことで知られている。

ウィルソンは、研究所が実用的貢献をすべきであることを説いている［Wilson 1940］。その意味するところは、客観的な知識を蒐集しそれを提供することである。その知識とは刻一刻と変貌していくアフリカ社会についてのものである。その上で政府の政策を批判的に検討する。というのも、人類学者は全体を関連づけて社会を見ているので、政策の実行がどのような変化をもたらすのか、どのような状況であればその政策が効果的なのか、ということを示唆できるからだ。彼の主張にマリノフスキーの影響を認めることは可能だ。

ウィルソンを継承したグラックマンは、一九一一年にロシア系ユダヤ人の子どもとしてヨハネスバーグに生まれる。ヨハネスバーグにあったウィットワタースランド大学では、ケープタウン大学の初代社会人類学教授ラドクリフ＝ブラウン（一八八一～一九五五）の影響を受けたウィニフレッド・ヘーンレに社会人類学を学ぶ。マンチェスター大学退官後、一九七五年にイスラエルで死去している。二〇世紀初頭の南アフリカは、ラドクリフ＝ブラウンがケープタウン大学で教えていた（一九二〇～二六）こともあり、けっして学問的な辺境地帯ではなかった。〈30〉一九二三年、シャペラがマリノフスキーのところに留学している。一九三〇年に南アフリカに戻り、ウィットワタースランド大学で教え始めた。そこでは先のヘーンレが教えていた。かれらのクラスにはグラックマンの他に、エレン・ヘルマン、アイリーン・クリーグ、ヒルダ・クーパーがいた。

一九三四年、グラックマンはローズ奨学生としてオックスフォード大学に留学した。そして、一九三六年から三八年にかけて南アフリカのズールーランドで調査をしている。一九三九年にローズ・リヴィングストン研究所で助手（assistant anthropologist）として勤め始める。グラックマンは一九四一年に所長代行となり、一九四二年から一九四七年まで正式に所長となる。この間数々の調査を行っている。〈31〉

一九四七年にオックスフォードの上級講師に任命され、アフリカを離れる。そして、一九四九年、マンチェスター大学に創設された人類学科の初代教授に迎えられる。マンチェスター・ユナイテッドの大ファンで、週末になると強制的に学生たちをジープに乗せて試合観戦に臨む［Kapferer 2006: 149n. 10］。チームが今日のように有名になる前の話である。立派なスタジアムも建設されていない。北風の吹く中、サッカーの試合を観戦したという。このように良くも悪くもグラックマンの強力な個性が反映した学科であった。学生たちの調査地域は主としてローズ・リヴィングストン研究所があった英領中央アフリカであった。マンチェスター大学を拠点とする人類学者たちは、後にマンチェスター学派（Manchester School）と呼ばれることになる。

グラックマンは、研究所の活動を調査・研究活動、政府への奉仕、広報の三点であると指摘する。調査活動においては中央アフリカの現代人、すなわち白人と黒人の両方の社会生活を科学的に分析すること、社会生活についての正確で科学的な情報を政府やこの地域で人間に関わる専門家に供給すること、広報活動としては、できるだけ多くの人びとに正確な情報を普及することである。そのために言語クラスや一般向けのセミナーの開催がなされた。また多くの出版物が公刊された。それらは『ローズ・リヴィングストン——英中央アフリカの人間問題（*The Rhodes-Livingsotne Journal: Human Problems in British Central Africa*）』誌、『ローズ・リヴィングストン研究所通信（*Communications from the Rhodes-Livingstone Insitute*）』、そして、モノグラフの体裁をとった『ローズ・リヴィングストン論集（*The Rhodes-Livingstone Papers*）』である。

以下では研究所についてのグラックマンの考え方がもっともよく表れていると思われる『七ヵ年計画』（一九四五年）を検討したい〈32〉。

わたしは進行中の社会過程がまったく破壊的だとは思わない。わたしの問題設定の妥当性は、一般にヨーロッパ人とアフリカ人から成る異質な文化集団が中央アフリカの社会を構成しているということを認めるところにかかっている。多くの確執や不適応があるにしても、そこには明白な社会構造と行動規範があるのだ。[Gluckman 1945: 9]

こうした社会変化、文化接触への関心はアフリカ社会だけでなく、新参のヨーロッパ人やインド人などの他の集団をも考慮した視点を養った。さらに宗教や道徳など社会価値への影響にもおよんでいた。そして法律の整備が現地人の発展（教育、家屋、近代的行政、医療、技術など）にとって必要不可欠であるが、そのためには正確な現地の知識が必要だ、と述べている。

グラックマンは、具体的につぎのような達成目的を掲げる [Gluckman 1945: 7]。第一は、当地域の主要な社会発展をカバーしなければならないこと。第二は、伝統的な社会組織および近代的な社会組織の両方で比較可能な諸問題を幅広く提示すること。第三は、政府が直面しているもっとも重要な社会問題をとり扱うべきであることである。そして一と三を満たすものとして鉱山都市への出稼ぎ民の研究を挙げている。具体的にそれは、⑴さまざまな地域における出稼ぎの影響、⑵貨幣経済の影響、⑶人口移動、⑷社会変化、⑸行動に影響を与える要因の研究、⑹現代的現象と伝統の両方を視野に入れる必要があるとする。〈33〉ウィルソンやグラックマンが主張したローズ・リヴィングストン研究所の実用的役割は植民地政府との関係で意味あるものであった。当然政府との関係が問われることになる。

六　人類学者の孤立

一九三〇年代から四〇年代の『アフリカ』誌や『人間』誌を見ると、当時の重鎮であった植民地官僚のルガード卿［Lugard 1930］やヘイリー卿［Hailey 1944］が人類学の意義を強調していることが分かる。しかし、マリノフスキーの一九二九年の論文が翌年反論［Mitchell 1930］されているように、人類学が有用であるという意見はけっして一般的なものとは言えなかった。行政の現場では人類学者は必ずしも求められていなかったのである。

先に示した出稼ぎ民の研究はすでにウィルソンによって先鞭が付けられていたが、にもかかわらず、ウィルソンが求めていたカッパーベルトでの調査は、白人経営者たちからは秩序を脅かすものとして正式に認められなかった。〈34〉代わりにブロークン・ヒルでの調査が許可されたが、大規模なストライキが起こり、調査は中断される。白人の雇用者たちはこのような調査が、現地の黒人労働者になんらかの労働改善の期待を抱かせるものであると考え、また人類学者たちの左翼的傾向を警戒していた。その「実用性」ゆえに、人類学者たちは白人の雇用者たちから疎ましく思われていたのである。当時、異国情緒のある世界からより現実的な状況を対象とする学問として人類学が生まれ変わりつつあったということを考えると、人類学者が新たなフィールドで直面した事態――「現実」からの拒否反応――は皮肉なものであった。

政府との関係で類似の問題をグラックマンも味わうことになる。

開発計画を確実な根拠のもとでまとめることができるように、社会学的な調査を先にやってくれと依頼する政府高官がますます増えている。（中略）〔だが〕共同計画はけっして楽ではない。独立した研究所と政府の間には確執や意見の相違があるものだ。社会学者〔人類学者〕は、他の役人と異なり今なお政府の政策になんの責任も負わなくていい「よそ者」である。

未来の協力関係は、両者の領分が相互補完的で、ライバルではないと認める人が出てくるかどうかによる。結局のところ社会学者と政府役人とはお互いの貢献度と限度とを認めなければならない。[Gluckman 1945: 4][35]

その後の『所長報告』でも政府との関係について言及している。

わたしたちの資料がどの程度政府の方針に影響を与えているのか不明だ。正確な知識は政策の実施に役立つし、また政策の効果を示すことができる。事実とずれがあるときは知職が政策を変更すると期待したい。[Gluckman 1948: 79]

別のところでは、研究所が政府をどの程度援助できるかは研究設備を政府がどの程度研究所に配置するかに直接依拠している、とまで述べて、政府との対等関係を強調している。[Gluckman 1945: 28]

グラックマンはローズ・リヴィングストン研究所が政府から独立していなければならないとし、その理由を、政策に疑義を唱えやすい、現地人との関係において自由な方がいい、非政府組織からの援助を失いたくない、と説明している。そして科学者たる社会学者・人類学者は理論的な問題に集中できることを許されるべきであり、そうでないと科学の発展はおぼつかない、と述べている[Gluckman 1945: 6]。こうした視点を貫く限り政府との協力は実質的に無理であったろう。実際、グラックマンが当初抱いていた人類学の実用的価値を試みるという意図は政府の側に十分に理解されることなく終わり、次節で見るように、このことが彼を若い研究員の教育や理論的方向に向かわせ、そしてオックスフォード大学の職を受け入れた、と理解することもできる。[36]

七　研究・教育活動

すでに指摘したように、当初研究所にはウィルソンとグラックマンの二人が研究調査を行う人類学者で、前者が都市部、後者が農村という分業体制を作っていたが、グラックマンの所長時代に研究員（オフィサー）の数は増えることになる。

以下の文章はグラックマンの教育者としての見解を端的に表している。

わたしは短期間だが一つのフィールドに新参の研究員を連れて行き、アフリカの生活を紹介し、また調査方法について教えようと思っていた。〔Gluckman 1948：69〕

わたしの計画では、研究員はまず、村落や近隣社会と関係づけて親族組織の説明を書き、また彼自身がとくに関心をもっていることがらについての論文を書くべきである。チームが一九四八年九月にフィールドに戻ったら、各人が未踏の地における親族や地縁組織について調査し、簡単な報告書を提出することを勧める。それから詳細な研究やかれらの調査地の文献資料に基づいて、わたし自身が中央アフリカの社会組織についての最初の比較分析を行いたい。この種の研究は理論的にも行政的にも大変重要である。〔Gluckman 1948：71〕

グラックマンは、彼自身新鮮に感じたのであろう、人類学者以外の研究者との共同調査や共同で公表する研究成果の重要性を説いている〔Gluckman 1948：78〕。人類学者が複数で調査することでお互いの研究を知る機会もあった。それは、調査地以外の地域についての知識を獲得するだけでなく、問題点の共有につながり、また限られた地域での民族間の比較を可能にした。研究者はそのフィールドノートを複写して、一部を研究所に保管することを義務づけられていた。フィールドノートを将来の比較研究のもとになる資料とみなしていたからである。さらに、研究員には準備のための教育期間も設けていたし、所長が調査技術などをフィールドで教えた。また、年に一、二度のセミナーで議論する場を与えた。

以下、具体的に見てみよう。一九四六年からコルソン、ジョン・A・バーンズ、ミッチェル、そして経済学者一人の計四名を研究員として雇うことができた。さらにJ・F・ホールマンが四年間の契約で研究員となった。グラックマンはアフリカに到着したコルソンらを、まずケープタウンで教えていたシャペラに送ってそこで調査研究の準備をさせている。それからローズ・リヴィングストン研究所に移って本格的な調査に入る。一九四六年九月から調査が始まる。研究員の住居がルサカに用意されていなかったので、イギリスで報告書を書くことになった。一九四七年九月にグラックマンは研究所を離れてオックスフォードに迎えられた（四九年にマンチェスター大学の社会人類学科初代教授となる）。このためミッチェルらもオックスフォードの学生となって調査の報告書を仕上げ、これに基づいて博士論文を書いている。一九四八年夏にコルソンやミッチェルが研究所に戻ってきた。そしてコルソンは所長になり、ミッチェルは契約を更新する。バーンズはロンドン大学の講師となる。

コルソンの所長時代、一九四八年にマックス・G・マーウィックがやってくる。さらに一九四九年七月からイアン・G・カニソン、一九五〇年からヴィクター・W・ターナーが、一九五一年一〇月からウィリアム・ワトソンが研究員となる。彼ははじめの半年はマンチェスターで準備し、一九五二年四月に研究所へ着任している。一年半後の一九五三年九月にマンチェスターに発ち、そこで報告書を書いている。同じ時期に後に所長となるファン・フェルセンも着任し、やはり一九五三年一〇月にマンチェスターで報告書を書き始める。今回は他に二人の歴史家を一九五〇年九月から雇用し、また一九五二年末から弁護士であったアーノルド・L・エプスタインを研究員に雇っている。彼は後に人類学者となってサセックス大学の教授となる。

以上から明らかなのは、グラックマンは研究員たちに体系的で実践的な教育を施した上で、調査地に送っているということ、また研究所に研究員用の家屋が用意されていなかったという偶発的な事情からとはいえ、調査報告書に博士論文という性格を与えたことである。[37] マンチェスター大学に進学した大学院生が、そこで調査準備をして、研究所の研究員となって、復学後博士論文を仕上げるという後年のパターンの原型がコルソンらの場合に認められるのである。一九五六年までに研究所にはグラックマンを含めて一二名の人類学者が雇われ、そのうちすでに取得していた二名を除く実に九名が大学で博士論文を提出し、大学に職を得た。この事実は、ローズ・リヴィングストン研究所が応用人類学者や行政官を育てる機関ではなく、大学の教育を補完する調査拠点であったことを示していよう。[38] さらに研究所が組織した集団作業・共同活動の経験が後のマンチェスター学派の形成に結びついたはずだ。

八　その後のローズ・リヴィングストン研究所

一九四七年にグラックマンが離れ、実用をスローガンに掲げていたローズ・リヴィングストン研究所は、フーカーの表現を使うなら、「敵対する勢力に包囲されている危ういユートピア」〔Hooker 1963: 458-459〕へと変貌していった。以下ではグラックマンが離れた六年後のローズ・リヴィングストン研究所が直面した状況を、地方紙に掲載された人類学者批判から考察しておきたい。

率直に言って、多くの人類学的あるいは社会学的な研究は「役立たず」（hooey）だ。（中略）人類の正しい研究は人間を相手にすることかもしれないが、不必要にこの研究に骨身を削る必要はない。まして、アフリカの人びとに気楽にしゃべらせるために村の生活の水準まで身を落とす必要はない。（中略）立派な種類のヨーロッパ人とみなしている科学者たちがまるでアフリカ人のようにふるまっている光景にアフリカ人が遭遇したとしよう、するとかれらはすべてのヨーロッパ人への服従心や尊敬の念を失ってしまう。これは配慮の行き届いた生活様式で尊敬の念を勝ち取ってきた北ローデシアの上品で思いやりのある入植者にとって不公平であろう。（「社会学」『中央アフリカ・ポスト』一九五三年四月一〇日）

これに対し、当時の研究員がただちに反論を述べている。

ところで日常的な相互行為を通じて人びとを観察するためには、かれらと身近に接しなければならない。貴紙の編集長が示唆しているように、親密さは必ずしも軽蔑を産まない（Familiarity does not necessarily breed contempt）[39]。親密になることで本当の尊敬と理解が生まれるのである。それは肌の色によるのではなく当事者の性格に基づくものだ。（ヴィクター・ターナー&M・マカロック 投書「人類学と社会学」『中央アフリカ・ポスト』一九五三年四月一七日）

これに対する再批判はつぎのようなものだった。

わたしたちの見解では北ローデシアで今日行われている調査の多くは「役立たず」である。それらは何度も繰り返しなされてきた。それは知識を生みだしたかもしれないが、本当に新しい知識と言えるだろうか。そこには学問的な価値はあるだろうし、調査を行っている人びとにも価値があるかに見える。しかし、それ以外の人びとにはほとんど実用的な価値はない。わたしたちは行政官や医者あるいは伝道師が、中央アフリカの人びとについての社会学者による研究で、その成果を利用したという話を聞いたことがない。（編集長『中央アフリカ・ポスト』一九五三年四月一七日）

以上の議論はすれ違いに終わっているし、ターナーたちも実用性についての議論を真正面からとりあげているとは言えない。かれらは真の理解（相互の尊敬）には人種の差異を前提とするつきあいではなく、親密なつきあいこそが大事だと述べているにすぎない。それによって得た知識が一般社会が求めているような実用性のあるものかどうかという問いには答えていない。当時、中央アフリカは南北ローデシアとニヤサランドが連邦を形成して自治領化するという、政治的にはきわめて不安定な事態に直面していた。アフリカ人たちはこれには反対し、人類学者もかれらを支持していた。(40) こうした状況が反発を生み、人類学者に対して、より「実用的な学問」としての人類学（社会学）を求めたのかもしれない。

ここで指摘しておきたいのは、白人入植者と現地人との境界を攪乱するという人類学者のふるまいは、研究所内部でも起こっていたということである。たとえば、シューメイカーは、白人たちの反発に反比例して、当時の雇用人たちがいかに人類学者たちのことを愛着をもって追憶していたかを指摘しているし［Schumaker 1994: 218-235, 1996］、また一部のアシスタントたち——一九三七年から六四年までにおよそ五〇名が訓練を受けた——は独立後研究職に就いている。そこでもかれらを雇用していたローズ・リヴィングストン研究所の人類学者たちへの批判は皆無であった。

ローズ・リヴィングストン研究所は、一九六四年のザンビア独立後にザンビア大学の附置研究所となり、その名も社会研究所（Institute for Social Research）と変わる。さらに一九七一年にアフリカ研究所（Institute for African Studies）となった。(41) その後も所長にファン・フェルセンを迎えるなど、旧ローズ・リヴィングストン研究所やマンチェスター大学との関係が切れたわけではないが、独立後の活動は本章の視野の外にある。同じ大学に類似の研究所、アフリカ研究センターが一時設置されたが、これは先の研究所と合併した〈42〉。

九　植民地からアカデミアへ

第二次世界大戦が終わると、英国では古い体質の人類学者や愛好家を抱えていた王立人類学協会とは別に、大学に勤めている研究者からなる社会人類学者協会（Association of Social Anthropologists）が結成（一九四六年）され、人類学の専門化が促進された〈43〉。こうした動きの裏には同時に人類学者は実用化への熱意を失った、行政官からの理解を得ることができなかった、という事情もあったと思われる。

このような動きに応えるかのようにして、グラックマンも北ローデシアを離れオックスフォード、そしてマンチェスター大学に移る。しかし、グラックマンはローズ・リヴィングストン研究所と密接な関係を維持する。マンチェスターがグラックマンの拠点となってから、研究所の調査委員で後に所長となるコルソンやミッチェルらがマンチェスターに招かれ、さらにバーンズ、カニソン、エプスタイン、マーウィック、ターナー、ファン・フェルセンなどが研究所を拠点に調査を行い、マンチェスター大学でグラックマンの指導を受けている。著名な研究者としては、ミッチェルの学生で都市研究を行ったブルース・カッフェラーも忘れるべきではなかろう。

マンチェスターを拠点とする人類学者たちは後に、マンチェスター学派と呼ばれることになる〈44〉。グラックマンと同じく、そのメンバーもまたその研究主題として葛藤、過程、儀礼的統合などを選んでいる。そして、後に「状況分析（situational analysis）」、「拡張事例分析（extended-case study）」、「ネットワーク分析（network analysis）」、「社会劇（social drama）」などと呼ばれる独創的な手法を生みだした。さらに、現実的な関心から、都市化、エスニシティ、非アフリカ人への関心、チーフをめぐる政治的問題をとりあげ、統計分析や歴史的な分析を行っている。今日ではけっして珍しくなくなったこうした手法や視点、対象を開拓した業績をわたしたちは忘れてはなるまい。

こうして、資料の蓄積と独自の視点が提出されるにつれて、その方法論の洗練、諸概念の整理、体系化が試みられていった。内部での対立も生まれたが、メンバーたちの論文集やモノグラフにはグラックマンの前書きが付与され、相互に引用しあい、研究者共同体内部の結束が強まっていった。その結果、一九三七年に公表された支援要請文書（本書二二〇頁）にある「現地民とそうでない人びととの間に持続的で満足のいく関係をうちたてられるかという問題」も忘れ去られてしまった。

グラックマンは一九四〇年に、マリノフスキーの文化接触論の枠組［Malinowski 1938］に対して、橋の竣工式における白人と現地民との相互行為を分析した長大な論文（通称「橋」論文）[45]で批判を加えている。それはまたマリノフスキーが批判したモニカ・ウィルソンやフォーテス、シャペラらの研究を擁護するものであった[46]。

グラックマンは、マリノフスキーの提唱する「人類学の新しい分野」を批判的ながら発展・継承しようとした。その意味で、マリノフスキーの考えは、ほぼ同時代的にグラックマンに、そして間接的に（実用という意識は弱まっていくが）マンチェスター学派に継承されていった、と解釈できる。これに関して、マンチェスター学派の視点が、マリノフスキーの立場に近いフレドリック・バルトのトランザクショナリズムやレイモンド・ファースの社会組織（Social organization）論と後々重なっていくことも示唆的であろう[47]。

英国人類学の歴史における実用や応用という概念をたどってきて明らかとなるのは、なによりもそれが必ずしも一元的な統治の知識や統治技術への貢献を意味していなかったことである。未開社会の異国情緒あふれる慣習を蒐集することに甘んじるのではなく、より現実の社会、すなわち植民地としての社会に真摯に関わって人びとの生活知（生きられた知識）を理解しようとすればするほど、「実用」的になろうとすればするほど、植民地の秩序の基盤にある隔離政策に触れ［Kuper 1973: 149］、入植者からの反発を受けざるをえなかった。同じように、研究所での現地人との関係もまた、直接ではないにしても、入植者や政府役人とは異なる種類の白人の存在を知らしめたと言えよう。しかし、一方でこの事実は、本国の大学に拠点を確保できるようになった人類学者にとってフィールドは利害関係の希薄な、一時的な住処でしかなかったこと、つまり彼の地での生活者ではなかったことを強く示唆していないだろうか。テンプル卿の応用人類学校の構想から国際アフリカ言語文化研究所の設立へ、一九二二年のマリノフスキーから一九二九年のマリノフスキーへ、さらにローズ・リヴィングストン研究所の設立へという実用人類学をめぐる流れは、社会変化への関心から植民地主義の歴史研究へ、応用人類学から開発人類学へ、各地の地域研究の台頭へと、さらに続くが、それについては今後の課題としたい。本書の主題との関係で確認しておきたいのは、コンタクト・ゾーンとしてのフィールドという観点が、人類学の専門化によって徐々に否定されていったという事実である。

追記　本章の批判（注〈46〉と〈47〉）に対する清水昭俊の応答については、清水［二〇〇六、八八-八九］を参照。

注

〈1〉一九〇九年当時のハーバート・ヘンリー・アスキス首相（一八五二～一九二八）との会見におけるハリー・ジョンストン卿（一八五八～一九二七）の発言［Anthropology and the Empire 1909］。言語学者としても著名なジョンストン卿は、アフリカ各地で行政官として活動していた。

〈2〉人類学と植民地主義を真正面からとりあげた先駆的な業績として［ルクレール 一九七六、Asad (ed.) 1973］を挙げることができる。ストッキングJr.編集によって一九八三年に開始された *History of Anthropology* シリーズ刊行後、人類学を植民地支配の文脈で考察する視点は確立されたと言ってよい。その後の文献については注〈6〉を参照。

〈3〉オリエンタリズムと人類学をめぐる議論については［サイード 一九八六］ならびに［太田 一九九三、Kuklick 1991: 26］を参照。

〈4〉もちろん、そうした事実をもって人類学が免罪されるわけではない。

〈5〉かれらは、コラボレイターや文化媒介者という観点から考察することが可能と思われる。この点については第六章（本書一五七～一五八頁）を参照。

〈6〉本節と次節については、［ルクレール 一九七六、Feuchtwang 1973; Kuklick 1991; Kuper 1973; Stocking, Jr. 1995; Urry 1993］を参照。

〈7〉詳しくは［Reining 1962］を参照。

〈8〉参考までに、フランスでは一八五九年にパリ人類学協会（Société d'Anthropologie de Paris）が、ベルギーでは一八八二年に、ドイツでは一八六九年に類似の学会が創設されている。

〈9〉テンプル卿については［Kuklick 1991: 196-199; Morrison 1984: 149-153; Urry 1993: 113-115］を参照。

〈10〉これとつぎの講演は本にまとめられる前に、彼が編集する *Indian Antiquary* で発表されている。

〈11〉他に Anthropological Teaching in the Universities と題する一九一四年二月の会議の記録を参照（*Man* 1914 No. 35: 57-72）。ここではJ・フレーザーもつぎのようにことわりつつ、人類学の実用的な意義を支持している。「即座に言っておかねばならないのは、私の人類学への関心は思索が中心で科学的なものである。わたしたちがここに集まっているのは政府に人類学の実用的な意義を知らしめるためである。残念ながらこの方面について私はなんの経験もない。思索を重ねる人類学者には人類学の実用的な側面について語る資格はない」（p. 71）。

〈12〉ニュー・ヒューマニズムについては［Stocking, Jr. 1995: 267］を参照。

〈13〉後者についてマリノフスキーは、創設者ウェッブ夫妻を始めとする当時のＬＳＥのスタッフの研究を念頭に置いているが、それらについて theoretical work と表現している［Malinowski 1922: 215 n. 1］。

〈14〉以下は［Kuper 1973: 127–129; Wilson 1940］に基づく。

〈15〉以下の国際アフリカ言語文化研究所については、［Lugard 1928; A Five-Year Plan of Research 1932; Smith 1934］、とくに人類学との関わりについては、［Kuklick 1991: 209–215; Richards 1944; Stocking, Jr. 1995: 397–426］に依拠している。

〈16〉ルガード卿の間接統治については［森 一九九五］が詳しい。

〈17〉一九二二年に発展・開発を柱とするルガード卿の『英領熱帯アフリカの二重統治論（*The Dual Mandate in British Tropical Africa*）』が出版されている。

〈18〉この点については［Feuchtwang 1973: 83］を参照。

〈19〉マリノフスキーと研究所との関係や、ラドクリフ＝ブラウンとの確執、その後のマリノフスキーの活動については多くの文献が指摘しているが、研究所との関係については注〈15〉参照、マリノフスキーについては、［Hogbin 1956; Mair 1956］、最近では［清水 一九九九］がある。

〈20〉研究者だけでなく、すでにフィールド経験のある伝道師や役人一三名が大学で勉強する便宜も図っている。ロックフェラー財団の助成でアフリカの調査を行った研究者は、一九三四年までに一五名にのぼる。

〈21〉この計画はマリノフスキーの一九二九年の論文に基づいていた［Feuchtwang 1973: 83］。

〈22〉この点については［Richards 1944: 189］また［Smith 1934］を参照。またクラウスはそこに新たな応用民族学（applied ethnology）の可能性を認めていた［Krause 1932］。

〈23〉これにはすでにマリノフスキーの指導のもとで北ローデシアで調査を行っていたオードリー・リチャーズやニヤサランドで調査をしたマーガレット・リードが協力していた。

〈24〉同書の意義はアフリカの発展を植民地政策の中心に位置づけていることであり、その背景について考える必要がある（［Brown 1979: 525］を参照）。ただし、すでに明らかなように、社会変化への関心や、人類学への期待は一九二〇年代半ばの国際アフリカ言語文化研究所の設置理念にすでに認められる。その意義については［Committee on Applied Anthropology 1939］および［Coupland 1939］を参照。

〈25〉少なくとも一九二九年の論文では、マリノフスキーが批判した「従来の人類学」に自身のトロブリアンド諸島の研究成果を含んでいたとは思われない。一九二二年の論文と異なり、ここではフレーザーに代表される古典の素養を身につけた人類学者（フレーザーの進化論や伝播論）が批判されているからだ。「現代の人類学が未開の君主制に関心をよせるのはネミの森の祭祀王をめぐる関心からだった。（中略）しかし、わたしたちは未開部族のいわゆる政治体制について無知である」［Malinowski 1929: 25］。あるいは「より多くの観察資料を得なければならないが、それはいかにして制度が生まれたとか伝播したとかではなく、いかに機能しているかという視点から集めなければならない」[Malinowski 1929: 28]。確かに、清水[一九九九]が強調するように、マリノフスキーは後に自身のトロブリアンド諸島の研究も自己批判している[Malinowski 1930, 1938]。しかし、それがどの程度根本的な機能主義批判だったのかは疑問である。たとえばヘイリー卿によれば、行政官に必要とされるのは起源ではなく機能を研究主題とする新たな人類学である[Hailey 1944: 11]。[Brown 1973: 175, 1979: 525]も参照。より一般的には間接統治政策に応えられる人類学は機能主義であった、ということになろう[ルクレール 一九七六、一二一-一二七: Lackner 1973]。

後のグラックマンによるマリノフスキー批判[Gluckman 1940]は、マリノフスキーの機能主義的立場全般への批判となっている（ただしそれは必ずしもマリノフスキーの忘却を意味しない。この点については注〈47〉を参照）。これらはすべてマリノフスキーの機能主義に断絶を認めない立場と言える。マリノフスキーの論文をめぐっては、[Feuchtwang 1973]と[James 1973]も参照。

〈26〉 研究所設置をめぐる事情については[Brown 1973]に詳しい。その成果については、注〈28〉および[Gluckman 1956]を参照。通史は歴代の所長報告（たとえば[Colson 1948]）および*African Social Research* 1977の回想特集（たとえば[Colson 1977ab: Haron 1977: Mitchell 1977]など）に依拠している。なお、第二次世界大戦後、類似の研究所がウガンダとナイジェリアに設置される。

〈27〉 南北ローデシア、タンガニーカ（現タンザニアの一部）、ウガンダ、ニヤサランドなどの政府の他に鉄道会社や鉱山会社が寄付をしていた。

〈28〉 グラックマンおよびマンチェスター学派については、[Colson 1989: Evens and Handelman eds. 2006: Firth 1976: Gluckman n. d.: Mary Gluckman 1976: Kuper 1973: 177-190: Werbner 1984, 1990]が詳しい。

〈29〉 一九四八年の所長報告でグラックマンはこの支援要請書を引用していることからも、少なくとも研究所の路線は最初の一〇年間は原則として変わらなかったと推察できる。別のところ[Gluckman 1945]では、『アフリカン・サーヴェイ』に言及し、それが人類学調査の重要性を強調した点を高く評価している。

〈30〉 南アフリカの当時の状況については[Stocking, Jr. 1995: 323-338]が詳しい。

〈31〉 研究所時代のグラックマンについては、注〈26〉および[Brown 1979: Colson 1977a]を参照。

〈32〉 これ自体ウィルソンの理念をもとにしていた[Brown 1979]。

〈33〉 清水は一九八〇年代に入ってから出稼ぎが人類学の研究対象となったと述べているが、これは明らかな誤りである[清水 一九九九、五五七-五五八]。

〈34〉 そもそも鉱山会社は研究所の設立に対しても疑問をもっていた。ウィルソンが直面した問題については[Brown 1973]が詳しい。

〈35〉 人類学と政府との関係のまずさについては[Richards 1944]や[Lackner 1973]も類似の議論をしている。

〈36〉 これは[Brown 1979]の解釈である。

〈37〉ただし、グラックマンは一九四一年に南アフリカか英国の大学に研究員を滞在させるという考えを披露している［Brown 1979: 532 n. 36］。清水によればマリノフスキーも同じ指導をしていた［清水 一九九九、五四九、注2］。

〈38〉コルソンはつぎのように述べている。「〔グラックマンが基礎づけたさまざまな伝統は〕また研究所が応用作業から離れて純粋な研究の方向に向かうという新たな展開の予兆となっていた。研究員は各々が起点となり、一般の人びとではなく、かれら、および他の人類学者や社会学者に対して報告書を書き始めた」［Colson 1977a: 293］。

〈39〉この言葉は Familiarity breeds contempt, but it is knowledge that breeds respect というテンプル卿の言葉を想起させる［Temple 1905: 2］。

〈40〉政治的にも、人類学者はアフリカ人側に立っていたとみなされていた［Brown 1973: 194］。

〈41〉独立後の研究所の活動については［Van Velsen 1974］が詳しい。

〈42〉このあたりの事情については［Nsugbe 1977］が詳しい。

〈43〉社会人類学者協会はエヴァンズ＝プリチャードの主導のもとで生まれ、初代の会長にラドクリフ＝ブラウンが就任した。この協会については［Brown 1979: 539 n.77; Kuklick 1991: 57, 240; Lackner 1973: 138, 141; Schumaker 1994: 11］を参照。同年にはエヴァンズ＝プリチャードの論文「応用人類学」［Evans-Pritchard 1946］が出て、従来の政府支援という形の応用性が批判される。

〈44〉詳しくは注〈28〉の文献を参照。その成果の典型として［Epstein (ed.) 1967］を挙げることができる。

〈45〉これはローズ・リヴィングストン研究所の研究員にとって必読の論文であった。これについては本書第六章を参照。

〈46〉グラックマンの批判に対して、後にマリノフスキーの遺稿を編集したケイベリーが代わってグラックマンを批判している［Malinowski 1945: 15 n. 3］。これに対してさらにグラックマンはその書評で再批判を試みている［Gluckman 1947］。この論争の評価と影響については、たとえば［Werbner 1984: 161-162］や［Van Doorne 1984］を参照。清水はこの書評に言及して「マリノフスキーの提唱に沿った実用人類学の流れに止めを刺す役割を果たした」また「マリノフスキーの「社会変化」研究を退ける（以下略）」［一九九九、六一六］と断じている。清水は社会変化をめぐる議論と実用人類学とをほぼ同義に扱っているように見えるが、わたしの解釈では前者については批判的であってもその問題意識は継承されていった（注〈47〉参照）［Garbett 1970: Mitchell 1983: Van Doorne 1984: cf. Grillo 1985］。清水がグラックマンを、第二次世界大戦後の英国人類学をより保守的な方向へと舵取りしていたエヴァンズ＝プリチャードの補佐と位置づけていることも問題である。

〈47〉［Van Doorne 1984］は、社会変化に関するグラックマンの弟子たちとファースとの類似性を指摘している。またカッフェラーは後にバルトの功績を再考する論文集を編集している［Kapferer (ed.) 1976］。［Kuper 1973: 188, 203; Werbner 1984: 176-178］も類似の指摘をしている。他に一九七〇年のマリノフスキー記念講演［Garbett 1970］も参照。清水［一九九九］はマリノフスキーの視点を一九四〇年に出版されたフォーテスとエヴァンズ=プリチャードの編集による『アフリカの伝統的政治体系』と対比させて、この書物こそ、その後のラドクリフ=ブラウンを中心とする英国人類学の分析パラダイムになるものであり、マリノフスキーの「新たな人類学の分野」は忘れ去られた、と述べている。清水が同じ一九四〇年に出版されたグラックマンの論文［Gluckman 1940］とその影響を視野に入れていれば、マリノフスキーは忘却された、という結論に達しなかったのではないか。少なくとも「マリノフスキーがシステム志向と対置させた論点はその後の人類学史に生かされることはなかった」［清水 一九九九、五七三］という発言はなかったであろう。同じように清水はファースの一九四四年の講演を高く評価しているが［清水 一九九九、六〇四-六〇五］、その流れがまったく途絶えてしまったと結論するのは奇妙である。清水自身が、「マリノフスキーの機能主義からラドクリフ=ブラウンの構造機能主義へ、レヴィ=ストロースを介して象徴人類学へ」という日本で支配的な人類学史にとらわれているゆえ、そのような結論に達した、と言えないだろうか。日本においてはマリノフスキーだけでなく、グラックマンも、さらにはファースやバルトもしかるべき位置を学説史に与えられていないことこそ問題なのである（バルトについては序章と補論1を参照）。日本においては忘却の彼方から呼び戻さなければならないのはひとりマリノフスキーだけではない。清水の論文については、他に関根［二〇一二］を参照。

第一〇章　探検と共同研究

一　はじめに

本章は、京都大学を中心とする文化・社会人類学（以下、人類学）の歴史を、探検活動と共同研究との関係で考察することを目的とする。前半では、今西錦司を中心とする探検について、後半では京都大学人文科学研究所（人文研）における共同研究について論じ、両者との関係や共通する要素を明らかにしたい。コンタクト・ゾーンとの関係で注目したいのは、かれらが生みだした民族誌（報告書）である。そこには、日本人の植民者の生活をも視野に入れた記述が見られるからである。民族誌に加えて注目したいのは、探検も共同研究も集合的な活動であり、そこではつねに研究者間の密な関係が認められたという点である。両者に共通するのは、京都という都市世界で培われた社会関係資本（ソーシャル・キャピタル social capital）の大きさである［パットナム　二〇〇六］。社会関係資本とは、人びとの対面的な絆とそれに基づく信頼と言えるが、この絆の強さが探検、後の学術調査隊、そして共同研究を生みだしてきた。また同時にこれらの活動がメンバーの絆を強め、新しい人の参入を促し社会関係資本を高め、その結果さらなる活動が生まれてきたのである。本章では、文化人類学という学問が、大学あるいは学界だけに収まらない性格――実践共同体（a community of practice）的な――を有することを明らかにしていきたい。

なお、本章で対象にするのは、京都大学あるいは京都を中心とする人類学であるが、その定義は難しい。今西や梅棹忠夫とともに、あるいはかれらのもとで人類学を学んだ研究者が必ずしも京都出身であったり、京大卒業であったり、はたまた内容的に生態や生業を主題とする人類学を特徴とするとは限らない。反対に、京都に見られる強い絆を背景とする人類学が、日本のどこかにもあるかもしれないし、また京都で人類学を勉強したと言われても不思議でない生態学的な研究を専門とする人類学者もいるかもしれない。梅棹がある集まりでわたしに語ったように、「京都学派なんかあったんかいな」という当事者自身からの反語的な問いかけは、はたして「なかった」と言ってしまっていいのかという疑問を抱かせると同時に、「あった」ことをつい前提にして議論しようとする態度を戒める言葉でもあった。冒頭の「京都大学を中心とする」（以下京大系）という言葉は、厳密な定義に基づくものではなく、京大という研究機関を拠点に活動してきた人類学者たちが実践してきたフィールドワークや研究成果の総体という意味であると考えてほしい。その一部をとれば、農学や霊長類学であって人類学と言えないものもあるかもしれないが、しかし、それらも京大の人類学の歴史を考える上で無視できないのは明らかである。

京大系人類学はまた、多くの学派と同じくけっして一枚岩的だったとは言えない。本章では内部の対立や緊張関係に触れることはないが、だからといって京大系人類学がまとまりの強い学術的活動であったと主張するつもりはないことをことわっておかねばならない。

二　探検と冒険

『大辞泉』によると、冒険は「危険な状態になることを承知の上で、あえて行うこと。成功するかどうか成否が確かでないことを、あえてやってみること」、探検は「危険を冒して未知の地域に入り、実地に調べること」と説明されている。『広辞苑』（第三版）ではそれぞれ「危険をおかすこと。成功のたしかでないことをあえてすること」、「未知のものなどを実地に探りしらべること。また、危険を冒して実地に探ること」となり、探検には「調べる」という知的活動が含まれていることが分かる。人類学につながるのは冒険ではなく探検の系譜である。

上記のような探検の定義は、一見分かりやすいが、思っているほど単純とは言えない。日本に限ると、探検に遣唐使なども含める場合もあるが［長沢 一九七三］、実地に調べることと留学とは厳密には異なる。渡海の危険性に注目すれば、当時の遣唐使は冒険だと考えることもできよう。また、探検の定義そのものには単独か集団か、公か私かという行為の形態や性格は問題にはならないことも強調しておきたい。

ちなみに梅棹［一九七二、一五］は、探検を客観的に価値のある、新しい知識をもたらす行為ととらえている。そして、探検は総合的な知識を獲得するために大人数にならざるをえない、とみなしている。換言すると、近代的であればあるほど大規模になるということになる。本多勝一［一九七二、一六］は、冒険を、主体的で、ときにみずからの生命をかける行為、危険を冒す行為であると定義している。同じく、石毛直道［一九七〇、四九九］は、冒険を行為そのものを重視するもの、探検を目的がはっきりしていて、これを実現しようとする活動としている。

では、探検の目的とはなにか。本多は、地理的探検、軍事的探検、そして「好奇心からくる探検」の三つに言及している［梅棹・本多 一九七〇、五一二］。最後のものが学術的な探検と考えることができる。

日本の場合、まず鎖国という政治的状況が国家主導でなされ、個人の探検活動を抑えるという事態が生じる。一五世紀半ばから一七世紀半ばの大航海時代に鎖国政策をとったため、日本は東南アジアや東アジアへの進出を中断することになり、結果として大航海時代に乗り遅れた。そして、明治時代に後発の帝国主義国家となって、国境の画定や領土拡大への動きと連動して、さまざまな探検が組織された。

後の人類学的な調査に連なるものとしては、鳥居龍蔵の遼東半島（一八九五）、台湾調査（一八九六）、大谷探検隊（第一次一九〇二～一九〇四、第二次一九〇八～一九〇九、第三次一九一〇～一九一四）、画家土方久功のサタワル滞在（一九三一～一九三八）などがある。さらに今西、西堀栄三郎らの白頭山（長白山）（一九三四）、今西を隊長とするポナペ（一九四一）および北部大興安嶺（一九四二）、また今西による内蒙古の探検（一九三八～一九三九、一九四四）がある（表10-1）。

次節で述べるように、二〇世紀前半に英国では探検から独立して社会・文化人類学が専門化を高めていくのに対し、日本では探検が戦前から戦中にかけて盛んとなる。戦後も、大学の探検部や山岳部などを中心とする学術探検隊が組織されている。戦後になると、今西、梅棹らの京都大学カラコラム・ヒンズークシ学術探検隊（一九五五）、梅棹、川村俊蔵らの第一次大阪市立大学東南アジア学術調査隊（一九五七～一九五八）、川喜田二郎らの西北ネパール学術探検隊（一九

表10－1　人類学的調査と共同研究関連年表

年代	日本と人類学関連の動き	関連のフィールド調査・探検	共同研究
1936	第一回日本人類学会・日本民族学会連合大会開催		
1938		第1次内蒙古調査（隊長・木原均、今西錦司など） 雲岡石窟調査（水野清一、長広敏雄を中心に44年まで7回調査）	
1939		第2次内蒙古調査（今西錦司、森下正明など）⇒『草原行』1947	
1940		探検地理学会樺太踏査（隊長・藤本武）	
1941		ポナペ島調査（隊長・今西錦司）⇒『ポナペ』1944	
1942		北部大興安嶺探検（隊長・今西錦司）⇒『大興安嶺探検』1952	
1944	西北研究所設置	内蒙古調査（西北研究所所長・今西錦司）	
1945	敗戦		
1949		京都山岳連盟屋久島踏査隊（隊長・今西錦司）	
1951	生物誌研究会発足		
1952	講和条約	日本山岳会ネパール・ヒマラヤ学術調査（隊長・今西錦司）	
1953		日本山岳会ネパール・ヒマラヤ学術調査	
1955		京都大学カラコラム・ヒンズークシ学術探検（隊長・木原均、カラコラム支隊長・今西錦司）	
1956	京大探検部発足（芦田譲治部長、顧問に今西錦司、桑原武夫） 財団法人日本モンキーセンター発足	京都大学・パンジャブ大学合同東部ヒンズークシ探検（隊長・藤田和夫） 京都大学イラン学術調査（隊長・吉田光邦）⇒『沙漠と高原の国』1975	
1957		京都大学・パンジャブ大学合同スワート・ヒマラヤ探検（隊長・松下進）⇒『知られざるヒマラヤ』1958、『スワート・ヒンズークシ紀行』1958 第1次大阪市立大学東南アジア学術調査（隊長・梅棹忠夫） 第1次東南アジア稲作民族文化総合調査（隊長・松本信広）	今西共同研究班「霊長類におけるカルチュアとパーソナリティ」（1957-1962）
1958		西北ネパール学術探検（隊長・川喜田二郎）	
1959	人文科学研究所に社会人類学部門創設	第1次京都大学イラン・アフガニスタン・パキスタン学術調査（代表・水野清一）、以後1968年まで7次にわたって派遣⇒『京大イアパ学術調査報告』1962-1978	
1960		京都大学トンガ王国学術調査（隊長・藪内芳彦）⇒『トンガ王国探検記』1963 第2次東南アジア稲作民族文化総合調査	
1961		第1次京都大学アフリカ類人猿学術調査（隊長・今西錦司）⇒『アフリカ社会の	

		研究』1968 第2次大阪市立大学・京都大学東南アジア学術調査（隊長・岩田慶治） 京都大学探検部チモール島調査（隊長・中澤圭二）⇒『忘れられた南の島』1963	
1962	京大理学部動物学教室に自然人類学講座創設、今西錦司が理学部教授を併任 京都大学アフリカ研究会発会		
1963	文部省科学研究費補助金海外学術調査設置	第2次京都大学アフリカ学術調査（隊長・今西錦司） 京都大学ボルネオ学術調査（隊長・平野実） 京都大学西イリアン学術探検隊予備踏査（主催は生物誌研究会、隊長・加藤泰安）⇒『ニューギニア中央高地』1977 第3次東南アジア稲作民族文化総合調査（隊長・川喜田二郎）	今西共同研究班「人類の比較社会学的研究」（1963-1966 最終年度は代表・梅棹）
1964	海外渡航自由化 東京オリンピック 京都大学人類学研究会（近衛ロンド）発会	第3次京都大学アフリカ学術調査（隊長・今西錦司）	
1966			梅棹共同研究班「重層社会の人類学的研究」（1966-1969）
1967		第1次京都大学ヨーロッパ学術調査隊（隊長・桑原武夫）⇒『ヨーロッパの社会と文化』1977 京都大学大サハラ学術探検（隊長・山下孝介）	
1968		京都大学アンデス学術調査（隊長・中島暢太郎）	
1969		第2次京都大学ヨーロッパ学術調査（隊長・会田雄次）	梅棹共同研究班「文明の比較社会人類学的研究」（1969-1974）
1970	『季刊人類学』創刊		梅棹共同研究班「アフリカ社会の研究」（1970-1974） 梅棹共同研究班「理論人類学研究」（1970-1974）
1972	『朝日講座　探検と冒険』全8巻公刊	第3次京都大学ヨーロッパ学術調査（隊長・会田雄次）	

出典：[谷・田中編 2010: 87-88] より　(⇒『○○○○』は主な関連刊行物)

五八）、梅棹、岩田慶治、吉良、四手井綱英、荻野和彦による第二次大阪市立大学・京都大学東南アジア学術調査隊（一九六一～一九六二）、今西を隊長とする京都大学アフリカ学術調査隊（一九六一～一九六四）、梅棹が発案する第一次京都大学ヨーロッパ学術調査隊（桑原隊長、一九六七）、第二次京都大学ヨーロッパ学術調査隊（同上、一九六九）、第三次京都大学ヨーロッパ学術調査隊（会田雄次隊長、一九七二）、京都大学大サハラ学術探検隊（一九六七～一九六八）と続く。また泉靖一らの東京大学アンデス地帯学術調査は一九五八年に始まっている［関 二〇一二］。

三　京都大学における探検の存続

探検を人類学的調査の前史と理解することはたやすい。世界的に見ても、一九世紀を中心とする英国人による探検は、その後のフィールドワークへの道を開く。たとえば、アルフレッド・R・ラドクリフ＝ブラウンの師に当たる英国の医師・人類学者W・H・R・リヴァーズは、一八九八年アルフレッド・ハッドン率いるケンブリッジ大学トレス海峡探検隊に加わっている。しかし、英国について言えば、人類学者が探検隊の一員となってフィールドに向かうという形をとることは、その後ほとんど認められない。近代人類学のモデルとなったマリノフスキーやラドクリフ＝ブラウンらのフィールドワークや、その後の教育において強調されてきたのは参与観察とか集約的フィールドワークと呼ばれる方法で、そこで目指されたのは単独あるいは夫婦による特定の地区での長期住みこみによる異文化理解である。これに対し、探検は、植民地主義の前哨であり地理的な「発見」が主要な目的である。探検記は民族誌と異なり、それが扱う地域は広域であり、また民族も多数、そして扱う領域も資源から宗教まで多様である。

フィールドワークは原則単独調査であり、それこそが人類学的研究の王道であった。大学院で社会科学的な知識を獲得し、現地に単独で調査・長期滞在し、その後本国で長期調査を終えた院生のためのセミナーに参加し博士論文を執筆出版する、といったパターンは、マリノフスキーが教鞭をとっていたロンドン大学経済政治学院（The London School of Economics and Political Science: LSE）においては一九三〇年代には確立していた〈1〉。とはいえ、英国で探検そのものが衰退したわけではない。本多勝一の報告［一九八六］によると、一九六〇年代でも、王立地理学会が主催して探検が盛んになされていたようである。またロンドン大やケンブリッジ大の探検部なども活動していた。ただ、これらはどちらかというと理系の探検隊であった。

英国では珍しい集団性を維持していたマックス・グラックマンを中心とするマンチェスター大学においても、アフリカでの拠点こそ同じローズ・リヴィングストン研究所であったが、調査そのものは単独あるいは夫婦によるものであった（本書第九章参照）。

英国で人類学と探検とが分離した理由はいくつか考えられる。人類学そのものは地理学的探査という目的とすでに決別していて、対象は植民地下、パックス・ブリタニカ下の諸民族であった。そこではすでに大規模な（領土獲得や領土の境界を確定するための）探検隊の役目は終わっていて、政策面から見て重要なのは人の統治だったのかもしれない。また、人類学の側から見ると、人類学は探検隊を組まないと得ることのできないようなオールラウンドな知識をもはや求めてはいなかった。つまり、人類学は自然科学の領域を切り離し、より社会科学的な領域に専門化したのである。これに応じる形で探検は、文化人類学や人文地理学を含む人文学の世界から自然科学中心の科学的探査へと変貌したのである。

ところが、日本においては、とくに京都大学においては探検と人類学が密接に関係していた。後発探検国の日本で、探検そのものが二〇世紀になってから盛んになる。そして、少なくとも戦前、戦中の探検については、日英に見られる帝国主義的拡大の時代的差として理解できる。だが、戦後、広大な植民地を失い、領土的な拡大を望めない状況で、なお戦前と変わらないような学術調査が組織化されている。たとえば、探検という言葉は一九五八年に実施された西北ネパール学術探検隊（川喜田隊長）の正式名称に使用されている。この他の学術調査への参加者たちも探検家としての意識は強かったように思われる。

「探検」が否定されることなく、戦後も続けて使われてきた理由について、外的と内的の二つに分けて考えてみたい。まず外的なものとして、戦後海外渡航が困難であったという理由を挙げることができる。東京オリンピック開催の一九六四年に海外渡航が自由化されるまで、個人での海外渡航や海外調査はきわめて困難であった。このため、戦後の調査は、どうしても集団で行うという方法しかなかったのである。また、資金調達のために企業からの寄付をとりつけるのが一般的であったが、その場合も個人より大学名を冠した集団での企画の方が寄付を受けやすかったであろう。こうした寄付行為は一九六三年に文部省の科学研究費補助金が導入されることによって激減していくが、海外学術調査への科学研究費補助金の助成は個人ではなく団体に支給される傾向があったため、結局調査の集合性は保持されることになる。こうも言えるかもしれない。すでに集団を単位とする調査の伝統があったため、科学研究費補助金の海外学術調査も集団単位を原則とした、と。

内的な理由として考慮しなければならないのは、戦前の探検と戦後の京都大学を中心とする調査隊との連続性である。その意味で京大の伝統を無視するわけにはいかない。そして、このような伝統の中心にいたのが今西であった。たとえば初年度の科学研究費補助金は今西のアフリカ学術調査隊に交付されている。『大興安嶺探検』（一九五二）の梅棹と吉良による序章「探検の前夜」によると、〈2〉一九四一年に実施したポナペ島調査で、吉良、梅棹、川喜田、森下正明らが、自分たちより二〇歳ほど年上の今西に指導を求めていたことがよく分かる。

同じことは、さらに若い世代についても当てはまる。梅棹らを顧問として一九五六年に創設された探検部も、二〇〇五年までにおよそ半数が研究者の道を歩んでいる［瀬戸口 二〇〇六、一六－一七］。つまり、探検部は学生組織でありながら、OBが大学にそのまま留まるという形で存続した学内組織でもあった。なお、他の大学について言えば、早稲田大学探検部は一九五九年、大阪市立大学探検部は一九六〇年、立命館大学一九六二年と続き、愛媛大、北海道大、関西学院大、法政大、横浜市立大などの大学にも探検部が生まれており、そのメンバーの中には人類学者になった者もいる。しかし、探検部出身の人類学者を過去もそして現在も圧倒的な数で輩出しているのは京大だけである。

調査の集団性は、京大の人類学の特徴として、東京大学や東京都立大の調査と繰り返し（ときに誇張されて）対比されていることがらでもある。たとえば、初期の単独調査の代表はインドで調査をした中根千枝（調査年、一九五三）、西アフリカで調査をした川田順造（同右、一九六二）、山口昌男（同右、一九六三〜一九六四）であり、前者二人は東大の大学院出身、後者は都立大大学院出身であった。これに対し、京大出身者の調査はほぼ集団で行われている。もちろん、イラン・イラクやアンデス地帯など、東大においても集団的な学術調査隊も組織されているし、それらは重要な意味をもっていたことを無視すべきではない。〈3〉

京大探検部の雑誌〇号（一九五六）で、本多を司会に、桑原、梅棹、川喜田らが座談会を開いているが、そこで、「なぜ京都なのか」という問いが立てられている。「京大の探検史はそのまま日本の近代探検史であるといってもそれほど大げさなことにはならない、ということに気づきました。（中略）なぜこの古い都にそういう傾向があるのか」という本多の問いかけに、川喜田は、東大の官僚主義志向に対する商人的リベラリズム、京都が山で取り囲まれているという地理的条件、個人的なネットワークの緊密さなどを挙げている［桑原他　一九五六］。

もう一つ、京大系人類学について考慮しておかねばならないのは、京都と東京での人類学そのものの受容の温度差である。先に述べたように、英国ではもはや探検と人類学的調査とは結びついてはいなかった。マリノフスキーやラドクリフ＝ブラウンの書物も探検記として読まれたとは思われない。英国やアメリカの人類学の影響を受けてきた東大や都立大の人類学に比べ、より伝統的な、すなわち「土着的な」人類学の拠点であった京大では、探検的実践と人類学は決別することなく戦後も継承されていったと言えよう。

さらに言えば、英国の人類学による探検からの分離が脱自然科学を意味していたと指摘したが、ここから逆に探検の伝統を継承していた京大系人類学が、自然科学の諸分野と密接に関係していたという事実も理解できよう。

四　今西錦司から梅棹忠夫へ

一九〇二年、今西錦司は、京都・西陣の織元の長男として生まれた。京都の第三高等学校に入学。三高山岳部を結成。同じ部員に西堀栄三郎、桑原武夫がいた。

一九二五年に京都帝国大学農学部農林生物学科に入学し昆虫学を専攻する。一九三一年、ヒマラヤ登山を目指してA・A・C・K（アカデミッシェル・アルペン・クルップ・ツー・キョウト）を結成する。西堀、桑原、四手井綱英らがメンバーである。ただし、これは同年秋の満州事変の影響で実現できなかった。やむなく今西は西堀、高橋健治らと樺太（サハリン）の東北山脈を歩いた。ついで一九三四年に白頭山遠征を実施する。この遠征の講演が翌年出身校の京都一中で行われ、学生たちに大きな影響を与える。その中から、梅棹、川喜田二郎、吉良龍夫、藤田和夫、伴豊らが、今西を代表とする北部大興安嶺探検隊に参加することになる。

一九三八年、今西は第一次蒙古行を実施する。また、A・A・C・Kの木原均会長（農学部教授）を隊長とし、総勢一三人の内蒙古学術調査隊を組織した。一九三九年、第二次蒙古行を実施し、今西と森下正明（当時興亜民族生活科学研究所所属）が『草原行』（一九四七）を公刊している。ポナペ島調査は、一九四一年に実施され、翌年、北部大興安嶺探検を実施。ポナペは今西が隊長、梅棹、中尾佐助、川喜田、吉良、森下ら総勢一〇人がメンバーだった。北部大興安嶺は今西が隊長、川喜田が率いる支部隊に梅棹、藤田、土倉九三などが参加している（総勢一三人）。

一九四四年、中国の張家口に西北研究所が設立され、ここに、今西を所長として、石田英一郎、森下、藤枝晃、中尾、梅棹、加藤泰安、甲田和衛などが集まる。就任中、内蒙古を調査するが、敗戦となり、一九四七年に帰国する。

今西は、その後京都大学の理学部や人文科学研究所で講師を務めたが、一九五九年に人文研に社会人類学部門が設置され初代教授に就任する。一九六二年に、京大理学部動物学教室に自然人類学の講座が新設され、理学部教授を併任する。この間、今西は、伊谷純一郎らと幸島のニホンザル研究など、国内でも多くの調査を行っている。京都大学カラコラム・ヒンズークシ学術探検隊（一九五五、木原均隊長）ではカラコラム支部隊隊長を務めた。そのメンバーには岩村忍や梅棹らがいた。

一九五一年にはアフリカ調査のために生物誌研究会を設立し、一九六一年から京都大学アフリカ学術調査隊（今西隊長）が三次にわたって派遣されている。第一次は霊長類学が中心であったが、第二次（一九六三）と第三次（一九六四）では人類学班が組織された。隊員には梅棹、和崎洋一、伊谷、富川盛道、藤岡喜愛、石毛直道、端信行、福井勝義などがいた。

後述するように、人文研の主要な活動は共同研究であった（表10-1参照）。今西は教授就任前の一九五七年に「霊長類におけるカルチュアとパーソナリティ」（一九五七～一九六二）を、つぎに「人類の比較社会学的研究」[4]（一九六三～一九六六）を組織している。これらの研究会については具体的な成果論集が編まれてはいない。「人類の比較社会学的研究」は、霊長類学班に人類学班がはじめて加わったアフリカ学術調査の二次と三次の期間と重なる。

今西の退官後、人文研の助教授となった梅棹は、戦前、戦中にかけて白頭山（一九四〇）、樺太踏査（一九四〇～一九四一）、ポナペ（一九四一）、北部大興安嶺（一九四二）の探検調査に参加している。白頭山は梅棹が隊長、同学年の藤田と伴がメンバーだった。樺太には藤本武が隊長、今西寿雄、梅棹、中尾が参加した。

梅棹は、今西と共にしたポナペや北部大興安嶺、さらに内蒙古などの探査を通じて、調査方法を実地に学んでいく。戦後は、カラコラム・ヒンズークシ、東アフリカなどで今西と行動を共にしている。大阪市立大学理学部に就職するが、拠点を京都に置いて後任の育成に励んでいる。

一九六五年に人文研の助教授となった梅棹は、今西が代表を務めた研究班のテーマ（単層社会）を発展させる形で重層社会を対象にした「重層社会の人類学的研究」（一九六六～一九六九）を組織した後、文明を射程に入れた研究班「文明の比較社会人類学的研究」（一九六九～一九七四）を組織した。そこからさらに二つの研究班「アフリカ社会の研究」（一九七〇～一九七四）と「理論人類学研究」（一九七〇～一九七四）を生みだして、あわせて三つの研究会を同時に運営する［石毛二〇一〇］。

在職中は京都大学ヨーロッパ学術調査隊（一九六七、桑原隊長）を発案し、これに参加する。第二次（一九六九）と第三次（一九七二）の隊長は会田雄次であった。この調査隊には、谷泰や松原正毅、野村雅一らが参加している。現在ではヨーロッパ研究においてもフィールドワークという手法を用いることが不思議でもなんでもないが、当時調査対象をヨーロッパに選定したのは、画期的なことであった。さらに、この学術調査の精神は「ヨーロッパを探検しよう！」ということだったから大いなる発想の転換だった。いつも探検する側に属していたヨーロッパ人やヨーロッパ社会が探検される側になったのである。ヨーロッパの影響を受け、帝国日本の周辺部でなされてきた、けっして長くはない日本人による探検の歴史は、ここで一度完結すると言っていいのではないか。梅棹はまた、桑原をはじめヨーロッパを専門にしながら文献を通じてしかヨーロッパを知らない歴史家たちにヨーロッパを見せたいという意図をもっていた。ヨーロッパ地域研究の種がここに蒔かれたのである。

この「ヨーロッパ探検」の背景は、推察にすぎないが、京都帝国大学文学部史学科地理学講座の教授であった小牧実繁（一八九八～一九九〇）による探検批判の反批判という意味合いがあったと思われる。小牧は今西より二歳年上で、一九三八年に教授に任命されている。日本地政学の提唱者であった。地政学は、「内外一通を以て世界の全体を総合的、統一的に研究する地理の学と、古今一貫以て未来を指向する歴史の学と両者一如の学の研究（中略）をその研究方法としようとするもの」で、当時の皇国史観・八紘一宇に強く影響を受けており、その実現に向けて地政学を位置づけていた。それは未来志向の規範的「道徳科学」で「現状打破的革新的意思」を含む実学であった〔小牧 一九四〇、五八-五九〕[5]。梅棹たちがポナペ島調査に向かう直前の一九四一年六月二一日に開催された京都探検地理学会公開講演会で、小牧はつぎのように述べている。

> ヨーロッパ的世界の世界制覇、世界植民地化の先遣運動たるに外ならなかったところの所謂探検というものについても厳粛たる批判と反省を加えなければならないと思うのであります。〔小牧 一九四二、九〕

ここで小牧は、みずから提唱する地政学と対比させる形で、探検をヨーロッパによる植民地主義を担う活動ととらえ批判している。ヨーロッパのまねをして探検という言葉を使うべきではなく、むしろこれを植民地主義の所産として批判すべきであるというのが小牧の意見であり、京都探検地理学会の名称も変更すべきだとさえ主張している。後に梅棹がヨーロッパ探検を思いついたのは、小牧の探検批判に対する彼なりの回答ではなかったろうか[6]。

図10－1　近衛ロンドのテープ（石川泰子撮影）

研究会や学術調査だけではない。梅棹が主導的な役割を果たした京都大学人類学研究会の近衛ロンド（現京都人類学研究会）や『季刊人類学』（一九七〇～一九八九）は、京都大学の人類学のみならず、日本の人類学へも多大な影響を与えた（図10-1）。

五　南洋探検

今西を中心とする学術探検の例として、一九四一年になされたポナペ島調査を紹介しておこう。これは、梅棹たち京都大学探検地理学会のメンバーによる探検であった。参加者の吉良、梅棹、川喜田らは、三高時代にすでに内地の山登りに満足できず、「あらゆる機会をつかまえて外地へ、国外へとエクスペディションをこころみ」ている［梅棹・吉良 一九五二、五］。その言葉通り、ポナペに旅立つ前に、かれらは北硫黄島（一九三八、川喜田）、白頭山（一九四〇、梅棹、藤田、伴、川喜田）(7)、樺太（一九四一、梅棹）を探査している。

梅棹は、ポナペの後に実施される北部大興安嶺調査の報告書『大興安嶺探検』でつぎのように述べて、開戦当時の参加学生たちの気持ちを代弁している。

〔ポナペで聴いた〕内地の放送は、最初の大学生の卒業期三ヵ月くりあげをつたえた。しかし、こういう時代にも、とほうもないことを考える連中というものはあるものらしい。わたしたちが、それだった。わたしたちは、探検家になろうと考えていたのである。これは、奇妙なグループであった。わたしたちは、もう、ひとかどの探検家を気どっていた。（中略）われわれは、すでに、アルピニストとしての訓練を、そうとう積んでいた。高等学校時代から、一年に一〇〇日は山にのぼっていたという連中だった。三高の図書館には、ジオグラフィカル・ジャーナルが、全巻そろっていた。こんなものを借りだすのは、わたくしたちだけだった。ひまさえあれば、たぶん時には講義のほうを失礼してつくったひまに、あの特徴のある青い表紙を一冊々々くってみたものだった。われわれは、いきなり正統的な国際探検界の伝統を吸収しようとしていたのだ。それは、となりに京都大学をひかえて、アカデミックなふんいきにつつまれた、めぐまれた環境のせいでもあった。［梅棹・吉良 一九五二、四-五］

冒険と異なり、探検に必要なのは「調べる」という態度であり、成果である。このため探検家を目指す梅棹たちは、学術の領域においても探検に関わる世界へと参入していく。すべてが探検中心なのである。もう少し、梅棹の言葉を追ってみたい。

われわれは、また、いずれおとらぬナチュラリストでもあった。アルピニストとしての訓練をうけながらも、それぞれに、野外の自然科学者としての素養を、すこしずつ積んでいた。大学にはいるときも、それぞれの傾向にしたがって、探検家になるのにもっともつごうのよさそうな学科をえらんだ。吉良は、農学部にはいって、植物生態学に興味をもちはじめていた。梅棹は、理学部の動物学科にはいった。藤田は、やはり理学部で、地質学科をえらんだ。川喜田と伴とは、そろって文学部にはいった。ただし、文学部といっても地理学の専攻である。〔梅棹・吉良　一九五二、五〕

梅棹たちは探検家として十分な訓練をすでに受けてきたと思われるが、なおかれらに必要だったのは強力な指導者だったようである。それが「学者としても探検家としても脂ののりきった今西さん」〔梅棹・吉良　一九五二、三〕であった。

わたくしたちは、そろって今西さんの門をたたいて、今西リーダーのひっぱりだしに努力した。とうとう今西さんはひきうけた。契約は、成立した。一九四一年のポナペ島は、その第一回の契約履行であり、このグループの実力の瀬踏みでもあった。三人は、この入門試験に合格した。ポナペ島の報告書つくりを機会に、われわれの学問的実力も、きびしくたたきあげられていった。〔梅棹・吉良　一九五二、七－八〕

ただし、今西によると、「取敢えず行ける所として、内南洋のポナペ島調査の計画をたてた。そして、この計画には小牧〔実繁〕教授が参加される予定であったが、急に支障が生じたため、私がこれに代わり、隊員十名、とにかく本会〔京都大学探検地理学会〕として最初の調査隊を組織して、七月に出発、太平洋の風雲急を告げる十月初めに帰学した」〔今西　一九四二、三〕ということであった。この発言に出てくる小牧は、当時京都帝国大学の地理学の教授であった。ポナペ島調査が京都大学探検地理学会主催であるなら、当然彼が参加しておかしくないと思われるが、先に指摘したように彼は探検に批判的であった。この事実とポナペ島調査の不参加とは関係しているのかもしれない。

一九四一年七月一三日に横浜から「内南洋」にパラオ丸で出航した一行は、二〇日にパラオ島に到着する（他に〔山本　二〇一二〕も参照）。その後トラック、そして、目的地のポナペに寄港。ここで四名（浅井辰郎、池田敏夫、秋山忠義、松森富夫）が降りて、つぎに再びパラオ丸がポナペに寄港する際に今西ら六名（森下、川喜田、中尾、吉良、梅棹）と入れかわりに乗船してそのまま横浜に向かうことになる（図10－2）。今西らは東のクサイやヤルートまで進んでから再度ポナペに

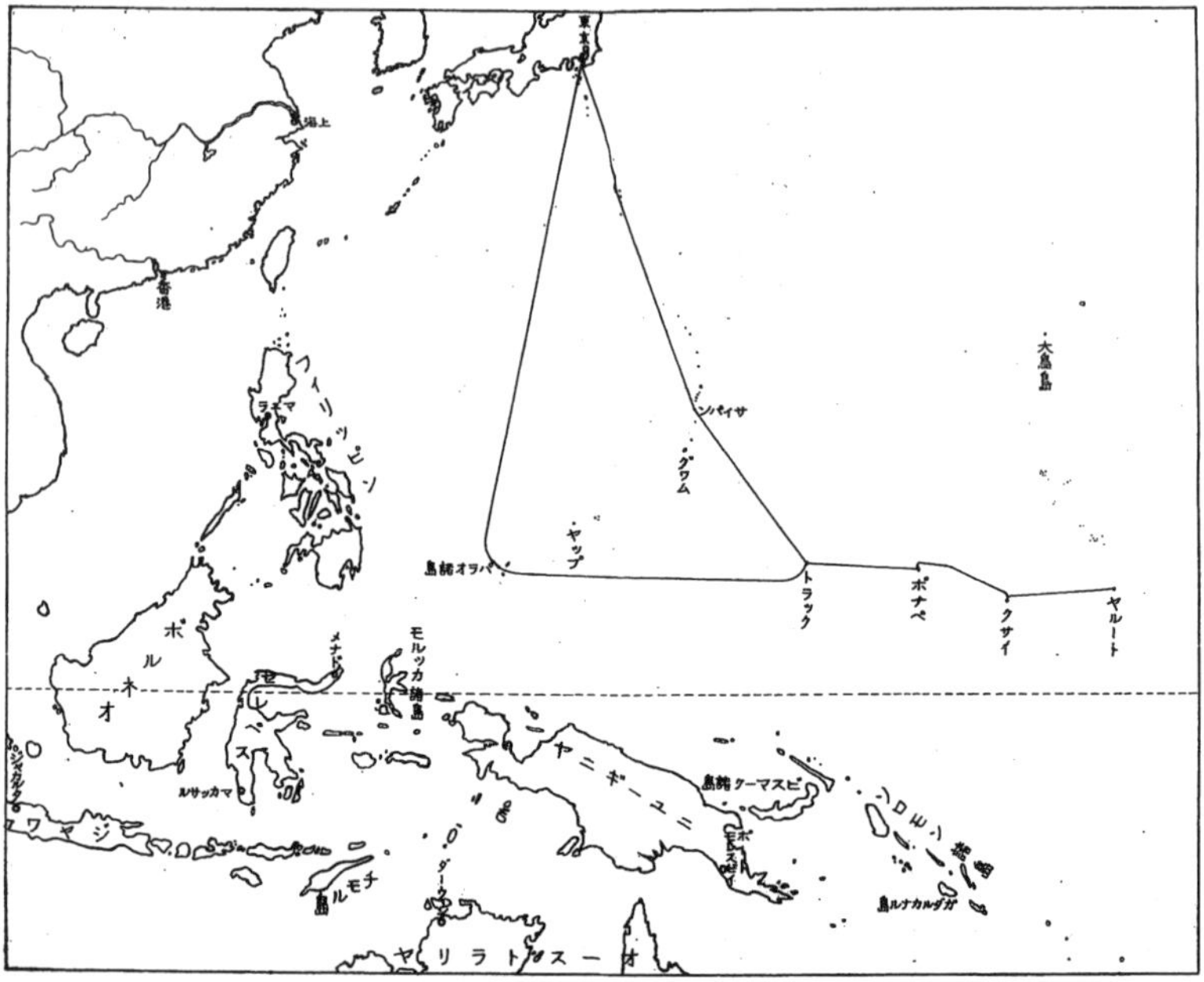

図10－2　航路［今西編 1944］

戻り、およそ一ヵ月半（四五日）滞在する。船中の生活は以下のようであった。

われわれは出発した頃は六時頃起きてラジオ体操をし、すぐ朝食を摂り、休憩してから、九時開講、船客中より講師を依頼して毎日学術講義を開き、その間一〇時に二人ずつ気象観測に出るが、大体一一時の昼食まで二時間に亙ってこれを聴いた。（中略）昼食後から夜の就寝に到るまでは、各自が持参した南洋関係図書をお互いに読んだり、その要約をノートしたりする時間になっていて（以下略）。［浅井 一九四四、三七三］

この講師の中には「南洋の民族学」を講じた杉浦健一も含まれていた。

ポナペで今西たちが船を降りたのが八月五日、コロニアの熱帯産業研究所ポナペ支所に滞在し、八月一五日に「工業都市」レイオクに移動。人夫六名と森林に入ったのが八月二一日のことであった（図10-3）。三一日には森を出てオネという村に到着する。ここでは、主として島民の生活が調査対象となる。隊員たちはオネ滞在中、村長の家に世話になっているが、一夜のみ分散して島民の家に泊まっている。九月八日に一行は

図10－3　ポナペ島での移動［今西編 1944］

図10－4　ポナペ島民とともに（国立民族学博物館所蔵）

二手に分かれオネの反対側に位置するコロニアを目指す。そして、九月二〇日にコロニアで再会。二六日に横浜丸でポナペを出港。横浜に到着したのは一〇月八日であった。

このポナペ探検の報告書『ポナペ島――生態学的研究』には探検地理学会の幹事長である木原均が短い序を寄せている。これは、短期間の調査ではあるが四八九頁の大著である。まさに総合調査の名にふさわしい報告書であると言える。ここでとくに注目したいのは、第三部、あわせて八四頁がポナペに移住してきた日本人社会の記述に割かれているということである。これは、人類学的視点から考慮すると画期的な記述であるが、その意図は植民地支配あるいは日本人と島民との関係の記述というよりは、「日本人の発展」[8]を記すという、ナショナリスティックな性格が強いもののように思われる。これは、第三部を担当した浅井辰郎の「南洋諸島に対する日本人の発展が、時代をいえば爛熟せる自由主義、資本主義の近世より、更に高次の理念、経済を有すべき現代への転換期に（中略）行われた」［浅井 一九四四、三一二］という言葉にも認められる。しかし、内容は、どちらかというと日本人の移民史、人口や経済活動についての客観的な記述に終わっていて、民族誌記述としてははなはだもの足りない（この点については［山本 二〇一二、一六一―一六二］を参照）。むしろ、梅棹による第四部「紀行」に、興味深い事実と考察が認められる。

ポナペ島調査についてまず指摘しておきたいのは、これが当地に住む多くの日本人に負っているということである。訪れる島々では関係諸官庁のあいさつが欠かせない。隊長や隊員がすでに知っている人に再会したり、お世話になったりしている。かれらは、南洋の小学校（島民公学校）、官庁や博物館、研究所などの施設を回っている。ポナペの宿舎は熱帯産業研究所が準備している。このような状況を背景に、梅棹の文章を読む必要があろう。「紀行」で、梅棹の意見らしい意見が最初に認められるのはパラオの南洋神社についてである。

> われわれは、かつてニュース映画や写真週報で この南洋神社の鎮座式の状景を見たのであるが、そのとき椰子の並木の幹高く、南洋神社と大書した大提灯が、たとえ環境こそ如何に変わっても、日本民族の不変の伝統をそのままに、高らかに掲げられているのを見て、わが同胞の逞しい辺境精神を強く感じさせられたことが、今現実にその社に参拝すると、再び生きいきとわれわれの心の中によみがえって来た。［梅棹 一九四四、四〇六―四〇七］[9]

図10－5　南洋神社［官幣大社南洋神社奉賛會 1941］

梅棹は、続いて、南洋神社（図10－5）がフロンティアの象徴であると指摘する。そして、その背後に日本民族の強靱な開拓精神、内南洋全体にみなぎる「南洋熱」を認め、自分たち探検家の人生に重ねている。

フロントに住む人ばかりではなくわれわれ自身がそうである。日常の生活は内地で営んでいるとしても、機会ある度に辺境へ、辺境へと、押し出されて行くのである。そして、そのわれわれ自身の背後に、ここにもまた一種の民族的な圧力といったようなものを感じないわけにはゆかないのである。［梅棹　一九四四、四〇八］

梅棹もまた「日本人の発展」を意味する「民族発展」という言葉を使っている。

たとえこの夏は、南洋探検の基礎訓練というだけに終わっても、この次のそうした機会には、われわれは民族発展の本当の第一線に立って、辺境の八咫烏の役割を果たさねばならない。赤道以南の島々は、いまや指呼のあいだにある。外南洋への強い意欲、それは、直接の目的や、実現の方法こそ異なれ、われわれが内南洋在住の日本人の眉宇に見出したものも、やはりこの同じ意欲ではなかったか。しかも、この時、太平洋戦争の危機は刻一刻と増大しつつあった。この気持を反映してか、われわれが持って来た図書類をお互いに見せ合ったとき、まるで申し合わせたようにニューギニアの地図があちこちから飛び出した。開戦すれば、内地へは帰らずに、このまま挺身隊として、南進しようと覚悟していたのだから。［梅棹 一九四四、四一四］〈10〉挺身隊は、内南洋に住む大工や左官など、主として建設に関わる職人たちから成り、これから生まれるかもしれない占領地のインフラ整備を目的に組織されていた。

内南洋というフロンティアに住み、さらなる南下を準備している日本人たちの意欲に共感しつつも、梅棹は、ときに批判的に南洋に進出した日本人社会について記述していく。食糧事情や沖縄出身者たちが置かれている差別的状況や島民への日本統治の影響（たとえば日章旗の刺青をしていたり、日本語の歌を口ずさんだり、日本名をつけている島民）が記されている。また、日本人移住者たちが作った村、さらにすべての村人が雇われているため、その工場経営者の日本人が実質村長になっているような村が紹介されている。他方、演劇場などの文化施設や娯楽施設がないため酒と女に走ってしまう日本人の姿が描かれている。さらに、ポナペにひしめく日本企業について、梅棹は真の狙いはポナペの資源ではなく、つぎに「当然来るべき外南洋の膨大な資源」［梅棹 一九四四、四四九］だと喝破している。

島民に対する日本人の態度も梅棹が懸念することがらの一つであった。島民は差別されているというより無視されていて、「あたかも大人の生活にはまだ参加する資格のない子供として、島民はむしろ甘やかし遊ばしてある」［梅棹 一九四四、四五二］という。そこでは軽蔑と嫌悪というより寛容と放任が支配的である。しかし、日本語を話すこともできない朝鮮人が日本人を対象とする国民学校に入れても、島民は現地人対象の公学校に入学しなければならない。「島民はなぜ日本人になれないのだろうか。島民をなぜ日本人にしてやらないのだろうか、（中略）日の丸の旗の下に働いているものはみな日本人ということにならねばならないのじゃなかろうか」［梅棹 一九四四、四八八］と手厳しい。〈11〉そんな中、日本人にあこがれ、「赤い塗下駄に日傘をさして、すれちがいざまにその表情さえも日本人的なはにかみを示して、会釈していく島民の娘」［梅棹 一九四四、四五三］に出会う。またある家には「皇軍の威容を示す写真を満載したサンデー毎日が一冊開かれてあった」［梅棹 一九四四、四八八］〈12〉。

わたしが『ポナペ島』の日本人の記述に注目するのは、梅棹の文章に明らかなように、やはり日本人である自分たちの立場を考えざるをえなくなるような省察的状況がそこに認められるからである。梅棹、そして他の隊員たちも、生態や島民の生活以上に、彼の地に生活する日本人に関心をもったことであろう。帝国日本の周縁でありかつ南進の最前線でのかれらの調査は、出発前からさまざまな次元で日本人に世話になっている。その中には探検的精神を感じる人びともいた。そして、この精神を日本民族の発展への意欲に重ねている。しかし、他方で、日本の島民政策や移住者の島民への態度は梅棹たちの理想とはかけ離れていたのである。

繰り返すが、英国の社会人類学は、二〇世紀初頭にはすでに探検的精神や組織から距離を置き、学問としての自立と専門化、脱自然科学を目指すことになる。それは同時に、植民地的文脈からフィールドを切り離すということでもあった。なぜなら、人類史の再構築であれ、多様な民族社会の資料蒐集であれ、植民地は、そのような学術的視点からはふさわしい場所ではなかったからだ。もちろん、英国人類学のフィールドはほとんど英国植民地下にあった。このため必要だったのは言説の世界での自立であった。つまり、英国の人類学も当時の植民地政策やフィールドでの英国人の活動に依拠しているところが大であったにもかかわらず、そのような記述がほとんど見られないのである。わたしたちが接する民族誌は植民地主義の要素を排除した「純粋な」民族社会なのである。その意味で、『ポナペ島』の記述は「紀行」も含めてきわめて正直と言える。逆に言えば、ポナペの報告書は、英国人にとって人類学の専門書（民族誌）からほど遠いものであったろう。しかし、植民地での日本人と現地民（島民）との関係だけでなく、開戦間近の南洋の日本人社会の雰囲気を活写しているという点で今日ではむしろコンタクト・ゾーンの貴重な記録となっている。梅棹らの関心は、ポナペ島民という一つの民族の研究というより、ポナペという地理空間にあったと考えることも可能である。

ここで、第六章で紹介したマックス・グラックマンによる「橋」論文と簡単な比較をしてこの前半の結論としたい。グラックマンは、すでに現地に長期滞在しており、開橋式典の現場に向かうのは現地のインフォーマントと一緒であって、英国人の植民者や役人とではない。彼は式典の様子を外から客観的に見ているが、どちらかというとそのよって立つところは現地の住民の側なのである。すでに述べたように、ローズ・リヴィングストン研究所のスタッフは、現地の白人社会との間に強い緊張感があった。これに対し、梅棹らの調査団は短期の訪問であり、またポナペの日本人社会のネットワークやインフラに依拠していた。梅棹たちは日本人社会を批判しているが、そのような批判が、短期の訪問者である梅棹たちの身に与える影響はほとんどなかったのである。梅棹たちはポナペという島の現状を報告したのであり、ポナペ島民の伝統的な生活様式を報告したのではなかった。英国の文化・社会人類学にとって、民族誌とは後者を意味していた。当然、「伝統」から外れる要素は記述から排除される。その意味でグラックマンの論文は異彩を放っていたと言える。反対に『ポナペ島』は、「民族誌以前」の報告書だったゆえに、コンタクト・ゾーンとしてのポナペ島を活写することができたと言えよう。

かれらがポナペから帰国して二ヵ月後、日本は太平洋戦争に突入した。そして、そのさらに半年後の五月から七月末に、今西は北部大興安嶺の探検を組織することになる。

六　共同研究という方法

人文科学研究所と共同研究　本節では、探検とそれに関係する学術調査から離れ、共同研究について考察する。人文研における主要な研究活動は共同研究である。研究所の前身にあたる東方文化学院（一九二九年設置）においてすでに共同研究が重要な活動であったが、そこでの研究会の内容はテクスト（漢文）の講読（輪読、会読）であった。

文献を対象とする研究を特徴づけてきたのは、会読と呼ばれる方法である。対象に選んだ書物を研究会の席で読み、校定し、訳注をつける。その副産物として、しばしば索引も作られる。必要に応じて、校定や索引の作成が当面の目的となることもある。研究班全員による、こうした基礎的な作業をへて、そのうえで各班員がそれぞれの専門的な立場から研究報告を書くのである。〔京都大学人文科学研究所編　一九七九、九八〕

他方で、今一般に知られているような研究会、すなわち一つの研究テーマを決めて、そのテーマに関係する報告会を主要な活動とする研究会も後に開かれることになる。その典型とみなされるようになったのが、桑原による「ルソー研究」であった。これについて、桑原はつぎのように述べている。

共同研究への憧れのような気持をもって、私は一九四八年の秋、京都へまいりまして、翌年の四月からルソー研究をはじめるわけですが（以下略）。〔桑原 一九八〇、三八六〕

ここで桑原が憧れていた研究会が、会読形式のものだったかどうかは明らかではない。桑原が着任する前には発表形式の研究会がなかったとは断言できないからだ。桑原はこうも述べている。

その安部〔安部健夫、一九四九年に発足した現・人文研の初代所長〕さんが、研究所は今後は共同研究を中心にしなければならない、という着想をもち、当時の幹部諸君の支持を得て、人文科学研究所の所員たるものは、個人研究の他に共同研究を一つ必ずやる義務があるという内規を定めたわけでありまして、もし私たちの研究所が共同研究においてなにほどかの業績をあげえたとするならば、それは安部君のおかげであったと私は考えるのであります。しかし、その頃は共同研究というものへの学界一般の理解は、まだ必ずしも深くはなかったと思います。〔桑原 一九八〇、八七〕

このときの安部の構想に現在の発表型共同研究の形式が想定されていたのかは不明であるが、共同研究という形式がどんなものであれ、必ずしも桑原自身の発想ではなかったのは確かである。とはいえ、この発言にある「共同研究というものへの学界一般の理解」が、その後の桑原の活躍によって深まり、また共同研究会という方法の地位が高まっていったのは明らかである。

他方、梅棹は研究会についてつぎのように指摘する。当時、人文研は、成立過程との関係〔13〕で日本部、東方部、西洋部の三部から成っていた。〔14〕

人文科学研究所西洋部では、共同研究というあたらしいこころみがはじまっていた。それは桑原教授の創案によるもので、専門を異にする多数の研究者があつまって、ひとつのテーマを研究するというものである。〔梅棹 一九九三a、八〇-八二〕

ここで、梅棹が言及している「あたらしいこころみ」とは発表型の研究会であろう。とすると、少なくとも一九六〇年代には、発表形式の共同研究が桑原の発明だという考え方が定着していたと言える。

さて、ここで今西や梅棹の研究会に戻ることにしよう。

今西錦司の研究班については、今西自身が自身の研究活動の中でどのような位置づけをしていたのかは明らかではないが、梅棹の「文明の生態史観」が『中央公論』に発表されていて、「人類の比較社会学的研究」にも大きな影響を与えていたという〔谷 二〇一〇、八〕。さらに佐々木〔二〇一〇〕によると、「農業起原論」という名前でドラフトが完成していた中尾佐助の「照葉樹林文化」が、この研究会で討論の対象になったという。したがって、中尾による照葉樹林文化をめぐる一連の論考は、今西班の成果の一つと位置づけることが可能である。谷も今西研究班についてつぎのように述べている。

> きわめて大風呂敷、つねに喧々《マ》諤々《マ》な議論が交わされたのだったが、生態学的な視点が基礎にあった。そしてこの共同研究で発表されたとりわけ注目すべき成果としては、中尾佐助の栽培植物起源論（『農耕と栽培植物の起源』（岩波新書））を挙げることができ、彼は、固有な稲作起源論、オセアニアの根菜文化論、そして照葉樹林文化論を展開した。そしてこれが、佐々木高明の照葉樹林文化論、日本の農耕文化の系統・起源論を促すだけでなく、日本民族学会での日本文化系統論に関与する人々、農学や遺伝学分野でアジアの農耕起源を問題とする人々にも大きな刺激を与えることになった。〔谷 二〇一〇、八〕

梅棹は、今西研究班に集う人びとを引き継ぎつつ、新たに若い研究者や院生を募っていく。そしてほぼ毎週一つの研究会が開催されることになる。

残念ながら、今西の研究班も梅棹の研究班も、桑原の『ルソー研究』（一九五一）や『フランス百科全書の研究』（一九五四）のような成果を生みだしていないため、研究班の評価をすることは困難であるが、その方針について谷はつぎのように述べている。

> 自分の専門領域で手掛けたテーマに沿って、その成果を披露するといった近頃はやりの共同研究と違い、新しい共通課題のもと、新たな概念や新解釈を率直に出しあってそれらを検討、共通財産として敷衍して、新たな認識枠を構築するもの（以下略）。〔谷 二〇一〇、八〕

類似の「証言」は佐々木〔二〇一〇、二二〕にも認められる。欧米の最新理論を紹介するような発表は徹底的にけなされ、化けの皮がはがされる。そして、研究会で餌食になる発表者はいつもきまって、「東京方面」からやってくるのだ。ただし、今西も梅棹の場合も、今日想定されるような研究会の成果論文集が編まれることはなかった。その理由はなにか。たんに忙しかっただけか、別の形で（たとえば還暦記念集や学術調査隊の報告など）出版されたと解釈すべきか。それとも、これはわたしたちにとってより大きな問題でもあるが、今西や梅棹流の研究会は成果刊行には向いていない、ということなのか。かれらの研究会の貢献に関しては、他の活動領域に比べると、あるいは桑原のような人物による活動と比べると、今なお評価が定まっているとは言えない。

共同研究の特徴

人文研で行われてきた共同研究会の特徴の一つが越境性であろう。専門を異にする研究者集団が、新しい課題のもとでなにかを生みだそうとする試みは、明らかに学会での個人報告と異なっていた。学際的だから新しいものが生まれる。しかし、そのためには班員の間に信頼関係が必要であっただろうし、また、そのような信頼関係を築くためにも、さらに新しいなにかを達成するためにも時間をかける必要があった。ただし、気をつけなければならないのは、共同研究の核となる人びとは、共同研究においてのみ関係をもっていたわけではないということだ。むしろ、幼なじみであったり、高校や大学時代の友人であったり、山岳部や探検部の同僚や先輩・後輩だったりして、すでに何重にも重なる社会関係で結ばれていた。さらに、今西らによって繰り返し組織された海外遠征は、準備の段階から強い結束を必要としていた。共同研究という場は、そのような社会関係の一つの表れだったと考えるべきであろう。

> 共同研究は登山と同じで、たとえ優秀な研究者が集まっても、緊密な人間関係ができなければ、すぐれた成果が期待できないのである。〔京都大学人文科学研究所編　一九七九、一二二〕

共同研究を活動の中心に位置づける人文研は、講座（教授、助教授、助手、院生たち）からなる学部と対比される。講座もまた内部には緊密な人間関係が存在していたが、その広がりは狭く、またヒエラルキカルなものであった。講座は一つの利害集団であり、他の講座と関係したり、横に広がるネットワークが生まれたりすることはほとんどない（ないからこそ、学際などという言葉がもてはやされるとも解釈できる)。

　講座制には、美点ももちろんありますけれども、そこからどうしても出てくる割拠主義、これを共同研究は打破する効果があるし、またそれは打破しなくてはならないのではないかと思います。［桑原 一九八〇、四〇四］

また、学際性という点で、梅棹は同じ共同研究でも「個別の研究分野を越えた共同研究班による共同研究」(文系)と「専門を同じうする複数の研究者による共同研究」(理系)［梅棹 一九九三b、一三八］という相違を指摘している。理系の研究所や大学院で共同研究は存在したが、それは学際的とは言えなかった。それは、講座と同じくセクショナリズムに陥っていたのである。このため、「専門」からの脱却からははなはだ遠いところに位置していた。

　さて、研究会の成果は、通常論文集として公刊される。研究会という制度の特異性は、その成果となる論文集を欧米のものと比べてみるとよく見えてくる。欧米の研究者による論文集で長期のプロジェクトに基づくものは思ったより少ない。せいぜい準備する期間をおいて会議やワークショップで報告をし、オーガナイザーたる編者らの意見に従って論文を加筆修正する、という程度でできあがる。会議の準備にかけるのも長くて一年である。これに対し共同研究会は、各メンバーが論文執筆に向けて共同作業の形で議論し、長期にわたってその内容を練り上げていくのである。(15)

　研究会の集合性に注目すると、ほぼ同じメンバーが毎回参加する研究会という形だけでなく、討論やアイディアの共有化という仕組みも重要である。それを支えるのが、討論を記録して次回の研究会で配布するという方法や、京大式カードであろう。

　もう一つ無視できないのは、座談会という方法である。これもまた、共同研究の討論会の延長として位置づけることができる。今西や梅棹などの著作集には、かれらの座談の記録は含まれていないのが残念であるが、もっと評価すべき越境的実践かもしれない。それは文語と口語の、視覚と聴覚の、あるいは学術と民衆的世界という二つの世界を行き来する方法と言えるからである。(16)

　桑原は、共同研究の意義について、より本質的なことを述べている。

日本の学者は、（中略）対話の精神を失っているのではないか。別の言葉でいえば、自分の信じていることをふまえて他人と自由に討論する、そうすることによって相互に作用し、自分が新しい考えをひらいてゆく、そういう意味での対話を共同研究は助長すると思います。そのためには研究の参加者がすべて対等であることが前提となります。［桑原　一九八〇、四〇四］

共同研究が対話を助長すると桑原は述べている。そのためには、ある程度時間をかけ、かつ頻繁に研究会を開く必要がある。

研究会の会合は、原則として毎週一回ひらかれるというのが、ちょうどよいのではないか。（中略）とくに東京その他の地方からの参加者も、できれば毎週出席してもらうことがのぞましいが、おそらくは困難であろうから、その人たちについては特例をもうけてもよい。［梅棹　一九九三b、一四一-一四二］

他方、対話的な共同世界がすでにあって研究会もまた成立するというのも事実である。そして、繰り返すが、この共同世界は、研究会や大学の外部へと広がっているのである。それは同時に弊害にもなるだろう。純粋な学術的理由からメンバーの選定ができず、固定化するだけでなくどんどん数が増えていくのである。梅棹が一九七〇年に二つの共同研究班を新たに発足させたことは、共同研究運営の困難さを示唆していると言える。

今西と梅棹は、科学研究費補助金の制度が一九六三年に発足し海外渡航が一九六四年に自由化された後も、海外調査を企画・組織している。公的資金を受けることも、個人で資金準備をすることも困難であった時代である。これらに探検という言葉はなかったが、その実態はこれまでの探検とさほど大きな相違はなかったであろう。この点で、海外渡航の緩和自体がすぐに調査の個人化といった事態を促すことはなかった。繰り返すが、その理由の一つは、科学研究費補助金の制度が集合的な海外調査に適していたということである。そして、その背後には京都的な、つまり濃密な人間関係があったと言える。京都大学では、文化人類学的な訓練は教室ではなくフィールドで行うべきだという考え方も根強く、これらも調査の集合性を継続することにつながったと思われる。

状況はその後変わってきたのだろうか。ブッシュマンやピグミーの調査などのように、同地域、同民族を集中的かつ長期的に調査をするという形をとる場合や、エチオピアなど集団性をある程度維持しながら単独での村落調査を行う場合が今日も認められるが、どちらの場合もある村落に移り住んで、じっくり腰を落ちつけて調査をするという点で、広域の探査を目的とする探検や学術調査とは異なってきた。

また、共同研究を支えていたような大学外部にまで広がる共同性は弱体化している。山岳部や探検部出身の学生は今でもいるという意味で継続性はあるが、そのことが現代の京大の人類学において重要な役割を果たしているとは思えない。代わって、人間・環境学研究科やアジア・アフリカ地域研究研究科が研究者の養成機関となった。つまり、京大においても講座化が進むことになる。あえて言えば、講座を横断するような共同調査や共同研究がそのような共同性を生みだす場になりつつあると言うべきかもしれない。しかし、調査が講座を核に行われる場合、調査に横断的な共同性を生みだす役割を求めることも困難になっている。同じことは共同研究にも当てはまる。共同研究の開催数が減ると、社会関係資本の育成自体が困難となる。その典型は年に数回しか開催されなくなった国立民族学博物館のような大学共同利用機関の研究会であろう。先の引用で梅棹が当初毎週研究会を開催すべきだと考えていたことは、今日の状況を考えるときわめて驚くべきことである。京都大学の人類学を特徴づけていた密接な共同性は、今もなお年に一〇回以上開催される人文研の共同研究や京都人類学研究会などに認められるかもしれないが、それさえかつての、教育と調査と研究、そして広報が複雑に絡まったダイナミズムを認めることは難しい。

二〇一〇年度から、全国の大学附置研究所の多くが文部科学大臣の認可を受けて全国共同利用・共同研究の拠点となった。その主要な活動が共同研究であることを考えると、方法としての共同研究は日本の高等教育機関に根付いていると言える。しかし、そのことは制度横断的な人のつながりが生まれる場になっているというわけでは必ずしもない。共通の課題を研究する人間からなる共同研究が理想とはいえ、実際はメンバーの選定に同じ大学の出身者など、制度的な関係が強く働いている。その結果、共同研究という場がかえって既存の制度的な紐帯を強化することになる可能性も否定できない。こうした弊害を乗り越えるためにも、人文科学研究所を起点に普及した共同研究という方法の可能性をさらに探究する必要がなお求められているのである。

注

〈1〉詳しくはクーパー［二〇〇〇］を参照。

〈2〉関係箇所は厳密には第一章「探検の前夜」の最初の二節「南から北へ」と「伝統」で共著となっているが、『梅悼忠夫著作集　第一巻　探検の時代』に収められているため、実際は梅棹が書いていると思われる。

〈3〉アンデス地帯の調査について詳しくは、［関 二〇一一］を参照。また東京大学の学術調査については［東京大学編 一九九七］を参照。

〈4〉ただし、今西は一九六五年に退官するため、最後の年は梅棹が代表を務めた。

〈5〉小牧と今西の関係については［山野 一九九九］が詳しい。

〈6〉ただし、梅棹は一九四三年に実証主義的な立場から直接地政学批判を行っている［梅棹 一九四三］。これについては［山野 一九九九］も参照。山野論文については菊地暁氏にご教示いただいた。地政学については［柴田 二〇一六］が詳しい。

〈7〉同じ年であるが、川喜田は別のルートで白頭山に向かっている。

〈8〉第三部の冒頭の章にあたる第一〇章の章題でもある。

〈9〉梅棹の「紀行」はその後「南洋紀行」と改題されて志賀直哉他監修『世界紀行文学全集　第一三巻　樺太・朝鮮・台湾・南洋諸島』（ほるぷ出版、一九七九）に収められ、さらに『梅棹忠夫著作集第一巻　探検の時代』（中央公論社、一九九〇）に再録されている。ほるぷ社版でいくつかの箇所で変更や省略がなされている。たとえば、この引用については「大提灯が、かかげられているのをみて、おもしろくおもった」［一九九〇、一一四］となっていて、「たとえ環境こそ」以下の文章が大幅に削除されている。

〈10〉著作集では削除されている。

〈11〉著作集では削除されている。

〈12〉著作集では削除されている。

〈13〉一九二九年に発足する東方文化学院（一九三〇年東方学文化学院京都研究所、一九三八年に東方文化研究所に改名）、一九三四年ドイツ文化研究所（一九四五年に西洋文化研究所に改名）、一九三九年人文科学研究所が設置されている。これらが統合されて一九四九年に人文科学研究所が成立する。日本部、東方部、西洋部は、それぞれ旧人文科学研究所、東方文化研究所、西洋文化研究所に対応している。

〈14〉二〇〇〇年から、日本部と西洋部は統合され、人文学研究部となり、現在は東方学研究部（旧東方部）と二部制になっている。

〈15〉その理由の一つとして、外国では剽窃を恐れているという事情もあるかもしれない。これはある米国人研究者の意見である。数年もかけて自身の考え方を育て、しかもそれを発表や意見という形で明らかにしていくというのは、誰かに借用され論文を発表されるかもしれないと考えると、大変危険なことなのである。換言すると、共同研究のメンバーの間には強い信頼関係が必要だということである。

〈16〉桑原の以下のような共同研究についての「総括」も、こうした越境性の胡散臭さを示している。「私どものやりました共同研究の内容よりも、そのやり方について、いろいろ批判のあることはよく承知しております。たとえば、研究をみな楽しそうにやっているという。これが批判になるのはおかしいのですが、日本の学界には禁欲主義みたいなものがあって、学問とはつらいこととみつけたり、ということでないといけないような空気がありますが、私はいやいややる学問にろくなものなしと考えております。それからサロン的である、おしゃべりにすぎない、という批判がある。なんとかにすぎないという表現は、傍観的な悪い表現だと私は思っておりますが、毎週金曜日のくるのが待ち遠しかったといった人がある。これはちっとも恥ずかしいことじゃありません。つぎに、共同研究といっても耳学問の集大成にすぎない、という批判があります。これは問題の根本にふれている。間接的知識の否定というのは立派な態度のようですが、あらゆることを現地へ行って、自分の眼でたしかめ、レジュメは一切信用せずに原典の最後のページまで読みおわらなければ一切発言しない、というのは宗教的態度であるかもしれませんが、近代の学問の方法ではありません。（中略）さきほど申しましたいろいろの批判、サロン的であるとか、遊びの要素があるとか、耳学問だとか、非専門的だとか、こういうことは学会用語ではマイナス記号、けなし言葉ですが、私は、これらのマイナスをそろえることによって、（中略）全部をプラスに転化しうるのではないかと思っております」［桑原　一九八〇、四〇六-四〇七］。

補論1　トランザクショナリズムの限界と可能性

——フレドリック・バルトの人類学

一　はじめに

本書が提示しようとしているのは「全体化に抗する」文化人類学である。しかし、それはそのまま個（人）の視点を導入するというだけでは不十分である。そこには、どのような個人を導入すべきかという問いが抜け落ちているからだ。この点を念頭に、補論1では個人を中心に置いて社会の記述と分析を目指す方法論的個人主義、あるいはトランザクショナリズムの人類学について考えてみたい。この立場はそのよって立つ思想がそうであるようにけっして新しいものではない[1]。以下ではこうした立場の代表とされているノルウェーの人類学者フレドリック・バルト（一九二八〜二〇一六）の初期の代表的民族誌『スワート・パターン人たちの政治指導力』（一九五九）を中心に検討することにしよう。

日本における文化人類学の理解は、「機能主義から構造機能主義へ、そして構造主義や象徴人類学へ」という単線的なものに留まるきらいがある。ここで言う方法論的個人主義とは、レイモンド・ファースの社会組織論や、個人の戦術を重視しつつ政治組織や親族組織について論じたエドマンド・リーチの仕事を指す。これらはマリノフスキーの影響を受けつつも、理論的には構造機能主義への批判をより鮮明に表明している。この潮流は、第九章で論じたマックス・グラックマン率いるマンチェスター学派とも一部重なる形で展開していくことになる。

二　生い立ちと経歴

バルトは、母国のノルウェーだけでなくシカゴやロンドン、ケンブリッジで文化人類学を学ぶとともに、オスロ、ベルゲン、エモリーなどで教鞭をとってきた国際的な研究者である。その言語能力を生かして、イラン、パキスタン、南スーダンやオマーンなどのイスラーム圏、ノルウェー、さらにニューギニアなどで調査をして、重要な民族誌を上梓している。

一九四六〜一九四九年にシカゴ大学に留学した後、一九五二年には最初の調査地イランで考古学の発掘の手伝いをしながらクルド人社会について調査を行う。この調査の成果は『南クルド地域の社会組織原理（*Principles of Social Organization in Southern Kurdistan*）』として一九五三年に公刊された。一九五二年にロンドン大学経済政治学院（ＬＳＥ）に留学するが、リーチを追いかけるようにケンブリッジに移り、彼の指導のもとパキスタンで調査をして、博士論文をまとめている。これは、一九五九年に『スワート・パターン人の政治的指導力（*Political Leadership among Swat Pathans*）』として公刊された。さらにイランの遊牧民を調査し、一九六一年に『南ペルシャの遊牧民（*Nomads of South Persia*）』を出版した。一九六一〜一九七一年までベルゲン大学の初代社会人類学科教授を務め、そこを拠点にトランザクショナリズムの理論書『社会組織のモデル（*Models of Social Organization*）』（一九六六）やエスニシティについての論文集『民族集団と境界——文化的差異の社会組織（*Ethnic Groups and Boundaries: The Social Organization of Cultural Difference*）』（一九六九）を発表している。その後ベルゲン大からオスロの民族博物館に移り、晩年はアメリカに渡る。

三　スワート社会の民族誌

パキスタンのスワート渓谷では、広大な土地を所有するパシュトゥーン（パターン）人が絶大な権力をもつ。かれらは正式名をヤスフザイ・パシュトゥーンと言い、アフガン出身のヤスフを共通の先祖とする。かれらはカブール渓谷から追い払われ東へと移動、一六世紀から一七世紀にかけてスワート渓谷の住民たちを征服した。そして一九二〇年代にはこの地域をまとめる支配者が現れ、一九二六年には英国植民地政府にも認められた。かれらの定住地は、パキスタン建国後、同国北西部に含まれることになったが、かなりの自治権を保持していた。バルトが調査した一九五〇年代半ばに、全人口の五分の一しかないパシュトゥーンが肥沃なスワート渓谷の土地をほぼ独占していた。しかもかれらの中でさらに少数の者に土地が集中している。この土地の所有者には宗教的な徳を強調する聖者やその子孫がいる。かれらはパシュトゥーンたちの利害を調停する立場にある。その報酬として土地を受けとることでかれらもまた土地所有者となり、それはそのまま永代所有としている。

バルトは後に明らかなように個人の自由選択を強調しているが、同時にその制約にも注目している。それはフレームワーク（framework）と呼ばれ、具体的には、領土、成層（カースト）、出自（血族）である。これらは所与のものであり変更するのは困難である。

スワートは一三の地域（一地域の人口は二万から四万人）に分かれ、各地域の土地所有権が特定の出自集団によって共有されている。さらにこれが地方に分かれ、そして五〇〇人から千人の村落、最後に地区（一地区に二〇〇人から五〇〇人、四〇から八〇世帯）に細分される。村は普通二つの地区からなる。各々にモスクがある。核家族が一般的だが、土地所有者の世帯は家長が存命の間土地が分割されないため、息子たちが独立しないで拡大家族が生まれる。各村落にはこうしたタイプの世帯が一割を占めるという。

バルトは全部で二四種類のカーストを挙げているが、最上位にはムハンマドや他の聖者の子孫である「聖者」と土地所有者のパシュトゥーンがくる。さらにかれらの下に司祭（ムッラー）、金細工師、仕立屋、大工などさまざまな職人が位置する。しかし、「かれらはパシュトゥーンだったが、土地をなくして今は鍛冶屋だ」という言葉が示唆するように、これらは必ずしも固定されているものではない。また経済的地位がカースト間の関係に影響を与える。カーストは確かに人びとの職業を表し社会関係を決定するが、しかしながらバルトによればこれさえ選択で、「みんなが自由にどの集団に属したいかを選ぶことができる」[Barth 1959: 22]。

パシュトゥーン社会は父系出自集団からなり、それに属することが土地所有の必要条件である。パシュトゥーンであるということが土地所有を正当化するが、どの土地が自分のものになるかは出自集団における自分の地位によって決まる。一九二〇年代にすでに廃止されたが、土地を定期的に交換するという慣習が存在していた。これは、各下位親族集団の間で土地が公平に分配されるように征服当時の聖者が決めたものである。たとえば、ある地域を恒常的に与えられた父系親族集団に三つの下位親族集団がいてこの土地を分けもっているとする。この場合、各下位集団が一〇年ごとに土地を換えるならば三〇年後に平等になるというわけだ。この下位集団よりさらに下位の集団（たとえば世帯）がどの土地をとるかは籤によっていた。このため定期的に所有者たちの大移動が生じたが、土地を耕す小作人（非パシュトゥーン）や鍛冶屋、大工などの職能者（カースト）は移動しなかったため、土地所有者と小作人らとの関係が定期的に更新されなければならなくなった。ここに土地所有者のパシュトゥーンが移動し、反対に土地をもたない非パシュトゥーンが特定の土地に留まるという奇妙な事態が生じた。バルトの調査した時点でまだ廃止から三〇年足らずであったため、かれらから見れば交代の期間が今回は少し長いというふうな受けとめられ方であったという。

これらのフレームワークに対し、最初は所与だが変更が可能なものが隣人や親族、姻族との関係である。ここでバルトが注目するのは誕生や割礼、結婚などの通過儀礼である。通過儀礼には当事者の父系親族、パシュトゥーン以外の居住者、また儀礼に従事する床屋カーストが参加する。パシュトゥーンにとって儀礼はかれらを中心とする世界が現れる機会である。しかし、同時にそれは父系親族集団以外の親族や婚出した女性たちが参加する機会でもある。

つぎにバルトは帰属集団ではなく、契約関係に基づく集団について説明する。それは今まで述べてきた集団と異なり、支配する者とこれに従う者の区別が明確である。また契約関係は優位にある者と従者との二者関係からなる。これらは奴隷などいくつかの例外を除いて自発的なもので、「個人はいかなる契約でも自由にパートナーを選ぶことができるだけでなく、いかなる類の契約をもまったく行わないという自由ももっている」[Barth 1959: 42]。こうした種類の集団は、まず地主を中心とする小作、職能集団、家の賃貸などの経済的関係、つぎに「男たちの家（men's house）」を基盤に生まれる社会的関係、最後に聖者とその信者たちの宗教的関係の三つに分かれる。これらは土地所有者や地区のリーダー、さらに聖者たちを中心とする集団を形成することになる。しかし、これらがそのままつぎに述べる政治集団となるのではない。人びとは複数の契約関係をもち、契約関係が忠誠と保護を保証するものではないからだ。

四　スワート社会の指導力

村は通常二つの地区に分かれる。地区はパシュトゥーンの土地所有者がリーダー（カーン）として君臨している。それは同じ地区の他の土地所有者たちによって認められている。かれらはリーダーの父系親族でもある。それから小作人や職能者ら土地所有者に依存して生活している人びとがいる。リーダーの政治活動の中心は「男たちの家」である。地区の人びとはここに集まり、リーダーのもてなしを受けるのと引きかえに忠誠を誓う。ここで小作人が生産した穀物の多く（四分の三から五分の四）がリーダーの手に渡るが、男たちの家でのもてなしによって再分配される。男たちの家で経済的財である穀物が政治的な財へと変換するのである。

なぜ人びとはリーダーの歓待を受けるのか、なぜ忠誠を誓うのか、反対にリーダーはなぜ人びとにもてなしをするのだろうか。バルトによれば、それはスワート渓谷が恒常的な無秩序状態にあるからだ。人びとは大土地所有者をリーダーとする集団を形成し、他集団との間に（主として土地や収穫をめぐる）葛藤が生じた際には動員される。そしてリーダーへの忠誠と引きかえに他者からの攻撃から保護を受ける。リーダー自身が忠誠を誓う人びとを増やそうとするだけでなく、他の有力者からの土地の収奪に備えより強いリーダーの庇護を求め契約を結ぶ。

リーダーたちの競合や政治基盤の不安定さにもかかわらず、非パシュトゥーンたちが団結して地主に立ち向かうということはない。かれらは「政治的に組織されていない農民や職人たちの海原」であり、リーダーは「政治的に差異化されていない村人たちの海原に直面して、権威の中心となる島をまず組織する。そしてこの島を拠点にして周りの海原を組織しようとするのである」[Barth 1959: 69]。こうしてそれまでばらばらだった世界に防衛のための団体（corporate group）が生まれる。つまり、この団体（派閥）(2)はけっして所与のものではない。すでに明らかなようにスワートの人間関係は親族やカースト、地縁などのフレームワークに制約されながらも、個人の自発的な自由選択に基づいている。このため、リーダーはつねになんらかの政治的活動を通じて人びとに働きかけ、派閥の形成に関わらざるをえない。派閥はいわば恒常的に形成過程にあるのだ。まさにリーダーの行為が派閥とリーダー自身を生みだすのである。

パシュトゥーンでない小作人から見れば、リーダーが拠点とする島に参加するのも参加しないのも自由だし、またどの島に参加するのも自由だ。そして、リーダーと人びととの関係はあくまで一対一の個人的な関係である。しかもそれは固定しておらず、その忠誠は状況において変わりやすい。

奴隷を除くとすべての男性はどんなときにも自由に新しいリーダーに自分の運命を任せることができる。貧しい男はリーダーのもてなしに頼らないで生きることは不可能だが、新しいリーダーがもっともてなしてくれそうなら、今のリーダーのところに留まる理由はなくなってしまう。[Barth 1959: 81]

数人の地主から土地を借りてどのリーダーの傘下にも入らなければより大きな自由を確保できるが、物質的な恩恵を得たり、なにかあったときに頼るべきリーダーがいなくなって、その生活はきわめて不安定となる。これに対しある派閥に加入すると物質的には安定するが、リーダーの、それもしばしば理不尽な命令に従わなければならない。リーダーはリーダーで他のリーダーとの葛藤を契機に第三者との同盟を求める。こうして結果としてスワート社会は大きく二つのブロックから構成される。しかし、これはあくまで地区での葛藤から生まれる結果であって、その厳密な意味での構造的なものではない。バルトの目はあくまでミクロな次元にあるのである。

五　構造機能主義への批判

バルトは『スワート・パターン』の序論において、当時支配的であった集団を中心とする見方に対して疑問を提示している[Barth 1959: 1-2]。彼は、従来の人類学的研究では個人の政治的な忠誠（地域のリーダーや集団への帰属）というものは、生まれながらに決まっているという印象を与えると言う。このため、政治的な忠誠をめぐって個人の自由な選択の余地というものはまったくないように見える。ところが、スワート・パシュトゥーンでは政治的忠誠というものは、個人の自由な選択に任されている。そして、それは多くの場合一時的でいつでも破棄できる。確かにそこには選択の障壁となるような要素があるが、バルトが強調しているのはまさに個人による選択の自由とその結果生じる社会的な現実であった。このようなバルトの主張の背景には、アルフレッド・R・ラドクリフ＝ブラウンを指導者として確立する構造機能主義人類学への批判を認めることができる（本書二一〇頁参照）。構造機能主義というのは、社会有機体説、全体論、そして均衡説からなる社会理論である。

社会というものは生物の体と同じようにいくつかの部分（制度）からなる。これらの制度を記述すると、全体としての社会の記述へとたどりつく。しかし社会はたんなる部分の集合ではなく、それらにプラス・アルファを加えたものとして認識されていた。ここに全体という概念の重要性がある。まず、部分はそれだけによって理解されるものではない。それは他の部分と関連づけられ、さらに全体的な枠組に位置づけられることによってはじめて意味をもつ。部分と全体との関係が機能であり、各々の部分が構成する全体が構造である。そして部分は、この全体に奉仕するものとしてとらえられることになる。したがって、各制度は全体としての社会の維持と存続に奉仕するために存在し、他との関連で一定の均衡状態を保つことになる。またここでは個人よりもそれが属する集団が、そして集団よりもそれらによって構成される社会全体がなによりも重要な位置を占めることになる。構造機能主義的な視点から見ると、個人に着目する説明方法は無価値に等しかったのである。

さて、本章でとりあげたバルトの書物より少し早く出版されたエドマンド・R・リーチの『高地ビルマの政治体系』（一九五四）の序論においても同様の批判を認めることができる。そこで、彼は構造機能主義において前提となる全体の曖昧さを指摘している。すなわち、彼が調査した高地ビルマでは使用言語や領土によって民族誌の記述単位となるような集団を提示することはできないというのである。個人の利害や選択を重視するというリーチの立場は、その後スリランカ村落の調査に基づいて発表された『プル・エリヤ――セイロンの村』（一九六一）においてさらに展開されることになる。[(3)] 類似の観点は、レイモンド・ファースによる個人を強調し社会構造と社会組織を区別する議論［Firth 1964］にも認められる。

このように見てみると、バルトの理論的な立脚点はけっして孤立したものではなく、むしろ一九五〇年代において生じた構造機能主義に対する批判の一つの流れを代表しているととらえることができる。そして後にそれは、彼自身の『社会組織のモデル』（一九六六）という論文集によって確立し、トランザクショナリズム（transactionalism）と呼ばれることになる。それはさまざまな修正を含みながら発展していく〈4〉。

トランザクショナリズムの基本的な立場をここで簡単にまとめておくことにしよう。まず、それは、社会全体ではなく個人を中心とした説明であり、そこでのキータームは個人の動機である。動機は合理的な選択によって個人の利潤を最大限に獲得し、不利益を最小限に抑えることを原則とする。そのような戦略に立って他者とのやりとり（トランザクション）が「社会」を生みだす。したがってこの説明は文化的・社会的な文脈に依拠して明らかにされるのではない。トランザクショナリズムの視点からいい言えば、個人的な利益追求こそが隠れた要因であり、またその点を明らかにすることが分析の最終的な目的となる。

個人の自由な選択や意思決定は、もちろん理想的な形で実現されるのではない。そこにはそれの障害となるさまざまな要素が存在する。言い換えると、トランザクショナリズムは社会に二つの次元を想定していることになる。一つは個人の活動の次元であり、そこでの原則は利潤を最大限に追求する自由な選択である。そしてその総体が分析の対象となる「社会過程」(social process)、「社会組織」(social organization)である。もう一つは選択に基づく活動を限定する社会慣習や価値は社会形態や社会構造 (social form, social structure) として区別される。これはバルトが『スワート・パターン人たちの政治指導力』でフレームワークと呼んだものに対応する。

六　スワート民族誌批判

すでに明らかなように、バルトはスワートの民族誌を記述するにあたって、当事者がどのような社会的位置にいようと当事者の自発的な選択を繰り返し強調していた。

　スワート渓谷の政治組織のきわだった特徴は、低い次元の組織にとって根元的で、広域の政治的提携を特徴づけている自由な選択と契約の強調である。［Barth 1959: 104］

このように、バルトはスワート地域社会では自由選択が基本であり、その一連の結果ある種のパターンが生まれると考える。

こうしたスワート社会像に対し、さまざまな観点からの批判が生まれた。たとえばタタル・アサドは、マルクス主義的立場からバルトが土地所有者たちの階級的利害や連帯による搾取を無視していると批判する[5]［Asad 1972］。同じ視点は、派閥の分析に農村の階層的要素を無視すべきではないというハンザ・アラヴィにも認められる［Alavi 1973］。だが、かれらの分析もまたバルト自身が受けた批判、すなわち文化的変異を無視した議論ということにならないだろうか。当時の多くのマルクス主義的研究がそうであったように、民族誌的事実が無視され概念だけが一人歩きする危険が認められるからだ。

これに対しマイケル・ミーカーはバルトのスワート像は基本的に正しいが、それがなぜ正しいのかバルトには十分理解されていなかったと述べ、北アフリカから中東、そして西南アジアに見られる征服遊牧民のエートスにパシュトゥーンたちの社会観および人間観を求めている［Meeker 1980］。ただし、同じパシュトゥーンをおよそ二〇年後に調査したチャールズ・リンドホルムは、スワート社会を無秩序・無政府状態の世界と決めつけるべきではないと批判する［Lindholm 1982］。

トランザクショナリズムの根本的な問題は、利潤の最大化を目指す合理的な個人（経済的人間、政治的策略家）をその基礎に置いているということだ［Meeker 1980］。それは、アサドが鋭く指摘したように、近代資本主義のもとで富の蓄積と権力の奪取に精を出す計算高い近代人を彷彿させる。そこでは非合理的な人間の行動、すなわち身体的存在としての人間やその情動的側面が無視されているのである。またトランザクショナリズムが描く人間像は普遍的であるゆえに人間像の文化的特質（ヒト観）が無視される。これは、だが、構造機能主義やマルクス主義人類学にも妥当する。しかし、バルトの民族誌に戻るなら、彼はパシュトゥーンたちの基本的理念に名誉や恥の概念を挙げ、そこから生まれる復讐について言及していることを強調しておくべきであろう［Barth 1959: 81-86］。こうした視点をもっと強調していれば単純に「自由な選択」を強調することはなかったと思われる。なぜなら名誉や恥とそれに密接に関係する復讐は、たとえ復讐が合理的手段によって実行されるとしても、その成功がおぼつかないとするなら、けっして合理的に説明できるものではないからだ。

七　エスニシティ論

バルトは、構造より過程を重視する観点をエスニシティ（ethnicity）にも適用し、民族集団（ethnic group）や民族間の境界を既存のものとみなす本質主義的視点を批判する。そして、ミクロな次元においてもまた歴史的にもより動態的なエスニシティ研究に道を拓いた［バルト　一九九六］。

民族集団とは、言語や文化などを共有する集団である。どんな服を着てどんな家に住み、どんな食事をしているのかといった目に見える相違によって、私たちは人びとを複数の民族集団に分けるのである。たとえば、食事のときに箸を使うかどうかは、日本人と西欧人とを区別する文化的な指標であろう。

バルトの独創性は、民族集団の間の境界を文化的な要素に求めず、社会的なものとみなすことで、より動態的な観点をエスニシティ研究の分野に導入したことである。衣食住等の文化要素による相違は客観的であるにしても、人びとの自他関係すなわち社会関係を反映しているとは言えない。文化要素は、選択の対象となり、ときに強調され、ときに無視される。

人びとは、パシュトゥーンの「カースト」と同様にときに別のエスニシティに変更できる。他民族への同化という場合だけでなく、生業などを変えることによってもエスニシティを変更する事例が報告されているのである。エスニシティを区別する境界は予想をはるかに超えて流動的と言える。しかし、自他を区別する民族の境界は存続する。

一つひとつの民族集団とその境界を所与のものとし、その歴史や文化的特性を考察するという視点をバルトはとらない。エスニシティにおいてもバルトは、集団の構造ではなく人びとの相互関係に注目する。エスニシティとは、人びとの本質の一部ではなく、他者との関係や社会的状況、生態との関数なのである。パシュトゥーンには、そのアイデンティティの核となる社会的実践が認められる。それは名誉に関わるもので、男性の自律や平等性を示す行為となる歓待、男性たちの会合、男女の隔離である。バルトは、パシュトゥーン社会が接する他民族の政治組織との相違などを考慮し、どのようなエスニシティの変更が起こるのかを論じている。たとえばバルーチと接しているパシュトゥーンがバルーチになるという一方的な過程が認められる。その理由は、両者の政治制度の相違と、パシュトゥーン自身が自らバルーチの特性を選択することで生じるという。

最後にわたしは、自発性や選択の自由を主張する視点の、よりポジティブな側面を強調しておきたいと思う。それは人間の創造力である。

八　創造力の人類学へ

すでに述べたように、人類学における集団を重視する立場は、やはり一九五〇年代になると実体（行動）よりも観念を重視し始める。そこでも、集団・民族に特定の観念（世界観）が均質的に共有されているという前提に立っている。そして、その共有範囲は同じ言語を使い地域的にまとまっている民族集団が想定される。この点で、具体的な社会関係を示す行為から観念へと対象は移っても、その前提となっている全体論や均衡説はそのまま継承されている。そこにレヴィ＝ストロース流の構造主義的な二元論が導入されることで、こうした前提はより強固になったとさえ判断できる。なぜなら具体的な行為に着目する限り、想定されている集団の境界を越えて資料を集め議論を展開する可能性を秘めているが、白と黒、生と死、男性と女性、A氏族とB氏族、といった観念と社会組織を貫く二元論は、たとえば生と死がすべてであるゆえに、構造機能主義よりも閉塞的な文化社会的空間を作り上げてしまうからだ。山口昌男やダグラス（本書第四章参照）、リーチ、ターナーによる両義性への着目もこの文化的境界の中での問題であって、そうした空間そのものの脱構築の試みではなかった。

こうした文脈でバルトの後期の書物『コスモロジーの創出』（一九八七）を考慮すると、そこにはより興味深い視点が認められる。この書物で彼は、ニューギニアの内陸部の狭い地域に見られる民族文化の微妙な差異に注目する。そして、従来の世界観研究や構造主義の限界を指摘する。

たぶんもっとも根本的なことは、私がここでどんな特異な文化的な現象も抽象的なものに変えるような表象の様式を避けたということだ。そこでは抽象的なもの――すなわち文化――は内的には均質でみんなに共有されていて、外的には境界があるものとしてとり扱われている。（中略）これに対し、ここでコスモロジーに注目するのは知識の生きた伝統としてであって集合表象に秘められた一連の抽象的観念としてではない。[Barth 1987：84]

ここでバルトは再び全体論的視点を痛烈に批判する。彼にとっては構造機能主義も象徴人類学も個人を無視し、当該社会でのダイナミズムや差異を無視しているという点で同じ問題を抱えているのだ。そして、ちょうどエスニシティ研究で主張したのと同じように、文化を所与のシステムとしてではなく過程としてとりあげることを提唱し、そこに人びとの創造力を認めようとする。この書物でバルトがガナナート・オベーセーカラの仕事［オベーセーカラ 一九八八］に刺激を受けているのは偶然ではあるまい。なぜなら、より心理学的ではあるにしてもオベーセーカラもまた文化を静態的なものとしてではなく個人のシンボル創出能力と結びつけて論じてきたからだ。こうした過程への関心は文脈の重視、それを理解するためのフィールドワークの重視へと向かう。スワートの民族誌では対象が政治であったこともあり、そこで表されたパシュトゥーンのリーダーたちは欧米の政治的伝統にあまりにもマッチした人物像であった。そしてそこから多くの批判が生まれた。これに対し、ニューギニアでの調査では対象が儀礼や信仰であり、また土地争いをめぐる個人の戦略というよりは、世界をいかに読むのか、その知識を通じて人びとがどのような相互関係を保持しているのか、という知識の構築・継承と利用が主題であった。この点でわたしは、『コスモロジーの創出』を、集団や民族あるいは文化を脱構築する民族誌の先駆的業績として高く評価したい。

スワートの調査とニューギニアの調査とでバルトは変わったのだろうか。すでに明らかなように、政治集団であれコスモロジーであれ、分析の前提として想定される「全体」に対してバルトはきわめて批判的であった。スワート渓谷からニューギニア内陸部へとフィールドを移すことによって、そのキーワードは自由な選択から創造力へ、その人間像は戦略家から創造者へと変化した。だが、ヨーロッパのリベラリズムあるいは「資本主義の精神」はこれら両者を個人の基本的能力と強調してきたのではなかろうか。その意味でバルトの人類学はきわめてヨーロッパ的伝統に基づいており、その徹底ぶりにおいてなおわたしたちに刺激を与え続けていると言えよう。さらに、現代社会においては、確固と思われていた集団や集合的カテゴリーがより流動的になり、個の力やつながりの可能性が注目されている。人類学の将来もまた、バルトの仕事を批判的に継承する形で、フィールドワークを通じて個人とその（さまざまな）能力への着目に徹することで拓かれるはずである。

注

〈1〉あえて指摘するとすればマックス・ウェーバー［一九七二］とジョージ・ホーマンズ［一九七八］ということになろうが、ここでは方法論的個人主義が英国では「ラジオから五分おきに聞こえてくる説明」（モーリス・ブロック、一九八〇年の講義での発言）だという事実に注目したい。人類学説史における方法論的個人主義の位置づけについては、たとえばシェリー・オートナーのようになお誤解がなされている［Ortner 1984］。これはヨーロッパと北米の人類学の微妙な相違を示唆するものである。ここでとりあげるバルトについて、日本ではそのエスニシティ論［バルト 一九九六］が主として注目されてきた。

〈2〉バルトはここで団体という概念を使用しているが、リーダーの死によって崩壊するというその定義［Barth 1959: 71-72］からも明らかなように、これは後の派閥（ファクション）に対応する。ファクションについては［Nicholas 1965］を参照。

〈3〉ただしリーチはバルトと一線を画していたことは、彼によるバルトの書物［Barth 1981a, b］への書評［Leach 1982b］から明らかである。

〈4〉バルトは、ＬＳＥにおいてファースやリーチの影響を受けたと考えられる［Eriksen 2015: 20-21］。後にこの書物は関連文献とともに［Barth 1981b］に収められる。トランザクショナリズムの展開についてはボワセベンの書物［ボワセベン 一九八六］、カッフェラー編集の論文集［Kapferer (ed.) 1976］、［Paine 1974, 1976; Skvoretz and Conviser 1974］などを参照。日本では［大塚 一九八九］や［橋本 一九九六］にバルトやペインらのモデルの具体的な応用例を認めることができる。

〈5〉他の批判については［Dupree 1977; Paine 1982; Pratis 1973］などを参照。スワート社会についてはとくに［Ahmed 1976］がある。バルト以後の主要な民族誌として［Ahmed 1980; Lindholm 1982, 1996］が重要である。とくにアサドへのバルト自身の反論については［Barth 1981a: 121-181］を参照。

補論2　場所の誘惑——カスタネダとスターホーク

一　はじめに

補論2では、北米のサブ・カルチャーに影響を与えたカルロス・カスタネダとスターホークの著作から、かれらの自然環境や身体についての考え方を考察したい。時期はずれるが、この二人はともに同じ大学で人類学を専攻している（ただし、スターホークは大学院には進学していない）。これは偶然だろうか。異文化理解を目的とする人類学と、文化創造とでも言えるかれらの実践の間には必然性はないのだろうか。まずは、この問いかけから話を進めよう。

二　文化批評を実践する

わたしたちは、自分たちをとりまく、広い意味での環境、すなわち自然、身体、文化あるいは社会を安定したものとみなしがちだ。しかし、言うまでもなく、それらが安定していると想定するのは歴史的に誤りである。その理由はさまざまである。災害などの外的な変化もあれば、人間の側からの働きかけもあろう。社会科学にとって、社会は研究だけでなく改革の対象でもある。

文化人類学の場合はどうだろうか。文化人類学は異文化を基準にして自文化を批判する。ジョージ・マーカスらに言わせれば、このような「文化批評」の態度こそ、人類学の可能性であり、現代社会で人類学がとるべき道である〔マーカス＆フィッシャー　一九八九〕。文化批評という言葉には、調査地で学んだことを通じて、自文化の変革を試み新たな文化を創ろうとする意味が含まれている。だとすれば、批評の先に母国での文化変革や文化創造というビジョンを想定することも可能だろう。カスタネダとスターホークは、後に見るようにフィールドで出会った異文化についての知識を梃子にして、新たな文化を生みだした。その意味で、かれらこそ文化批評としての人類学を実践してきた「人類学者」だ。

カルロス・カスタネダ（Calros Castaneda）は、『ドン・ファンの教え（*The Teachings of Don Juan*）』をはじめとする一連の書物を精力的に生みだした。

『ドン・ファンの教え』が出版されたのは一九六八年のことである。そこにはヤキ・インディアンの智者ドン・ファンとカスタネダとの交流と、幻覚経験が日記のスタイルで生きいきと描かれている。彼は一九六〇年、薬草使用についてのフィールドワークでドン・ファンにはじめて会った。当時カスタネダはカリフォルニア大学ロサンジェルス校で文化人類学を専攻する大学院生であった。彼は、ペヨーテという幻覚症状を起こす植物について学ぶべく正式にドン・ファンに弟子入りする。一九六一年から一九七一年までのおよそ一〇年間、ドン・ファンと親密な交流を続け、一九九八年に死ぬまでに一二冊の書物を残した。

ドン・ファンはヤキ・インディアンの父とユマ・インディアンの母をもち、一八九一年に生まれた。母の土地アリゾナで一〇歳まで育ち、その後父の土地メキシコを拠点に生活してきた。後に、みずからをスペインの征服以前からメキシコに認められる呪術的な力の継承者（シャーマン）とみなす。『ドン・ファンの教え』は、一九六一年六月二三日、カスタネダがドン・ファンに弟子入りし、六五年九月三〇日にいったん関係を切るまでに受けたさまざまな経験からなる。

スターホーク（Starhawk）は、一九七〇年代に興隆する女性の霊性運動（Women's Spirituality Movement）に多大な影響を与えた。その主著は『スパイラル・ダンス――偉大な女神を祀る古代宗教の再生（*The Spiral Dance: A Rebirth of the Ancient Religion of the Great Goddess*）』という。

スターホークもまた、カリフォルニア大学ロサンジェルス校で文化人類学を専攻し、学部時代にウィッチクラフト（後述）の活動を組織している。当時の経験をもとに学生時代に書き上げ、一九七九年に公刊されたのが『スパイラル・ダンス』である。これは北米の新異端主義《ネオ・ペイガニズム》、女性の霊性運動に含まれるウィッチクラフトや女神崇拝などの宗教的潮流に多大な影響を与え、今日でもこれらの運動のバイブルに値する書物とみなされている。

『ドン・ファンの教え』と『スパイラル・ダンス』はおよそ一〇年離れているが、基本的な視点には共通点がある。それは、両者が、他者との交流を通じて、とくに呪術・宗教的実践を媒介として自己をとらえ直し、近代文明（自文化）を批判しているという点である。カスタネダは、ドン・ファンが習得しているメキシコの先住民たちの宗教実践（シャーマニズム）の学習を通じて、わたしたちにとって自明の世界を揺さぶる。これに対し、スターホークは古代の女神崇拝やウィッチクラフトを基点として、男性中心の世界を批判する。どちらも異文化の広い意味での自然観から近代世界批判を行っている。それだけでなく、そのような文化の実践を強く推奨している。そして、その自然への関わりはたんなる知識の習得ではなく、あくまで実践を通じてである。ここに自然による誘惑のモメントを想定することが可能であろう。以下、カスタネダとスターホークの著作を比較、検討していきたい。

三　共鳴する場所と身体

カスタネダの書物には自然についての記述が満ちあふれている。自然というよりは場所と言った方がいいかもしれない。『ドン・ファンの教え』の第一章が「わたしの最良の場所」と題されているのは示唆的である。その場所はエネルギーが充溢する場所——「人が自然に幸福で力強く感じる所」——であり、そこでこの世のものとは思えない出来事を体験するのである。

カスタネダは、正式にペヨーテの教えを請うようになって数日後、ドン・ファンの家のベランダで、疲れのとれる最良の場所を探すように命じられる。そして、彼は六時間以上狭いベランダを這いつくばって、ついにある場所に来ると微妙に周りの色彩が変化することに気づくのである。そして、良い場所と悪い場所を見つける。どちらの場合も色の変化が生じる。

しばらくして、わたしのまわりの暗さが変化した。わたしの正面の一点に焦点を合わせたとき、視野の周辺部全体が均質の黄緑色に鮮やかに染まってきたのである。（中略）黄緑色が強烈に紫になった。注意をそこへ集中させた。紫は青白さの中へ消えたが、まだ輝いている。［カスタネダ　一九七二、三五］

カスタネダが最初に気づいた場所は、悪い場所であった。そこに座って、それから仰向けになった。すると、「口のなかに金属のような味がした。急に頭が痛み出した。病気だ。（中略）わたしは激しくいら立った」［カスタネダ　一九七二、三六］。彼は、悪い場所をもう一つ見つける。そこに体を動かすと、息づかいが激しくなり、胃が痛む。そして恐怖がカスタネダを襲った。

これに対し、良い場所は、色合いは変化するが、カスタネダの身体に変調を来さない。悪い場所に近づいて恐怖を感じたカスタネダは、良い場所に戻って寝込んでしまう。ドン・ファンは、良い場所とは自分の場所であり、そこに座るだけで力が湧くと説明する。ところが、ここは「敵」にとっては悪い場所となる。

同書には三種類の幻覚作用を起こす植物などが登場する。一つはペヨーテ、つぎにチョウセンアサガオの一種、ダツラ（*Datura inoxia*）、デビルズ・ウィードとかジムソン・ウィードとも呼ばれる。そして *Psilocybe mexicana* と推定しているキノコの一種である［島田　二〇〇二、一六-一七］。場所が問題となるのは、これらが植物などであるということと密接に関係しているかもしれない。

カスタネダは最初のペヨーテ（メスカリト *Lophophora*）との出会いの後、ダツラを体験するが、最後に「女の」ダツラの根を元に戻さなければならなかった。そのとき、ドン・ファンが強調したのは、どんな土でも良いわけではないことで、「自分が生まれ育つところの土地しか知っちゃいけない」と主張する。

また、一九六二年の夏、弟子入りをしておよそ一年後、カスタネダとドン・ファンはペヨーテを採集に行く。ペヨーテを袋いっぱいに詰めて帰ろうとするが、その袋は極端に重くなる。ドン・ファンは、それはペヨーテ（メスカリト）が自分たちの場所を離れたくないから、力を込めているのだ、袋を地面にでも置いたなら、もうもちあげることはできない、と警告する。

ある瞬間肩にかかるひもの重みがまったく堪え難いほどになった。何かがわたしを引き倒そうとしてものすごい力を入れていた。わたしはひどく不安になった。(中略)突然、背中と胸の重みが消えた。荷物がスポンジのように軽くなったのである。わたしは彼にもうまったく重みを感じないと言った。彼は、メスカリトの土地を離れたのだと説明してくれた。[カスタネダ 一九七二、一一二]

植物には場所がある。それは力を発する場所でもある。カスタネダの書物は、北米先住民たちの、幻覚作用を引き起こす植物の採集と加工、そしてそれを消費することで生じる幻覚体験についての記述である。それはまた、ドン・ファンという古代の伝統を継承してきたシャーマンのもとでの修行——狩人として——の記録であり、力の獲得の記録であった。その力は地中からやってくる。それは良い場所から放出されて体中を突き通す[カスタネダ 一九七二、一一三]。

三冊目に当たる『呪師に成る——イクストランへの旅』では、力を獲得するための旅についての記述がいくつか出てくる。一九六二年一月二八日の旅も、そんな旅の一つであった。そして、カスタネダは「自分の場所」を見出す。ドン・ファンはつぎのように宣言する。

好こうが好くまいが、おまえは力を狩ることになる。(中略)ちゃんと言えば、この丘の頂上はおまえの場所、おまえの最後の場所だ。このおまえのまわりにあるものはみんな、おまえの保護のもとにあるんだ。おまえはここにあるすべてのものの世話をしなけりゃいかん、そうすれば、それがお返しにおまえの世話をしてくれるだろう。[カスタネダ 一九七四、二一三]

ここから力は場所と密接に関係していることが分かる。

カスタネダは、もともと薬草の使用法を学びにフィールドに入ったのだが、幻覚作用を引き起こす植物に惹かれ、さらに、力を獲得していく修行のプログラムを受け入れる。もちろんその過程で、彼はドン・ファンによって修行に値する人間かどうか試される。その最初の試練が場所の発見だった。それは彼の場所であり、敵にとって危険な場所だ。

『ドン・ファンの教え』にはあからさまな西欧文明批判は出てこない。しかし、その後の書物では、ドン・ファンを通じて、さまざまな警句が紹介される。それは、「履歴を消す」とか「自尊心をなくす」という言葉である[カスタネダ一九七四]。ここに、主体性や自己アイデンティティの確立を青年期の課題とし、また公的な身分を自己と同一化する近代社会の要請を非難する態度を認めることが可能だ。わたしが、誘惑という概念で主張したのも、こうした意識を棄てさる勇気の提唱に他ならない。

カスタネダは、フィールドという場所の力に身を投じ、そこに充溢する力を肯定することで――疑問を抱きながらも、体験を通じてそれを受け入れていくのがドン・ファン・シリーズの魅力であろう――自文化への批判的立場を確実なものとしていく。

カスタネダは、その後シャーマンの知恵を継承するテンセブリティーという教えを普及する組織を作る。そこでのセミナーや、ドン・ファンの弟子とされる女性たちの活動を核として、フィールドでの体験とそれを意味づける知の体系を自文化に、いわば逆輸入しようとした。その核となる教えは、幻覚剤に頼らない、身体に潜むエネルギーの集中を目指す身体修養であった[カスタネダ　一九九八]。

しかし、このエネルギーはつねに外に開かれた力である。それは良い場所から生まれ、それに共鳴する身体こそ、ドン・ファンの求めていたものであった。場所(自然)と身体(内的自然)とが相互に呼応すること、これがドン・ファンを通じてカスタネダが学んだことである。

場所と身体とをセットで考える視点こそ、今日の環境問題を考える上で重要なのは言うまでもない。両者は、わたしたちの自意識に敵対するのではない。幻覚作用の助けを借りてカスタネダが学んだこと、そして、彼の多くの書物からわたしたちが学んだことも、基本的に同じである。それは、意識と身体、自然の間に確固たる境はなく、きわめて流動的であるということだ。わたしたちは自然のエネルギーを無視できないのである。そこにこそ、自然への人間的関与の原点がある。

四　神聖なる地球

カスタネダにとって場所と身体はエネルギーを通じて共鳴する。エネルギーが集中するよき場所をさがし、身体のエネルギーが集中する箇所を統御する。これが真に生きることに通じる。スターホークにとっても、身体は重要な出発点である。カスタネダの『呪術の実践』(一九九八)と同じように、『スパイラル・ダンス』にはいくつかの身体エクササイズが含まれている。しかし、その意識はよりグローバルである。また、カスタネダの初期の著作にはほとんど出てこない、神的存在たる女神——地球のメタファー——が前面に現れる。
一〇周年を記念して出版された改訂版の序論で、スターホークは本書の成り立ちを回想している。それは一九六八年、一七歳の夏にカリフォルニアの海岸を野宿しながら放浪していたときの自然との一体感にまで遡るという。

自然と自分との新たな結び付き、すべてが生き生きと性欲に満ちあふれ歓喜のダンスを踊っていること、自分もその一端を担っているということ(以下略)。[スターホーク 一九九四、六]

この後、彼女は家に戻り、大学に進学する。そしてウィッチクラフトの自主ゼミを主宰する。彼女は「私たちはいくつかの儀式を創出した。(中略)リズムに乗ってトリップしたり、集団で瞑想したりしていたような記憶がある」と述べる。魔女たちとの交流を通じて、女神に出会う。女神信仰がスターホークの感性に言葉を与える。

女神信仰は私に新しい展望を提供した。いまや私の肉体——乳房、陰門、子宮、月経——すべてを含む私の女性としての肉体は神聖なのだ。今まで否定され貶められてきた野生の力や性の悦びが、まさに表舞台に躍り出たのである。[スターホーク 一九九四、七]

二〇歳の頃にハンガリー出身のZ・ブダペストという魔女に出会い、二三歳のとき、一年間かけて自転車で北米各地を回ることを決心した。これが、スターホークにとっての「フィールドワーク」であり、イニシエーションであった。その後、彼女はニューヨークに行き、文筆業を目指すが、挫折してサンフランシスコに戻る。そこで再び魔女運動に身を投じ、『スパイラル・ダンス』の草稿を書き上げる。
同書のテーマは、「地球は神聖である」という言葉に集約されている。そして、その信念に基づいて地球を守ることが、政治的実践なのである。地球すなわちガイアが女神であり、女神信仰の神髄は、「大自然とすべての文化に去来するエロティックな生命のダンス」すなわち「スパイラル・ダンス」である。自然世界や文化にはエネルギーが充溢しており、わたしたちは「木々や草花、岩石、海」などの自然だけでなく、「本や絵画、詩や音楽、友人」［スターホーク 一九九四、一七］などとも親密な交わりを行うことが可能である。この交わりは、カスタネダのエネルギーに通じるものだが、よりエロティックな性質を帯びている。

スターホークは、女神信仰の中核原理に、内在性、相互連繋、共同体の三つを挙げている。内在性とは、地球上のあらゆる生物や物体には女神や神が内在していること、したがって自然や文化はみな神聖であるということを意味する。そしてわたしたちは、相互にこれらの神聖なものと結びついて、一つの宇宙を形作っている。これが相互連繋である。そして、この宇宙は、具体的には女神信仰を中核とする共同体として現れる。さまざまな共同体が相互に連繋して、地球全体を覆う。そのときわたしたちははじめて地球を自覚し、これを守ることを使命とすることができる。

> 女神がわれわれのなかに、そしてわれわれの周囲にあまねく内在することを知れば、われわれは女神と出会い、（中略）闘争および変化をもたらすために共同体を構成し、愛と悦びの行為を女神の儀式とすることができるようになるのである。
> ［スターホーク 一九九四、一二二］

ここで言う内在性は、一神教たるキリスト教とはあまりにもかけ離れていると言えよう。同じ視点から、スターホークは身体の重要性についても繰り返し主張している。地球を自分の身体の一部あるいは延長と考えれば、地球を守るということがより具体性を帯びてくる、というのである。

女神や魔女運動、あるいは新異端主義については、同時代のフェミニストたちからつぎのように批判されてきた。すなわち、これらの運動は、精神世界（スピリチュアリティ）を強調することで、政治、経済的な不平等から目をそらし、結果として男性中心の家父長制度を間接的にせよ、支持していると。だが、スターホーク自身は『スパイラル・ダンス』を政治的な書物だと考えているし、さらにその後の彼女の活動は宗教的というよりも政治的であったと主張している。

カスタネダとスターホークはフィールドで異質な存在に出会うことで、みずからを変容させていく。自然（場所あるいは地球）や身体についての新たな認識を獲得したのである。その認識は実践を促す。そこには異文化を——そして自然そのものを——理想化してしまう危険がつねに伴う。理想化するのでもなく、また支配の対象にするのでもない、自然環境、身体、そして異文化とのつきあい方を学ぶことこそわたしたちにとって最重要な課題である。その方法は、これらを観察の対象としてではなく、相互交渉の相手としてとらえ直すことである。その可能性は、カスタネダやスタトホークの対話的な記述にすでに認められる。わたしたちが、かれらの著作から学ぶべきことは、思想というよりはなによりも環境や身体とのつきあい方——誘惑という方法——なのである。

おわりに

社会人類学や文化人類学を専門としていてつくづく感じるのは、研究において対話、会話、議論、おしゃべり等々がいかに重要な役割を果たしてきたのかということである（本書第一〇章注〈16〉参照）。研究会では、大学院ゼミや学会あるいはシンポジウムとは微妙に異なる集約的かつ長期的な対話が試みられている。本書第一〇章の議論に戻れば、共同研究会は研究者にとって最重要なコミュニティである。事実、本書に収められている諸論文のほとんどは、わたしが代表あるいは分担者として関わってきた研究会の成果である。以下では、こうした対話の拠点となり本書作成の契機となった複数の研究会について触れておくことにしたい。

暴力の文化人類学　わたしは、国立民族学博物館から京都大学人文科学研究所に移ってから二年後の一九九〇年に「儀礼的暴力の研究」という研究班を組織した。これは一九九四年の三月まで四年間続く。「儀礼的暴力の研究」は、わたしが国立民族学博物館で勤務していた頃はじめて参加した共同研究「文化的プラクティスとイデオロギー――人類学的認識論との関連において」（田辺繁治代表、一九八四〜八七年度）を強く意識したもので、そのメンバーもかなり重なっていた。民博での共同研究は、その名からも明らかなように、フランスの社会学者ピエール・ブルデュ（プラクティス）とルイ・アルチュセール（イデオロギー）を主題化した研究会であった。わたしは、学生時代にブルデュを読んで懲りていたが、一方のアルチュセールには多大な影響を受けていた。イデオロギー論というよりも、そこで言及されている「呼びかけ」による（従属する）主体の形成という考え方に惹かれていた。アルチュセールによると、わたしたちは外からのさまざまな呼びかけを通じて「わたし」すなわち「主体」になるという。アルチュセールにとって主体は、自立した「主体的な存在」ではなく、呼びかけに「従属する存在」なのである。

一九八〇年代前半のロンドン大学留学中に、モーリス・ブロックの『祝福から暴力へ――マダガスカル・メリナ人の割礼儀礼における歴史とイデオロギー』（一九八六、後に法政大学出版局から翻訳が出版される）のドラフトを読んだが、ここでも、アルチュセールが重要な位置を占めていた。ちなみにわたしが最初にブルデュの『実践理論の概要（*Outline of a Theory of Practice*）』（一九七七）を読んだのも、一九八〇年のブロックによるゼミを通じてであった。アルチュセールやブロックから儀礼による「従属する主体」に関心をもち、今村仁司氏によるアルチュセール寄り、ブルデュ批判の議論［今村 一九八九］に勢いづいて「儀礼的暴力」を主題とする研究会を行おうと決心したのである。「イデオロギー万歳！プラクティスくそくらえ！」という意気込みであった。

その後の日本文化人類学界の趨勢は、驚くべきことに田辺繁治、松田素二両氏を中心にプラクティスへと大きく動き出すが（一九九七年度から二〇〇〇年度にかけて国立民族学博物館において実施される田辺代表による二つの共同研究会『認知と実践――人類学的アプローチ』、『実践コミュニティの再検討』）、わたしは行為そのものより行為をする人間観にこだわってエイジェント論へと向かうことになる。この研究会の成果の一部は、本書の序章に収められている。

なお「儀礼的暴力の研究」研究会に戻ると、わたしは、第八章の執筆を通じて、研究会の主題であった暴力による主体化のテーマより、異文化における暴力表象に関心を抱き、トライバル・ゾーンを前提とする文化相対主義の限界を認識できたのである。

ミクロ人類学　一九九四年から四年間「主体・自己・情動構築の文化的特質」を組織した。この研究会のタイトルにある「主体」からも分かるように、わたしはまだアルチュセールやミシェル・フーコーを引きずっていた。しかし、かれらに首ったけというよりは、どうやって批判できるのか勝算のないまま研究会を組織したというのが実情であった。

結論が出ないまま予定の研究期間も終わろうとしていたとき、この研究会の問題意識を継承する日本学術振興会科学研究費補助金によるプロジェクト「個をめぐるミクロ人類学確立に向けての基礎的研究――対象・研究者・パラダイムの連関的考察」が採択されるという幸運に恵まれた。これによって、「主体・自己・情動」研究班は実質さらに三年延びて二〇〇一年三月まで続くことになった。

研究会の成果である『ミクロ人類学の実践――エイジェンシー／身体／ネットワーク』(二〇〇六、世界思想社)は予定より大幅に遅れて刊行されることになったが、刊行当時、学術雑誌に掲載される先端的な論文では必ずと言っていいほど引用された。その理由の一つは、本書がエイジェンシーあるいはエイジェントという概念の有効性と限界について真正面から取り組んでいたからである。

当時、エイジェントという概念はすでにアンソニー・ギデンズの著作などを通じて社会学の分野では普及していたが、それは構造に対比される個人の言い換えにすぎず、わたしにははなはだ物足りない概念であった。なによりも、それではアルチュセールやフーコー批判に使うことはできない。かれらは、そのような「主体的な個人」を批判することで新たな社会思想を形成していたからだ。わたしが求めていたのは、構造や社会に対比されるエイジェントではなく、呼びかけを通じて生まれる「従属する主体」に対比されるエイジェントであった。

転機は突然やってきた。一九九八年二月にトロント大学の本屋で手にしたジュディス・バトラーの『権力の心的な生』(一九九七、後に月曜社から翻訳が出版された)に、エイジェンシー概念を使ったアルチュセール批判を扱う章が含まれていたのである。わたしはその場に座って読み始めた(ことわっておくが、外国の本屋で床に座って読むのはけっしておかしなことではない)。当時のわたしにとってバトラーは、ゲイル・ルービンやパット・カリフィアなど、レズビアンSMの先端的思想家かつ実践家を批判する保守的なレズビアン・フェミニストでしかなかったから、これはうれしい発見だった。

しかし、帰国して改めて読んでみると、彼女のエイジェンシー論にも物足りなさを感じた。『ミクロ人類学の実践』の副題にもなっている身体とネットワークへの視点が欠如していたからだ。バトラーには『身体がモノダイだ(*Bodies that Matter*)』という身体論の著作があるのだが、まだまだ身体に迫りきっていない。とはいえ、バトラーとのトロント大学での「出会い」によって、わたしの視点も方向がはっきりすることになる。「主体・自己・情動」や「ミクロ人類学」の共同研究でやってきたことが俄然おもしろくなったのである。バトラーとの出会いは研究会の外においてではあるが、当時共同研究を組織していなければこうした出会いも実り多きものにはならなかったであろう。持続的な問題意識がバトラーの再発見につながったのである。

フェティシズム 主体やら自己、情動、個人などを研究テーマにしていた反動からだろうか、モノ（物質、物品、作品、品々など）に手を出したくなった。しかし、モノはすでに人類学界では新規なテーマとは言いにくかった。ダニエル・ミラーで有名なロンドン大学ユニヴァーシティ・カレッジ（University College London, UCL）の人類学科には、わたしのロンドン留学時代の友人たちが就職して*Journal of Material Culture*誌（一九九六〜）の編集に携わっていた。かれらの仕事を横目でにらみながら、わたしになにができるのか考えた結果がフェティシズムである。『ミクロ人類学の実践』では身体が主題の一つであった。フェティッシュの中で脚や髪など身体の部位はすでに古典的な位置を占めていた。ミクロ人類学との連続性を考える上でもフェティシズムをつぎにとりあげるのに都合がよかったのである。こうしてまず「フェティシズム研究の射程」（二〇〇〇〜〇四年度）を、そして一年間補足的な形で「フェティシズムの文化・社会的脈絡」研究班（二〇〇五年度）を組織した。長い期間を要したが、二〇一七年に『フェティシズム研究』全三巻（京都大学学術出版会）を公刊することができた。

フェティシズムは、呪物崇拝や物神崇拝と訳される宗教概念だが、後にマルクスとフロイトという二人の巨匠によってとりあげられ、宗教学や文化人類学、経済学、そして精神分析にまたがるきわめて領域横断的な概念となった。フェティシズムはまた、現代日本ではフェチという言葉で一部盛り上がりを見せてきた。それゆえに定義も曖昧模糊としている。フェティッシュやフェティシズムの領域横断的で現代的な性格は障害ではなく、異なる学問的背景を有する人たちからなる共同研究にはむしろふさわしい。そう思わせるなにかがフェティシズムにあった。そのときすでにわたしはフェティッシュの虜になっていたのかもしれない。

わたしは、一般的なモノ研究は避けたかったのだが、それではフェティッシュは他のモノとどう違うのだろうか。端的に言えば、フェティッシュと人間との間には欲望が介在しているということである。モノと人との関係は、合目的か慣習的かという差異があっても、どちらかというと「さっぱり」している。これに対しフェティッシュと人との関係は

「ねっとり」と言っていいのではないか。このねっとりさから、人について、あるいはモノについて考察したのがフェチ研であった。『ミクロ人類学の実践』の序章で、非合理的と排除されてきた身体や情動の重要性に触れたこともあり、ここでも人間の非合理的な側面に注目したかった。また、人間中心の考え方を改めて、モノや身体の部位から考えるという視点を導入したかった。その点でフェティシズムは願ってもない「胡散臭い」テーマであった。フェティシズムについて考察を深めているときに出会ったのが本書の中でも重要な位置を占める「誘惑」概念であった。誘惑の発見――わたしなりの解釈――によって、わたしはやっとアルチュセールやフーコーの呪縛から解き放たれたと言ってもいいのかもしれない。

コンタクト・ゾーンの人文学

誘惑にならぶ本書のキーワードであるコンタクト・ゾーンについての研究会は、二〇〇六年度から始まった。これは当時人文科学研究所に設置された国際人文学研究センターの基幹プロジェクトで、研究会を実施しながら『コンタクト・ゾーン』誌五冊を公刊してきた。その後、オンライン・ジャーナルとなって現在に至る。それまでトライバル・ゾーン的な発想を批判してきたが、コンタクト・ゾーンという概念を掘り下げることでより積極的な展開を行うことができた。本共同研究の成果は全四巻の『コンタクト・ゾーンの人文学』（二〇一一～二〇一三、晃洋書房）に結実した。著者は大半が文化人類学者であるが、インド古典学、宗教学、歴史学、文学ら、人文系の研究者たちの貢献も大きい。

コンタクト・ゾーンは文学研究者のメアリ・ルイーズ・プラットが提案した概念である。もともと植民地主義の文脈で提案された言葉だが、本研究会では文化人類学者の赴くフィールドをコンタクト・ゾーンととらえ、これまでの人類学が求め、実質的に再構成してきたフィールドをトライバル・ゾーンとして対比させた。一つの言語や特定の文化実践が対応するトライバル・ゾーンこそが文化相対主義の前提となる概念でもあり、また本書が繰り返し批判してきた文化人類学による「全体化」の動きに根拠を与え、また全体化を通じて再帰的に構築されてきた理念的な世界でもある。コンタクト・ゾーンにおける接触の様態にはさまざまなものが想定されるが、そのうちの一つは誘惑である。呼びかけや告白に対比すべき概念としての誘惑の発見とコンタクト・ゾーン概念の拡大が、本書の基本的な主張を形作る契機となった。これらの二つの概念との出会いによって、本書はたんなる批判の域を越えて、わたしの考える新しい文化人類学像をより積極的に提示することができたはずだ。

さて、共同研究の成果はわたし自身が代表を務めた研究会に限ったものではない。本書に収められている五本の論文は、わたし以外が組織した共同研究の成果である。実際、わたしの研究生活において共同研究に関わる時間、すなわち参加、報告準備、執筆などの時間がたぶん半分くらい占めていたと言えよう。それがなかったらもっと自分の研究に集中することができたのだろうか。そうは思わない。共同研究と個人研究は密接に関わっていて、前者のプレッシャーがあってこそわたしの研究生活は成り立ってきたというのが実感である。

この意味で、本書は、わたしが代表を務めていた研究会参加者の方々――詳細については初出論文を参照してほしいが、ここではとくに大学での（元）同僚の谷泰、菅原和孝、岩谷彩子、故足立明、松田素二、田辺明生、石井美保、小牧幸代、菊地暁、小池郁子の各氏、そして研究代表者の田辺繁治（序章）、河合香吏（第二章）、山下晋司（第四章）、西井凉子（第七章）、阪上孝、栗本英世（以上第九章）、山路勝彦、高嶋航（以上第一〇章）各氏にのみ言及しておきたい。かれらの独創的かつ個性的な研究会へのお誘い（と成果論文執筆時の締切）があってはじめて本書を執筆できたと言っても過言ではない。

なお、第一章の誘惑については、論文執筆のきっかけとなったシンポジウム『現代社会における宗教学の役割を問う』（第六七回日本宗教学会学術大会）を二〇〇八年秋に企画された筑波大学の山中弘氏に、また、筆者が誘惑の話をもちだしたところ『誘惑・実践論』の原稿を見せてくれた同僚の大浦康介氏に深謝したい。さらに、補論1については論文集『文化人類学のすすめ』の編者であった、当時東大勤務であった船曳建夫氏にお世話になった。ここに感謝の意を表したい。

本書のもとになったいくつかの研究会を組織・運営するにあたっては、長い歴史を通じて作られてきた人文科学研究所という理想的な研究環境なしには不可能であった。石川泰子さん（編集工房is）には第一〇章に収めた年表作成と一部写真の提供についてお世話になった。また本書をまとめるにあたっては、朝日美佳さんと日高由貴さんにお世話になった。世界思想社の編集者の方には、執筆が予定より大幅に遅れたにもかかわらず、本書の完成を忍耐強く待っていただいた。ありがとう。

二〇一八年三月二四日　未明

初出一覧（どの論文も、今回本書に収録するにあたって大幅に加筆訂正をしている）

はじめに
　インタビュー記録（http://www.anth.jinkan.kyoto-u.ac.jp/tanaka5.html）

序章
「序論　ミクロ人類学の課題」田中雅一・松田素二編『ミクロ人類学の実践――エイジェンシー／ネットワーク／身体』世界思想社、二〇〇六年。
「主体からエージェントのコミュニティへ――日常的実践への視角」田辺繁治・松田素二編『日常的実践のエスノグラフィ――語り・コミュニティ・アイデンティティ』世界思想社、二〇〇二年を一部使用。

第Ⅰ部　誘惑の文化人類学
第一章　誘惑と告白　書きおろし。
参考「宗教学は誘惑する」『宗教研究』八二（四）（通巻三五九号）、三七-五七頁、二〇〇九年。

第二章　誘惑モデルと闘争モデル
「エイジェントは誘惑する――社会・集団をめぐる闘争モデル批判の試み」河合香吏編『集団――人類社会の進化』京都大学学術出版会、二〇〇九年。

第三章　構造と誘惑のトポス――カースト社会に生きる
「カースト社会に生きる」栗原彬編『講座　差別の社会学3　現代世界の差別構造』弘文堂、一九九七年。
ルイ・デュモン著『ホモ・ヒエラルキクス――カースト体系とその意味』（みすず書房、二〇〇一年）への「あとがき」（田中の執筆部分)。
第四章　「未開」の誘惑――モダン・プリミティヴ論
「変態する身体　モダン・プリミティヴという実践――M・ダグラス『禁忌と汚穢』」山下晋司編『文化人類学入門――古典と現代をつなぐ20のモデル』弘文堂、二〇〇五年。
第五章　モノの誘惑――フェティシズム論
「フェティシズム研究の課題と展望」田中雅一編『フェティシズム研究1　フェティシズム論の系譜と展望』京都大学学術出版会、二〇〇九年。

第Ⅱ部　コンタクト・ゾーンの文化人類学
第六章　トライバル・ゾーンからコンタクト・ゾーンへ
「コンタクト・ゾーンの人文学へ」田中雅一・船山徹編『コンタクト・ゾーンの人文学1　*problematique*／問題系』晃洋書房、二〇一一年。
第七章　民族誌の時間
「運命的瞬間を求めて――フィールドワークと民族誌記述の時間」西井凉子編『時間の人類学――情動・自然・社会空間』世界思想社、二〇一一年。
第八章　暴力とその変貌
「暴力の文化人類学序論」田中雅一編『暴力の文化人類学』京都大学学術出版会、一九九八年。
「宗教による支配・抵抗から主体化へ――スリランカとシンガポールに見るタミル人たちの儀礼経験をめぐって」島薗進他編『岩波講座　宗教9　宗教の挑戦』岩波書店、二〇〇四年を一部使用。
第九章　実用人類学の系譜
「英国における実用人類学の系譜――ローズ・リヴィングストン研究所をめぐって」『人文学報』八四号、八三―一〇九頁、二〇〇一年。

第一〇章　探検と共同研究
「探検と共同研究――京都大学を中心とする文化人類学」山路勝彦編『日本の人類学――植民地主義、異文化研究、学術調査の歴史』関西学院大学出版会、二〇一一年。
補論1　トランザクショナリズムの限界と可能性――フレドリック・バルトの人類学
「ヨーロッパの人類学――フレドリック・バルトの仕事をめぐって」船曳建夫編『文化人類学のすすめ』筑摩書房、一九九八年。
補論2　場所の誘惑――カスタネダとスターホーク
「良き場所からガイアへ――カルロス・カスタネダとスターホーク」『人環フォーラム』一四号、三八-四一頁、二〇〇四年。
おわりに
「伝統のリズムにのって――一九九〇年以後の共同研究のあゆみ」谷泰・田中雅一編『人類学の誘惑――京都大学人文科学研究所社会人類学部門の五〇年』京都大学人文科学研究所、二〇一〇年を一部使用。

参考文献

日本語文献

赤松啓介　二〇〇四『夜這いの民俗学・夜這いの性愛論』ちくま学芸文庫。

浅井辰郎　一九四四「日本人」今西錦司編『ポナペ島――生態学的研究』彰考書院、三一五–三九八頁。

足立明　二〇〇一「開発の人類学――アクター・ネットワーク論の可能性」『社会人類学年報』二七：一–三三。

網本行利　一九四二『印度の全貌』修文館。

有馬忠広　二〇〇二『ホッブズ「リヴァイアサン」の人間像――理性的人間のイメージ』近代文芸社。

アルサン、エマニエル　二〇〇六『エマニエル夫人』（安倍達文訳）二見文庫。

アルチュセール、ルイ　一九九三「イデオロギーと国家のイデオロギー装置」（柳内隆訳）ルイ・アルチュセール／柳内隆・山本哲士『アルチュセールの「イデオロギー」論』三交社、七–一一一頁。

アンリ、ミシェル　二〇〇七『受肉――〈肉〉の哲学』（中敬夫訳）法政大学出版局。

池上良正　一九九二『民俗宗教と救い――津軽・沖縄の民間巫者』淡交社。

石井美保　二〇一四「呪物の幻惑と眩惑」田中雅一編『フェティシズム研究2　越境するモノ』京都大学学術出版会、四一–六八頁。

石毛直道　一九七〇「作品解説『ニューギニア探検記』」梅棹忠夫編『現代の冒険1　砂漠と密林を越えて』文藝春秋、四九八–五〇〇頁。

――　二〇一〇「梅棹研究室・一九六五～七一年」谷泰・田中雅一編『人類学の誘惑――京都大学人文科学研究所社会人類学部門の五〇年』京都大学人文科学研究所、一一–一六頁。

石塚正英　一九九一『フェティシズムの思想圏』世界書院。

――　一九九三『フェティシズムの信仰圏――神仏虐待のフォークロア』世界書院。

――　二〇〇八「解題」『フェティッシュ諸神の崇拝』シャルル・ド・ブロス（杉本隆司訳）法政大学出版局、一〇六–一九六頁。

――・やすいゆたか　一九九八『フェティシズム論のブティック』論創社。

井出幸男　二〇〇〇「『土佐源氏』の成立」柳田国男研究会編『柳田国男研究年報3　柳田国男・民俗の記述』五–五二頁。

稲垣足穂　二〇〇五「臀見鬼人《いさらいみのおにびと》」『ヴァニラとマニラ』ちくま文庫、一一九–一四四頁。

稲田奈緒美　二〇〇八『土方巽――絶後の身体』NHK出版。

今西錦司　一九四二「三ヶ年の回顧」『京都探検地理学会年報』三：一‐六。

――編　一九四四『ポナペ島――生態学的研究』彰考書院。

――編　一九五二『大興安嶺探検――一九四二年探検隊報告』毎日新聞社。

今村薫　二〇〇一「感応する世界――グイ／ガナ・ブッシュマンの初潮儀礼」澤田昌人編『アフリカ狩猟採集社会の世界観』京都精華大学創造研究所、九五‐一二八頁。

今村仁司　一九八二『暴力のオントロギー』勁草書房。

――　一九八九「イデオロギーとプラクティス」田辺繁治編『人類学的認識の冒険――イデオロギーとプラクティス』同文舘出版、一二三‐一四五頁。

――　一九九二「隠れたフェティシズム」河合隼雄他編『岩波講座宗教と科学5　宗教と社会科学』岩波書店、一四五‐一七二頁。

――　二〇〇〇『交易する人間《ホモ・コムニカンス》――贈与と交換の人間学』講談社。

――　二〇〇七『社会性の哲学』岩波書店。

岩井志麻子　二〇〇四「淫売監獄」『魔羅節』新潮文庫、一六五‐一九〇頁。

ウェーバー、マックス　一九七二『社会学の根本概念』(清水幾太郎訳)岩波文庫。

宇野邦一　二〇一七『土方巽――衰弱体の思想』みすず書房。

梅棹忠夫　一九四三「探検と地政学」『探検』四：一〇〇‐一一三。

――　一九四四「紀行」今西錦司編『ポナペ島――生態学的研究』彰考書院、三九九‐四八九頁。

――　一九七二「朝日講座『探検と冒険』について」朝日新聞社編『探検と冒険1』朝日新聞社、一一‐二一頁。

――　一九九〇「南洋紀行」『梅棹忠夫著作集　第一巻　探検の時代』中央公論社、一〇五‐二〇一頁。

――　一九九三a「人文でえたもの」『梅棹忠夫著作集　第二二巻』中央公論社、七七‐一〇八頁。

――　一九九三b「国立民族学博物館における研究のありかたについて」『梅棹忠夫著作集　第二二巻』中央公論社、一〇九‐一六六頁。

――・吉良龍夫　一九五二「南から北へ」／「伝統」今西錦司編『大興安嶺探検――一九四二年探検隊報告』毎日新聞社、三一‐一六頁。

――・本多勝一　一九七〇「『砂漠と密林を越えて』について」梅棹忠夫編『現代の冒険1　砂漠と密林を越えて』文藝春秋、五〇五‐五一八頁。

エヴァンズ＝プリチャード、エドワード・E　一九七八『ヌアー族――ナイル系一民族の生業形態と政治制度の調査記録』(向井元子訳)岩波書店。

江熊要一　一九六九「分裂病者に対する私の接しかた――診察室場面を中心にして」『精神医学』一一(四)：二三五‐二四八。

エプシュタイン、アーノルド・L　一九八三「ネットワークと都市社会組織」J・C・ミッチェル編『社会的ネットワーク――アフリカにおける都市の人類学』(三雲正博訳)国文社、七五‐一〇三頁。

江守五夫　一九八四「伝統的な婚姻制度」網野善彦・高取正男・坪

井洋文・大林太良・谷川健一編『日本民俗文化大系8　村と村人――共同体の生活と儀礼』小学館、三四一-四〇五頁。
エリアーデ、ミルチア　一九六三『永遠回帰の神話――祖型と反復』（堀一郎訳）未來社。
大浦康介　二〇一一『誘惑論・実践編』晃洋書房。
太田好信　一九九三「オリエンタリズム批判と文化人類学」『国立民族学博物館研究報告』一八（三）：四五三-四九四。
大塚和夫　一九八九「イスラームにおける現世利益――交換論的視点から」『異文化としてのイスラーム――社会人類学的視点から』同文舘出版、一一七-一三四頁。
――　二〇〇二『いまを生きる人類学――グローバル化の逆説とイスラーム世界』中央公論新社。
大橋英寿　一九九八『沖縄シャーマニズムの社会心理学的研究』弘文堂。
大村敬一　二〇〇九「集団のオントロギー――「分かち合い」と生業のメカニズム」河合香吏編『集団――人類社会の進化』京都大学学術出版会、一〇一-一二二頁。
荻野昌弘　二〇〇五『零度の社会――詐欺と贈与の社会学』世界思想社。
荻野美穂　二〇〇二『ジェンダー化される身体』勁草書房。
長田俊樹　二〇〇二『新インド学』角川叢書。
オジェ、マルク　二〇〇二『同時代世界の人類学』（森山工訳）藤原書店。
――　二〇一七『非・場所――スーパーモダニティの人類学に向けて』中川真知子訳、水声社。
オースティン、ジョン・L　一九七八『言語と行為』（坂本百大訳）大修館書店。
小田博志　二〇〇九「「現場」のエスノグラフィー――人類学的方法論の社会的活用のための考察」波平恵美子編『健康・医療・身体・生殖に関する医療人類学の応用学的研究』（国立民族学博物館調査報告、八五号）、一一-三四頁。
小田亮　一九九七「翻訳としての文化――カニバリズム・文化相対主義・オリエンタリズム」現象学・解釈学研究会編『理性と暴力――現象学と人間科学』世界書院、一〇九-一五九頁。
――　二〇〇四「共同体という概念の脱／再構築――序にかえて」『文化人類学』六九（二）：二三六-二四六。
落合一泰　一九九三「「アメリカ」の発明――ヨーロッパにおけるその視覚イメージをめぐって」『日本ラテンアメリカ学会研究年報』一三：一-四〇。
オベーセーカラ、ガナナート　一九八八『メドゥーサの髪――エクスタシーと文化の創造』（渋谷利雄訳）言叢社。
加賀野井秀一　二〇〇九『メルロ=ポンティ――触発する思想』白水社。
春日直樹　一九九八「食人と他者理解――宣教師のみたフィジー人」田中雅一編『暴力の文化人類学』京都大学学術出版会、三八一-四〇七頁。
カスタネダ、カルロス　一九七二『呪術師と私――ドン・ファンの教え』（真崎義博訳）二見書房。
――　一九七四『呪師に成る――イクストランへの旅』（真崎義博訳）二見書房。
――　一九九八『呪術の実践――古代メキシコ・シャーマンの知恵』（結城山和夫訳）二見書房。

河東忠　一九四四『蹶起した印度の実相　印度の苦悶』南方懇話會。
川村邦光　一九九一『巫女の民俗学——「女の力」の近代』青弓社。
元祖爆笑王編　二〇〇八『漫才入門——ウケる笑いの作り方、ぜんぶ教えます』リットーミュージック。
官幣大社南洋神社奉賛會　一九四一『官幣大社南洋神社御鎮座祭記念寫眞帖』
ギアーツ、クリフォード　一九八七『文化の解釈学』（吉田禎吾他訳）岩波書店。
キイ、ウィルソン・B　一九八九『メディア・セックス』（植島啓司訳）リブロポート。
北村光二　二〇〇九「人間の共同性はどこから来るのか？——集団現象における循環的決定と表象による他者分類」河合香吏編『集団——人類社会の進化』京都大学学術出版会、三九‐五六頁。
木下聖三　二〇〇五「人間関係が相互転換される場所——共同体概念の再生に向けて」『常民文化』二八：九三‐一〇五。
京都大学人文科学研究所編　一九七九『人文科学研究所五〇年』京都大学人文科学研究所。
グッドマン、ハック　二〇〇四「ルソーの『告白』——自己のテクノロジー」ミシェル・フーコー他『自己のテクノロジー——フーコー・セミナーの記録』（田村俶・雲和子訳）岩波現代文庫、一五七‐一九三頁。
國弘暁子　二〇〇九『ヒンドゥー女神の帰依者ヒジュラ——宗教・ジェンダー境界域の人類学』風響社。
クーパー、アダム　二〇〇〇『人類学の歴史——人類学と人類学者』（鈴木清史訳）明石書店。
久保明教　二〇一五『ロボットの人類学——二〇世紀日本の機械と人間』世界思想社。
久保紘章　二〇〇四『コレクション　エッセイ　人間へのまなざし』相川書房。
クラストル、ピエール　二〇〇三『暴力の考古学——未開社会における戦争』（毬藻充訳）現代企画室。
グラックマン、マックス　一九七二「南アフリカのズールー王国」M・フォーテス＆E・E・エヴァンス＝プリッチャード編『アフリカの伝統的政治体系』（大森元吉・星昭監訳）みすず書房、四五‐八〇頁。
クラパンザーノ、ヴィンセント　一九九一『精霊と結婚した男——モロッコ人トゥハーミの肖像』（大塚和夫・渡部重行訳）紀伊國屋書店。
クリフォード、ジェイムズ＆ジョージ・マーカス編　一九九六『文化を書く』（春日直樹他訳）紀伊國屋書店。
栗本英世　一九九七「未開の戦争・現代の戦争」青木保他編『岩波講座文化人類学6　紛争と運動』岩波書店、一三‐六一頁。
——一九九八「戦士的伝統、年齢組織と暴力——南部スーダン・バリ社会の動態」田中雅一編『暴力の文化人類学』京都大学学術出版会、六九‐一〇六頁。
——一九九九「討伐する側とされる側——すれちがう相互認識」栗本英世・井野瀬久美惠編『植民地経験——人類学と歴史学からのアプローチ』人文書院、一四六‐一六九頁。
栗本慎一郎　一九七八「貨幣のエロスとフェティシズム」『現代思想』六（九）：一一七‐一三一。
黒川昭登・上田三枝子　一九九七『インナーチャイルドの癒し

――子どもを愛せない親たち』朱鷺書房。
桑原武夫　一九八〇「人文科学における共同研究――京都大学退官記念講演」『桑原武夫集7』岩波書店、三八一-四〇八頁。
桑原武夫・川喜田二郎・梅棹忠夫・京大探検部　一九五六「探検と京都――座談会」『探検』〇：一-五。
コーカー、ケイトリン　二〇一五「舞踏の肉体――現代日本における舞踏家たちの日常実践と共同生活」『人文学報』一〇七：七三-一〇一。
ゴドリエ、モーリス　一九七八「商品経済、フェティシズム、魔術、科学」（今村仁司訳）『現代思想』六（九）：六八-八一（一九八〇「フェティシズムの概念と経済人類学」『経済人類学序説』（今村仁司訳）一七一-二一八頁、ブリタニカ叢書として再録。）
小牧実繁　一九四〇『日本地政学宣言』弘文堂書房。
――一九四二「探検と地政学」『地理論叢』一二：一-一四。
サイード、エドワード・W　一九八六『オリエンタリズム』（板垣雄三・杉田英明監修、今沢紀子訳）平凡社。
斎藤学　二〇〇四『インナーマザー――あなたを責めつづけるこころの中の「お母さん」』新講社。
佐々木高明　二〇一〇「今西研究班と照葉樹林文化」谷泰・田中雅一編『人類学の誘惑――京都大学人文科学研究所社会人類学部門の五〇年』京都大学人文科学研究所、一二一-一三頁。
佐藤啓介　二〇〇九「現代キリスト教形象論からみた「否定的」フェティシズムの可能性」田中雅一編『フェティシズム研究1　フェティシズム論の系譜と展望』京都大学学術出版会、六五-八九頁。
佐野賢治　二〇〇二「もの・モノ・物の世界――序にかえて」印南敏秀他編『もの・モノ・物の世界――新たな日本文化論』雄山閣、一-七頁。
佐野眞一　一九九六『旅する巨人――宮本常一と渋沢敬三』文藝春秋。
サルトル、ジャン=ポール　二〇〇七『存在と無――現象学的存在論の試み』（松浪信三郎訳）ちくま学芸文庫（第二巻）。
塩月亮子　二〇一二『沖縄シャーマニズムの近代――聖なる狂気のゆくえ』森話社。
篠田節子　一九九七『聖域』講談社文庫。
柴田陽一　二〇一六『帝国日本と地政学――アジア・太平洋戦争期における地理学者の思想と実践』清文堂出版。
島田裕巳　二〇〇二『カルロス・カスタネダ』ちくま学芸文庫。
清水昭俊　一九九二「永遠の未開文化と周辺民族――近代西欧人類学史点描」『国立民族学博物館研究報告』一七（三）：四一七-四八八。
――一九九九「忘却のかなたのマリノフスキー――一九三〇年代における文化接触研究」『国立民族学博物館研究報告』二三（三）：五四三-六三四。
――二〇〇六「一橋大学最終講義「これまでの仕事、これからの仕事」」『くにたち人類学研究』一：七三-一〇六。
ジラール、ルネ　一九七一『欲望の現象学――文学の虚偽と真実』（古田幸男訳）法政大学出版局。
――一九八二『暴力と聖なるもの』（古田幸男訳）法政大学出版局。
――一九八四『世の初めから隠されていること』（小池健男訳）法政大学出版局。

新宮一成　二〇〇九「精神分析学からみたフェティシズム――フロイトは何を発見したか」田中雅一編『フェティシズム研究1　フェティシズム論の系譜と展望』京都大学学術出版会、九一-一〇六頁。

菅原和孝　一九九三『身体の人類学――カラハリ狩猟採集民グウィの日常行動』河出書房新社。

――　一九九八a『語る身体の民族誌――ブッシュマンの生活世界I』京都大学学術出版会。

――　一九九八b『会話の人類学――ブッシュマンの生活世界II』京都大学学術出版会。

――　一九九八c「平等主義社会における暴力――ブッシュマンの「神話」と現実」田中雅一編『暴力の文化人類学』京都大学学術出版会、三一-六八頁。

――　二〇〇〇「ブッシュマンの民族動物学」松井健編『自然観の人類学』榕樹書林。

――　二〇〇四『ブッシュマンとして生きる――原野で考えることばと身体』中公新書。

スターホーク　一九九四『聖魔女術――スパイラル・ダンス』（鏡リュウジ・北川達夫訳）国書刊行会。

スピヴァク、ガヤトリ・C　一九九八『サバルタンは語ることができるか』（上村忠男訳）みすず書房。

スペルベル、ダン　一九七九『象徴表現とはなにか――一般象徴表現論の試み』（菅野盾樹訳）紀伊國屋書店。

――　一九八四『人類学とはなにか――その知的枠組を問う』（菅野盾樹訳）紀伊國屋書店。

瀬川清子　一九七二『若者と娘をめぐる民俗』未來社。

関雄二　二〇一一「東京大学文化人類学教室のアンデス考古学調査――泉靖一を中心に」山路勝彦編『日本の人類学――植民地主義、異文化研究、学術調査の歴史』関西学院大学出版会、五一七-五七一頁。

関根久雄　二〇一二「忘却のかなたのエヴァンズ=プリチャード」風間計博・中野麻衣子・山口裕子・吉田匡興編『共在の論理と倫理――家族・民・まなざしの人類学』はる書房、三九九-四二一頁。

セジウィック、イヴ・K　二〇〇一『男同士の絆――イギリス文学とホモソーシャルな欲望』（上原早苗・亀澤美由紀訳）名古屋大学出版会。

瀬戸口烈司　二〇〇六「まえがき」京大探検者の会編『部創設50周年記念出版　京大探検部　1956-2006』新樹社、一-二〇頁。

タイラー、エドワード・B　一九六二『原始文化――神話・哲学・宗教・芸能・風習に関する研究』（比屋根安定訳）誠信書房。

高城玲　二〇一四『秩序のミクロロジー――タイ農村における相互行為の民族誌』神奈川大学出版会。

滝浦静雄　一九七四「肉の存在論――メルロ=ポンティにおける現象学の帰趨」『現代思想』二（八）：一二一-一二六。

ダグラス、メアリ　一九八三『象徴としての身体――コスモロジーの探究』（江河徹・塚本利明・木下卓訳）紀伊國屋書店。

――　一九九五『汚穢と禁忌』（塚本利明訳）思潮社。

竹沢泰子編　二〇〇九『人種の表象と社会的リアリティ』岩波書店。

立本成文　一九九六『地域研究の問題と方法――社会文化生態力学の試み』京都大学学術出版会。

――二〇〇一『共生のシステムを求めて――ヌサンタラ世界からの提言』弘文堂。

立川健二　一九九一『誘惑論――言語としての主体』新曜社。

――・山田広昭　一九九〇『現代言語論』新曜社。

ターナー、ヴィクター・W　一九七六『儀礼の過程』（冨倉光雄訳）思索社。

田中雅一　一九九四「南インドのヒンドゥー寺院政策――チダンバラムのナタラージャ寺院をめぐって」岡田重精編『日本宗教への視角』東方出版、五五五-五七一頁。

――一九九七「世界を構築するエロス――性器計測・女性の自慰・オーガズムをめぐって」船曳建夫他編『岩波講座文化人類学4　個からする社会展望』岩波書店、二八七-三二二頁。

――一九九八a「ヒノキは二度死ぬ――宮大工西岡常一の世界」山折哲雄編『アジアの環境・文明・人間』法蔵館、一一九-一四三頁。

――一九九八b「ヨーロッパの人類学――フレドリック・バルトの仕事をめぐって」船曳建夫編『文化人類学のすすめ』筑摩書房、七六-九五頁。

――二〇〇六「旅が照射する沖縄戦――二つのオキナワ・バトル・サイト・ツアーをめぐって」西井凉子・田辺繁治編『社会空間の人類学――マテリアリティ・主体・モダニティ』世界思想社、四一七-四三六頁。

――二〇一〇『癒しとイヤラシ――エロスの文化人類学』筑摩書房。

――二〇一一「運命的瞬間を求めて――フィールドワークと民族誌記述の時間」西井凉子編『時間の人類学――情動・自然・社会空間』世界思想社、一一五-一四〇頁。

――二〇一二「名誉殺人――現代インドにおける女性への暴力」『現代インド研究』二：五九-七七。

――二〇一四「越境するモノたちを追って」田中雅一編『フェティシズム研究2　越境するモノ』京都大学学術出版会、三一-三八頁。

――二〇一五a「縛りからシバリへ――もうひとつのクールジャパン」佐藤知久・比嘉夏子・梶丸岳『世界の手触り――フィールド哲学入門』ナカニシヤ出版、七九-九二頁。

――二〇一五b「春歌としての文化相対主義」『所報人文』六二：二九-三一。

――二〇一七「侵犯する身体と切断するまなざし」田中雅一編『フェティシズム研究3　侵犯する身体』京都大学学術出版会、三-四五頁。

――・嶺崎寛子　二〇一七「序・ムスリム社会における名誉に基づく暴力」『文化人類学』八二（三）：三一一-三二七。

田辺繁治　二〇〇二「再帰的人類学における実践の概念――ブルデューのハビトゥスをめぐり、その彼方へ」『国立民族学博物館研究報告』二六（四）：五三三-五七三。

――二〇〇五「コミュニティ再考――実践と統治の視点から」『社会人類学年報』三一：一-二九。

谷泰　二〇一〇「若手養成機関なき三三年」谷泰・田中雅一編『人類学の誘惑――京都大学人文科学研究所社会人類学部門の五〇年』京都大学人文科学研究所、七-一一頁。

――編　一九九七『コミュニケーションの自然誌』新曜社。

――・田中雅一編　二〇一〇『人類学の誘惑――京都大学人

文科学研究所社会人類学部門の五〇年』京都大学人文科学研究所。
谷口智子　二〇一七「カナダ先住民クリー族のサンダンス儀礼――サスカチュワン州ホールレイク居住地の事例」『愛知県立大学外国語学部紀要（地域研究・国際学編）』四九：五七-八三。
デュモン、ルイ　一九九三『個人主義論考――近代イデオロギーについての人類学的展望』（渡辺公三・浅野房一訳）言叢社。
――　二〇〇一『ホモ・ヒエラルキクス――カースト体系とその意味』（田中雅一・渡辺公三訳）みすず書房。
デュルケム、エミール　一九七五『宗教生活の原初形態』（古野清人訳）岩波文庫。
寺嶋秀明　二〇〇七「鳥のお告げと獣の問いかけ――人と自然の相互交渉」河合香吏編『生きる場の人類学――土地と自然の認識・実践・表象過程』京都大学学術出版会、三-二四頁。
――　二〇〇九「「今ここの集団」から「はるかな集団」まで――狩猟採集民のバンド」河合香吏編『集団――人類社会の進化』京都大学学術出版会、一八三-二〇一頁。
東京大学編　一九九七『精神のエクスペディシオン』（東京大学創立百二十周年記念東京大学展――学問の過去・現在・未来　第二部）東京大学出版会。
ド・ブロス、シャルル　二〇〇八『フェティシュ諸神の崇拝』（杉本隆司訳）法政大学出版局。
富永茂樹　一九九八「立法者の死――フランス革命と集合暴力」田中雅一編『暴力の文化人類学』京都大学学術出版会、一六五-一八六頁。
富村順一　一九九三『わんがうまりあ沖縄――富村順一獄中手記・新装版』柘植書房。
冨山一郎　二〇〇七「この、平穏な時期に――東京タワージャックにおける富村順一の「狂気」をめぐって」野村浩也編『植民者へ――ポストコロニアリズムという挑発』松籟社、四三四-四七二頁。
中敬夫　二〇〇八「身体の自己触発――メルロ=ポンティ、アンリ、ビラン」『思想』一〇一五：一〇二-一二〇。
中生勝美　二〇一六『近代日本の人類学史――帝国と植民地の記憶』風響社。
中上健次　一九七七『枯木灘』河出書房新社。
長沢和俊　一九七三『日本人の冒険と探検』白水社。
中根千枝　一九五九『未開の顔・文明の顔』中央公論社。
西岡常一・青山茂　一九七七『斑鳩の匠――宮大工三代』徳間書店。
沼崎一郎　二〇〇一「ミニスカートの文化記号学――〈男力主義〉による男性の差別化と抑圧」『現代文明学研究』四：二九七-三一〇。
野田研一編　二〇一七『〈交感〉――自然・環境に呼応する心』ミネルヴァ書房。
野村雅一　一九八三『しぐさの世界――身体表現の民族学』NHKブックス。
バケス=クレマン、カトリーヌ　一九七四「札付きの人間」『マルセル・モースの世界』（アルク誌編、足立和浩他訳）みすず書房、一三五-一五〇頁。
橋本和也　一九九六『キリスト教と植民地経験――フィジーにおける多元的世界観』人文書院。
パットナム、ロバート・D　二〇〇六『孤独なボウリング――米国コミュニティの崩壊と再生』（柴内康文訳）柏書房。

バトラー、ジュディス　一九九七「批評的にクイア」（クレア・マリィ訳）『現代思想　臨時増刊　レズビアン／ゲイ・スタディーズ』青土社、一五九–一七七頁。

――一九九九『ジェンダー・トラブル――フェミニズムとアイデンティティの攪乱』（竹村和子訳）青土社。

――二〇〇四『触発する言葉――言語・権力・行為体』（竹村和子訳）岩波書店。

――二〇〇七『生のあやうさ――哀悼と暴力の政治学』（本橋哲也訳）以文社。

――二〇一二『権力の心的な生――主体化＝服従化に関する諸理論』（佐藤嘉幸・清水知子訳）月曜社。

バーバ、ホミ　二〇〇五『文化の場所――ポストコロニアリズムの位相』（本橋哲也・外岡尚美訳）法政大学出版局。

バフチーン、ミハイール　一九七三『フランソワ・ラブレーの作品と中世・ルネッサンスの民衆文化』（川端香男里訳）せりか書房。

林勲男　二〇〇七「意識の変容、多次元的な自己――ベダムニにおける夢と交霊をめぐって」田中雅一・松田素二編『ミクロ人類学の実践――エイジェンシー／ネットワーク／身体』世界思想社、三五一–三七八頁。

林みどり　二〇一三「トランスカルチュレーションの誕生――フェルナンド・オルティスと未来形の語り」『文化接触の創造力』（久保田浩編）リトン、一四九–一七四頁。

バルト、フレドリック　一九九六「エスニック集団の境界」青柳まちこ編訳『「エスニック」とは何か――エスニシティ基本論文選』新泉社。

バルト、ロラン　一九九五『テクストの快楽』（沢崎浩平訳）みすず書房。

ハルプリン、デイヴィッド・M　一九九七『聖フーコー――ゲイの聖人伝に向けて』（村山敏勝訳）太田出版。

ハンクス、ウィリアム・F　一九九三「ウィリアム・F・ハンクスの序文」J・レイヴ&E・ウェンガー『状況に埋め込まれた学習――正統的周辺参加』（佐伯胖訳）産業図書、五–二〇頁。

バーンズ、ジョン・A　二〇〇六「ノルウェーの島内教区における階級と委員会」（野沢慎司・立山徳子訳）野沢慎司編・監訳『リーディングス　ネットワーク論――家族・コミュニティ・社会関係資本』勁草書房、一–三三頁。

ピーツ、ウィリアム　二〇〇二「フェティシズム」ロバート・S・ネルソン&リチャード・シフ編『美術史を語る言葉――22の理論と実践』（加藤哲弘・鈴木廣之監訳）ブリュッケ、三五五–三七一頁。

比嘉康雄　二〇〇〇『日本人の魂の原郷――沖縄久高島』集英社新書。

ファン・ヘネップ、アルノルト　一九七七『通過儀礼』（綾部恒雄・綾部裕子訳）弘文堂。

フォーテス、マイヤー&エドワード・E・エヴァンス＝プリッチャード編　一九七二『アフリカの伝統的政治体系』（大森元吉・星昭監訳）みすず書房。

フーコー、ミシェル　一九七七『監獄の誕生』（田村俶訳）新潮社。

――一九七八「〈性〉と権力」（渡辺守章訳）M・フーコー&渡辺守章『哲学の舞台』朝日出版社、一一七–一四六頁。

――一九八六『性の歴史I　知への意志』（渡辺守章訳）新潮

社。

――二〇〇二「ミシェル・フーコー、インタビュー　性、権力、同一性の政治」（西兼志訳）蓮實重彦・渡辺守章監修『ミシェル・フーコー思考集成10　倫理・道徳・啓蒙』筑摩書房。

藤井毅　一九九四「歴史のなかのカースト――古典的インド社会観の実体化をめぐって」『現代思想』二二（七）、九九-一一一。

――二〇〇三『歴史のなかのカースト――近代インドの〈自画像〉』岩波書店。

藤原久仁子　二〇一二「主体化をめぐる複数の回路とトランスカルチュレイション――マルタにおける告解の事例から」田中雅一・小池郁子編『コンタクト・ゾーンの人文学3　*Religious Practices*／宗教実践』晃洋書房、二五-四七頁。

ブラッドショー、ジョン　二〇〇一『インナーチャイルド――本当のあなたを取り戻す方法』（新里里春監訳）NHK出版。

ブルデュ、ピエール　一九八八『実践感覚I』（今村仁司・港道隆訳）みすず書房。

フロイト、ジークムント　一九九七a「メドゥーサの首――草稿」『S・フロイト　エロス論集』（中山元訳）ちくま学芸文庫、二七五-二七九頁。

――一九九七b「性理論三篇」『S・フロイト　エロス論集』（中山元訳）ちくま学芸文庫、一六-二〇〇頁。

――一九九七c「フェティシズム」『S・フロイト　エロス論集』（中山元訳）ちくま学芸文庫、二八一-二九二頁。

――二〇〇六「不気味なもの」（藤野寛訳）『フロイト全集17』岩波書店、一-五二頁。

――二〇〇九「トーテムとタブー」（門脇健訳）『フロイト全集12』）岩波書店、一-二〇六頁。

――二〇一一「文化の中の居心地悪さ」（嶺秀樹・高田珠樹訳））『フロイト全集20』）岩波書店、六五-一六二頁。

ブロック、モーリス　一九九四『祝福から暴力へ――儀礼における歴史とイデオロギー』（田辺繁治・秋津元輝訳）法政大学出版局。

ベンヤミン、ヴァルター　二〇〇三『パサージュ論』第一巻（今村仁司他訳）岩波現代文庫。

ボーヴォワール、シモーヌ・ド　二〇〇一『決定版　第二の性2　体験』（『第二の性』を原文で読み直す会訳）新潮文庫。

ボット、エリザベス　二〇〇六「都市の家族――夫婦役割と社会的ネットワーク」（野沢慎司訳）野沢慎司編『リーディングス　ネットワーク論――家族・コミュニティ・社会関係資本』勁草書房、三五-九五頁。

ホッブズ、トマス　二〇〇九『リヴァイアサン1』（永井道雄・上田邦義訳）中公クラシックス。

ボードリヤール、ジャン　一九七八『フェティシズムとイデオロギー記号論的還元』（宇波彰訳）法政大学出版局。

――一九七九『消費社会の神話と構造』（今村仁司・塚原史訳）紀伊國屋書店。

――一九八五『誘惑の戦略』（宇波彰訳）法政大学出版局。

ホーマンズ、ジョージ・C　一九七八『社会行動――その基本形態』（橋本茂訳）誠信書房。

ボワセベン、ジェレミー　一九八六『友達の友達――ネットワーク、操作者、コアリッション』（岩上真珠・池岡義孝訳）未來社。

本多勝一　一九七二「ニセモノの探検や冒険を排す」朝日新聞社編

『探検と冒険7』朝日新聞社、一三-二六頁。
――　一九八一『ニューギニア高地人』朝日文庫。
――　一九八六「イギリスの大学探検部」『冒険と日本人』朝日文庫。
マーカス、ジョージ・E&マイケル・M・J・フィッシャー　一九八九『文化批判としての人類学――人間科学における実験的試み』（永淵康之訳）紀伊國屋書店。
真木悠介　一九八一『時間の比較社会学』岩波書店。
町口哲生　一九九七「モードにおけるフェティシズム――あるいはアンチモードの試み」『唯物論研究』六二：四一-五七。
松嶋健　二〇一四『プシコ ナウティカ――イタリア精神医療の人類学』世界思想社。
松園万亀雄編　一九九六『性と出会う――人類学者の見る、聞く、語る』（山極寿一・須藤健一・棚橋訓・栗田博之・菅原和孝との共著）講談社。
松田素二　一九九八「フィールドワークをしよう、民族誌を書こう」船曳建夫編『文化人類学のすすめ』筑摩書房、一五二-一七〇頁。
――　一九九九『抵抗する都市――ナイロビ移民の世界から』岩波書店。
――　二〇〇四「変異する共同体――創発的連帯論を超えて」『文化人類学』六九（二）：二四七-二七〇。
松葉祥一　二〇〇八「〈肉の共同体〉の可能性」『思想』一〇一五：八五-一〇一。
マリノフスキ、ブロニスワフ　二〇一〇『西太平洋の遠洋航海者』（増田義郎訳）講談社学術文庫。
マルクス、カール　二〇〇五『資本論』第一巻上（今村仁司・三島憲一・鈴木直訳）筑摩書房。
丸山圭三郎　一九八四『文化のフェティシズム』勁草書房。
見田宗介　一九九六「交響圏とルール圏――社会構想の重層理論」井上俊他編『岩波講座現代社会学26　社会構想の社会学』岩波書店。
ミッチェル、ジェイムズ・クライド編　一九八三『社会的ネットワーク――アフリカにおける都市の人類学』（三雲正博他訳）国文社。
宮本常一　一九六〇『忘れられた日本人』未來社。
ミラー、ジェイムズ　一九九八『ミシェル・フーコー――情熱と受苦』（田村俶・西山けい子・雲和子・浅井千晶訳）筑摩書房。
ムサファー、ファキール　一九九二「モダン・プリミティヴズ」（聞き手V・ヴェイル／アンドレア・ジュノ、森本正史・山形浩生訳）『夜想　特集ディシプリン』二九、一八三-二一三。
村井紀　一九九二『南島イデオロギーの発生――柳田国男と植民地主義』福武書店。
村上龍　一九九八『イン　ザ・ミソスープ』幻冬舎文庫。
村上辰雄　二〇〇九「近代「宗教」概念理解への一つのアプローチ」田中雅一編『フェティシズム研究1　フェティシズム論の系譜と展望』京都大学学術出版会、四一-六三頁。
メルロ=ポンティ、M　一九七〇「哲学者とその影」『シーニュ2』（木田元訳）みすず書房、一-四〇頁。
――　一九八九『見えるものと見えないもの』（滝浦静雄・木田元訳）みすず書房。
森雅雄　一九九五「英国社会人類学と間接統治」大塚和夫・合田濤

編『民族誌の現在——近代・開発・他者』弘文堂、一〇七―一二四頁。
やすいゆたか　一九九八「フェティシズム論あれこれ雑感（上）」石塚正英・やすいゆたか『フェティシズム論のブティック』論創社、一三二―一五八頁。
山口昌男　一九七五『道化的世界』筑摩書房。
山住勝広&ユーリア・エンゲストローム編　二〇〇八『ノットワーキング——結び合う人間活動の創造へ』新曜社。
山田富秋　二〇〇〇『日常性批判——シュッツ・ガーフィンケル・フーコー』せりか書房。
——二〇一三「インタビューにおける理解の達成」山田富秋・好井裕明編『語りが拓く地平——ライフストーリーの新展開』せりか書房、一二一―一四三頁。
山田昌弘　一九九七「感情による社会的コントロール——感情という権力」岡原正幸・安川一・山田昌弘・石川准『感情の社会学——エモーション・コンシャスな時代』世界思想社、六九―九〇頁。
山野正彦　一九九九「探検と地政学——大戦期における今西錦司と小牧実繁の志向」『人文研究』（大阪市立大学文学部紀要）五一（九）：一―三二。
山本真鳥　二〇一二「京都大学ポナペ島調査と南洋群島」ヨーゼフ・クライナー編『近代〈日本意識〉の成立——民俗学・民族学の貢献』東京堂出版、一五二―一六五頁。
吉田禎吾　一九八四『宗教人類学』東京大学出版会。
四方田犬彦　二〇〇六『「かわいい」論』ちくま新書。
ラビノー、ポール　一九八〇『異文化の理解——モロッコのフィールドワークから』（井上順孝訳）岩波書店。
リーチ、エドマンド　一九八七『高地ビルマの政治体系』（関本照夫訳）弘文堂。
リンギス、アルフォ　二〇〇四『信頼』（岩本正恵訳）青土社。
ルクレール、ジェラール　一九七六『人類学と植民地主義』（宮治一雄・宮治美江子訳）平凡社。
ルソー　一九六〇『孤独な散歩者の夢想』（今野一雄訳）岩波文庫。
レイヴ、ジーン&エティエンヌ・ウェンガー　一九九三『状況に埋め込まれた学習——正統的周辺参加』（佐伯胖訳）産業図書。
レヴィ=ストロース、クロード　一九六九「人類学の創始者ルソー」（塙嘉彦訳）山口昌男編『未開と文明』平凡社、五六―六八頁。
ローレンツ、コンラート　一九七〇『攻撃——悪の自然誌（上巻）』（日高敏隆・久保和彦訳）みすず書房。
鷲田清一　一九九一「無機物のセックスアピール」『imago（イマーゴ）』二（一三）：六二―六九。

外国語文献

A Five-Year Plan of Research 1932 A Five-Year Plan of Research. *Africa* 5: 1-13.
Ahmed, Akbar 1976 *Millennium and Charisma among Pathans: A Critical Essay in Social Anthropology*. London: Routledge and Kegan Paul.
——1980 *Pukhtun Economy and Society: Traditional Structure and Economic Development in a Tribal Society*. London:

Routledge and Kegan Paul.

Alavi, Hamza A. 1973 Peasant Classes and Primordial Loyalties. *Journal of Peasant Studies* 1 (1): 23–62.

Anthropological Teaching in the Universities 1914 *Man* 14: 57–72. No. 35.

Anthropology and the Empire: Deputation to Mr. Asquith 1909 *Man* 9: 85–87. No. 55.

Anthropology British Association 1921 *Man* 21: 173–175. No. 103.

Appadurai, Arjun 1986 Introduction: Commodities and Politics of Value. In A. Appadurai (ed.) *The Social Life of Things: Commodities in Cultural Perspective.* Cambridge: Cambridge University Press, pp. 3–63.

———1988 Putting Hierarchy in its Place. *Cultural Anthropology* 3 (1): 36–49.

———1996 *Modernity at Large: Cultural Dimensions of Globalization.* Minneapolis: University of Minnesota Press.

Applied Anthropology Committee 1937 *Man* 37: 115. No. 139.

Asad, Talal 1972 Market Model, Class Structure and Consent: A Reconsideration of Swat Political Organisation. *Man* (N. S.) 7 (1): 74–94.

———1994 Ethnographic Representation, Statistics and Modern Power. *Social Research* 61 (1): 55–88.

——— (ed.) 1973 *Anthropology and the Colonial Encounter.* London: Ithaca Press.

Auge, Marc 1995 *Non-Places: Introduction to an Anthropology of Supermodernity.* London: Verso Books.

Babb, Lawrence 1976 *Thaipusam in Singapore: Religious Individualism in a Hierarchical Culture.* Singapore: Chopmen Enterprises.

Bamford, Sandra 2004 Conceiving Relatedness: Non-Substantial Relations among the Kamea of Papua New Guinea. *The Journal of the Anthropological Institute* (N. S.) 10: 287–306.

Barnes, Barry 2000 *Understanding Agency: Social Theory and Responsible Action.* London: Sage.

Barth, Fredrik 1959 *Political Leadership among Swat Pathans.* London: Athlone Press.

———1966 *Models of Social Organization.* Royal Anthropological Institute Occasional Paper No. 23.

———1981a *Features of Person and Society in Swat: Collected Essays on Pathans.* Routledge & K. Paul.

———1981b *Process and Form in Social Life.* Routledge & Kegan Paul.

———1987 *Cosmologies in the Making: A Generative Approach to Cultural Variation in Inner New Guinea.* Cambridge: Cambridge University Press.

Bean, Joseph W. 2001 Magical Masochist: A Conversation with Fakir Musafar, In Mark Thompson (ed.) *Leather Folk: Radical Sex, People, Politics, and Practice.* Los Angeles: Alyson Books.

Beans, Susan S. 1981 Toward a Semantics of "Purity" and "Pollution" in India. *American Ethnologist* 8 (3): 575–595.

Beatty, Andrew 2014 Anthropology and Emotion. *Journal of the Royal Anthropological Institute* (N. S.) 20 (3): 545–563.

Becker, Judith 2015 *European Missions in Contact Zones Transformation through Interaction in a (Post-) Colonial World.* Göttingen: Vandenhoeck & Ruprecht.

Besteman, Catherine 1996 Representing Violence and "Othering" Somalia. *Cultural Anthropology* 11 (1): 120–133.

Binet, Alfred 1887 Le fétichisme dans l'amour. *Revue philosophique de la France et de l'etranger*, 24: 143–167, 252–274.

Bloch, Maurice 1974 Symbols, Sonfs, Dance and the Features of Articulation: Is Religion an Extreme Form of Traditional Authority? *Arvhives européennes de sociologie* 15: 55–81. (Reprinted in Bloch 1989)

———1977 The Past and the Present in the Present. *Man* (N. S.) 12 (2): 278–292. (Reprinted in Bloch 1989)

———1986 *From Blessing to Violence: History and Ideology in the Circumcision Ritual of the Merina of Madagascar.* Cambridge: Canbridge University Press.

———1989 *Ritual, History and Power.* London: Athlone Press.

———1992 *Prey into Hunter: The Politics of Religious Experience.* Cambridge: Cambridge University Press.

Boddy, Janice 1998 Afterword: Embodying Ethnography. In Micael Lambek and Andrew Strathern (eds.) *Bodiesand Persons: Comparative Perspective from Africa and Melanesia.* London: Cambridge University Press, pp. 252–273.

Bolle, Kees W. 1983 A World of Sacrifice. *History of Religions* 23 (1): 37–63.

Bourdieu, Pierre 1991 Authorized Language: The Social Conditions for the Effectiveness of Ritual Discourse (translated by G. Raymond and M. Adamson). In *Language and Symbolic Power* (edited and introduced by J. B. Thompson). Cambridge: Polity Press, pp. 107–116.

Brodie, B. C. 1856 Address. *Journal of Ethnological Society* 4: 294–297. Quoted by Reining 1962.

Brown, Alfred R. 1922 *The Andaman Islanders : A Study in Social Anthropology.* Cambridge: The University Press.

Brown, Richard 1973 Anthropology and Colonial Rule: The Case of Godfrey Wilson and the Rhodes-Livingstone Institute, Northern Rhodesia. In Tatal Asad (ed.) *Anthropology and Colonial Encounter.* London: Ithaca Press. pp. 174–196.

———1979 Passages in the Life of a White Anthropologist: Max Gluckman in Northern Rhodesia. *Journal of African History* 20: 525–541.

Browne, Ray B. 1982 *Object of Special Devotion: Fetishism in Popular Culture.* Bowling Green: Bowling Green University Popular Press.

Butler, Judith 1982 Lesbian S & M: The Politics of Dis-illusion. In R. R. Linden et al. (eds.) *Against Sadomasochism: A Radical Feminist Analysis.* East Palo Alto: Frog in the Well, pp. 169–175.

———1993 *Bodies that Matter*: On the Discoursive Limits of 'Sex'. London: Routledge.

———1997a *Excitable Speech: A Politics of the Performative.* London: Routledge.

———1997b *The Psychic Life of Power: Theories in Subjection.*

Stanford: Stanford University Press.

Candland, Christopher 1992 *The Spirit of Violence: An Interdisciplinary Bibliography of Religion and Violence*. New York: Harry Grank Guggenheim Foundation.

Carrette, Jeremy R. 2000 *Foucault and Religion: Spiritual Corporality and Political Spirituality*. London: Routledge.

Carsten Janet 1995 The Substance of Kinship and the Heat of the Hearth: Feeding, Personhood and Relatedness among the Malayas in Pulau Langkawi. *American Ethnologists* 22: 223-241.

———2000 Introduction. In J. Carsten (ed.) *Cultures of Relatedness: New Approaches to the Studty of Kinship*. Cambridge: Cambridge University Press, pp. 1-36.

Chagnon, Napoleon A. 1968 *Yanomamo: The Fierce People*. New York: Holt, Rinehart and Winston.

Cocks, Paul 2001 Max Gluckman and the Critique of Segregation in South African Anthropology, 1921-1940. *Journal of Southern African Studies* 27 (4): 739-756.

Colson, Elizabeth 1948 Director's Report to the Trustees or the Rhodes-Livingstone Institute on the Work of the Year 1947-8-9. *RLJ* 10: 75-93.

———1977a The Institute under Max Gluckman, 1942-47. *African Social Research* 24: 285-295.

———1977b From Livingstone to Lusaka, 1948-51. *African Social Research* 24: 297-307.

———1989 Overview. *Annual Review of Anthropology* 18: 1-16.

Committee on Applied Anthropology, Report of a Discussion on Lord Hailey's 'African Survey' 25 Nov 1938 1939 *Man* 39: 11.12, No. 7.

Corbin, J. R. 1976 An Anthropological Perspective on Violence. *International Journal of Environmental Studies* 10 (1): 107-111.

Coupland, Reginald 1939 The Hailey Survey. *Africa* 12 (1): 1-11.

Crossley, Nick 1995a Merleau-Ponty, the Elusive Body and Carnal Sociology. *Body and Society* 1 (1): 43-66.

———1995b Body Techniques, Agency and Intercorporeality: On Goffman's Relation in Public. *Sociology* 29 (1): 133-149.

———1996 Body-Subject / Body-Power: Agency, Inscription and Control in Foucault and Merleau-Ponty. *Body and Society* 2 (2): 99-116.

———2001 *The Social Body: Habit, Identity and Desire*. London: Sage Publication.

Daniel, Errol Valentine 1996 *Charred Lullabies: Chapters in an Anthropography of Violence*. Princeton: Princeton University Press.

Douglas, Mary 1975 Animals in Lele Religious Simbolism. In *Implicit Meanings*. London: Routledge Kegan & Paul, pp. 47-62.

Dumont, Louis 1980 *Homo Hierarchicus: The Caste System and its Implications*, Chicago: Chicago University Press.

Dunbar, Robin, Chris Knight and Camilla Power (eds.) 1999 *The Evolution of Culture: An Interdisciplinary View*. Edinburgh: Edinburgh University Press.

Dupree, Luis 1977 On Two Views of the Swat Pushtun (with comments). *Current Anthropology* 18 (3): 514-518.

Ellen, Roy 1988 Fetishism. *Man* (N. S.) 23 (2): 213–235.

Elwin,Verrier 1947 *The Muria and their Ghotul*. Bombay: OUP.

Emirbayer, Mustafa and Ann Mische 1998 What is Agency? *American Journal of Sociology* 103 (4): 962–1023.

Epstein, Arnold L. (ed.) 1967 *The Craft of Social Anthropology*. London: Tavistock.

Eriksen, Thomas H. 2015 *Fredrik Barth : An Intellectual Biography*. London : Pluto.

Eubanks, Virginia 1996 Zones of Dither: Writing the Postmodern Body. *Body and Society* 2 (3): 73–88.

Evans-Pritchard, Edward E. 1946 Applied Anthropology. *Africa* 14: 92–98.

Evers, Hans-Dieter and Jayarani Pavadarayan 1993 Religious Fervour and Economic Success: The Chettiars of Singapore. In K. S. Sandhu and A. Mani (eds.) *Indian Communities in Southeast Asia*. Singapore: ISAS, pp. 847–865.

Fabian, Johannes 1983 *Time and the Other: How Anthropology Makes Its Object*. New York: Columbia University Press.

Fardon, Richard 1999 *Mary Douglas: An Intellectual Biography*. London: Routledge.

Feldman, Allen. 1991 *Formation of Violence: The Narrative of the Body and Political Terror in Northern Ireland*. Chicago: Chicago University Press.

Ferguson, R. Brian and Neil L.Whitehead 1992 The Violent Edge of Empire. In R. B. Ferguson, and N. L. Whitehead (eds.) *War in the Tribal Zone*. Santa Fe, NM: School of American Research, pp. 1–30.

———1999 Preface to the Second Printing. In R. B. Ferguson, and N. L. Whitehead (eds.) *War in the Tribal Zone*. Santa Fe, NM: School of American Research, pp. xi–xxxv.

Feuchtwang, Stephan 1973 The Discipline and its Sponsors. In Talal Asad (ed.) *Anthropology and the Colonial Encounter*. London: Ithaca Press. pp. 71–102.

Firth, Raymond 1964 *Essays on Social Organization and Values*. London: Athlone Press.

———1976 Max Gluckman. *Proceedings of the British Academy* 61: 479–496.

Fosbrooke, Henry 1977 From Lusaka to Salisbury, 1956–60. *African Social Research* 24: 319–325.

Fox, Robin. 1977 The Inherent Rules of Violence. In P. Collet (ed.) *Social Rules and Social Behaviour*. Oxford: Basil Blackwell, pp. 132–149.

Frank, Arthur W. 1991 For a Sociology of the Body: An Analytical Review. In M. Featherstone, M. Hepworth and B. S. Turner (eds.) *The Body: Social Process and Cultutral Theory*. London: Sage, pp. 36–102.

Freeman, James M. 1979 *Untouchables: An Indian Life History*, Stanford: Stanford University Press.

Gamman, Lorraine and Merja Makinen 1994 *Female Fetishism*. New York: New York University Press.

Garbett, G. Kingsley 1970 The Analysis of Social Situations. *Man* (N. S.) 5 (2): 214–227.

Gell, Simeran M. S. 1992 *The Ghotul in Muria Society*. Chur, Switzerland: Harwood Academic Publishers.

Gluckman, Mary 1976 H. M. Gluckman: Biography, Publications and Education and Posts. In Myron J. Aronoff (ed.) *Freedom and Constraint: A Memorial Tribute to Max Gluckman*. Van Gorecum, Assen, pp. 169–179.

Gluckman, Max 1940 Analysis of a Social Situation in Modern Zululand. *Bantu Studies* 14: 1–30, 147–174.

———— 1945 Seven-Year Research Plan of the Rhodes-Livingstone Institute of Social Studies in British Central Africa. *RLJ* 4: 1–31.

———— 1947 Malinowski's 'Functional' Analysis of Social Change. *Africa* 17: 103–121.

———— 1948 Director's Report to the Trustees on the Work of the Year 1944-5-6. *RLJ* 6: 64–79.

———— 1956 Social Anthropology in Central Africa. *RLJ* 20: 1–67.

———— n. d. (1962) History of Manchester "School" of Social Anthropology and Sociology. (http://www.comma2000.com/max.gluckman/)

Graeber, David 2005 Fetishism as Social Creativity: Or, Fetishes are Gods in the Process of Construction. *Anthropological Theory* 5 (4): 407–438.

Grillo, Ralph 1985 Applied Anthropology in the 1980s: Retrospect and Prospect. In R. Grillo and A. Rew (eds.) *Social Anthropology and Development Policy*. London: Tavistock, pp. 1-36.

Gross, Robert L. 1979 *Hindu Asceticism: A Study of the Sadhus of North India*, Ph.D. Thesis Submitted to the University of California, Berkeley.

Guardiola-Rivera, Oscar 2007 Return of the Fetish: A Plea for a New Materialism. *Law Critique* 18: 275–307.

Guinn, Michael 2012 The Sun Dance : The Center Pole and Primal Religion. 『言論文化論究』二九：一〇七－一二二。

Hailey, Baron 1938 *An African Survey: A Study of Problems Arising in Africa South of the Sahara*. London: Oxford University Press.

———— 1944 The Role of Anthropology in Colonial Development. *Man* 44: 10–15.

Hallpike, Christopher R. 1988 *The Principles of Social Evolution*. Oxford: Clarendon Press.

Haraway, Donna 2016 *Manifestly Haraway*. Minneapolis : University of Minnesota Press.

Haron, Alastair 1977 The Year of Transition, 1963–67. *African Social Research* 24: 331–334.

Harvey, Penny and Peter Gow (eds.) 1994 *Sex and Violence: Issues in Representation and Experience*. London: Routledge.

Heald, Suzette 1989 *Controlling Anger: The Sociology of Gisu Violence*. Manchester: Manchester University Press.

Heider, Karl G. 1979 *Grand Valley Dani: Peaceful Worriors*. New York: Holt, Reinehart and Winston.

Hocart, Arthur M. 1950 *Caste: A Comparative Study*. London: Methuen.

Hogbin, H. Ian 1956 Anthropology as Public Service and Malinowski's Contribution to It. In R. Firth (ed.) *Man and*

Culture: An Evaluation of the Work of Bronislaw Malinowski. New York: The Humanities Press, pp. 245–264.

Holt, John C. 1991–92 Toward a Theory of Ritual and Violence: The Recent Sinhara Experience. *The Sri Lanka Journal of the Humanities* 17–18 (1–2): 65–74.

Hooker, James R. 1963 The Anthropologists' Frontier: The Last Phases of African Exploitation. *The Journal of Modern African Studies* 1 (4): 455–459.

Hoskins, Janet 1996 Introduction In J. Hoskins (ed.) *Headhunting and the Social Imagination in Southeast Asia.* Stanford: Stanford University Press, pp. 1–49.

Hughes, Diane O. and Thomas R. Trautmann (eds.) 1995 *Time: Histories and Ethnologies.* Ann Arbor: University of Michigan Press.

Hutchinson, Sharon Elaine 2000 Identity and Substance: The Broadening Bases of Relatedness among the Nuer of Southern Sudan. In Janet Carsten (ed.) *Cultures of Relatedness: New Approaches to the Study of Kinship.* Cambridge University Press, pp. 55–72.

Ingold, Tim 1994 Culture. In T. Ingold (ed.) *Companion Encyclopedia of Anthropology.* London: Routledge.

———2008 When ANT meets SPIDER: Social Theory for Arthropods. In Carl Knappett and Lambros Malafouris (eds.) *Material Agency: Towards a Non-Anthropocentric Approach.* New York: Springer, pp. 209–215.

Inoue, Masamichi S. 2007 *Okinawa and the U. S. Military: Identity Making in the Age of Globalization.* New York: Columbia University Press.

James, Wendy 1973 The Anthropologist as Reluctant Imperialist. In Talal Asad (ed.) *Anthropology and the Colonial Encounter.* London: Ithaca Press. pp. 41–69.

Jenkins, Janis H. and MarthaValiente 1994 Bodily Transactions of the Passission: *el calor* among Salvadoran Women Refugees. In Thomas J. Csordas (ed.) *Embodiment and Experience: The Existential Ground of Culture and Self.* Cambridge: Cambridge University Press, pp. 163–182.

Johnson, Douglas H. 1981 The Fighting Nuer: Primary Sources and the Origins of a Stereotype. *Africa* 51 (1): 508–527.

Kapferer, Bruce (ed.) 1976 *Transaction and Meaning: Directions in the Anthropology of Exchange and Symbolic Behavior.* Philadelphia: Institute for the Study of Human Issues.

Kennedy, Dane 2012 *Indigenous Intermediaries in the Exploration of Africa and Australia* (*Seijo CGS Reports No. 2*). Tokyo: Seijo University.

Khare, R. S. 1984 *The Untouchable as himself: Ideology, Identity, and Pragmatism among the Lucknow Chamars,* Cambridge: Cambridge University Press.

Kinsley, David 1986 *Hindu Goddesses: Visions of the Divine Feminine in the Hindu Religious Tradition,* Berkeley: University of California Press.

Krause, Firtz 1932 Ethnology and the Study of Culture Change. *Africa* 5: 383–392.

Krips, Henry 1999 *Fetish: An Erotics of Culture*. Ithaca, N. Y.: Cornell University Press.

Kuklick, Henrika 1991 *The Savage Within: The Social History of British Anthropology, 1885–1945*. Cambridge: Cambridge University Press.

Kulick, Don and Margaret Wilson (eds.) 1995 *Taboo: Sex, Identity and Erotic Subjectivity in Anthropological Fieldwork*. London: Routledge.

Kuper, Adam 1973 *Anthropologists and Anthropology: The British School. 1922–1972*. London: Allen Lane.

Lackner, Helen 1973 Colonial Administration and Social Anthropology: Eastern Nigeria 1920–1940. In Talal Asad (ed.) *Anthropology and the Colonial Encounter*. London: Ithaca Press. pp. 123–151.

Larlalestier, Jan 1990 The Politics of Representation: Australian Aboriginal Women and Feminism. *Anthropological Forum* 6 (2): 143–165.

Lash, Scott 1991 (1984) Genealogy and the Body: Foucault / Deleuze / Nietzsche. In Mike Featherstone, Mike Hepworth and Bryan S. Turner (eds.) *The Body: Social Process and Cultural Theory*. London: Sage Publications.

Lawson, Tony 1997 Situated Rationality. *Journal of Economic Methodology* 4 (1): 101–125.

Leach, Edmund R. 1961 *Pul Eliya: A Village in Ceylon*. Cambridge: Cambridge University Press.

———1982a *Social Anthropology*. New York: Fontana.

———1982b Barth's 'Empirical Science.' *Ethnos* 47 (3–4): 271–273.

Lindholm, Charles 1982 *Generosity and Jealousy: The Swat Pukthun of Northern Pakistan*. New York: Columbia University Press.

Lloyd, Moya 1998 Sexual Politics, Performativity Parody: Judith Butler. In T. Carver and V. Mottier (eds.) *Politics of Sexuality: Identity, Gender, Citizenship*. London: Routledge, pp. 124–134.

———1999 Performativity, Paridy and Politics. *Theory, Cuture and Society* 16 (2): 195–213.

Lugard, Frederick D. 1928 The International Institute of African Languages and Cultures. *Africa* 1 (1): 1–12.

———1930 Address at the Reception to Dominion Premiers and Delegates to the Imperial Conference: 10th October 1930. *Man* 30: 213–215, No. 154.

Lutz, Catherine 1986 Emotion, Thought, and Estrangement: Emotion as a Cultural Category. *Cultural Anthropology* 1 (3): 287–309.

———and Geoffrey M. White 1986 The Anthropology of Emotions. *Annual Review of Anthropology* 15: 405–436.

Lyon, Margot L. and M. Barbalet 1994 Society's Body: Emotion and "Somatization" of Social Theory. In Thomas J. Csordas (ed.) *Embodiment and Experience: The Existential Ground of Culture and Self*. Cambridge: Cambridge University Press, pp. 48–66.

Madison, D. Soyini 2005 *Critical Ethnography: Method, Ethics, and Performance*. London: Sage.

Mair, Lucy P. 1956 Malinowski and the Study of Social Change. In R. Firth (ed.) *Man and Culture: An Evaluation of the Work of Bronislaw Malinowski*. New York: The Humanities Press, pp. 229–244.

Malinowski, Bronislaw 1922 Ethnology and the Study of Society. *Economica* 6: 208–219.

———1929 Practical Anthropology. *Africa* 2: 22–38.

———1930 The Rationalization of Anthropology and Administration. *Africa* 3: 405–430.

———1938 Introduction Essay in the Anthropology if Changing African Cultures. *Methods of Study of Culture Contact in Africa*. International Institute of African Languages and Cultures Memorandum XV, Oxford: Oxford University Press. pp. vii–xxxviii.

———1945 *The Dynamics of Culture Change: An Inquiry into Race Relations in Africa*. New Haven: Yale University Press.

Mani, A. 1993 Indians in Singapore Society. In K. S. Sandhu and A. Mani (eds.) *Indian Communities in Southeast Asia*. Singapore: ISEAS, pp. 788–809.

Marx, Emanuel. 1976 *The Social Context of Violent Behaviour: A Social Anthropological Study in an Israeli Immigrant Town*. London: Routledge and Kegan Paul.

Matsuzawa, Tomoko 2000 Troubles with Materiality: The Ghost of Fetishism in the Nineteenth Century. *Comparative Studies in Society and History* 42 (2): 242–267.

McCallum, Ellen L. 1999 *Object Lessons: How to Do Things with Fetishism*. SUNY Press.

Meeker, Michael E. 1980 The Twilight of a South Asian Heroic Age: A Rereading of Barth's Study of Swat. *Man* (N. S.) 15 (4): 682–701.

Miller, Daniel 1990 Persons and Blue Jeans: Beyond Fetishism. *ETNOFOOR* 3 (1): 97–111.

Mitchell, James Clyde 1955 Director's Report to the Trustees on the Work of the Rhodes-Livingstone Institute during the Year 1950, 1951, 1952. *RLJ* 17: 23–50.

———1977 The Shadow of Federation, 1952–55. *African Social Research* 24: 309–318.

———1983 Case and Situation Anaylsis. *The Sociological Review* 31: 187–211.

Mitchell, P. E. 1930 The Anthropologist and the Practical Man, A Replay and a Question. *Africa* 3: 217–223.

Moffatt, Michael 1979 *An Untouchable Community in South India: Structure and Consensus*. Princeton N. J.: Princeton University Press.

Morgan, David H. J. and Sue Scott 1993 Bodies in a Social Landscape. In Sue Scott and David Morgan (eds.) *Body Matters: Essays on the Sociology of the Body*. London: The Falmer Press, pp. 1–21.

Morris, Rosalind C. 1995 All Made up: Performance Theory and the New Anthropology of Sex and Gender. *Annual Review of Anthropology* 24: 567–592.

Morrison, Charles 1984 Three Styles of Imperial Ethnography:

British Officials as Anthropologists in India. *Knowledge and Society in the Sociology of Culture Past and Present* 5: 141-169.

Müller, F. Max 1901 *Lectures on the Origin and Growth of Religion as Illustrated by the Religions of India: The Hibbert Lectures.* London: Longmans, Green, and Co.

Mulvey, Laura 1996 *Fetishism and Curiosity.* Bloomington: Indiana University Press.

Murray, Jocelyn M. 1974 *The Kikuyu Female Circumcision Controversy, with Special Reference to the Chruch Missionary Society's "Sphere of Influence,"* Ph.D. Thesis submitted to the University of California, Los Angeles.

Myers, Fred R. 1986 *Pintupi Country, Pintupi Self: Sentiment, Place, and Politics among Western Desert Aborigines.* Berkeley: University of California Press.

Myers, James 1992 Nonmainstream Body Modification: Genital Piercing, Branding and Cutting, *Journal of Contemporary Ethnography* 21 (3).

Nair, Vasandalumari 1972 *Tamils Reform Association, Singapore (1932-1936)*. Academic Exercise, The Department of History, National University of Singapore.

Nelson-Kuna, Julie and Stephanie Riger 1995 Women's Agency in Psychological Contexts. In Judith Kegan Gardiner (ed.) *Provoking Agents: Gender and Agency in Theory and Practie.* Urbana and Chicago: University of Illinois Press, pp. 169-177.

Nicholas, Ralph W. 1965 Factions: A Comparative Analysis. In M. Banton (ed.) *Political Systems and the Distirbution of Power.* London: Tavistock.

Nordstrom, Carolyn and Antonius C. G. M. Robben (eds.) 1995 *Fieldwork under Fire: Contemporary Studies of Violence and Survival.* Berkeley: University of California Press.

Nsugbe, P. O. 1977 Brief but Black Authority, 1968-70. *African Social Research* 24: 335-340.

Nyambedha, E. O. and J. Aagaard-Hansen 2007 Practices of Relatedness and the Re-Invention of Duol as a Network of Care for Orphans and Widows in Wesiern Kenya. *Africa* 77 (4): 517-534.

Ong, Aihwa 1988 Colonialism and Modernity: Feminist Representations of Women in Non-Western Societies. *Inscripitions* 3-4: 79-93.

Ortner, Sherry B. 1984 Theory in Anthropology since the Sixties. *Comparative Studies in Society and History* 26 (1): 126-166.

Paine, Robert 1971 *Patrons and Brokers in the East Arctic.* St. John's: Memorial University of Newfoundland.

——— 1974 *Second Thoughts about Barth's Models.* Royal Anthropological Institute of Great Britain and Ireland (Royal Anthropological Institute occasional paper; no. 32).

——— 1976 Two Models of Exchange and Mediation. In Bruce Kapferer (ed.) *Transaction and Meaning: Directions in the Anthropology of Exchange and Symbolic Behavior.* Philadelphia: Institute for the Study of Human Issues, pp. 63-86.

——— 1982 The Stamp of Swat: A Brief Ethnography of some of the Writings of Fredrick Barth. *Man* (N. S.) 17 (2): 328-339.

Pels, Peter 1998 The Spirit of Matter: On Fetish, Rarity, Fact, and

Fancy. In Patricia Spyer (ed.) *Boarder Fetishisms: Material Objects in Unstable Spaces*. New York: Routledge, pp. 91–121.

Pietz, William 1985 The Problem of the Fetish I, *Res: Anthropology and Aesthetics* 9: 5–17.

———1987 The Problem of the Fetish II, *Res* 13: 23–45.

———1988 The Problem of the Fetish, IIIa: Bosman's Guinea and the Enlightenment Theory of Fetishism, *Res* 16: 105–124.

———1990 The Problem of the Fetish IIIa, *Res* 16: 105–123.

———and Emily Apter (eds.) 1993 *Fetishism as a Cultural Discourse*. Ithaca: Cornell.

Pitts, Victoria L. 1998 "Reclaiming", the Female Body: Embodied Identity Work, Resistance and the Grotesque, *Body and Society* 4 (3): 67–84.

Pocock, David F. 1961 *Social Anthropology*. London: Sheed and Ward.

Pool, Robert 1990 Fetishism Deconstructed. *ETNOFOOR* 3 (1): 114–127.

Poole, Deborah 1986 *The Anthropological Perspectives on Violence and Culture: A View from the Peruvian Identity in the High Provinces of Southern Peru*. Boulder: Westview Press.

Pratt, Mary Louise 1982 Conventions of Representaion: Where Discourse and Ideology Meet. In Heidy Byrines (ed.) *Contemporary Perceptions of Language: Interdisciplinary Dimensions*. Washington: Georgetown University Press, pp. 139–155.

———1992 *Imperial Eyes: Travel Writing and Transculturation*. London: Routledge.

Prattis, J. Iain 1973 Strategising Man. *Man* (N. S.) 8 (1): 46–58.

Reining, Conrad C. 1962 A Lost Period of Applied Anthropology. *American Anthropologist* 64: 593–600.

Rhodes-Livingstone Institute of Central African Studies. 1937 *Man* 37: 146–147, No. 180.

Richards, Audrey I. 1944 Practical Anthropology in the Lifetime of the International African Institute. *Africa* 14(6): 289–301.

———1977 The Rhodes-Livingstone Institute: An Experiment in Research, 1933–38. *African Social Research* 24: 275–278.

Riches, David 1986 The Phenomenon of Violence. In D. Riches (ed.) *The Anthropology of Violence*. New York: Basil Blackwell, pp. 1–27.

———(ed.) 1986 *The Anthropology of Violence*. New York: Basil Blackwell.

Rosaldo, Renato 1987 Anthropological Commentary (Discussion.) In R. G. Hamerton-Kelly (ed.) *Violent Origins: Ritual Killing and Culture Formation*. Stanford, C. A.: Stanford University Press, pp. 239–244.

Rubin, Gayle 1981 The Leather Menace. In SAMOIS (ed.) *Coming to Power: Writings and Graphics on Lesbian S/M*. Boston: Alyson.

———1994 *The Valley of the Kings: Leathermen in San Francisco, 1960–1990* Ph.D. Thesis submitted to the University of Michigan.

———and Judith Butler 1994 Interview: Sexual Traffic. *Differences* 6 (2 / 3): 62–99.

Salih, Sara　2002 *Judith Butler*. London: Routledge.

SAMOIS (ed.)　1979 *What Color is your Handkerchief? A Lesbian S/M Sexuality Reader*. Berkeley: SAMOIS.

——— (ed.)　1981 *Coming to Power: Writings and Graphics on Lesbian S/M*. Boston: Alyson.

Sanjek, Roger　1991 The Ethnographic Present. *Man* (N. S.) 26 (4): 609-628.

Santos-Granero, Fernando　1991 *The Power of Love: The Moral Use of Knowledge among the Amuesha of Central Peru*. London: Athlone Press.

Scarry, Elaine　1985 *The Body in Pain: The Making and Unmaking of the World*. Oxford: Oxford University Press.

Scheper-Hughes, Nancy　1992 *Death without Weeping: The Violence of Everyday Life in Brazil*. Berkeley: University of California.

Schumaker, Lynette Louise　1994 *The Lion in the Path: Fieldwork and Culture in the History of the Rhodes-Livingstone Institute*, 1937-1964. Ph.D. Thesis submitted to the University of Pennsylvania.

———1996 A Tent with a View: Colonial Officers, Anthropologists, and the Making of the Field in Northern Rhodesia, 1937-1960. *OSIRIS* (2nd series) 11: 237-258.

Shildrick, Margrit and Janet Price　1996 Breaking Boundaries of the Broken Body. *Body and Society* 2 (4): 93-113.

Shweder, Richard A. and Robert A. LeVine (eds.)　1984 *Culture Theory: Essays on Mind, Self, and Emotion*. Cambridge: Cambridge University Press.

Simonse, Simon　1992 *Kings of Disaster: Dualism, Centralism, and the Scapegoat King in Southeastern Sudan*. New York: Brill.

Sinha, Vineeta　1987 *Hinduism in Singapore: A Sociological and Ethnographic Perspective*. M.A. Thesis submitted to the Department of Sociology, National University of Singapore.

Skvoretz Jr., John V. and Richard H. Conviser　1974 Interests and Alliances: A Reformulation of Barth's Models of Social Organization. *Man* (N. S.) 9 (1): 53-67.

Sluka, Jeffrey A.　1995 Reflections on Managing Danger in Fieldwork: Dangerous Anthropology in Belfast. In C. Nordstrom and A. C. G. M. Robben (eds.) *Fieldwork under Fire: Contemporary Studies of Violence and Survival*. Berkeley: University of California Press, pp. 290-294.

Smith, Edwin W.　1934 The Story of the Institute, A Survey of Seven Years. *Africa* 7: 1-27.

Sonnerat, Pierre　1782 *Voyage aux Indes orientales et à la Chine, fait par ordre du roi, dupuis 1774 jusqu'en 1781*. Paris.

Spencer, Jonathan　1989 Anthropology of a Kind as Writing. *Man* (N. S.) 23 (1): 145-164.

Stewart, Susan　1993 *On Longing: Narratives of the Miniature, the Gigantic, the Souvenir, the Collection*. Durham: Duke University Press.

Stocking, Jr., George W.　1995 *After Tylor: British Social Anthropology 1888-1951*. Wisconsin: The University of Wisconsin Press.

Tambling, Jeremy　1990 *Confession: Sexuality, Sin, the Subject*.

Manchester: Manchester University Press.

Tanaka, Masakazu 2005 Towards an Anthropology of Agency: Performativity and Community. *Japanese Review of Cultural Anthropology* 6 : 3-17.

Tell, Dave 2010 Rhetoric and Power: An Inquiry into Foucault's Critique of Confession. *Philosophy and Rhetoric* 43 (2): 95-117.

Temple, Richard 1905 Practical Value of Anthropology. *Indian Antiquary* 24: 132-44.

———1913 The Administrative Value of Anthropology. *Indian Antiquary* 42: 289-300.

———1914 *Anthropology as a Practical Science*. London: G. Bell and Sons, Ltd.

———1921 "Tout Savoir, Tout Pardonner." An Appeal for an Imperial School of Applied Anthropology. *Man* 21: 150-155, No. 93.

Thrift, Nigel 1996 *Spatial Formations*. London: Sage Publications.

Torfing, Jacob 1999 *New Theories of Discourse: Laclan, Mouffe and Zizek*. Oxford: Blackwell.

Turner, Bryan S. 1991 Recent Developments in the Theory of the Body. In Mike Featherstone, Mike Hepworth and Bryan S. Turner (eds.) *The Body: Social Process and Cultural Theory*. London: Sage Publication, pp. 1-35.

———2003 Social Fluids: Metaphors and Meanings of Society. *Body and Society* 9 (1): 1-10.

Twitchell, James B. 1989 *Preposterous Violence: Fables of Aggression in Modern Culture*. Oxford: Oxford University Press.

Urry, James 1993 *Before Social Anthropology: Essays on the History of British Anthropology*. Chur, Switzerland: Harwood Academic Publishers.

Vale, V. and Andrea Juno 1989 *Modern Primitives: An Investigation of Contemporary Adornment & Ritual*. San Francisco: Re/Search Publications.

Van Doorne, J. H. 1984 Situation Analysis: Its Potential and Limitations for Anthropological Research on Social Change in Africa. *Cahiers d'études africanes* 84: 479-506.

Van Velsen, Jaap 1974 Social Research and Social Relevance: Suggestions for a Research Policy and Some Research Priorities for the Institute for African Studies. *African Social Research* 17: 517-553.

Viegas, Susana de Matos 2003 Eating with your Favourite Mother: Time and Society in a Brazilian Amerindian Community. *The Journal of the Royal Anthropological Institute* (N. S.) 9: 21-37.

Walley, Christine J. 1997 Searching for "Voices": Feminism, Anthropology, and the Global Debate over Female Genital Operations. *Cultural Anthropology* 12 (3): 405-438.

Werbner, Richard P. 1984 The Manchester School in South-Central Africa. *Annual Review of Anthropology* 13: 157-185.

———1990 South-Cetnral Africa: The Manchester School and after. In Richard Fardson (ed.) *Localizing Strategies: Regional Traditions of Ethnographic Wirtting*. Edinburgh: Scottish Academic Press. pp. 152-181.

White, C. M. N. 1977 Interregna 1955-56 and 1960-62. *African Social Research* 24: 327-329.

Willerslev, Ran 2007 *Soul Hunters: Hunting, Animism, and Personhood among the Siberian Yukaghirs*. Berkeley, Los Angeles and London: University of California Press.

Williams, Simon J. amd Gillian Bendelow 1998 *The Lived Body: Sociological Themes, Embodied Issues*. London: Routledge.

Wilson, Godfrey 1940 Anthropology as a Public Service. *Africa* 13: 43-61.

Wilson, Monica 1977 The First Three Years, 1938-41. *African Social Research* 24: 279-283.

Witz, Anne 2000 Whose Body Matters? Feminist Sociology and the Corporeal Turn in Sociology and Feminism. *Body and Society* 6 (2): 1-24.

**RLJ: The Rhodes-Livingstone Journal: Human Problems in British Central Africa*

ら行，わ行

ま　行

や　行

た　行

な　行

は　行

さ　行

事項索引

あ 行

か 行

ま　行

や行，ら行

人名索引

著者紹介

田中雅一（たなか　まさかず）
1955年生まれ。京都大学人文科学研究所教授。
専門は人類学（南アジア），ジェンダー・セクシュアリティ研究。
主要著書に，『供犠世界の変貌』法藏館，2002年（単著），『癒しとイヤラシ』筑摩書房，2010年（単著），『ジェンダーで学ぶ文化人類学』2005年，『ミクロ人類学の実践』2006年，『ジェンダーで学ぶ宗教学』2007年，『南アジア社会を学ぶ人のために』2010年（以上，世界思想社，共編），『暴力の文化人類学』1998年，『フェティシズム論の系譜と展望』2009年，『越境するモノ』2014年，『侵犯する身体』2017年（以上，京都大学学術出版会，編著），『女神』平凡社，1998年（編著），『軍隊の文化人類学』風響社，2015年（編著），『文化人類学文献事典』弘文堂，2004年（共編），『コンタクト・ゾーンの人文学』第1巻〜第4巻，晃洋書房，2011〜2013年（共編），などがある。

誘惑する文化人類学
——コンタクト・ゾーンの世界へ

2018年6月25日　第1刷発行　　定価はカバーに表示しています

著　者　田《た》 中《なか》 雅《まさ》 一《かず》

発行者　上 原 寿 明

世界思想社
京都市左京区岩倉南桑原町56　〒606-0031
電話 075(721)6500
振替 01000-6-2908
http://sekaishisosha.jp/

落丁・乱丁本はお取替えいたします。　（印刷・製本 太洋社）

ISBN978-4-7907-1706-5